아동권리와 복지

Child Rights and Welfare

아동권리와 복지

이덕희·윤춘모·조경자·한현지·홍인혜 공저

동 문 사

•머리말•

산업화, 민주화, 정보화로 인한 사회 환경의 변화 속에서 가족 가치관의 변화는 가족의 구조와 기능의 변화로 이어지고 있다. 가족과 관련된 여러 지표가 말해 주듯이, 한국 사회에서의 가족은 엄청난 변화를 보이고 있다. 가족 구조가 핵가족화로 변화되면서 자기중심적 사고로 가정불화와 이혼이 증가되었고, 가족해체로 인해 아동들이 폭력과 각종 유해 환경으로부터 정신적·신체적으로 생존의 위협을 받는 등 아동의 문제가 심각한 사회문제로 대두되고 있다.

이에 대학과 현장에서 아동권리와 복지를 교육하고 실천하는 저자들은 무거운 책임감을 느낀다.

아동이 미래 사회의 주인공이 될 중요한 존재인 만큼 아동의 권리를 인정하고 존중하며, 안전을 강화하고, 아동을 건강하게 양육하여 행복하고 인간다운 생활을 할 수 있도록 보호하고 지원하는 것이 우리 사회가 해결하여야 할 과제이다.

이 책은 아동권리와 복지에 관심이 있는 분, 아동복지 실무자, 아동복지를 공부하는 학생, 영유아를 대상으로 하는 예비교사 등을 위하여 아동권리와 복지를 지원하는 제도와 정부의 정책, 각종 연수나 강좌의 텍스트로 편집되었다. 아동 관련 시설 종사자로서 알아야 할 기본 지식과 실천 부분에서 자세하게 살펴보고자 하였다. 특히 유엔아동권리협약의 의의와 이행사항을 살펴보고, 실제 현장에서의 아동권리가 어떻게 구현되는지 알아보고자 한다.

1부는 아동권리와 복지의 기초 이론에 대한 부분으로, 1장에서 아동권리와 아동복지의 개념, 2장에서는 외국과 우리나라의 아동복지의 발전과정, 3장에서는 아동권리의 발전과정 부분으로 아동권리에 대한 국제조약, 우리나라의 아동권리에 대한 인식과 현황에 관한 내용을 다루었다.

2부는 아동권리와 복지 관련 법과 정책에 관한 부분으로, 4장에서 아동복지법과 영유아보육법, 정부의 지원 정책을 다루었다.

3부는 아동복지의 실천분야로, 5장에서 보육아동, 6장에서 한부모가정의 아동, 7장에서 조손가정의 아동, 8장에서 장애아동, 9장에서 입양아동, 10장에서 가정위탁아동, 11장에서 학대아동, 12장에서 새터민아동, 13장에서 다문화가족아동에 대하여 개념과 현황 그리고 아동복지서비스 내용을 기술하였다.

4부는 아동권리와 복지의 전망과 과제로, 14장에서 미래의 아동권리와 복지의 전망 및 발전 과제에 관한 부분에 대하여 다루었다.

그러나 저자들의 의도에도 불구하고 세부 전공이 다른 저자들이 분담하여 집필한 까닭에 체계적으로 다소의 문제가 있을 수 있음을 인정하고 앞으로 계속 보완해 나갈 것이다.

끝으로 이 책이 다소나마 영유아 보육 및 교육 기관의 교직원 그리고 아동복지 현장과 아동복지와 관련된 공부를 하려는 학생들에게 도움이 되기를 바라며, 바쁜 일정에도 기꺼이 출판을 허락하신 동문사 이중수 사장님을 비롯한 출판사 가족들에게 진심으로 감사를 드린다.

또한 모든 아동의 권리가 존중받고 행복하게 잘 지내고 아동권리와 복지에 대한 서비스와 정책이 더 이상 필요하지 않는 행복한 세상이 하루빨리 오기를 진심으로 기대한다.

2018년 2월

저자 일동

•차 례•

•차 례•

PART 01

아동권리와 아동복지

아동권리와 아동복지

제1절 아동과 아동권리

1. 아동의 개념

아동의 정의에 대한 문제는 유엔아동권리협약 제정 시 초안 작업에서 매우 중요한 초점이었다. 왜냐하면, 각 국의 아동에 대한 연령이 서로 다르기 때문이다. 예를 들어 혼인연령에 대하여 살펴보면, 일본은 소년 18세, 소녀 16세이며, 프랑스에서는 소년 18세, 소녀 15세이고, 엘살바도르는 임신한 경우 14세 이하라도 결혼을 허용한다(Committee on the Rights of the Child, 2004). 이와 같이 국가마다 상이한 아동의 개념과 사회적·문화적 차이는 유엔아동권리협약에서 규정한 정의[1])와 차이가 나타날 수밖에 없으며, 그 이유는 유엔아동권리협약이 주로 서구적 가치관의 영향을 많이 받았고, 일반적으로 서구의 여러 나라들이 만 18세를 기준으로 성년과 미성년을 구분하기 때문이다(민진홍, 2011).

---

1) 「유엔아동권리협약」(Convention on the Rights of the Child, 1989) 제1조 아동의 범위는 특별히 따로 법으로 정하지 않는 한 18세 미만까지로 한다. "A child means every human being below the age of eighteen years unless under the law applicable to the child, majority is attained earlier."

우리나라의 경우에는 표 1-1에서 제시된 내용과 같이 법률에 따라 다양하게 아동에 대한 정의와 규정을 하고 있다. 「아동복지법」에서 "아동은 18세 미만인 사람"으로 정의하고 있고, 「청소년보호법」에서는 "청소년은 만 19세 미만인 사람"으로, 「아동·청소년의 성보호에 관한 법률」에서는 "아동·청소년은 19세 미만의 자"로 정의하고 있다. 또한 「청소년 기본법」에서는 "청소년이란 9세 이상 24세 이하인 사람", 「영유아보육법」에서는 "영유아란 6세 미만의 취학 전 아동"으로 정의하며, 「유아교육법」에서는 "유아란 만 3세부터 초등학교 취학전까지의 어린이"로 정의하고 있다. 2016년 9월 개정된 「아이돌봄지원법」에서는 "아이란 만 12세 이하 아동"으로 정의하고 있다. 이와 같이 국내외 법규상 아동에 대한 개념이 다양하게 사용되고 있다. 한편 어린이·청소년의 권리 연대회의(1997)에서는 '조약'에서 말하는 Child는 18세 미만의 아동을 말하는데 우리나라에서는 '아동'이라는 단어는 이 대상을 포괄하기에 부적절하다'며 아동과 청소년의 개념이 공존하고 있는 우리나라의 관습적 사회통념을 지적하며 '유엔아동권리협약' 대신에 '어린이·청소년 권리조약'이라고 칭해야 한다고 제시하기도 하였다.2)

아동정책 주무부처인 보건복지부와 청소년정책 주무부처인 여성가족부의 청소년가족정책실 모두 인권 정책을 수행하고 있으며, 국가인권위원회의 아동청소년인권과에서 아동권리와 관련된 정책을 수립하여 실행하고 있다. 이렇듯 정부부처 간에서도 여러 부처에서 아동권리에 대한 정책을 수립하며 부처 간 혼선을 유발할 수 있는 구조를 가지고 있다.

이렇듯 아동관련 법령 등에 있어 연령의 중첩과 누락으로 권리와 의무, 서비스 혜택의 차이가 발생하고 부처 간 업무 중복이나 공백(아동전문연구기관 부재 등)이 야기될 수 있으며 정확한 자료 수집 및 통계 마련도 어렵다. 장기적으로는 통합적이고 일관된 개념정의가 필요하다.3)

---

2) 어린이, 청소년의 권리연대회의(1997). 아이들의 안전 세계의 약속. 내일을여는책.
3) 유엔아동권리협약 한국 NPO연대(2010). 제3·4차 유엔아동권리협약 민간보고서.

2010년 유엔아동권리협약 한국 NPO연대에서 작성한 제3·4차 민간보고서에서도 우리나라의 아동의 정의를 검토하여 다음과 같이 권고하였다.

권고사항

법령에서 연령 설정의 기준이 아동권리협약의 4가지 원칙, 특히 비차별, 아동최선의 이익, 생존과 발달의 원칙에 근거하도록 한다.

아동관련 법령 등에 있어 연령의 중첩과 누락으로 발생하는 권리와 의무, 서비스 혜택의 차이를 제거하고, 부처 간 업무 중복이나 공백을 방지하며 정확한 자료를 수집하고 통계를 마련하기 위해 장기적으로 다양한 아동의 개념을 통합해야 한다.

연령과 성숙 정도에 따라 아동이 자신에게 영향을 미치는 문제에 대해 의사를 표시하고, 이러한 의견을 사법적·행정적 결정에 반영하도록 하는 내용을 법에 구체적으로 명시하고, 세부 절차에 관한 규정을 마련한다.

출처: 유엔아동권리협약 한국 NPO연대(2010). 제3·4차 유엔아동권리협약 민간보고서

정부 부처 및 제도, 법률에 따라 아동에 대한 개념도 연령도 용어도 다양하기 때문에 아동에 대한 기준이 불분명하고 개별 법령의 연령기준 및 대상을 지칭하는 용어가 상이하기 때문에 관련 정책을 수립하거나 데이터를 수립하는 과정에서 혼란과 공백을 초래할 뿐 아니라[4] 이에 따라 아동권리와 복지에 대한 해석도 다름의 여지가 있다. 본 서에서는 유엔아동권리협약과 「아동복지법」의 기준에 따라 아동을 18세 미만의 자로 정의하고자 한다.

표 1-1 관련 법령에 따른 아동에 대한 규정

관련법	호 칭	연령구분
아동복지법	아동	18세 미만의 자
근로기준법	연소자	
입양촉진 및 절차에 관한 특례법	아동	
한부모가족지원법	아동	18세 미만(취학 중인 경우에는 22세 미만)의 자

(계속)

4) 국제아동인권센터(2016). 유엔아동권리협약 이행을 위한 법적 제도화 방안 연구.

관련법	호 칭	연령구분
청소년보호법	청소년	만 19세 미만인 자(다만, 만 19세가 되는 해의 1월 1일을 맞이한 사람은 제외)
아동·청소년의 성보호에 관한 법률	아동·청소년	19세 미만의 자(다만, 19세에 도달하는 연도의 1월 1일을 맞이한 자는 제외)
소년법	소년	19세 미만의 자
민법	미성년	20세 미만의 자
청소년기본법	청소년	9세 이상 24세 이하인 자
청소년복지지원법	청소년	
형법	형사미성년자	14세되지 아니한 자
실종아동 등의 보호 및 지원에 관한 법률	아동 등	실종 당시 18세 미만인 아동
영유아보육법	영유아	6세 미만의 취학 전 아동
유아교육법	유아	만 3세부터 초등학교 취학전까지의 어린이
도로교통법	어린이, 유아	어린이(13세 미만인 사람) 유아(6세 미만인 사람)
모자보건법	영유아, 신생아	출생 후 6년 미만인 사람 출생 후 28일 이내의 영유아
아이돌봄지원법	아이	만 12세 이하 아동

출처: 법제처(2017). 관련 법률을 토대로 재구성.

2. 아동권리의 개념

권리(權利)는 어떤 일을 행하거나 타인에 대하여 당연히 요구할 수 있는 힘 또는 자격을 말한다(표준국어대사전, 2016). 법률상으로는 특별한 이익을 누릴 수 있는 법률상의 힘을 의미하며 자기의 의지를 자유로이 행사할 수 있는 능력 혹은 자격을 뜻한다.

아동의 권리는 사용하는 관점에 따라 다른 의미를 갖는다. 일반적으로 아동의 권리는 세 가지 의미를 가지고 있다. ① 아동에 대한 부모의 결정권에 대한 국가권력의 개입 여부에 대한 의미, ② 아동의 권리가 아동을 위한 사회적인 보호를 의미하는 경우, ③ 아동 자신에게 더 많은 결정권을 인정해 주는 의미로 이해하는 경우이다(김춘경 외, 2010).

첫째, 아동의 권리가 보장된다는 뜻은 아동을 위한 부모의 결정권이 보장된다는 의미로 이해할 수 있다. 이는 아동이 독립적인 인격체가 아닌 부모에게 속해 있는 존재로 인식한다는 뜻으로 아동은 아직 어른이 아니기 때문에 자신을 위해 정확한 판단과 결정을 할 수 없으며, 부모의 도움과 보호가 반드시 필요함을 인식케 하는 것을 말한다.

둘째, 아동의 권리가 아동을 위한 사회적인 보호를 의미하는 것으로 이해할 수 있다. 이는 사회가 얼마나 아동을 위해 노력하고 있는가의 정도를 아동인권의 수준을 나타내는 척도로 이해하는 경우이다. 이때 아동의 인권은 주체적인 인권이라기보다는 보호받을 권리라고 이해할 수 있다. 그러나 권리는 적극적인 것이고 주체적인 것이다. 소극적이거나 타인에 의한 권리주장은 인권의 의미를 제한시키거나 왜곡시킬 수 있다.

셋째, 아동 자신에게 더 많은 결정권을 인정해 주는 의미로 이해할 수 있다. 자기결정권은 인권보장에서 중요한 문제이다. 아동이 스스로 자신의 문제를 결정할 수 있게 한다는 것은 아동을 하나의 주체적인 인간으로 인정한다는 것이며, 아동도 자신의 삶을 위해 바람직한 결정을 내릴 수 있는 능력과 자신의 삶을 책임질 수 있는 권리가 있다는 사실을 인정하는 것이다. 이는 아동의 권리가 보장되기 위해서는 아동을 부모나 사회의 보호를 필요로 하는 대상으로 인식하기보다는 권리의 주체로 인식하는 것이 중요함을 의미한다.

아동의 권리에 대하여 프랭클린(Franklin, 2002)은 대부분의 국가에서 유엔아동권리협약에 가입했다는 사실을 강조하며, 이러한 사실이 아동의 인권이 진일보했다는 것을 의미한다고 보았다. 유엔아동권리협약은 아동도 성인과 마찬가지로 기존에 작성된 인권관련 국제조약의 권리주체이고, 보호대상임을 전문에서 밝히고 있다(박진완, 2010).

그러나 아동의 권리주체성에 대하여 많은 논란이 존재한다. 권리라는 것이 인간의 자치와 자율을 바탕으로 이루어지는 것인데, 자율적 인간으로 인정되지 못하는 아동은 권리의 주체가 될 수 없다는 주장이다. 아동의 권리를 부정하는 또 다른 주장은 권리란 의무를 수반하는 개념인데, 아동은 성인과 같은 권리 주체로 인정하기 어렵다는 관점이다. 그러나 한편으로는 아동을 포함하여 모든 인간은 평등한 도덕적 가치를 가지고 있으며, 실정법에 의하여 적절하게 보호되어야 하고, 아동도 마찬가지라는 것이다.

3. 아동권리의 종류

인권은 의무를 수반하는 영역도 있으나 자연법적인 관점에서 권리는 조건적으로 주어지는 것이 아니며, 권리주체성은 권리능력을 의미하는 것이 아니다. 권리능력이 부족하거나 자율성이 부족하여도 인권은 모든 인간에게 동등하게 적용되어야 한다. 아동의 인권을 부정하는 주장은 법실증주의의 틀에서 발생하는 법적인 권리에 치우친 오류이다.

그러므로 아동도 인권과 관련된 모든 국제조약의 권리 주체이며, 출생과 더불어 발생하는 자연법적 인권을 가진 자율적인 존재이다. 아동은 성인과 같은 권리를 가지고 있지만 스스로 생존을 보장할 수 없는 특별한 존재이기 때문에 보호권과 양육권이 추가될 뿐이다(문영희, 2011).

김정래(2004)는 아동의 권리를 다음과 같이 설명하고 있다.

1) 아동의 소극적 자유권

아동의 소극적 자유권은 수동적으로 보호되는 권리로 자신이 하고자 하는 바를 자의적으로 행함에 있어서 타인으로부터 방해 또는 침해받지 않을 권리를 말한다. 소극적 자유권과 관련된 문제들로는 동료 학생·주변인으로부터의 폭력(신체적·언어적·심리적 폭력)으로 아동방임, 아동유기, 체벌, 학교폭력, 왕따, 성폭력 등이 있다.

2) 아동의 적극적 자유권

아동의 적극적 자유권은 아동이 능동적으로 행사하는 권리로 아동이 스스로 선택하고 계획한 현재와 미래의 삶에 요구되는 일체의 것을 자율적으로 판단하여 영위하는 권리뿐만 아니라, 그러한 삶을 계획할 권리 등을 총칭하는 권리로 적극적 자유권과 관련된 내용들은 적극적인 행동의 자유, 학문의 자유, 의사표현의 자유, 집회 및 결사의 자유, 표현의 자유(두발과 복장의 자유) 등이다. 즉, 선택권에 관련된 내용이라고 할 수 있다.

3) 아동의 평등권

아동의 평등권은 부모의 사회경제적 지위에 따른 차별을 받지 않을 권리, 교육상의 동등한 대우를 받을 권리, 동등한 공교육을 받을 권리, 동등한 교육 기회에 접근할 권리, 성으로 인한 차별을 받지 않을 권리, 신체적 사유로 인한 차별을 받지 않을 권리, 학업부진으로 인한 교육기회를 박탈당하지 않을 권리 등으로 모든 아동을 평등하게 대우해야 한다는 아동권리의 '보장' 측면이라 할 수 있다. 즉, 모든 아동의 개인차 및 개성 존중, 문화의 차이 인정, 교육기회의 실질적인 보장뿐만 아니라 사회의 정책적 배려, 불평등을 조장할 수 있는 사회구조적 모순 해결까지 아동의 자유권으로 보고 있다. 또한 평등을 저해하는 일체의 차별로부터 보호해야 한다는 의미도 포함한다. 아동의 실제 생활 속에서 아동의 권리를 실질적으로 '신장'시키고 아동의 삶을 실질적으로 개선하기 위해 현실적으로 요구되는 측면이라고 볼 수 있으며 「유엔아동권리협약」 제2조에 잘 드러나 있다. 차별 방지를 위한 제도적 장치를 마련하는 일도 여기에 포함되며, 모든 사람에게 '차별'의 마음과 행위를 야기하는 편견을 제거하려는 노력이 필요하다.

4) 아동의 복지권

아동의 복지권은 무상의무교육의 형태로 기본적인 교육을 받을 권리, 생계유지에 따르는 최소한의 생활을 보장받을 수 있는 권리, 결손 아동, 장애 아동, 소수민·원주민이 처한 특정한 결핍의 상태에서 벗어나야 한다는 당위성이다.

5) 아동의 자기결정권과 참여권

'자기결정권(the right to self-determination)'은 적극적 자유권에 속하며 아동권리협약이 천명하는 3대 원칙인 '참여권'을 포함하며 행복추구권과도 관련되는 중요한 권리이다. 아동의 자기결정권을 가장 잘 표현한 것이 참여권으로 아동의 참여권을 보장하는 것은 아동의 자기결정권을 보장하는 일이다. 그러나 아동은 성인에 비해 능력이 부족하기 때문에 여러 가지 권리가 유보되거나 제한을 받는데, 그 대표적인 경우가 참여권의 제한이다. 참여권을 제한할 수 있다고 보는 견해는 첫째, 아동의 개별적 특성은 인정하지만 성인에 비하여 열등하고 불완전하다고 보는 것이다. 둘째, '권리'를 '의무'와 짝을 이루는 상관개념으로 보아 아동이 시민으로서 의무와 책임을 다할 능력이 없기 때문에 이에 상응하는 권리와 지위를 누릴 수 없다는 견해이다. 셋째, 아동의 복지권과 참여권에 대해 아동의 양육·보호와 자기결정을 대립적으로 이해하는 관점이다. 아동의 참여가 전제되지 않는 복지는 '아동 자신의 이익이 아닌' 타인의 이익을 도모할 위험성이 있으며, 복지가 전제되지 않는 참여는 아동 자신의 이익을 '실질적으로' 도모하지 못할 가능성이 있다. 넷째, 권위적 간섭주의(paternalism)와 밀접한 관련이 있다. 아동의 이익을 고려한다는 명분에 따라 권위적 간섭주의가 합리화되는 소지가 있음을 유의해야 한다.

아동권리협약에서 아동의 참여는 제12조 아동의 의사표현권과 제13조 의사표현의 자유에 관한 조항 등에 가장 잘 표현되어 있다. 아동에게 권리 주체로서의 참여(participation)의 길을 제시하여 아동을 성인과 동등한 인간으로 온전하게 자신의 권리를 향유하고 행사하는 권리주체로 인식하게 했다.

프랭클린(Frankline, 2002)은 '아동은 교육을 받을 권리를 가지고 있지만 그들은 정부가 지역적, 그리고 국가적으로 교육을 제공해야 할 책임을 이행할 수 있어야만 그 권리를 행사할 수 있다.'라고 제시하고 있다. 즉 아동의 권리와 책임, 그리고 권리에 대한 정의와 실행을 위한 관련 '계약'은 여러 가지 협약, 법률, 그리고 법과 연결되어야 하는 것이다.[5)]

5) 이재연·황옥경(2015). 아동복지 현장에서의 아동권리 레토릭. 서울: 교육과학사.

✺ **그림 1-1** 그림으로 보는 유엔권리협약(유니세프)

하지만 아동예산 규모의 부족 및 예산관련 중장기적 대책 부재, 아동권리협약의 국내법 적용 미흡, 아동권리협약에 대한 사회적 인지도의 획기적 개선 부족 등 지속적인 개선과제도 남아 있다.[6] 또한 아동정책조정위원회의 기능이 미흡하고 아동정책 및 청소년 정책이 이원화되어 있는 현재의 조직과 정책 등도 보완하여 아동 이익이 최우선 될 수 있도록 아동의 권리보장과 복지증진을 위해 보호와 지원을 받을 권리를 실현할 수 있도록 해야 할 것이다.

6) 대한민국정부(2017). 제5·6차 유엔아동권리협약 국가보고서.

제2절 아동과 아동복지

1. 아동복지의 개념

아동복지는 아동(child)과 복지(welfare)의 합성어로, '복지(welfare)'란 '평안히 잘 지내는 상태', 즉 '건강, 행복 및 번영의 상태'를 의미한다. 따라서 능동적 활동분야로서의 아동복지는 아동들이 행복하게 살며, 그들의 생활에서 잠재능력을 최대한 발휘할 수 있는 건강하고 건전한 개인으로 성장·발달할 수 있도록 하는 것을 목적으로 하는 광범위한 노력을 내포하고 있다.

아동복지의 개념은 역사성을 강조하거나 혹은 특정 관심 영역을 강조하는 학자에 따라 달리 표현하지만 그 대표적인 개념을 요약하면 다음과 같이 정리할 수 있다(김문수, 2004).

① Encyclopedia of Social Work: 아동복지는 아동들이 행복하게 살고, 잠재능력을 최대한도로 발휘할 수 있고, 신체적으로 건강하고 정신적으로 건전한 개인으로 성장, 발달하기 위한 광범위한 활동을 포함한다고 하였다. 여기서 아동복지는 가정생활을 유지, 강화하면서 건전한 아동발달을 가져올 수 있는 지역사회 생활을 영위하게 하는 데 관심을 갖는 것이라 하였다(신민선·박용순, 2003).

② Costin: 아동복지란 아동복지를 아동과 그 가족의 복지를 증진시키는 한편, 모든 아동의 복리증진을 위한 것이며, 이를 위해서는 아동복지사업의 근본목적이 달성되도록 가정생활을 강화해야 한다고 하였다.

③ Kadushin: 넓은 의미의 아동복지와 좁은 의미의 아동복지로 나누고, 넓은 의미의 아동복지란 모든 아동들의 행복 및 사회적응을 위해 심리적·생물적 잠재력을 개발시켜 주기 위한 각종의 방법이며, 좁은 의미의 아동복지는 특수한 문제를 가진 아동과 그 가정을 대상으로 전문적인 기관에서 행하는 특수한 서비스라고 하였다.

④ **우리나라 사회복지사전**: 아동복지란 일반적으로 특수한 장애를 가진 아동은 물론 모든 아동들이 가족 및 사회의 일원으로서 육체적으로나 정신

적으로 건전하게 성장·발달할 수 있도록 지역사회나 사회복지서비스 분야에 있는 공·사 단체나 기관들이 협력하여 아동복지에 필요한 사업을 계획하여 실행에 옮기는 조직적인 활동을 의미한다(김문수, 2004).

⑤ Handbook of Child Welfare: 아동복지는 지속적인 사회체계의 하나로서 아동의 복지를 증진시키기 위한 사회제도이며, 하나의 전문직으로서 사회사업의 한 분야임을 명시하고 있다.

이상의 개념을 종합하면, 아동복지란 특수한 장애를 가진 아동은 물론 모든 아동들이 가족 및 사회의 일원으로서 육체적으로나 정신적으로 건전하게 성장·발달할 수 있도록 지역사회나 사회복지서비스 분야에 있는 공사단체와 기관들이 협력하여 아동의 복지에 필요한 사업을 계획하며 실행에 옮기는 조직적인 활동을 말한다.

따라서 아동복지란 '모든 아동을 대상으로 행복하고 인간다운 생활을 할 수 있도록 다각적인 방법으로 예방·치료하는 총체적인 체계'이며, 가족생활을 강화하기 위한 사회복지의 한 분야로서 아동의 전반적인 복지는 물론 아동의 복지에 공헌하는 정책과 이념 및 사업을 포함하는 것으로 정의할 수 있다.

앞에서 정의한 아동복지의 개념에서 중점은 아동양육의 책임을 수행하는데 장애가 있는 가족의 기능을 대리하고 보충하는 데 있다. 아동복지서비스의 기능이 작동되고 있는 경우 보호가 필요한 아동이 본래의 환경에서 계속 보호를 받게 되는 것이고, 가능하다면 최선을 다하여 그의 가정으로 복원하도록 돕는 것을 의미한다(류현수·김주아, 2008). 그러므로 아동복지란 아동을 대상으로 한 주관적인 행복한 삶의 상태뿐 아니라 그러한 상태로 향한 실천적인 행동까지도 포함하는 적극적이고 능동적인 개념임을 알 수 있다(박현선 외, 2008).

2. 아동복지의 요소

아동의 권리나 욕구가 보장되고 충족되기 위해서는 대체로 ① 안정된 가정생활, ② 경제적 안정, ③ 영양, 보건, 의료보호, ④ 교육, ⑤ 노동, ⑥ 종교, ⑦ 오락, ⑧ 특수 보호 등의 요소들이 전제되어야 한다. 그리하여 이러한 분야에서 아동의 기본적 욕구가 충족될 때 비로소 아동복지의 기반이 확립되었다고 할 수 있는데, 이를 세분화시켜 보면 다음과 같다(최순옥 외, 2011).

첫째, 안정된 가정생활로 아동은 부모나 가정을 2차적인 매개체로 하여 그 사회에 있어서의 기본적인 생활습관이나 행동의 기준과 가치판단의 척도를 습득하면서 점차 사회적 인간으로서 성장해 나가는 것이다. 가정은 모든 아동의 성격형성과 사회화의 기본이 되므로 아동에게 있어서 안정된 가정생활의 중요성은 재론을 요하지 않는다.

둘째, 적절한 가족의 수입과 주거로 아동의 건전한 성장발달을 위해서는 안정된 가정생활에 필수적인 최저한의 물질적 욕구인 의식주의 문제가 해결되어야 한다. 인간이 유아기부터 충분한 영양을 공급받지 못할 때에는 신체 발육뿐만 아니라 정서적 성장에도 장애를 입게 되며, 인격발달에도 좋지 못한 영향을 미치게 된다.

셋째, 영양, 보건, 의료보호로 아동의 영양, 보건, 의료보호는 아동의 건전한 성장과 발달에 기본이 아닐 수 없다. 아동의 건강관리를 위해서는 모자보건, 즉 어머니에 대한 건강관리, 유·유아(乳·幼兒)에 대한 정기적 건강진단과 의학상의 지도감독, 전염병에 대한 방역과 예방대책, 위생에 관한 법률이나 규정의 실시, 좋은 영양, 적절한 병원보호나 외래환자 서비스, 보건소 서비스 등이 마련됨으로써 비로소 아동복지적 상황이라고 말할 수 있다.

넷째, 교육기회로 모든 국민은 균등하게 교육을 받을 권리가 있다. 적어도 초등교육은 의무이며, 무상으로 한다고 「헌법」은 명시하고 있다. 즉, 이것은 모든 아동에게 교육의 기회를 부여해 주는 것이 국가의 의무이며 책임임을 인정하는 조항이라 하겠다. 학교는 단순한 지식의 전달뿐만 아니라 전인적 교육을 목표로 하는 만큼 아동들의 학교생활은 밝고 명랑한 것이 되어야 한다.

다섯째, 근로로 모든 아동들은 연소근로와 유해근로에서 보호되어야 함은 아동복지의 기본전제이다. 우리나라의 「근로기준법」[7] 상에는 ① 15세 미만

---

7) 제64조(최저 연령과 취직인허증) ① 15세 미만인 자(「초·중등교육법」에 따른 중학교에 재학 중

인 자는 근로자로 고용하지 못하며, ② 사용자는 임신 중이거나 산후 1년이 지나지 아니한 여성(이하 "임산부"라 한다)과 18세 미만자를 도덕상 또는 보건상 유해·위험한 사업에 사용하지 못한다.

여섯째, 여가와 오락 활동으로 여가선용이라 함은 개인이 휴식과 오락을 위하여 모든 의무로부터 벗어나 구속됨이 없이 스스로 자신의 부족한 능률을 향상시키며 새로운 힘을 회복하는 기회를 갖는 적극적인 시간을 의미한다.

일곱째, 특수 보호로 아동들 가운데는 특수한 문제나 욕구를 지니고 있어서 특수한 법칙, 사회적 보호를 요하는 아동들이 있다. 정서장애아동, 심신장애아동, 지적장애아동, 요보호·비행아동 등에게는 특수한 보호와 치료의 기회를 주어야 하며, 그들의 부자유함을 보충해 주어 자신을 가지고 사회에 적응할 수 있도록 필요한 시설서비스를 제공해야 한다.

전체적으로 사회적 변천과 함께 많은 아동, 특히 행동이나 정서장애 등의 문제아동이 증가하고 있는 현실에서 이들을 위해 아동상담, 치료시설을 통한 서비스가 절실히 요청된다. 요컨대 아동복지는 이와 같은 모든 아동들의 건전한 성장과 발달에 필수적인 기본요소들이 단독으로 또는 보완적으로 활용될 때 그 아동복지의 목적이 실현될 것이다.

3. 아동복지의 원칙

아동복지정책과 아동복지서비스가 효과적인 목적을 달성하기 위해서는 기본적인 원칙이 필요하다. 기본원칙으로 권리와 책임의 원칙, 예방성과 치료성의 원칙, 보편성과 선정성의 원칙, 능력개발성의 원칙, 종합성의 원칙, 선문성의 원칙 등 여섯 가지 원칙이 요구된다(문선화 외, 2009). 아동 시기는 인간의 생활주기에서 그들의 삶에 결정적인 영향을 줄 수 있는 중요한 시기

인 18세 미만인 자를 포함한다)는 근로자로 사용하지 못한다. 다만, 대통령령으로 정하는 기준에 따라 고용노동부장관이 발급한 취직인허증(就職認許證)을 지닌 자는 근로자로 사용할 수 있다. <개정 2010.6.4.>
第65조(사용 금지) ① 사용자는 임신 중이거나 산후 1년이 지나지 아니한 여성(이하 "임산부"라 한다)과 18세 미만자를 도덕상 또는 보건상 유해·위험한 사업에 사용하지 못한다.
근로기준법[시행 2014.7.1.] [법률 제12325호, 2014.1.21., 일부개정].

이며, 아동 시기에 해결해야 할 과제와 욕구를 갖고 있는 복지대상이다. 따라서 이들이 건전한 사회인으로 성장하기 위해서는 다양한 요구를 충족시킬 수 있는 사회복지정책과 프로그램 및 서비스가 요구된다.

첫째, 권리와 책임의 원칙으로 아동의 권리와 책임에 있어 아동은 성인과 마찬가지로 독립된 인격체로서 존중받을 권리를 가지며, 동시에 아동 자신에게도 성인들의 요구에 부응할 책임이 있다. 그리고 부모와 국가의 원리와 책임은 아동양육의 일차적인 책임은 부모에게 있다.[8)]

둘째, 예방성과 치료성의 원칙으로 아동복지는 전체 아동을 대상으로 문제 발생을 미연에 예방하고 특정한 요보호아동에 대해서는 치료적 활동을 전개해야 한다. 아동복지사업은 예방과 치료를 동시에 충족해 나감으로써 보다 효과적으로 문제해결에 접근해야 한다.

셋째, 보편성과 선정성의 원칙으로 일반아동에 대해서는 보편성을 적용한다. 아동수당, 가족수당, 의무교육, 보건서비스 등을 강화하여 기아 및 가출을 예방하는 것이 보편성이다. 특별한 아동을 위해서는 선정성을 적용한다. 심신장애아동, 유기아동 등을 위한 복지사업이 그 예이다.

넷째, 능력개발성의 원칙으로 아동들에게 현대지식 정보사회에 적절히 대응할 수 있는 능력을 육성해 주어야 한다. 특히 시설에 수용되어 있거나 학교 밖 청소년들에게도 그들의 능력을 개발할 수 있도록 다양한 직업훈련의 기회가 제공되어야 한다.

다섯째, 종합성의 원칙으로 아동복지 대책을 강구할 때 안정된 가정생활 경제적 안정, 교육, 보건, 노동, 오락 등의 종합적인 서비스가 주어져야 한다.

여섯째, 전문성의 원칙으로 현대사회의 변화에 따른 아동의 사회적 요구가 다양하기 때문에 전문지식과 기술이 필요하다. 그러므로 아동의 건전한 성장과 발달을 위해서 종사자의 전문성이 요구된다.

---

8) 국가는 제2차적인 책임을 진다. 부모는 아동의 인격발달에 도움이 되는 생활방식이나 행동기준을 설정할 권리가 있으며, 또한 아동에게 재정적인 지원과 건강증진, 정서적 안정을 위한 지도와 감독을 할 책임이 있다. 특히 국가는 다양한 아동복지정책을 개발하여 보다 나은 아동복지서비스를 위해 입법화하고 제반규정을 제정하여 아동복지를 위한 시설과 재정적 근거를 마련하는 데 책임을 다해야 한다.

4. 아동복지의 대상과 범위

아동복지의 대상은 요보호아동은 물론 모든 일반아동까지도 포함되어야 한다는 것이 기본 정신이다. 그러나 여기에서 유의할 점은 일반아동의 복지를 강조함으로써 요보호아동의 복지를 무시하거나, 이와 반대로 요보호아동의 복지를 강조함으로써 일반아동의 복지를 소홀히 해서는 안 된다는 점이다. 아동복지의 기본 정신은 일반아동과 함께 요보호아동의 복지를 동시에 포함한다(공계순 외, 2008).

아동복지 발달과정을 보면 어느 국가에서나 초기에는 고아·기아가 대상이 되었으며, 다음으로 빈곤 가정의 아동, 신체상의 장애 아동 순으로 발달하여 오늘날에 와서는 특수한 장애를 가진 아동은 물론 모든 아동을 그 대상으로 하고 있다. 「헌법」 제10조는 "모든 국민은 인간으로서의 존엄과 가치를 지니며"라고 선언하고 있다. 인간은 누구나 성별, 연령, 피부색, 국적, 종교 등과 상관없이 존엄권의 주체가 되며 장애인이나 영유아, 중범죄인조차도 존엄권의 주체가 된다.

「아동복지법」 제3조 제1항에서 '아동이란 18세 미만인 사람'으로 정의하고 있으며, 제2조에서는 '아동은 자신 또는 부모의 성별, 연령, 종교, 사회적 신분, 재산, 장애유무, 출생지역, 인종 등에 따른 어떠한 종류의 차별도 받지 아니하고 자라나야 하고 아동의 권리보장과 복지증진을 위하여 이 법에 따른 보호와 지원을 받을 권리를 가진다.'라고 제시하고 있다.

일반적으로 아동은 아직 성숙되지 않은 존재이며, 자립이 어려운 보호를 필요로 하는 존재라고 할 수 있다. 이들은 가정과 학습 및 애정을 필요로 하는 존재이며, 하나의 인간으로서 대인관계를 요하는 존재이다. 일반적 아동의 특성을 살펴보면 아동은 성인이나 노인에 대비되어 심신이 미숙한 상태이며, 인간의 전(全)생애 중에서 여러 성숙 단계를 거쳐 성숙한다. 그리고 매우 민감하여 가정을 시초로 점차 사회화되어가며, 학습을 통해 사회 환경에 적응할 수 있는 인간으로 성숙해 간다.

우리나라 「아동복리법」(1961년 12월 30일)이 신규 제정 시 규정된 대상에 대한 범위를 보면 아동이 보호자로부터 유실, 유기 또는 이탈되었을 경우, 아동이 건전한 출생을 기할 수 없는 경우 등을 들고 있는데, 이 조항에 의하면 상당히 협의적이며 소극적인 대상개념을 제시하고 있을 뿐이다. 그러나 이후 개정된 「아동복지법」(1981년 6월 5일)에서는 종전의 「아동복리법」이 구호적 성격의 복지 제공에 중점을 두고 있어 그동안의 경제·사회의 발전에 따라 발생한 사회적 복지요구에 부응하지 못하고 있으므로 요보호아동뿐만 아니라 일반아동을 포함한 전체 아동의 복지를 보장하고자 함을 밝히고 있으며 특히 보호대상범위를 요구호아동 위주로 되어 있던 것을 전체 아동으로 확대하였다.

아동복지의 범위는 크게 요보호아동과 일반아동으로 이분화할 수 있는 바, 이는 표 1-2와 같이 요약될 수 있다.

표 1-2 관련 법령에 따른 아동에 대한 규정

대 상	구 분	내 용
보호대상 아동 (요보호아동)	• 양육환경상의 문제 아동 • 신체적·지적·정서적 장애아동 • 사회적·법적 요보호아동	• 보호자가 없거나 보호자로부터 이탈된 아동 또는 보호자가 아동을 학대하는 경우 등 그 보호자가 아동을 양육하기에 적당하지 아니하거나 양육할 능력이 없는 경우의 아동(「아동복지법」) • 빈곤가정아동, 결손가정아동, 부모부재아동 등 • 신체장애아동, 정서장애아동, 정신장애아동 등 • 가출아동, 비행아동
일반아동	• 일반건전 아동	• 근로청소년, 농어촌아동 등

출처: 장인협·오정수(2002). 아동청소년 복지론. 서울: 서울대학교 출판부. p.127. 법제처(2017) 재구성

제3절 아동복지서비스 유형과 분류

1. 아동복지서비스의 유형

아동복지가 만족스럽게 이루어지기 위해서는 다음과 같은 세 가지 차원에서의 서비스 유형이 상호보완적으로 수행되어야 한다(류현수·김주아, 2008).

1) 지원적 서비스

지원적 서비스(supportive service)란 부모와 아동이 그들 각자의 책임을 효율적으로 수행할 수 있도록 그들의 능력을 지원하고 강화시켜 주는 서비스를 말하며 아동들이 자신의 가정에 머물러 살면서 받을 수 있는 서비스를 말한다.

일반적으로 지원적 서비스를 제공하는 아동복지기관으로는 가정복지기관과 아동상담소가 있는데, 가정복지기관은 주로 부모에 대한 서비스를 통하여 문제에 개입하고 아동 상담소는 아동에 대한 서비스를 통하여 문제에 개입하는 것을 특징으로 한다. 그러나 두 기관은 모두 지원적 서비스를 통해 가족구성원들의 사회기능을 향상시켜 가족해체의 위험성을 감소시키는 데 목적이 있다(최순옥 외, 2011).

그런데 이와 같은 지원적 서비스를 필요로 하게 되는 이유는 부모가 그의 자녀를 양육하는 데 어려움을 겪고 있거나 부모가 자신의 역할에 대하여 아무런 만족을 느끼지 못하여 아동의 양육에 적극적이지 않거나, 부모가 자녀의 친구 관계나 학교생활에 문제가 있다고 여겨 보호적 개입을 원하거나, 형제간의 갈등으로 가정이 화목하지 않거나, 불만스러운 부부관계로 인해 자녀들에게 문제가 발생하는 경우 등을 들 수 있다. 일반적으로 이를 위해 고안된 서비스 프로그램에는 다음과 같은 유형으로 대별된다.

첫째, 개별적 면담 서비스로 이는 개별적인 면접을 통하여 서비스를 제공하는 것으로서 가족이 처한 특수한 현실적인 문제에 초점을 두고 도움을 제공함으로써 부모나 아동이 직면하고 있는 사회적·정서적 압력을 감소시켜 주고 그들이 만족스러운 사회 기능을 하도록 향상시켜 주는 것이다.

둘째, 집단 프로그램으로 집단 프로그램으로는 두 가지가 있는데, 가정교육 프로그램과 집단상담 프로그램이 그것이다. 가정교육 프로그램은 치료적인 기능보다는 좀 더 교육적인 기능을 갖고 있기 때문에 일반적인 문제 상황을 다루는 데 있어서 정상적인 가족관계나 합리적인 문제해결 절차 등을 내용으로 다루고 있으며, 반면에 집단 프로그램은 부모와 자녀 사이의 병리적인 관계를 해결하기 위해 실시된다는 특징을 갖는다.

셋째, 가족치료로 가족치료는 행동체계이며 사회체계인 가족 전체에게 행해지는 역동적인 면접을 근거로 하여 개개의 가족구성원의 총합으로서가 아니라 하나의 특수한 실체이며, 하나의 통합된 단위로서의 가족에 초점을 두고 가족 전체를 변화시킴으로써 아동을 변화시키고자 행하는 서비스이다. 그리고 이외에 지역사회 프로그램이 있는데, 이것은 지역 사회가 부모와 자녀 사이의 관계에 해로운 영향을 미치는 요인을 지니고 있을 경우 지역사회의 수준에서 부모와 자녀 사이의 문제를 해결해 보려고 시도하는 서비스이다.

2) 보완적 서비스

지원적 서비스는 가족 외부에서 지지해 주는 서비스인데 비해 보완적 서비스(supplementary service)는 가족 내부에서 부모의 역할 일부를 보조하거나 대행하는 것을 말한다. 이 서비스의 방법으로는 노령, 유가족, 무능력자를 대상으로 하는 보험인 사회보험이 있고, 공적부조와 같은 종류의 소득유지사업, 어머니의 아동보호 기능을 강화하는 가정조성사업, 부모가 취업, 질병 기타 여러 가지 사정으로 아동을 전적으로 양육하기 어려울 때 탁아시설에서 일정시간 보호하는 탁아사업 등이 있는데, 이를 보다 세분화시켜 보면 다음과 같다.[9)]

첫째, 탁아보호 서비스로 탁아보호사업은 개별적인 탁아보호와 집단적인 탁아보호로 분류된다. 두 살 이하의 아동이나 그 이상의 나이일지라도 정서적 장애를 가진 아동의 경우에는 개별적인 탁아보호를 필요로 한다. 집단탁아 보호로는 유치원, 보육학교, 탁아소, 탁아보호센터 등이 있으며, 유치원이나 보육학교의 경우에는 교육적 욕구를 충족시켜주고, 탁아소나 탁아보호센터인 경우에는 복지적 욕구충족을 목적으로 운영된다.

---

9) 이는 보완적 서비스 중에서는 아동들에게 주어지는 보호로서 가정에 의한 보호에 대하여 보완적인 의미를 지닌다. 또한 좋은 탁아란 교육적 경험과 지도, 아동과 그 가족이 필요로 하는 사회 서비스를 제공하며, 이들을 안전하게 보호하여 그들 부모들이 풍요로운 가정생활을 유지하도록 도와주는 데 목적을 둔다.

둘째, 프로텍티브 서비스(protective service)로 이것은 유기나 학대받는 아동을 위하여 도움을 제공하는 특수한 아동복지서비스를 말한다. 이러한 프로텍티브 서비스를 필요로 하는 상황이란 부모가 부모로서의 역할을 제대로 수행할 능력이 없거나, 의욕이 없을 경우 또한 실제적 위험이 아동들에게 가해질 경우에 공적 기관이 관여하여 보호해 주는 서비스이다.

셋째, 홈메이커 서비스(home-maker service)로 홈메이커 서비스란 가정이 위기에 직면했을 때 그 가정에 가서 가사 전반을 돌보게 하여 건전한 가족생활의 유지와 창조에 기여함을 말한다. 즉, 어머니가 부재하거나 가정의 도움이 필요한 상황에서 어머니의 임무를 맡을 수 있도록 하고 기관에서 훈련받은 여성을 고용하여 가정에 위탁하는 서비스를 의미한다.

3) 대리적 서비스

대리적 서비스(substitute service)는 전혀 가정이 기능을 발휘하지 못하거나 가정이 존재하지 않는 경우 이를 전적으로 대리하여 주는 것으로서 여기에는 완전한 가정을 마련하여 주는 입양, 일정한 기간 동안 가정에 의탁하는 위탁보호, 집단적으로 아동을 보호하는 긴급피난 및 보호, 집단가족, 아동시설, 주거지역치료소 등이 있다. 이들 간의 선택은 아동의 특성 및 사회 여건에 달려 있는데 이를 보다 세분화시켜 보면 다음과 같다.

첫째, 입양으로 이것은 원부모가 아동을 돌볼 수 없거나 원치 않을 때 또는 법적으로 어떤 관계에서 벗어나게 될 때 그 아동을 위한 영원한 대리적 보호를 마련해 줌을 의미한다. 이러한 입양은 아동을 위한 비시설보호의 방법이며, 가족관계를 새롭게 창출하고, 아동을 위하여 항구적인 가정을 제공하여 주고, 양부모와 양자 공동적으로 인간적인 욕구를 충족시키려는 노력이다. 이는 아동을 위해 보다 큰 안전과 보다 좋은 보호를 위하여 일정한 법적 절차에 따라 이루어지고, 양부모는 양자의 양육에 관하여 무제한적인 책임을 장기간 지게 된다는 특징을 가지고 있다.

둘째, 가정위탁보호로 개개의 아동들은 자기가 태어난 가정에서 자기 가족들과 함께 성장·발달해야 한다. 그러나 불행하게도 그의 가정이 적합하지 못한다든가, 그의 부모가 아동을 보살필 능력이 없다든가, 부모들의 이혼·유기·사망으로 인해 가정이 파괴되었거나, 또는 가정환경에서 잘 지낼 수 없는 행동문제 등을 갖고 있는 경우는 부득이 대리가정을 마련해 줄 수밖에 없다. 특히, 시설의 환경보다는 가정의 환경이 더욱 좋다는 점에서 가정위탁보호는 아동복지에 있어서 상당히 중시되고 있고 권장되어져야 할 중요한 프로그램으로 등장하고 있다.

2. 아동복지서비스의 분류

아동복지서비스는 그 분류의 기준에 따라 다음의 몇 가지로 나누어 볼 수 있다(장인협·오정수, 2002).

첫째, 서비스가 전달되는 장소를 기준으로 분류하면 재가서비스와 가정 외 서비스로 양분할 수 있다. 둘째, 서비스가 갖고 있는 기능을 중심으로 분류하면 지지적 서비스, 보완(보조)적 서비스, 대리적 서비스로 분류할 수 있다. 셋째, 가정이 아동을 위한 일차적인 서비스의 중심임을 강조하여 아동의 기본적인 생리적·심리적·사회적 욕구가 충족되지 못하거나 부모-자녀간의 관계에서 역할수행에 장애가 있는 경우의 아동복지서비스가 수행하는 방어선(line of defence)의 위치에 따라 서비스를 제1차 방어선, 제2차 방어선, 제3차 방어선으로 분류하기도 한다.

이러한 서비스의 분류기준에 따라 아동복지서비스의 구성 체계를 보면 앞의 그림 1-2와 같이 구분할 수 있다.

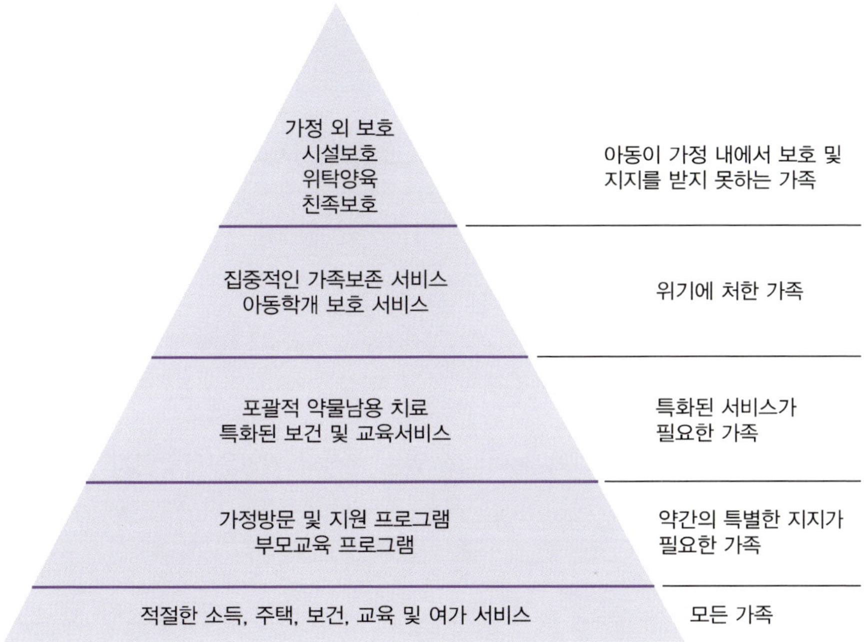

✵ 그림 1-2 아동복지서비스의 구성 체계

출처: 김통원(2008). 우리나라 아동복지생활시설의 다기능화 전략. 성균관대학교 Report. p.4.

■ 생각해 봅시다.

1. 아동권리의 필요성 및 당위성에 대해 토론해 봅시다.

2. 아동권리가 갖는 한계성에 대해 토론해 봅시다.

3. 아동복지의 대상이 계속 늘어나고 있는 현상과 원인은 무엇인지 생각해 봅시다.

4. 아동복지의 대상이 요보호아동에서 모든 아동에게로 변화하게 된 요인들을 토론해 봅시다.

5. 현대사회의 특성과 관련된 아동복지의 필요성은 어떤 것들이 있는지 토론해 봅시다.

아동복지의 발전과정

제1절 외국의 아동복지 발전과정

1. 산업화 이전의 아동복지

산업화 이전의 아동복지는 신분계급이 낮은 아동은 농노가 되어 노동력 착취, 심할 경우 생명을 잃는 경우도 발생하였다. 이에 종교단체나 가톨릭교회가 중심이 되어 생명을 빼앗는 행위를 죄악으로 여겼다. 이를 위해 아동의 노동력 착취 등을 금지하려는 노력의 시작과 함께 가난하거나 의지할 곳 없는 아동을 보호하기 위해 교회 시설을 활용하기 시작하였다.

아동의 욕구와 능력이 성인과 별로 다를 게 없다고 생각한 사회에서의 일반적인 인식은 인구 대상층의 문제와 분화되지 않은 상태에서 아동에 대한 열악한 처우를 그대로 보여주었다.[1)]

---

1) • 사회구조: 장원제도의 엄격한 신분 계급 사회를 갖는다.
- 아동의 지위: 가장 하찮은 사회적 지위를 차지하고, 따라서 영주들은 필요한 노동력과 군사력의 차원으로 아동의 존재가치를 부여하고 이를 악용하였다.
- 가족구성원의 지위: 아버지, 가축, 어머니, 아동의 순으로 가장 하위계층의 지위에 있었다. 즉 17세기 프랑스의 아동에 대한 조사에 따르면, 아동의 지위는 과도기적 존재로 완전한 동물도

1601년 영국에서 제정된 구빈법(Poor Law, 救貧法)은 아동복지의 기원이 되었다. 요보호아동을 양육할 의사가 있는 사람에게 무료나 유료로 아동을 위탁시킬 수 있는 조치와 일할 수 있는 청소년은 도제(apprentice)로 보내 기술을 연마 또는 가사 등을 돕게 하였다(조재숙 외, 2007).

이 법은 아동복지에 대해 국가의 책임을 최초로 규정하였고, 위탁보호제도와 도제제도를 마련하였다. 위탁보호 후 시설수용 아동의 수가 감소하고, 가정적 분위기의 안정된 생활을 하였고, 도제제도 후 빈곤아동의 의식주와 생활상 어려움의 해결 등 직업적 능력을 길러 사회적으로 자립할 수 있는 기반을 조성하였다. 그리나 도제제도의 문제점으로 아동의 인권 무시와 노동력 착취 등 신분에 따라 일부 아동들의 권리만 인정함으로써 대부분의 아동은 가족 또는 장원의 단순한 부속물로 취급하였다. 이 시기의 아동보호 활동은 단순한 동정적인 감정에 의한 종교적 자선행위나 개인의 욕구나 권리에 기반을 두고 있어 근대적 의미의 전문적 아동복지사업은 아니었다(김성경 외, 2005).

구빈법은 빈민의 구제를 다루는 모든 법률로 16세기 영국에서 발전하여 다양한 변화를 거쳐 제2차 세계대전 후까지 계속되었다. 엘리자베스 시대의 구빈법은 1597~1598년에 제정되었으며, 각 교구의 구빈관(救貧官)이 이를 집행했다. 이들은 노인·병자·빈민아동들에게 원조를 제공하고, 숙련공들에게는 구빈원(workhouse)에서 일자리를 주었다. 구빈법은 18세기말 이른바 스피넘랜드 제도에 의해 보완되었다. 이 스피넘랜드 제도에 따라 최저생계비 이하의 급여를 받는 노동자들에게 일정 수당을 지속적으로 제공하였고, 그 결과 공적부조(公的扶助)에 따른 지출이 너무 커져서 이를 폐지하고 1834년 신구빈법(New Poor Law, 新救貧法)이 제정되었다. 신구빈법은 몸이 성한데도 피구호민(被救護民)인 노동자를 도덕적인 실패자로 보는 보다 엄격한 철학에 입각하고 있었다. 새로운 법은 몸이 성한 빈민들에게는 구빈원에서 일하는 자들을 제외하고는 아무런 원조도 주지 않도록 하여 노동자들을 자극하여 자선보다는 정식 일자리를 찾도록 하는 데 그 목적이 있었다. 19세기에 인도주의사상이 팽배해지면서 이 법은 그 엄격성이 다소 완화되었으며,

---

아니고, 완전한 사람도 아닌 존재였다.

20세기 고도의 산업발달에 따른 실업현상은 빈곤이 단순히 도덕적 문제만은 아님을 보여주었다. 1930년대와 1940년대의 사회입법으로 구빈법은 광범한 공공복지서비스 체제로 대치되었다(조재숙 외, 2007).

2. 산업화 이후의 아동복지

1) 근대 산업사회

봉건제도(농노제도, 장원제도) 사회의 붕괴와 함께 그 결과 빈곤, 실업, 노사문제, 주택문제 등 다양한 사회문제들이 발생하고, 아동문제 인식 또한 변화가 시작되었다. 이 당시 아동에 대해 성인과는 다른 욕구와 능력을 가졌고, 성인기와 구분하여 독특한 시기를 통해 성장한다는 점을 인정하기 시작하였으며, 아동의 문제와 관련된 최대의 관심사는 집단적인 수용보호의 효율성에 대한 비판으로 집중되었다.

19세기 중반까지 고아나 유기 아동들은 구빈원에서의 수용 생활은 열악하였고, 많은 수용 아동들이 사망하였다. 1851년 빈민생활조건 개선협회는 노숙아동, 방임아동을 보호하는 아동시설을 설립하였고, 도로시 딕스(Dorothea Dix)같은 개혁가들이 중심이 되어 아동시설의 참혹상을 사회에 알려 정부 차원의 개선이 이루어지기도 하였다. 그 결과 아동시설은 성인과 아동을 혼합 수용하던 것에서 벗어나 아동중심의 시설로 발전하였지만, 전문성 측면에서의 발전은 이루어지지 않았다. 이 당시 아동들을 장기간 수용하는 경향은 계속되었는데 이는 아동에 적절한 교육을 제공하는 수단이 되어야 한다는 인식 때문이었다(김성경 외, 2005).

19세기 산업혁명 이후 산업혁명 초기의 산업이었던 면방직 공업에 필요한 값싼 노동력으로 아동을 활용하였다. 장시간 노동 이외에 상업이나 가사노동으로 혹사당하는 경우도 빈번하게 발생하였고 신체에 위험을 주는 열악한 노동조건에서 일하는 경우가 많았다.

영국에서는 1802년 '옥면공장 등 도제의 건강 및 품성을 위한 법률'을 제정하였으며, 세계 최초로 연소 공장 노동자의 노동시간을 규제하고, 최소 수준의 위생과 교육을 보장하는 법령과 1819년 공장법(Factory Act)을 제정하였다. 또한 취업 연령을 최저 9세 이상 13세까지의 아동은 주당 48시간, 1일 9시간으로의 노동시간 제한으로 아동을 보호하였다. 그리고 프랑스는 1841년, 스웨덴은 1881년, 미국은 1895년 근로아동을 위한 관계법을 제정하였고, 최저 근로 연령 상향 조정, 아동의 노동을 제정하여 직업의 종류를 규정하기 시작하였다(권영복, 2003).

2) 현대 산업사회

20세기 현대 산업사회 선두 국가인 미국의 아동복지의 주요한 변화상을 중심으로 살펴보면 당시 미국의 대통령이었던 루즈벨트는 아동을 위한 부모역할의 중요성과 가정생활의 중요성을 세 가지로 제시하였다(조재숙 외, 2007).

첫째, 가난하다는 이유로 아동이 가정으로부터 이탈되어서는 안 된다. 둘째, 가정을 떠나야만 하는 이유가 확실한 경우는 차선책으로 잘 선정된 위탁가정이 바람직하다. 셋째, 필요에 따라 시설을 이용할 경우는 소숙사 형태(Cottage System)[2]가 좋으며 아동의 의존성이 나타나지 않도록 해야 한다고 주장하였다.

이후 연방정부에 아동문제를 전담하는 아동국을 설치하고, 아동노동과 비행 등 아동에 관한 업무를 담당하도록 하였다. 아울러 10년마다 백악관회의를 열어 변화하는 사회에서의 아동복지정책을 모색토록 하였다.

이후 아동복지의 대상을 요보호아동에 국한하지 않고 일반아동으로 확대하는 보편주의적 아동복지제도가 도입되었고, 이와 관련해 1933년에는 아동청소년법(Children and Young Persons Act)이 제정되었다. 이 법은 비행청소년뿐만 아니라 일반아동 및 청소년의 복지와 사회참여를 활성화시키는 것을 목적으로 제정되었다. 아동복지에 대한 국가적인 책임이 강조되고, 복지대상이 일반아동까지 확대됨에 따라 복지대책의 일환으로 아동수당 및 가족수당 제도가 도입되었다. 아동수당은 가족수당제도의 체계 내에서 또는 독자적인 영역으로 발달하였는데, 영국은 1946년에 제정된 가족수당제도의 개선책으로 1974년 모든 아동을 대상으로 하는 아동수당법을 제정하였다(권영복, 2003).

---

2) 아동의 입소시설(그중에서도 육아시설이나 교호원)에서 아동처우의 효과를 올리기 위해 가정적 분위기를 증대시키고 구성원 간의 상호작용을 긴밀히 하기 위해 대개 8~12명 정도를 한 단위로 해서 단독건물에 거주시키는 제도(사회복지학사전)

한편 위탁가정과 아동시설이 요보호아동을 보호하는 가장 발전된 형태로 자리를 굳혀 갔다. 20세기 초반에 이 두 제도의 상대적인 장점에 관해 논란이 제기되기도 하였으나, 두 제도가 아동복지의 향상을 위해 효과적으로 협력되고 조정되어야 한다는 것으로 결론지어졌다.

20세기 중반 이후 위탁가정보호와 아동시설은 아동의 개별적인 욕구에 맞게 보다 효과적으로 대처할 수 있도록 발전하였다. 즉, 대규모 아동시설은 가정형태의 소규모시설로 발전하였고, 위탁가정과 시설의 특성을 동시에 갖춘 소규모 가정시설이 개발되었으며, 특수아동의 욕구를 충족시키기 위한 특별 위탁가정이 개발되었다(조재숙 외, 2007).

1959년 유엔(UN)이 '아동권리선언'을 선포한 이후, 이를 바탕으로 1979년을 아동의 해로 지정하였고, 1989년에 아동권리에 관한 국제협약을 만장일치로 통과시켜 '유엔아동권리협약'을 채택하였다. 이에 따라 아동권리협약에 따른 이행사항의 보고가 매우 중요한 역할을 하게 되는데, 이를 위해 각 나라의 상황에 적용될 수 있는 아동권리 지표 개발을 위한 아동모니터링제도 등이 필요하게 되었다. 1981년 세계에서 처음으로 노르웨이 왕에 의해 아동문제 옴부즈맨이 임명되었고, 스웨덴에서는 아동문제 옴부즈맨 사무국이 1993년, 아일랜드는 1995년에 신설되었다. 옴부즈맨은 모든 아동관련 단체에 접근할 수 있는 권한을 가지고 있다. 또한 시민단체(non-government organization, NGO)는 협약을 기초하는 단계부터 개입하여 국가의 아동권리에 대한 보고를 주시하였는데 권리협약이 제대로 성장할 수 있도록 사회환경을 변화시키는 데 커다란 몫을 차지했다. 아동권리증진을 위해 일하는 국제적인 규모의 대표적인 시민단체는 세이브더칠드런(Save the Children), 아동옹호기금(Children's Defence Fund, CDF), 아동권리에 관한 정보협의회(Child Rights Information Network, CRIN) 등이다.[3]

3) 이재연(1997). 각 나라의 아동권리 협약 실천 상황. 「아동권리연구」. 제1권 제2호, 한국아동권리학회, pp.5-20 재구성.

전체적으로 볼 때, 아동권리는 증진되고 부모가 아동에 가지고 있던 권리는 감소되는 방향으로 전개되어 왔다고 볼 수 있다.

표 2-1 20세기 이후 이루어진 아동복지서비스의 발전과정

20세기 전	20세기 후
집단적 수용보호	소규모의 수용보호
시설보호중심	재가보호와 지역사회의 보호 강조
포괄적인 서비스	분화된 다양한 서비스
비전문적 서비스	전문적 서비스

출처: 조재숙 외(2007). 아동복지의 변천과정. 아동복지론 report. p.5.

제2절 우리나라의 아동권리와 복지 발전과정

1. 전통사회의 아동복지

신라시대 제3대 유리왕 5년(서기 28년)에 관가에서 병든 사람, 자활하지 못하는 사람들과 고아들에게 식량을 지급하였으며, 고구려 태조왕 56년(서기108년)에는 재해를 당한 사람들 속에 아동을 포함시켜 관곡을 배급하기도 하였다. 고려 제6대 성종 13년(서기 994년)에는 고아에게 10세까지 식량을 지급하고, 원하는 곳에서 살게 하였다. 그리고 충목왕 3년(서기 1347년)에는 관립의 영아원이라 할 수 있는 해아도감을 설치하여 유아들을 보호·양육하였는데 이것이 우리나라 최초의 시설구제로 평가되고 있다(보건복지부, 2008).

그 후 조선 제22대 정조(서기 1793년)의 자휼전칙은 우리나라 전근대 시대의 대표적인 아동복지법령이라 할 수 있다. 여기서 자휼전칙[4])이란 흉년이

4) 흉년에 걸식하거나 버려진 아이들의 구제방법을 규정한 법령으로 1783년(정조 7년) 버려지거나 걸식을 하다가 굶어죽는 아이가 많으므로 윤음(綸音)을 내려 사목(事目)을 정하고 이들을 구제할 수 있는 길을 열었는데, 그 시행 방법을 규정한 것이다. 또한 당시 이를 널리 주지시키기 위하여 한글로 번역하여 전국에 반포했다. 서문에 해당하는 전문(前文), 본문인 사목, 이를 한글로 풀이한 부록으로 구성되었으며, 사목은 모두 9조로 되어 있다. 구제방법은 서울과 지방이 달랐다. 서울에서는 5부(五部)에서 4~10세의 걸식하는 아이와 3세까지의 버려진 아이를 진휼청에

들어 기근이 심할 때 극빈아동, 부랑아동을 관가에 유양, 민간에 수양토록 허가하는 법으로 유기아는 0~3세 자력으로 생존이 불가능한 아동을, 행걸아는 4~6세, 7~10세로 세분하여 급여를 제공하였다. 이 제도의 실시는 아동구제 사업에 대한 국가의 책임과 역할을 일정부분 인정한 것이다.

2. 근대사회의 아동복지

조선 말 고종 25년(1888년) 3월 프랑스교회가 서울 명동에 천주교회 고아원을 개설하였고, 고종 32년(1895년) 3월 인천에 천주교부속 고아원이 설립되고, 광무 10년(1906년) 3월 이필화가 경성고아원을 설립하였는데, 경성고아원은 황실하사금과 정부보조금(기부금)으로 설립되었다(조재숙 외, 2007).

일제시대 1910년대에는 조선총독부 산하에 제생원이 설립되어 빈곤아동과 맹아들의 교육과 자활을 지원하였으며, 제생원의 양육부는 이필화가 설립한 경성고아원을 인수하여 운영하였고, 광복 국립육아원의 전신이 되었다. 또한 봉건시대의 아동관을 불식하고, 시대에 맞는 아동관을 계몽하는 일에 힘썼으며, 어린이라는 순수한 한글말을 만들어 보급하고, 어린이날을 제정하는 등 아동문화를 확산시켰다.

조선소년운동협회는 1923년 5월 1일 제1회 어린이날에 소년운동선언을 발표하였는데, 이것은 아동의 인권을 보호하고자 한 우리나라 최초의 아동권리선언이라 할 수 있다.

보고하면 진휼청에서는 이를 돌보되 걸식아이는 흉년의 경우 보릿고개까지만 돌보고, 버려진 아이는 풍흉에 관계없이 돌보도록 했다. 친척이 있는데 돌보지 않는 경우는 친척에게 보내도록 했다. 걸식아는 진휼청 밖의 빈터에 흙집을 지어 거처하게 하고, 버려진 아이의 양육은 거지 여인 가운데 젖 먹일 만한 사람을 택하거나, 지원자를 물색하되 양육에 필요한 양식을 지급하며, 의복은 진휼청에서 마련해주고 병에 걸리면 혜민서(惠民署)에서 구호하게 했다. 지방에서는 진읍(賑邑)에서만 실시하고 버려진 아이는 진휼에 관계없이 실시하되 곡물은 상진곡(常賑穀)으로 충당하고, 간장과 미역은 감영에서 담당하게 했다. 걸식아나 버려진 아이를 기르고자 하는 사람은 진휼청의 입안(立案)을 받아서 아이를 자녀나 노비로 삼을 수 있게 하고, 부모나 친족 중에서 3개월 전에 찾아가는 자는 그동안에 들어간 비용을 내게 했다. 이 법령은 구휼정책(救恤政策)의 중요한 핵심을 이루는 것으로 조선 후기 농촌사회의 실상과 사회정책 연구에 도움이 된다. 규장각·국립중앙도서관 등에 소장되어 있다.

아동권리선언의 내용으로는 어린이를 윤리적 억압에서 해방시키고 완전히 인격적으로 대우할 것, 경제적 억압에서 해방시키고 인격적으로 대우할 것, 만 14세 이하 아동에 대한 유상 또는 무상의 노동을 금지할 것, 어린이에게 안심하고 즐겁게 뛰놀 수 있는 가정 또는 사회시설을 설립할 것 등이다(김경중, 2009).

1921년 미국의 감리교 선교사들이 설립한 태화사회관은 초기에는 교육사업에 치중했고, 점차 아동보건과 사회사업을 전개하였다. 아동건강진단의 실시와 가정방문을 통한 위생교육, 육아법 등을 보급하였고 빈곤아동을 위한 탁아사업, 무료목욕사업, 우유급식사업들을 실시하였다. 태화사회관을 중심으로 결성된 경성연합 소아건강 구제회는 세브란스병원, 동대문 부인병원, 태화진료소를 거점으로 지역의 아동보호 활동을 전개하였다. 태화사회관은 이후 일제의 종교탄압으로 인한 선교사 추방, 재산 몰수 등의 시련을 겪게 되었고, 결국 시국에 맞지 않는다는 이유로 일제가 완전중지명령을 내리고 말았다(조재숙 외, 2007).

3. 해방 이후의 아동복지

1) 사회구호적 차원의 아동복지사업기(해방 이후~1960년)

한국전쟁을 기점으로 본격적인 고아사업이 전개되어서 전쟁고아나 기아, 미아 등 아동에 대한 각종 수용·보호시설이 주로 외국인 원조에 의해 설치·운영되었다. 1953년 부산에 시립탁아소가 설치되었으나 보육시설은 임시구호적 성격이 강했다(조재숙 외, 2007).

1960년 이전까지 아동복지는 국가책임의 원칙이 정착되지 못했고 전문화된 서비스를 제공받을 수 없었으며, 빈곤계층의 아동을 대상으로 민간과 해외원조에 의존해 운영되는 사회구호사업이 대부분이었다.

2) 잔여적 아동복지 정책기(1960년대 초~1970년대)

「아동복지법」 시대(1961~1982)로 1961년 「아동복리법」이 제정되었으며, '탁아소'를 법정 아동보육시설로 인정하고 보육시설의 설치기준, 종사자 배치기준, 보육시간, 보호내용 등을 구체적으로 규정하였다(김경중, 2009).

1960년대 후반기에는 사회가 안정되기 시작하면서부터 고아의 감소경향으로 특수아동에 대한 복지사업과 근로여성을 위한 탁아사업으로 아동복지사업의 근간을 이루어 활발히 전개되어 왔다. 또한 1969년 「아동복리법 시행령」에 근거한 '미인가 탁아시설 임시조치령'을 공포, '탁아소'를 어린이집으로 명칭을 변경하고 정부 지원을 시작하였다. 1970년대까지 우리나라 아동복지는 일반아동을 대상으로 한 보편적 서비스로 발전하지 못하였고, 보호를 필요로 하는 아동을 중심으로 하는 선별주의 원칙에 기초한 잔여적 형태의 서비스였다. 1979년 '세계 아동의 해'를 계기로 '한국 어린이의 해'를 선포하였다(조재숙 외, 2007).

3) 통합적 아동복지정책의 모색기(1980년대~현재)

1970년대 후반부터 산업화, 도시화, 핵가족화, 가치관의 변화로 소년소녀가장문제, 가출 아동, 부랑아동, 비행아동, 정서장애아동, 신체장애아동의 문제뿐만 아니라 저소득층 또는 일반가정의 방치된 아동문제 등 광범위하고 다양한 아동문제가 등장하게 되었다. 또한 요보호아동뿐만 아니라 일반가정 아동을 위한 발전적이고 예방적인 복지프로그램의 필요성이 주장되었다(김경중, 2009).

실제 국가의 아동복지에 대한 절대적 지원 수준은 이 시기에 꾸준히 상승하였으며, 「아동복지법」에 일반아동의 복지를 위한 내용들이 포함되기 시작하면서, 1981년 4월에 「아동복리법」을 「아동복지법」으로 전문을 개정하기에 이르렀다.

즉, 유아교육진흥 시기인 1982~1990년에는 1982년 '장애자의 해'에 「심신장애자복지법」을 제정·공포하였으며, 1982년 「유아교육진흥법」을 제정하였다. 취학 전 아동의 심신 발달을 목적으로 하는 새마을 유아원이 전국에 보급되고, 탁아시설이 모두 새마을 유아원에 흡수되었다. 또한 1987년 「남녀고용평등법」을 제정하여 근로자 자녀를 위한 직장탁아소를 설치하였으며, 1989년 9월에는 「아동복지법」 시행령을 개정하여 1982년 삭제된 보육시설의 설치 운영 근거를 부활하였다(민진홍, 2011).

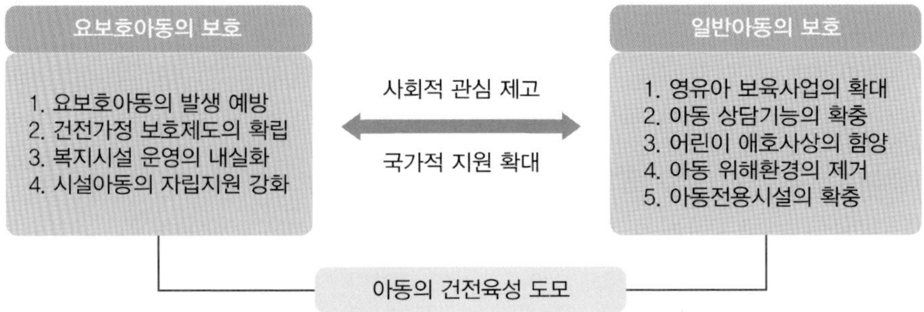

출처: 유엔아동권리협약 이행상황보고서와 권고문 I

✽ 그림 2-1 아동복지정책의 기본방향

이후 영유아보육 시기인 1991~2004년에는 1991년 「영유아보육법」을 제정, 공포하여 보건복지부로 일원화하였고, 단순 탁아에서 보육 기능을 확대하였다. 또한 보육수요가 급증하며 우리나라 보육사업은 본 궤도에 오르게 되었다. 1991년 유엔아동권리협약을 비준함에 따라 1992년부터 1996년까지 진행된 제7차 경제사회발전 5개년 계획에 아동복지부문을 포함시켰다. 협약에서 제시하고 있는 아동의 권리를 실현하기 위한 대한민국 정부의 노력은 제7차 경제사회발전 5개년 계획에서 제시하고 있는 아동복지정책의 기본 방향에서 구체화되고 있는데, 아동의 건전육성을 도모하기 위한 국가의 지원을 확대하면서 사회적 관심을 제고하는 것을 주요 골자로 하고 있다.[5)]

2004년 1월에 전면 개정된 「영유아보육법」의 특징을 보면 보편주의 보육이념의 강화, 아동권리의 기본 원칙 천명, 보육을 범정부적 정책과제로 설정하고, 보육의 공공성 강화, 보육의 전문성 강화, 보육행정 및 운영에 있어서 수요자의 참여 활성화 등에 중점을 두었다. 또한 2004년 6월 주관부처가 보건복지부에서 여성가족부로 이관되었으며, 2005년부터 보육교사 국가자격증제를 도입하여 여성가족부 장관 명의의 자격증 발급을 시작하였다. 그리고 보육서비스의 질적 수준을 높이고자 보육시설평가인증제를 실시하였다(조재숙 외, 2007).

5) 유엔아동권리협약 한국 NPO연대(2006). 유엔아동권리협약 이행상황보고서와 권고문 I.

✵ 표 2-2 아동복지의 역사

구 분	내 용
아동복지 태동기 (1950~1960)	전쟁고아, 기아 및 부랑아들이 대량 발생하여 국가 및 국내외 민간단체에서 많은 아동보호시설을 설립하였다. 사회복지시설이 572개소의 약 80%를 차지할 정도였으며 영아원, 유아원, 모자원, 부랑아 보호시설 등이 설립되었다.
아동복지 제정기 (1961~1980)	이 시기는 전쟁을 극복하고 사회가 발전해 나가는 시기이므로 해외 원조 감소로 국가의 경제적 지원이 증가된 시기라 할 수 있다. '62~'81년 「아동복리법」에 의해 보건복지부가 탁아관리
아동복지 전환기 (1981~1999)	요보호아동뿐만 아니라 일반아동에 대한 복지 보장도 더불어 추구하게 된 시기이다. 아동복지 정책의 대전환기라 할 수 있으며, 아동학대 고발 센터를 개설하였고, 시설탁아와 가정 위탁은 아동복지시설에서 제외하여 가정복지국에서 관리하고 행정조직의 개편과 통폐합으로 많은 변화를 일으킨 시기라 할 수 있다. '91.1 「영유아보육법」 제정
아동복지 성숙기 (2000~현재)	이 시기는 2000년 1월 「아동복지법」이 개정되면서 아동권리를 강조하였고, 학대아동보호 및 안전에 대한 지원을 확대해 나갔다. 2004년 7월 실종 아동보호 지원에 관한 법률이 제정되었고 이후 관련 법령의 제정·개정되고 다양한 육아지원정책이 수립 시행되었다. 2012.7.15. 「아동의 빈곤예방 및 지원 등에 관한 법률」 시행 2014.9.29. 「아동학대범죄의 처벌 등에 관한 특례법」 시행 2015.5.12. 제1차 아동정책기본계획('15~'19) 2016.12.20. 「한부모가족지원법」 일부 개정 2017.12.20. 아동학대 관련 「아동복지법」 일부 개정
	제1차 육아지원정책('04.6) – 고령화 및 미래사회위원회에서 "보육 및 육아교육 지원의 공공성 확대(공약사항)"에 대한 대책 발표 제2차 육아지원정책('05.5) – 고령화 및 미래사회위원회에서 "출산율 제고 및 여성경제활동 참가"에 대한 대책을 발표 새싹플랜('06.7) – 여성가족부에서 공보육 강화를 위한 제1차 중장기보육계획인 새싹플랜('06~'10)을 발표 아이사랑플랜 수립 ·시행('09~'12) – 제1차 중장기 보육계획(새싹플랜 '06~'10)을 보완·수정 보육에 대한 국가책임을 강화 • 수요자 중심의 보육정책으로 개편하는 보완계획 수립·시행 보육료·양육수당 전계층 지원('13.3) • 만 0~5세 전계층 영유아에게 보육료·양육수당 지원 제2차 중장기보육 기본계획 수립·시행('13.12) • 부모의 보육·양육 부담 경감 • 수요자 맞춤형 보육·양육 지원 • 공공성 확대와 품질관리 강화 • 양질의 안심 보육 여건 조성 • 신뢰가 있고 투명한 보육 생태계 구축 • 보육서비스 재정 및 전달체계 개선

출처: 이정숙(2010). 아동복지 행정에 대한 연구: 사회보호시설과 종교아동복지시설의 아동을 중심으로. 고려대학교 정책대학원 석사학위논문. pp.6-7, 보건복지부(2017) 자료를 토대로 재구성

2009년 7월 일부 개정 시행된 「영유아보육법」에서는 보육시설 미이용 아동의 양육비 지원을 위한 양육수당 제도, 보육시설 이용 부모의 편의를 증진하고 보육행정을 효율화하기 위한 보육서비스 이용권 제도 및 보육시설의 안전사고 예방과 보상의 제도화를 위한 보육시설 안전공제사업 제도의 도입근거를 마련하였다. 보육의 정의를 보육시설서비스 중심이 아닌 가정에서의 양육지원까지 포함됨을 명시하여, 보육정책의 대상이 시설 이용 아동만이 아닌 전체 영유아임을 명확히 하였다. 또한 취약보육대상에 다문화 아동을 포함하였고(법 제26조제1항), 다자녀 가구 보육료 지원(법 제34조제3항 신설), 보육시설이나 유치원을 이용하지 아니하는 영유아에 대하여 양육에 필요한 비용을 지원할 수 있도록 양육수당(법 제34조의2)을 신설하였다.

2012년 7월에는 경제적·사회적·문화적·정서적으로 빈곤상태에 있는 아동을 위하여 국가가 아동빈곤위원회를 설치하여 기본계획과 추진전략을 수립하며 통합적인 사회복지지원체계를 마련함으로써 모든 아동이 사회의 구성원으로 건강하게 자랄 수 있도록 법적·제도적 기반을 마련하기 위한 「아동의 빈곤예방 및 지원 등에 관한 법률」을 제정하였고, 2016년 12월 일부 개정하여 빈곤아동에 대한 실태조사를 정기적으로 실시하고 공표하도록 명시하였다.

2013년 3월 일부 개정된 「영유아보육법」에서는 국가와 지방자치단체로 하여금 보육에 필요한 재원을 안정적으로 확보하도록 책무를 부여하여(안 제4조제2항) 무상보육의 근거를 마련하고, 그 내용 및 범위는 대통령령으로 정하도록 하였다(안 제34조제1항).

이후 2014년 2월 일부 개정된 「영유아보육법」에서는 「아동복지법」 제17조에 따른 금지행위를 하여 금고 이상의 실형을 선고 받고 그 집행이 종료된 날부터 10년이 경과되지 아니한 경우에는 어린이집을 설치·운영을 할 수 없도록 (안 제16조제5호) 하여 자격을 강화하였으며, 아동학대 행위 방지를 위한 명령을 신설하여 아동의 안전과 보호에 노력을 기울였다.

아동학대와 관련된 논란이 점점 강해짐에 따라 2014년 1월 28일 「아동학대범죄의 처벌 등에 관한 특례법」을 제정하였다. 이 법은 아동학대범죄의 처법 및 그 절차에 관한 특례와 피해아동에 대한 보호절차 및 아동학대행위자에 대한 보호처분을 규정함으로써 아동을 보호하여 아동이 건강한 사회 구성원으로 성장하도록 함을 목적으로 하고 있다(법 제1조).

또한 2015년 정부는 아동정책조정위원회(위원장 직무대행: 경제부총리)의 심의·의결을 거쳐 "행복한 아동, 존중받는 아동"을 비전으로 하는 제1차 아동정책기본계획('15~'19)을 확정 발표하였다.

2015년 9월 어린이집의 아동학대범죄가 잇따라 발생하여 어린이집을 이용하고 있는 영유아 보호자들의 불안이 가중되고, 건강하고 안전하게 보호받고 양육되어야 하는 영유아의 권리도 훼손되고 있어 이에 대한 대책 마련이 시급하게 요구됨에 따라 「영유아보육법」을 개정하였다. 개정된 법에서는 보육교직원은 영유아를 보육함에 있어 신체적 고통이나 고성·폭언 등의 정신적 고통을 가하여서는 아니되고(법 제18조의2), 어린이집 원장 또는 보육교사의 보수교육은 집합교육을 원칙으로 하고, 재난대비 안전, 인성함양(영유아의 인권보호 교육을 포함) 등을 포함하도록 (법 제23조 및 제23조의2) 명시하여 아동학대를 예방하고 이에 대한 경각심을 높이고자 하였다.

2017년 개정된 「영유아보육법」에서는 부모교육이 충분히 이루어지지 못하고 있어 영유아의 보호자에게 영유아의 성장·양육방법, 보호자의 역할, 영유아의 인권 등에 대한 교육을 실시하도록 명시하였다. 국가와 지방자치단체가 영유아의 보호자에게 영유아의 성장·양육방법, 보호자의 역할, 영유아의 인권 등에 대한 교육을 실시하고, 교육에 필요한 비용을 보조할 수 있는 근거를 마련(법 제9조의2 신설)하였고, 보육교직원이 업무를 수행함에 있어 영유아의 생명·안전보호 및 위험방지를 위하여 주의의무를 다하도록 (법 제18조의2제2항) 하는 조항을 신설하였다.

아동의 보호자인 부모와 관련하여서는 1989년 제정된 「모자복지법」이 2002년 12월 「모·부자 복지법」으로 일부 개정하였고, 이후 2007년 10월 제명을 「한부모가족지원법」으로 개정하여 2008년 1월부터 시행되었다. 자녀가 취학중인 경우 자립능력이 갖추어지지 아니한 상태로 학비 등으로 인한 생활비 지출이 증가될 수 있는 시기라는 점을 고려하여 자녀가 취학 중인 때에는 22세 미만까지 확대하여 지원하도록 하며, 65세 이상의 고령자들과 손자녀로 구성되어 있는 조손가족의 경우도 이 법에 따른 보호대상자로 함으로써 조손가족의 생활안정과 복지증진을 도모하였다.

2016년 12월 개정된 내용에서는 한부모가족에 대한 사회적 편견과 차별을 예방하기 위하여 교육부장관 등은 각급 학교에서 한부모가족 관련 교육을 실시하도록 하고, 국가와 지방자치단체는 한부모가족 지원 관련 업무에 종사하는 공무원에게 한부모가족에 대한 이해 증진과 전문성 향상을 위한 교육을 실시할 수 있도록 하는 한편, 아동·청소년 보육·교육을 실시함에 있어서 한부모가족구성원인 아동·청소년을 차별하여서는 아니 된다는 원칙을 명시하였다.

1970년대를 고비로 아동복지서비스의 운영과 관련된 국가의 책임은 계속 증대하여 과거 외원기관 중심에서 국가 중심의 운영체제로 전환되었다. 즉, 과거 아동복지의 주류를 형성하였던 시설수용보호 사업은 점차 퇴조하고, 가정과 지역사회 중심의 보육 서비스, 국내입양, 가정위탁, 재가복지서비스의 중요성이 강조되었는데, 이상의 변화와 발전과정을 종합해 보면 다음과 같이 정리할 수 있다.

법 령

- 1946 군정법령 112조 아동노동법규제정
- 1950 후생시설설치기준령
  1952 후생시설 운영요령
- 1961.1.12 아동복리법 제정
- 1981 아동복지법 제정 (아동복리법→아동복지법)
- 1982 유아교육진흥법 제정
- 1991 유아보육법 제정
- 2000.1 아동복지법 개정
- 2004. 영유아보육법 개정
- 2004. 7. 실종아동 등의 보호 및 지원에 관한 법률 제정
- 2008 아동·청소년 관리법 개정추진

행정조직

- 1945~1946 보건후생국(부) 신설
- 1948 사회부·부녀국 설치
  1955 사회부→보건사회부
- 1957 부녀국·아동과 신설
- 1963 부녀국아동국 아동과 부녀과 신설
- 1981 부녀국아동국→가정복지국 아동과→아동복지국
- 1982 보건사회부→내무부
- 1989 내무부→보건사회부
- 1990 사회복지정책 신설 (사회국+가정복지국)
- 1997 아동복지과→보육아동과
- 1999 보육아동과→가정복지국
- 2002 아동복지과→가정아동보육복지과 보육과 신설
- 2004 보육아동정책과→아동정책과 아동정책 조정위원회 아동정책 실무위원회 운영
- 2005 아동안전권리과 신설 아동정책과→아동복지과 아동안전권리과→아동안전권리팀 아동복지과→아동복지팀
- 2008 보건복지가족부 아동청소년정책실 신설

추진현황

- 1957.5.5. 어린이헌장 제정
- 1967.3. 탁아시설 설치 5개년 계획
- 1994. 보육시설확충 3개년 계획
  (1994) 1조 3천억 투자, 7,590개소 보육확충
- 2002.5. 어린이보호육성종합대책
- 2003.6. 어린이안전종합대책
- 2004.7. 빈곤아동청소년종합대책
- 2006 아동권리모니터링센터 설치

주요내용

- 1950~1960 (아동복지태동기)
  - 전쟁으로 인한 고아, 기아 부랑아 발생으로 기아중심의 복지서비스
  - 외국단체 재정 의존
  - 사회복지시설 중심
- 1961~1980 (아동복지제정기)
  - 가족결손 등 선발적 차원에서 국가적 지원 추구
  - 해외원조 감소와 국가 지원 증가
- 1981~1999 (아동복지전환기)
  - 복지관련 법규 제정
  - 기존 구호적 성격이 복지제공으로 초점 전환
  - 요호보아동뿐 아니라 일반아동에 대한 복지보장
  - 유아기 능력개발 보장
- 2000~현재 (아동복지성숙기)
  - 아동권리강조
  - 학대아동보호 및 안전에 대한 지원 확대
  - UN아동권리협약 관련 아동·청소년 정책 조정

✸ 그림 2-2 아동정책의 변천과정(2009아동청소년백서)

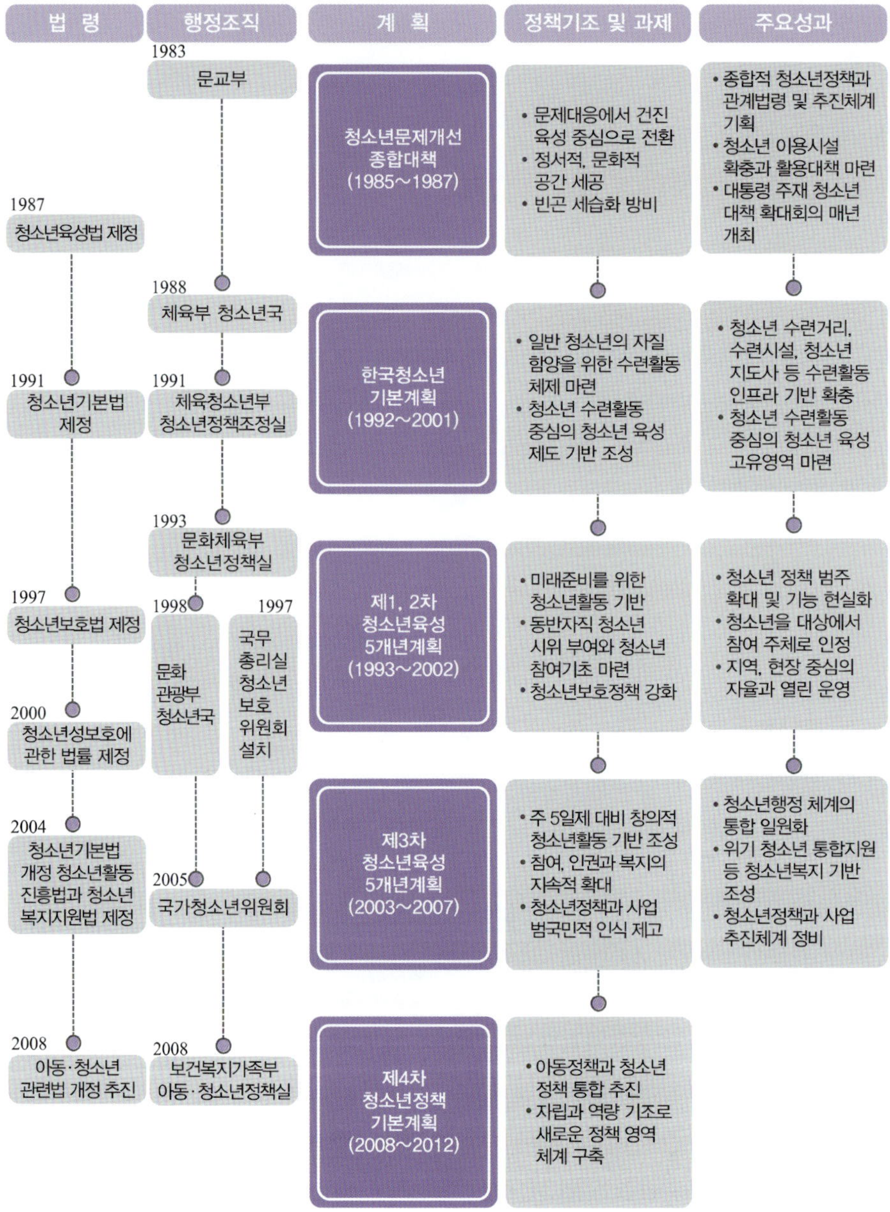

✷ 그림 2-3 청소년정책의 변천과정(2009아동청소년백서)

■ 생각해 봅시다.

1. 우리나라의 아동복지의 변천과정에 대하여 생각해 봅시다.

2. 아동문제에 대응하기 위한 전문적인 서비스에는 어떠한 것들이 있는지 토론해 봅시다.

아동권리의 발전과정

제1절 아동권리에 대한 국제조약

1. 아동권리에 관한 제네바 선언(Geneva Declaration of the Rights of the Child, 1924)

1) 배경

1차 세계대전이 끝나고 난 후 아동들의 비참한 현실을 해결하고자 국제연맹을 중심으로 아동의 보호에 관한 국제조약들을 만들었다. 그 대표적인 조약이 '여성 및 아동의 인신매매금지를 위한 국제협약(International Convention for the Suppression of the Traffic in Women and Children, 1921)'과 '아동권리에 관한 제네바선언(Geneva Declaration of the Rights of the Child, 1924)', '노예폐지협약(Slavery convention, 1926)' 등이 있다(조효제, 2005).[1)]

인권의 개념은 보편적이고 평등한 것이어서 당연히 아동의 권리도 동등하게 보장되고 존중되어야 하지만, 아동의 권리를 위한 국제적인 노력은 1920년 제1차 세계대전 종전 후 오스트리아 등 패전국의 굶주린 아동들을 돕기 위해 아동구호기금(Save the Children Fund, 이하 세이브더칠드런)을 설립

1) 이 조약들 중 '아동권리에 관한 제네바선언'은 국제연맹 이후 유엔에 의해 그 내용과 정신이 계승되어 아동권리에 관한 권위있는 조약들로 발전하였다.

한 영국의 에글렌타인 젭(Eglntyne Jebb, 1876~1928)에 의해 1922년에 성문화된 아동권리선언으로부터 시작하였다(민진홍, 2011).

젭은 본인이 작성한 아동권리선언에서 세계는 아동들에게 최선의 것을 주어야 한다고 주장하였다. 5개조로 구성된 아동권리선언은 어린이들의 신체적·도덕적·정서적 발달을 도와야 하고, '어린이는 그의 재능을 동포를 위해 공헌해야 한다는 자각 속에서 양육되어야만 한다.'라는 말로 끝맺고 있다(유니세프 한국위원회, 2002).

1924년 국제연맹(League of Nations)이 젭이 작성한 아동권리선언(Declaration of the Rights of the Child)을 정식으로 채택하고 '인류는 가장 좋은 것을 어린이에게 주어야 할 의무가 있다.'고 선언문에 명시했다. 이것이 '아동권리에 관한 제네바선언(Geneva Declaration of the Rights of the Child, 1924)'이다.

2) 내용

제네바선언은 아동의 정상적 발달, 도움이 필요한 아동의 보호, 위험으로부터의 보호, 양육의 태도 등을 주요 골자로 하고 있다. 이 선언은 전문에서 "모든 나라의 남녀는 인류가 아동에 대하여 최선의 것을 줄 의무가 있음을 인정하고, 인종·국적 또는 신조에 관계없이 모든 아동의 인권을 보장해 줄 것을 선언하며, 또한 자신의 의무로서 수락한다."라고 그 기본이념을 밝히고 있다. 제네바 선언의 본문은 5개조로 이루어졌으며, 이후 2개 조항을 추가하여 7개조로 구성되었다. 이 선언은 젭의 '아동권리선언'의 영향을 받았기 때문에 아동을 권리의 주체로 보기보다는 일반적으로 불리한 조건에 처한 아동에게 특별한 보호를 보장하려는 성격이 강하게 나타나 있다(민진홍, 2011).

이 아동권리선언은 아동의 권리에 대한 최초의 선언문이기는 하지만 아동의 구체적인 권리를 명시하고 법적 효력을 갖는 조치를 취한 것이 아니라, 아동의 보호와 건전한 성장과 육성에 대한 필요성을 강조한 선언의 의미를 가지고 있다(민진홍, 2011). 이 선언은 전쟁의 참상으로 피해를 입은 아동들을 대상으로 만들어졌기 때문에 권리의 내용이 보호와 생계유지, 구제와 수용이라는 수동적인 측면에서 제시되었다.

즉, 이 선언은 아동의 생존을 위한 최저보장기준의 확보를 목적으로 했다고 할 수 있을 것이다. 그럼에도 불구하고 제네바선언의 역사적 의미는 이 선언을 시작으로 아동인권에 대한 논의가 국제무대에 오르기 시작했다는 점에서 큰 의미를 가지고 있다. 권리의 내용도 아동권리선언보다 진일보했다는 점에서 아동인권의 발전을 엿볼 수 있는데, 이 선언에서 "아동에게 최선의 것이 주어져야 한다."라고 명시하고 있는 점은 아동권리선언보다 진일보한 내용이다. 아동에게 최선의 것이 주어져야 한다라는 '아동 이익 최우선의 원칙'은 이후 '유엔아동권리선언(1959)'에 계승되었고, 결국 '유엔아동권리협약(1989)'으로 발전하였다. 제네바선언은 아동의 권리에 관한 인류 최초의 국제적 선언이었으나 아동을 권리의 주체로 인식하기보다는 보호의 대상으로 보았으며, 법적 구속력이 없는 선언에 그치고 있다는 아쉬움을 지니고 있다.

아동권리에 관한 제네바선언(1924)

제1조 아동의 신체적 그리고 정신적인 면에서 정상적으로 발달하는 데에 필요한 모든 수단들은 아동에게 반드시 제공되어야 한다.
제2조 굶주린 아동에게는 음식이 제공되어야 하고, 병든 아동은 치료받아야 하고, 발달이 늦은 아동은 도와주어야 하며, 비행아동은 갱생되도록 하여야 하며, 고아와 부랑아는 주거와 원조를 받도록 하여야 한다.
제3조 아동은 위험에 처한 경우 제일 먼저 구제를 받아야 한다.
제4조 아동은 생계를 연명할 수 있는 위치에 있어야만 하며, 또한 모든 형태의 착취로부터 보호받아야 한다.
제5조 아동은 아동이 지닌 재능의 개발이 결국 인류 동포에게 공헌한다는 인식 아래서 양육되어야 한다.

2. 유엔아동권리선언(UN Declaration on the Rights of the Child, 1959)

1) 배경

제2차 세계대전 종전 후 열악한 위기에 처해 있던 아동들을 구호하기 위하여 유엔은 1946년 산하기구인 경제사회이사회에 제네바선언의 개정과 보완을 요청하였고, 1948년 제네바선언을 7개조로 보완하여 재선언하였다(정진경, 2010).

1947년 10월 제2차 유엔총회 사회위원회(제3위원회)에서 헌장 성문화를 위한 기획이 시작되었고, 1948년에 '제네바선언'을 단순히 개정하는 것이 아니라 새로운 헌장을 작성하는 방향으로 결정되었다. 그 후 사회위원회가 유엔사무총장에게 '유엔아동권리선언' 초안 준비를 요청하였고, 1950년 유엔사무총장과 사회위원회에 전문 및 7개 조항으로 된 선언 초안을 제출하였다.

유엔경제사회이사회는 사회위원회와 인권위원화가 공동으로 새로운 유엔아동권리선언 초안을 작성하였고, 유엔총회의 사회, 인도 및 문화위원회의 최종 수정을 거쳐 마침내 1959년 11월 20일 세계 78개국 대표가 참석한 가운데 유엔 제14차 총회에 상정되어 만장일치로 10개의 원칙으로 구성된 '유엔아동권리선언'[2)]이 채택되었다(어린이·청소년의 권리연대회의, 1994). 이 선언은 제네바선언보다 진일보하여 아동을 단순한 보호 대상이 아니라 인권과 자유의 주체로 인식하였다(민진홍, 2011).

2) 내용

유엔아동권리선언은 전문과 10개 조항으로 구성되어 있다. 전문에서는 기본적 인권의 중요성과 인간의 존엄 및 가치에 관한 신념의 중요성을 강조하였고, 모든 사람이 모든 종류의 차별 없이 모든 권리와 자유를 갖는다는 원칙을 재확인하였다. 그리고 아동이 "신체적 및 정신적으로 미숙하기 때문에" 특별한 법률적 보호를 포함하는 특별한 보호와 배려를 필요로 한다고 주장하였다. 전문은 인류가 아동에 대하여 최선의 것을 줄 의무를 가진다고 명시하고 있으며, "아동이 행복한 삶을 보내고 또한 자신과 사회의 복리를 위하여" 이 선언을 공포하고 부모, 민간단체, 지방행정기관 그리고 제2조에서는 정부에 대하여 아동권리의 인식과 권리의 준수에 필요한 입법 및 기타의 조치를 취할 것을 요청하는 내용을 명시하고 있다(박진완, 2010).

---

2) 이 선언문의 명칭은 아동권리선언(Declaration on the Rights of the Child)이지만 엔클렌타인 젭(Eglantyne Jebb) 여사가 작성한 아동권리선언(Declaration on the Rights of the Child)과 구분하기 위하여 'UN Declaration on the Rights of the Child'로 표기한다.

유엔아동권리선언의 주요내용을 보면, 제1조에서 차별받지 않을 권리, 제3조에서 건전한 성장, 아동이익 최우선의 원칙, 이름과 국적 취득권, 제4조에서 적절한 영양, 주거, 의료의 혜택을 받을 권리, 제5조에서 심신장애아의 특수교육과 보호, 제6조에서 애정과 도덕적·물질적으로 보장이 되는 환경에서 양육될 권리, 제7조에서 의무교육과 여가, 제8조에서 우선적 보호, 제9조에서 학대·방임·고용으로부터 보호받을 권리 등으로 되어 있다. 유엔아동권리선언은 아동의 권리보장과 실현을 위한 특별한 조치와 배려의 필요성을 선언하고, 아동을 단순한 보호의 대상에서 인권의 주체로 인식하려는 시도가 이루어졌다는 점에서 커다란 진전이 있었다. 제네바선언의 연장선상에 있는 이 선언은 제네바선언을 한 층 더 심화시켰고, 아동을 단순히 구제나 보호의 대상으로서가 아니라 아동을 권리나 자유의 주체로서 파악하려는 입장도 분명히 보여주고 있다. 그럼에도 불구하고 세계인권선언처럼 유엔아동권리선언도 매우 이상적이고 중요한 내용을 가지면서도 그 자체로서는 법적 규제력을 결여하고 있기 때문에 선언에 그칠 수밖에 없는 한계를 가지고 있다.

아동권리선언(1959)

제1조 모든 아동은 어떠한 예외도 없이 아동 자신과 그 가족이 속한 인종, 피부색, 성, 언어, 종교적 신념, 정치적 제 견해, 국적 및 사회적 출신, 재산의 정도, 출생 및 기타 신분에 따른 차별을 받지 않으며 모든 권리를 향유할 천부적 자격을 지닌다.

제2조 아동은 특별한 보호를 받을 수 있어야 하며, 인간존엄과 자유의 정신 아래서 건전하고 정상적인 방법에 의하여 아동 자신의 신체적·심리적·도덕적·정신적 및 사회적 발달이 가능하도록 하는 기회와 설비가 법령과 제 수단에 의하여 아동에게 제공되어야 한다. 이러한 목적을 달성하도록 하는 법령을 집행함에 있어서, 아동 최선의 이익이 최우선으로 고려되도록 하여야 한다.

제3조 아동은 출생한 때부터 성명과 국적을 가질 권리를 가진다.

제4조 아동은 사회보장의 혜택을 향유할 수 있어야 한다. 아동은 건강하게 성장하고 발달할 권리가 있다, 이 목적을 달성하기 위하여 출생 전후의 적절한 의료혜택을 포함하여, 아동과 아동의 어머니 모두에게 특별한 관심과 보호가 기울여져야 한다. 아동은 적절한 영양의 공급 주택, 여가 및 진료를 받을 권리를 가진다.

제5조 신체적·정서적·사회적 장애가 있는 아동은 특수한 조건이 마련된 가운데 특별한 치료와 교육을 받을 권리를 갖는다.

제6조 아동은, 자신의 인격이 조화롭고 온전하게 발달하기 위하여, 애정과 이해를 필요로 한다, 아동은, 어느 곳에서건 부모의 각별한 주의와 책임 아래서, 그리고 어떤 경유에도 도덕적이고 물리적인 안정과 애정을 향유할 수 있는 여건에서 성장하여야 한다. 영아의 경유에는 아주 특별한 사유가 있는 경우를 제외하고는 그 아동의 어머니와 격리되게 해서는 안 된다. 사회와 당국은 가정이 없는 아동과 부양 수단을 제공받지 못하는 아동을 특별히 보살펴야 할 의무를 지닌다. 대가족에 속한 아동의 양육을 위한 국가의 지출과 여타의 보조 수단은 권장된다.

제7조 아동은 교육받을 권리를 가지며, 이때의 교육은 적어도 초등교육단계에서 무상의무교육이어야 한다. 교육은 아동의 문화를 고양시킬 수 있는 것이어야 하고, 아동 자신의 능력과 자율적 판단과 도덕적·사회적 책임을 계발하여 사회의 유능한 성원이 될 수 있는 동등한 기회를 아동에게 제공하는 것이어야 한다.

아동최선의 이익은 아동을 교육하고 계도할 책임이 있는 사람들의 기본 원칙이 되어야 한다. 이러한 책임은 일차적으로 아동의 부모에게 있다. 아동은 교육이 지향하는 바와 동일한 목적으로 놀이와 여가를 누릴 기회를 가진다. 사회와 당국은 아동이 이러한 권리를 적극 향유할 수 있도록 노력하여야 한다.

제8조 아동은 어떠한 상황에서도 구조와 보호에 있어서 최우선이어야 한다.

제9조 아동은 모든 형태의 학대, 잔학 및 착취로부터 보호받을 수 있도록 해야 한다. 아동은 어떠한 형태로든 거래의 대상이 되어서는 안 된다. 아동은 적정한 연령에 이르기 전까지 고용되어서는 안 된다.

제10조 아동은 인종적·종교적 차별을 포함한 일체의 차별을 야기하는 행위로부터 보호받도록 하여야 한다. 아동은 아동 자신의 능력과 역량이 인간애에 공헌할 수 있는 덕목인 관용, 우정, 평화의 정신과 보편적인 양심을 고양할 수 있도록 양육되어야 한다.

3. 유엔아동권리협약(Convention on the Rights of the Child, 1989)

1) 배경

유엔은 1966년 총회에서 '경제적·사회적·문화적 권리에 관한 국제규약(International Covenant on Economic, Social, and Cultural Rights)'과 '시민적·정치적 권리에 관한 국제규약(International Covenant on Civil and Political Rights)'으로 이루어진 국제인권조약[3]을 채택하면서 가족과 아동의

3) 조약(Treaty)이라 함은 "서면 형식으로 국가 간에 체결되며, 또한 국제법에 의하여 규율되는 국

보호에 관한 규정을 만들었으며(최병각, 2007), 1974년 유엔총회는 '긴급사태와 무력분쟁에 있어서의 여성과 아동의 보호에 관한 선언(Declaration on the Protection of Women and Children in Emergency and Armed Conflict, 1974)'을 채택하였다. 1985년 유엔총회는 '소년법운영을 위한 유엔 최소표준에 관한 규칙(United Nations Standard Minimum Rules for the Administration of Juvenile Justice, 1985)'을 결의하였고[4], 1986년에는 '국내적·국제적 입양과 관련하여 어린이의 보호와 복지에 관한 사회적·법률적 원칙 선언(Declaration on Social and Legal Principles relation th the Protection and Welfare of Children, with Special Reference to Foster Placement and Adoption Nationally and internationally, 1986)'을 채택하였다. 그 밖에도 '소년비행방지에 관한 유엔지침(United Nations Guidelines for the Prevention of Juvenile Delinquency, 1990)',[5] '자유를 박탈당한 소년의 보호에 관한 유엔규칙(United Nations Rules for the Protection of Juveniles Deprived of their liberty, 1990)'[6] 등 아동과 청소년의 보호를 위한 조약과 국제문서는 80여 가지에 이른다. 그러나 열거한 국제문서는 구속적 성질이 약해서 그 실효성이 약하다는 한계를 가지고 있었다. 그 결과 아동의 권리와 보호에 관한 법적 구속력을 가지는 종합적인 국제협약의 필요성이 대두되었는데, 이러한 요청에 부응하기 위하여 마련된 것이 '유엔아동권리협약'이다(민진홍, 2011).

제적 합의"를 말한다(조약법에 관한 비엔나협약 제2조). 조약은 합의의 주체와 합의의 법적 구속력에 따라 협약(Convention), 규약(Covenant), 협정(Agreement), 의정서(Protocol) 등으로 구분되기도 하나 헌장(Charter, Constitution), 규정(Statute), 규칙(Rule) 등을 포괄한 광의의 개념으로 사용되기도 한다. 협약은 입법적 성격이 강한 내용으로 이루어지며, 합의의 주체는 국가이다. 규약은 협약보다 입법적 성격이 약하고, 국제기구를 구성하거나 특정제도를 규율하는 국제적 합의에 사용된다. 협정은 주로 정치적인 요소가 포함되지 않은 전문적·기술적인 분야에 대한 합의에 사용되며 체결 주체는 주로 해당 정부인 경우가 대부분이다. 의정서는 기본적인 문서에 대한 개정이나 보충적인 성격의 문서이며, 최근에는 전문적인 성격의 다자조약에도 많이 사용되고 있다.

4) 소년법 운영을 위한 유엔 최소표준에 관한 규칙(United Nations Standard Minimum Rules for the Administration of Juvenile Justice, 1985)은 베이징 규칙(The Beijing Rules)이라고도 한다.

5) 소년비행방지에 관한 유엔지침(United Nations Guidelines for the Prevention of Juvenile Delinquency, 1990)을 리야드 지침(Riyadh Guidelines)라고도 한다.

6) 자유를 박탈당한 소년의 보호에 관한 유엔규칙(United Nations Rules for the Protection of Juveniles Deprived of their Liberty, 1990)을 하바나 규칙(Havana Rules)이라고도 한다.

유엔은 1979년 유엔아동권리선언 20주년을 맞이하여 그해를 '국제 아동의 해(International Tear of the Child)'로 지정하고, 당시 폴란드의 제의에 따라서 그해부터 아동권리협약을 채택하기 위한 준비 작업을 개시하였다. 1979년 1월 폴란드의 바르샤바에서 폴란드법률가협회의 주관하에 유엔아동권리선언 20주년 기념행사가 개최되어 아동권리에 관한 21가지의 원칙이 채택되었고, 위 원칙들은 같은 해 2월 유엔인권위원회에 제출되었다. 그 후 유엔인권위원회는 유엔아동권리협약의 제정을 위하여 1979년부터 1987년까지 매년 위원회를 열어 토의를 하였으며, 아동권리선언 30주년 겸 아동의 해 10주년이 되는 1989년을 목표로 하여 작업을 하였다. 마침내 1988년 유엔아동권리협약의 초안이 작성되었으며, 1989년 11월 20일 유엔총회는 이 협약을 채택하였고(이재연 외, 2009), 1990년 9월 2일 발효하게 되었다. 위 협약의 발효와 동시에 1990년 9월 29일부터 30일에는 유엔본부에서 최초로 '아동을 위한 세계정상회담'이 개최되었다. 2016년 현재 미국을 제외한 194개국의 비준을 받아 전 세계적으로 가장 많은 국가의 비준을 받은 국제법의 효력을 갖고 있다.

2) 주요개념

유엔아동권리협약은 아동을 보호의 대상이면서 동시에 적극적 권리의 주체자로 선언했다는 데 의미가 있다. 이 협약은 인권의 중요한 일부로 인식되고 있는 시민권·정치권·경제권·문화권을 포함시켰고, 그로 인해 아동의 권리보장을 단순한 도덕적 차원에서가 아니라 법적 의무로 이행할 책임을 지니게 되었다. 유엔아동권리협약은 아동을 단순히 보호와 도움의 수혜자에서 독립적이고 기본적 권리와 자유를 향유하는 주체로 인정하였다. 이는 아동을 어른이나 부모에게 예속된 존재가 아니라 독립된 인격을 가진 권리의 주체로 인식한 것이다. 아동권리협약은 전문과 본문 54개 조항으로 구성되었으며, 본문은 다시 실제적인 아동의 권리(1~40조), 협약의 법적인 효력(41조), 협약의 홍보와 이행(42~45조), 협약의 비준(46~54조)로 구성되었다.

✺ 표 3-1 유엔아동권리협약의 구성

구 성	주요 내용
전문	아동권리의 기본 이념과 가치 및 배경
제1부 (제1조~제41조)	아동의 권리와 가입국의 아동보호 의무 규정
제2부 (제42조~제45조)	협약의 이행 조치 규정
제3부 (제46조~제54조)	부칙(서명, 가입, 비준서 기탁, 개정절차, 유보, 폐기, 원본규정)

출처: 국제아동인권센터(2016). 유엔아동권리협약 이행을 위한 법적 제도화 방안 연구.

3) 주요내용

유엔아동권리협약의 조항들을 살펴보면 협약이 법적인 구속력을 갖는다는 차이점 외에도 유엔아동권리선언의 내용보다 구체적이며, 아동의 권리를 세부적으로 기술하고 있다는 사실을 보여 준다. 협약의 일반원칙은 유엔아동권리선언 제1, 2조에서 제시된 차별금지와 제3조 아동 이익 최우선의 원칙의 정신을 계승하고 있음을 보여주고 있으며, 협약의 이행과 관련한 조항들과 실천방법 및 부칙들로 구성되어 있다.

실천방법에서도 당사국의 실천의무를 강조하고 법적인 권한을 강조한 부분은 이 협약이 선언의 한계를 넘어 국제법적인 효력이 있음을 보여주는 것이다. 이행 및 감독의 조항에서도 국회의 비준 절차를 거치도록 하여 국가에서 정한 국내법과 같은 효력을 갖게 하였으며, 유엔과의 협력관계를 강화하고 아동권리위원회의 설치를 의무화하여 협약의 이행상황을 모니터링 할 수 있도록 조치한 부분은 유엔아동권리협약을 통해 아동의 권리를 실질적으로 보장하고자 하는 유엔의 노력을 알 수 있게 한다(민진홍, 2011).

협약의 당사국은 아동권리협약을 비준 후 최초 2년 이내 그 이후에는 매 5년마다 협약 이행에 관한 국가보고서를 유엔사무총장을 통하여 아동권리위원회[7]에 제출하여 심의를 받는다.

7) 제43조 1. 이 협약의 의무 이행에 관해 당사국이 달성한 진전 상황을 심사하기 위해 이하에 규정된 기능을 수행하는 아동권리위원회를 설립한다.
2. 위원회는 이 협약이 다루고 있는 분야에서 명망 높고 능력을 인정받는 10명의 전문

협약이 보장하는 권리는 예외 없이 모든 아동에게 적용 가능해야 하나 각국의 정치적·사회적 또는 경제적 상황에 따라서 여러 권리 영역이 강조되거나 다르게 이해되고 실행된다.8)

유엔아동권리협약은 시민적·정치적 권리영역을 아동의 권리 영역에 포함하였고 특히 아동의 참여권 보장을 강조하고 있다. 협약 제12조에서 아동은 자신에게 영향을 미치는 모든 문제에 대해 자유롭게 의견을 표명하고 성인은 이를 비중 있게 반영할 의무가 있음을 밝히고 있다.

표 3-2 유엔아동권리협약의 일반원칙과 이행관련 내용

영 역	조 항	권리내용
일반원칙	1	아동의 정의(18세 미만)
	2	차별 금지의 원칙
	3	아동이익 최우선의 원칙
실천방법	4	당사국 실천의무
	5	부모(법적대리인)의 책임·권리존중
	41	국내, 국제법 존중
이행 및 감독	42	협약 홍보 의무
	43	아동권리위원회 설치 운영
	44	당사국의 보고 의무
	45	유엔과의 협력관계
부칙	46	서명
	47	비준
	48	가입
	50	개정
	51	유보
	52	폐기
	53	기탁
	54	정본
	59	효력발생

출처: Convention on the Rights of the Child(1989). U.N. Doc.A/RES/44/25.을 민진홍(2011). 아동인권 관련 국제조약이 국내 아동복지제도에 미친 영향 연구. 서울기독대학교 대학원 박사학위논문. p.66에서 재인용.

가로 구성된다.

8) 이재연·황옥경 외(2015). 아동복지현장에서의 아동권리 레토릭. 서울: 교육과학사.

유엔아동권리협약은 자유권을 추가하여 아동이 종속적이고 미약한 존재가 아니라, 자율적이고 능동적인 존재라는 새로운 인식을 제시하고 있다.

아동은 미성숙하기 때문에 타인의 도움을 필요로 하고, 자신을 스스로 보호하기 어려우며, 정확한 판단을 내리기 힘들 때가 있다. 아동의 이러한 속성은 어른들로 하여금 아동을 종속적인 대상으로 인식하기 쉽다. 그러나 아동에 대한 타인의 도움은 아동의 이익을 보호하고 보완하는 범위에서 이루어져야 법적 정당성을 갖게 되며, 아동이 도움을 필요로 한다는 것이 종속적인 존재를 의미하는 것도 아니다.

인간은 누구나 타인의 도움을 필요로 하고, 자신의 편견과 무지로 정확한 판단을 내리기 쉽지 않다. 따라서 유엔아동권리협약은 아동의 권리가 권리로서 능동적인 힘을 갖기 위해서는 자유권이 보장되어야 할 필요성을 강조한 것이다.

4) 기본원칙

유엔아동권리협약 제3조에서 "아동에게 최상의 이익이 무엇인지 가장 먼저 고려해야 한다."고 제시하는 바 아동의 최선의 이익을 기준으로 삼고 그 기준을 바탕으로 아동의 권리를 제시하고 있다. 여기서 '이익(interest)'이란 단순한 욕구충족이나 고통의 회피뿐만 아니라 잠정적이거나 모호한 것일지라도 관심, 계획, 목표, 그리고 특정한 마음과 존재의 상태를 성취할 수 있는 능력을 말한다(Wolfson, 1992).[9)]

또한 제4조에서 "당사국은 이 협약이 명시한 권리의 실현을 위해 입법적·행정적 조치를 비롯해 모든 적절한 조치를 취해야 한다."고 제시하였는데 Wolfson(1992)은 아동의 최선의 이익을 위한 국가의 의무를 3p, 즉 '제공(provision)', '보호(protection)', '참여(participation)'로 보고 있다.

① Provision(제공): 아동이 필요로 하는 인적·물적 자원을 제공받고 사용할 권리(이름, 국적, 보건, 교육, 여가, 놀이, 장애아와 고아 보호 등)

9) 한지숙·홍은주(1998). 아동권리협약과 아동의 권리실현. 「아동권리학회」 제2권 제2호. 한국아동권리학회. pp.39-51 재인용.

② Protection(보호): 아동이 위험하고 유해한 행위로부터 보호받을 권리 (부모로부터 격리, 상업적 또는 성적 착취, 육체적·정신적 학대, 전쟁 참가 등으로부터 보호)

③ Participation(참여): 아동이 자신의 인생에 영향을 미칠 중대한 결정에 대해 알 권리. 아동은 성장과 더불어 책임 있는 성년기에 대한 준비로 사회활동에 참여할 기회를 더욱 많이 가져야 한다.

아동권리협약 전문에는 '아동기에는 특별한 보호와 도움을 받을 권리가 있음을 천명한 유엔세계인권선언과 국제인권규약을 통해 모든 사람은 인종, 피부색, 성별, 언어, 종교, 정치적 의견, 민족적·사회적 출신, 재산, 태생, 신분 등의 차별 없이 이 선언과 협약에 규정된 모든 권리와 자유를 누릴 수 있음을 선언하고 동의했음을 인정한다.'고 표명하였다.

(1) 유엔아동권리협약의 기본 원칙

유엔아동권리협약 제1조에서 아동을 18세 미만의 모든 사람으로 규정하고 다음과 같은 기본 원칙을 내포하고 있다.[10)]

첫째, 무차별의 원칙(Non-Discrimination, 제2조)

모든 아동은 부모가 어떤 사람이건, 어떤 인종이건, 어떤 종교를 믿건, 어떤 언어를 사용하건, 부자건 가난하건, 장애가 있건 없건 모두 동등한 권리를 누린다.

둘째, 아동 최선의 이익(Devotion to Best Interests of the Child, 제3조)

아동과 관련된 모든 행동과 결정에 적용된다. 아동의 권리를 존중하고 그들의 생존과 성장, 복지를 촉진하기 위한 적극적인 조치뿐만 아니라 아동권리실현에 일상적 책임이 있는 부모 및 성인들을 돕고 지원하는 조치를 필요로 한다. 즉, 아동에게 영향을 미치는 모든 것을 결정할 때는 아동의 이익을 최우선으로 고려해야 한다.

10) 세이브더칠드런(2012). 아동권리와 경영원칙.

셋째, 생존과 발달의 원리(The Right to Life, Survival and Development, 제6조)

아동은 특별히 생존과 발달을 위해 다양한 보호와 지원을 받아야 한다.

넷째, 아동 의견 존중(Respect for the Views of the Child, 제12조)

아동이 자신들에게 영향을 끼치는 이슈에 대해 의견을 표현하도록 격려하고 이끌어주는 것으로 성별을 불문하고 모든 아동의 의견, 가장 소외되고 취약한 위치에 있는 아동, 나이와 능력이 서로 다른 아동의 의견을 고려하려는 의지가 있어야 한다. 아동에게 영향을 주는 결정과 조치를 내릴 때는 반드시 아동의 의견을 존중하고 우선적으로 고려해야 한다. 책임감 있는 어른이 되기 위해 아동은 자신의 능력에 맞게 적절한 사회활동에 참여할 기회를 갖고, 자신의 생활에 영향을 주는 일에 대하여 의견을 말할 수 있어야 하며, 그 의견을 존중받아야 한다.

(2) 아동의 4대 기본권

유니세프(Unicef)는 유엔아동권리협약이 담고 있는 아동의 기본권을 다음과 같이 아동의 4대 기본권으로 분류하였다.

첫째, **생존권**으로 기본적인 삶을 누리는 데 필요한 권리이자 생존을 위한 기본적 욕구 충족의 권리이다. 생명을 유지하여 최상의 건강과 의료혜택을 받을 권리, 적절한 생활수준을 누릴 권리, 안전한 주거지에서 살아갈 권리, 충분한 영향을 섭취하고 기본적인 보건서비스를 받을 권리 등이다.

생존권을 위협받는 아동들	생존권을 위협하는 요소들
• 거리의 아동들 • 장애아동 • 노동자아동 • 성적으로 이용당하는 아동 • 난민시설의 아동 • 소수민족 아동 • 학대당하는 아동	• 굶주림과 영양실조 • 신체적 학대를 포함한 성인에 의한 공격 • 빈곤 • 위험한 노동환경 • 집 없는 아동과 고아 • 다양한 종류의 질병

생존권 관련 조항들

제6조 당사국은 모든 아동이 고유의 생명권을 가지고 있음을 인정한다. 당사국은 가능한 한 최대한도로 아동의 생존과 발달을 보장하여야 한다.

제24조 당사국의 도달 가능한 최상의 건강기준을 함유하고 질병의 치료와 건강의 회복을 위한 시설을 이용할 수 있는 권리를 인정한다.

둘째, **보호권**으로 모든 착취와 억압으로부터 보호받을 권리이자 아동에게 유해한 것으로부터 보호받을 권리이다. 즉 모든 형태의 학대와 방임, 차별, 폭력, 고문, 징집, 부당한 형사 처벌, 과도한 노동, 약물과 성폭력 등으로부터 보호받을 권리, 장애아동, 고아, 난민아동의 보호받을 권리이다.

특별한 보호가 필요한 아동들
• 재난(천재지변–홍수, 지진, 가뭄 등) • 전쟁(아동병사, 전쟁고아, 피난아동 등) • 위법행동을 한 아동 • 돌봐주는 사람이 없는 아동 • 성적으로 학대당하는 아동 • 거리의 아동들 • 정규, 비정규 교육을 비롯한 모든 종류의 교육 • 신체적·정서적·도덕적·사회적으로 성장하는 데 필요한 평균수준의 생활을 누릴 권리

보호권과 관련 조항들

- **차별과 관련된 조항**
  제2조(무차별), 제7조(성명과 국적), 제23조(장애아동), 제30조(원주민 아동)
- **착취와 학대에 관련된 조항**
  제10조(가족의 재결합), 제11조(불법 해외이송 및 미귀환), 제16조(사생활), 제19조(학대와 방임으로부터의 보호), 제20조(가족이 없는 아동의 보호), 제21조(입양), 제25조(정기적인 심사), 제32조(아동노동자), 제33조(약물, 학대), 제34조(성적착취), 제35조(아동의 매매, 유괴), 제36조(기타 모든 형태의 착취), 제37조(고문과 자유의 박탈), 제39조(미성년자법)
- **위기상황과 응급상황에 관련된 조항**
  제10조(가족의 재결합), 제22조(난민아동), 제25조(정기적인 심사), 제38조(전쟁), 제39조(재활 혜택)

셋째, 발달권으로 아동이 발달함에 있어 잠재능력을 최대한 발휘하는 데 필요한 권리로 교육받을 권리, 여가를 즐길 권리, 문화생활을 하고 정보를 얻을 권리, 생각과 양심과 종교의 자유를 누릴 권리가 여기에 포함된다.

발달권이란

- 정규, 비정규 교육을 비록한 모든 종류의 교육
- 신체적 · 정서적 · 도덕적 · 사회적으로 성장하는데 필요한 평균수준의 생활을 누릴 권리

발달권과 관련된 조항

제17조(정보와 자료), 제28, 29조(교육), 제31조(정보와 자료), 제14조(사상, 양심, 종교의 자유), 제5, 6, 13, 14, 15조(개인의 발달), 제6, 7조(정체성-국적, 성명 등), 제24조(건광과 신체적 발달), 제12, 13조(표현의 권리), 제9, 10, 11조(가족)

넷째, 참여권으로 자신의 생활에 영향을 주는 일에 대하여 의견을 말할 수 있고 존중 받을 권리이다. 표현의 자유, 양심과 종교의 자유, 의견을 말할 권리, 평화로운 방법으로 모임을 자유롭게 열 수 있는 권리, 사생활을 보호받을 권리, 유익한 정보를 얻을 권리 등이다.

참여권이란?

아동은 자신의 감정과 의견을 가진, 성장하는 존재임을 인정한다.

아동은 자신의 요구를 분명히 말하고 적절한 지원과 존중을 받을 수 있는 충분한 자격이 있으며, 그것을 통해서 사려 깊고 책임 있는 결정을 내리게 될 것이다.

아동은 정직함, 신중함, 질문하기를 좋아하는 행동양식, 무한한 상상력을 가진 소중한 존재이다.

참여권 관련조항

제12조 아동은 자신의 견해를 형성할 능력이 있으며 본인에게 영향을 미치는 모든 문제에 대하여 자신의 견해를 자유롭게 표현할 권리를 가진다. 또한 이러한 아동의 견해는 아동의 연령이나 성숙도에 따라 비중 있게 다루어져야 한다.

제13조 아동은 타인의 권리를 침해하지 않는 한도 내에서 정보를 얻을 권리와 자신의 견해를 표현할 권리를 가진다.

제15조 아동은 타인의 권리를 침해하지 않는 한도 내에서 집회의 자유와 결사의 자유를 가진다.

5) 유엔아동권리협약의 의의

유엔아동권리협약은 아동의 권리보장을 단순히 사회적·개념적·도덕적 차원이 아니라 법적 구속력으로 강제하였으며, 아동은 보호의 대상인 동시에 독립된 인격을 가진 권리의 주체자로 인식한 것에 의의가 있다.

유엔아동권리협약은 다음과 같은 의의를 갖고 있다.

- 아동의 권리보호만을 목적으로 만들어진 국제사회 최초의 협약이다.
- 아동도 권리를 가진 주체로 인정한 유일한 협약이다.
- 시민·정치적 권리부터 경제·사회·문화적 권리까지 모든 인권의 영역을 포괄하고 있는 최초의 국제협약이다.
- 국제협약 중 가장 많은 국가의 비준을 받은 협약으로 2016년 현재 미국을 제외한 모든 유엔 가입국이 비준한 협약이다.

출처: 유니세프 한국위원회(2017). http://www.unicef.or.kr/education

제2절 우리나라의 아동권리

1. 아동권리의 발달

1) 소파 방정환의 어린이 운동

소파 방정환

우리나라 최초의 어린이 선언문은 1923년 소파 방정환에 의해 발표되었다. 방정환은 1923년 3월 1일 월간 「어린이」라는 잡지를 창간했고, 이어 도쿄에서 어린이 문제를 연구하는 단체인 '색동회'를 조직하였다.

이 색동회에는 윤극영·마해송·윤석중 등이 가입하였다. 이 해 5월 1일을 어린이날로 지정하여 기념식을 가졌으며 이날 한국 최초의 어린이헌장이라고 할 수 있는 [소년운동의 기초조항]이 선포되었다.[11]

〈소년운동의 3개 기초조항〉(최초의 어린이 선언문, 1923년 5월 1일)

1. 어린이를 재래의 윤리적 압박으로부터 해방하여 그들에게 대한 완전한 인격적 예우를 허하게 하라.
1. 어린이를 재래의 경제적 압박으로부터 해방하여 만 14세 이하의 그들에게 대한 무상 또는 유상의 노동을 폐하게 하라.
1. 어린이 그들이 고요히 배우고 즐거이 놀기에 족한 각양의 가정 또는 사회적 시설을 행하게 하라.

어른에게 드리는 글

一. 어린이를 내려다보지 마시고 치어다보아 주시오.
一. 어린이를 늘 갓가히 하사 자조 이야기를 하여 주시오.
一. 어린이에게 경어를 쓰시되 늘 보드럽게 하여 주시오.
一. 이발이나 목욕, 의복 가튼 것을 때맞춰 하도록 하여 주시오.
一. 잠자는 것과 운동하는 것을 충분히 하게 하여 주시오.
一. 산보와 원족 가튼 것을 각금 각금 식혀주시오.

11) 한국방정환재단. http://www.korsofa.org/

一. 어린이를 책망하실 때에는 쉽게 성만 내지 마시고 자세히 타일러 주시오.
一. 어린이들이 서로 모히어 질겁게 놀만한 노리터나 기관 가튼 것을 지어 주시오.
一. 대우주의 뇌신경의 말초는 늙은이에게 있지 아니하고 절믄이에게도 잇지 아니하고 오즉 어린이 그들에게만 잇는 것을 늘 생각하야 주시오.

어린 동무들에게

一. 돗는 해와 지는 해를 반드시 보기로 합시다.
一. 어른에게는 물론이고 당신들끼리도 서로 존대하기로 합시다.
一. 뒷간이나 담벽에 글씨를 쓰거나 그림 가튼 것을 그리지 말기로 합시다.
一. 길가에서 떼를 지어 놀거나 류리 같은 것을 버리지 말기로 합시다.
一. 꽃이나 풀을 꺾지 말고 동물을 사랑하기로 합시다.
一. 전차나 기차에서는 어른에게 자리를 사양하기로 합시다.
一. 입은 꼭 다물고 몸은 바르게 가지기로 합시다.

소년 운동의 3개 기초 조항에서 어린이들의 노동 금지, 교육과 놀이에 대한 지원 등이 어린이들의 권리에 대한 조항으로서 이는 우리나라 최초의 아동권리선언이라고 볼 수 있다.

2) 대한민국 어린이헌장

1957년 동화작가 마해송과 강소천 등 7명이 '소년운동의 기초조항'을 문서화하여 발표하였는데, 보건사회부가 아동 및 모자관계 단체, 관련 전문가들과 함께 심의, 보완, 수정한 뒤 같은 해 5월 5일 제35회 어린이날에 대한민국 어린이헌장을 선포하였다. 국제연맹의 '아동권리선언' 이래 우리나라는 어린이보호와 관련한 구체적 법률, 기본강령이 될 어린이헌장조차 없는 상황에서 법적 효력은 없다 하더라도 어린이 육성의 기본정신을 밝히고 어린이의 천부인권을 존중해주기 위해서 제정하였다. 어린이헌장 전문에는 '어린이는 나라와 겨레의 앞날을 이어나갈 새 사람이므로 그들의 몸과 마음을 귀히 여겨 옳고 아름답고 씩씩하게 자라도록 힘써야 한다.'라고 명시하였다. 어린이 헌장은 어린이에게 인간으로서의 권리와 복지를 보장하여 줄 것을 어른 전체가 서약한 헌장으로 이후 1988년 개정하여 어린이의 건전한 출산과 건강·교육·레크리에이션·노동 등에 대한 사회의 보호를 구체화시켜 명시하고, 미래 사회가 요구하는 한국 시민과 세계인으로서의 진취적 기상을 갖추도록 할 것을 명시하였다.

대한민국 어린이헌장(1957)

어린이는 나라와 겨레의 앞날을 이어나갈 새 사람이므로 그들의 몸과 마음을 귀히 여겨 옳고 아름답고 씩씩하게 자라도록 힘써야 한다.

1. 어린이는 인간으로서 존중하여야 하며 사회의 한 사람으로서 올바르게 키워야 한다.
2. 어린이는 튼튼하게 낳아 가정과 사회에서 참된 애정으로 교육하여야 한다.
3. 어린이에게는 마음껏 놀고 공부할 수 있는 시설과 환경을 마련해 주어야 한다.
4. 어린이는 공부나 일이 몸과 마음에 짐이 되지 않아야 한다.
5. 어린이는 위험한 때에 맨 먼저 구출하여야 한다.
6. 어린이는 어떠한 경우에라도 악용의 대상이 되어서는 아니된다.
7. 굶주린 어린이는 먹여야 한다. 병든 어린이는 치료해 주어야 하고 신체와 정신에 결함이 있는 어린이는 도와주어야 한다. 불량아는 교화하여야 하고 고아와 부랑아는 구호하여야 한다.
8. 어린이는 자연과 예술을 사랑하고 과학을 탐구하며 도의를 존중하도록 이끌어야 한다.
9. 어린이는 좋은 국민으로서 인류의 자유와 평화와 문화발전에 공헌할 수 있도록 키워야 한다.

대한민국 어린이헌장 개정(안)(1988)

대한민국 어린이 헌장은 어린이날의 참뜻을 바탕으로 하여, 모든 어린이가 차별 없이 인간으로서의 존엄성을 지니고, 나라의 앞날을 이어나갈 새 사람으로 존중되며, 바르고 아름답고 씩씩하게 자라도록 함을 길잡이로 삼는다.

1. 어린이는 건전하게 태어나 따뜻한 가정에서 사랑 속에 자라야 한다.
2. 어린이는 고른 영양을 취하고, 질병의 예방과 치료를 받으며, 맑고 깨끗한 환경에서 살아야 한다.
3. 어린이는 누구나 좋은 교육시설에서 개인의 능력과 소질에 따라 교육을 받아야 한다.
4. 어린이는 빛나는 우리 문화를 이어받아, 새롭게 창조하고 널리 펴나가는 힘을 길러야 한다.

5. 어린이는 즐겁고 유익한 놀이와 오락을 위한 시설과 공간을 제공받아야 한다.
6. 어린이는 예절과 질서를 지키며, 한겨레로서 서로 돕고, 스스로를 이기며 책임을 다하는 민주 시민으로 자라야 한다.
7. 어린이는 자연과 예술을 사랑하고 과학을 탐구하는 마음과 태도를 길러야 한다.
8. 어린이는 해로운 사회 환경과 위험으로부터 먼저 보호되어야 한다.
9. 어린이는 학대를 받거나 버림을 당해서는 안 되고, 나쁜 일과 짐이 되는 노동에 이용되지 말아야 한다.
10. 몸이나 마음에 장애를 가진 어린이는 필요한 교육과 치료를 받아야 하고, 빗나간 어린이는 선도되어야 한다.
11. 어린이는 우리의 내일이며 소망이다. 나라의 앞날을 짊어질 한국인으로, 인류의 평화에 이바지할 수 있는 세계인으로 키워야 한다.

2016년 3월 아동정책조정위원회는 아동학대 방지대책의 일환으로 아동권리헌장 제정을 명시하였다. 기존의 어린이헌장 및 청소년헌장은 아동을 독립된 권리의 주체로 보지 않고 성인 중심의 아동양육 시각이 남아 있으며 권리의 범위도 제한적인 상황에서 유엔아동권리협약의 이념과 내용을 충분히 반영하지 못하고 있다는 지적에 따라 아동권리헌장을 제정하게 되었다.

아 동 권 리 헌 장

모든 아동은 독립된 인격체로 존중받고 차별받지 않아야 한다. 또한 생명을 존중받고, 보호받으며, 발달하고 참여할 수 있는 고유한 권리가 있다. 부모와 사회, 국가와 지방자치단체는 아동의 이익을 최우선적으로 고려해야 하며, 다음과 같은 아동의 권리를 확인하고 실현할 책임이 있다.

① 아동은 생명을 존중받아야 하며 부모와 가족의 보살핌을 받을 권리가 있다.

② 아동은 모든 형태의 학대와 방임, 폭력과 착취로부터 보호받을 권리가 있다.

③ 아동은 출신, 성별, 언어, 인종, 종교, 사회 · 경제적 배경, 학력, 연령, 장애 등의 이유로 차별받지 않을 권리가 있다.

④ 아동은 개인적인 생활이 부당하게 공개되지 않고 보호받을 권리가 있다.

⑤ 아동은 신체적 · 정신적 · 사회적으로 건강하게 성장하고 발달하는 데 필요한 기본적인 영양, 주거, 의료 등을 지원받을 권리가 있다.

⑥ 아동은 자신이 살아가는 데 필요한 지식과 정보를 알 권리가 있다.

⑦ 아동은 자유롭게 상상하고 도전하며 창의적으로 활동하고 자신의 능력과 소질에 따라 교육받을 권리가 있다.

⑧ 아동은 휴식과 여가를 누리며 다양한 놀이와 오락, 문화 · 예술 활동에 자유롭고 즐겁게 참여할 권리가 있다.

⑨ 아동은 자신의 생각이나 느낌을 자유롭게 표현할 수 있으며, 자신에게 영향을 주는 결정에 대해 의견을 말하고 이를 존중받을 권리가 있다.

2016년 5월 2일

대한민국정부

3) 청소년 헌장(1998)

청소년의 이상과 포부를 제시한 전문과 청소년의 권리·의무, 가정의 기능, 학교의 사명, 청소년 건전육성을 위한 국가와 사회의 역할 및 책임을 담은 5개항의 본문으로 구성되었으며, 1990년 5월 12일 선포하였고 1998년 10월에 개정되었다. 한국에서 처음 제정된 이 헌장은 청소년에 대한 가정·학교·사회·국가의 책무와 유기적 역할을 규정, 모든 유관 부처가 강력한 정책으로 이를 뒷받침함으로써 청소년문제에 적극 대처할 방침으로 마련한 것이다(두산백과, 2017). 전문과 5개 조항의 본문으로 이루어진 '청소년헌장'[12]은 인류의 자유와 행복을 이룩할 대한민국의 청소년들이 나아갈 길을 제시하고 있는데, 그 구체적 내용은 다음과 같다.

청소년 헌장

청소년은 자기 삶의 주인이다.

청소년은 인격체로서 존중 받을 권리와 시민으로서 미래를 열어 갈 권리를 가진다.

청소년은 스스로 생각하고 선택하며 활동하는 삶의 주체로서 자율과 참여의 기회를 누린다.

청소년은 생명의 가치를 존중하며 정의로운 공동체의 성원으로 책임 있는 삶을 살아간다.

가정, 학교, 사회 그리고 국가는 위의 정신에 따라 청소년의 인간다운 삶을 보장하고 청소년 스스로 행복을 기꾸며 살아갈 수 있도록 여건과 환경을 조성한다.

청소년의 권리

1. 청소년은 생존에 필요한 기본적인 영양, 주거, 의료, 교육 등을 보장 받아 정신적·신체적으로 균형 있게 성장할 권리를 가진다.
2. 청소년은 출신, 성별, 종교, 학력, 연령, 지역 등의 차이와 신체적·정신적 장애 등을 이유로 차별 받지 않을 권리를 가진다.
3. 청소년은 물리적인 폭력 뿐만 아니라 공포와 억압을 포함하는 정신적 폭력으로부터 보호 받을 권리를 가진다.
4. 청소년은 사적인 삶의 영역을 침해받지 않을 권리를 가진다.
5. 청소년은 자신의 생각과 느낌을 자유롭게 펼칠 권리를 가진다.

12) 김정래(2004), 아동권리향연.

6. 청소년은 자유로운 의사에 따라 건전한 모임을 만들고 올바른 신념에 따라 활동할 권리를 가진다.
7. 청소년은 배움을 통해 진리를 추구하고 자아를 실현해 갈 권리를 가진다.
8. 청소년은 일할 권리와 직업을 선택할 권리를 가진다.
9. 청소년은 여가를 누릴 권리를 가진다.
10. 청소년은 건전하고 다양한 문화, 예술활동에 자유롭게 참여할 권리를 가진다.
11. 청소년은 다양한 매체를 통하여 자신의 삶에 필요할 정보에 접근할 권리를 가진다.
12. 청소년은 자신의 삶과 관련된 정책 결정 과정에 민주적 절차에 따라 참여할 권리를 가진다.

청소년의 책임

1. 청소년은 자신의 삶을 소중히 여기며 자신이 선택한 삶에 책임을 진다.
2. 청소년은 앞 세대가 물려준 지혜를 시대에 맞게 되살려 다음 세대에 물려줄 책임이 있다.
3. 청소년은 가정, 학교, 사회, 국가, 인류공동체의 성원으로서 자기와 다른 삶의 방식도 존중할 줄 알아야 한다.
4. 청소년은 삶의 터전인 자연을 소중히 여기고 모든 생명들과 더불어 살아간다.
5. 청소년은 통일시대의 주역으로서 평화롭게 공존하는 방법을 익힌다.
6. 청소년은 남녀평등의 가치를 배우고 이를 모든 생활에서 실천한다.
7. 청소년은 가정에서 책임을 다하며 조화롭고 평등한 가족관계를 만들어 간다.
8. 청소년은 서로에게 정신적·신체적 폭력을 행사하지 않는다.
9. 청소년은 장애인을 비롯한 소외 받기 쉬운 사람들과 더불어 살아간다.

4) 학생인권조례

학교교육과정에서 학생의 존엄과 가치가 보장되고 실현될 수 있도록 전국 16개 시·도 교육청별로 학생인권조례를 제정해 시행하도록 하였는데 경기(2010)·광주(2011)·서울(2012)·전북(2013) 교육청에서 학생인권조례를 공포하였다. 학생인권조례의 제정은 통제와 훈육을 통한 보호에서 참여 보장과 자기결정 존중의 개념으로의 학생 인권의 개념 확대를 의미로 볼 수 있다. 서울특별시 교육청에서 제정한 「서울학생인권조례」 전문 제1조에서는 「대한민국헌법」, 「교육기본법」 제12조 및 제13조, 「초·중등교육법」 제18조의4 및 「유엔 아동의 권리에 관한 협약」에 근거하여 학생의 인권을 보장함으로써 모든 학생의 인간으로서의 존엄과 가치를 실현하며 자유롭고 행복한 삶을 이루어나갈 수 있도록 하는 것을 목적으로 함을 밝히고 있다.

제2조에서는 '학생인권'이란 '「대한민국헌법」 및 법률에서 보장하거나 「유엔 아동의 권리에 관한 협약」 등 대한민국이 가입·비준한 국제인권조약 및 국제관습법에서 인정하는 권리 중 학생에게 적용될 수 있는 모든 권리'로 정의하고 있다.[13)]

표 3-3 서울학생인권조례(2017)

제1장	제3조 학생인권의 보장 원칙	1. 이 조례에서 규정하는 학생인권은 인간으로서의 존엄성을 유지하고 행복을 추구하기 위하여 반드시 보장되어야 하는 기본적인 권리이며, 교육과 학예를 비롯한 모든 학교생활에서 최우선적으로 그리고 최대한 보장되어야 한다. 2. 학생의 인권은 이 조례에 열거되지 않았다는 이유로 경시되어서는 아니된다. 3. 학칙 등 학교 규정은 학생인권의 본질적인 내용을 제한할 수 없다.
제2장	학생인권	1. 제1절 차별받지 않을 권리 2. 제2절 폭력 및 위험으로부터의 자유 3. 제3절 교육에 관한 권리 4. 제4절 사생활의 비밀과 자유 및 정보의 권리 5. 제5절 양심·종교의 자유 및 표현의 자유 6. 제6절 자치 및 참여의 권리 7. 제7절 복지에 관한 권리 8. 제8절 징계 등 절차에서의 권리 9. 제9절 권리침해로부터 보호받을 권리 10. 제10절 소수자 학생의 권리 보장
제3장	학생인권증진을 위한 체계	제1절 학생인권교육과 홍보 제2절 학생인권위원회와 학생참여단체 제3절 학생인권옹호관 제4절 학생인권교육센터와 학생인권영향평가 제5절 학생인권종합계획
제4장	학생인권침해에 대한 구제	제47조 구제신청 제48조 조사 제49조 처리 제50조 비밀유지의무

출처: 서울특별시교육청 학생인권교육센터(2017) 재구성 1.

13) 서울특별시교육청 학생인권교육센터(2017). https://studentrights.sen.go.kr.

5) 유엔아동권리협약 비준 및 이행

국제사회는 아동의 권익 향상을 위하여 유엔아동권리협약(CRC: Convention on the Rights of the Child)을 1990년 9월 2일 발효하였으며, 우리나라는 1991년 11월 20일 유엔아동권리협약을 비준하였다. 유엔아동권리협약은 아동을 권리의 주체로 인정하고 국가, 사회, 가정 모두가 아동에게 필요한 보호와 도움을 주며, 아동의 인격 발달과 복지 증진을 위하여 특별한 배려를 제공하여야 함을 규정하고 있다. 이행보고서는 유엔아동권리위원회의 지침에 따라, ① 협약 이행을 위한 일반조치, ② 아동의 정의, ③ 일반원칙, ④ 시민적 권리와 자유, ⑤ 가정환경 및 대안 양육, ⑥ 기초보건 및 복지, ⑦ 교육, 여가 및 문화 활동, ⑧ 특별보호조치 등 8개 주제로 나누어 작성된다. 유엔아동권리위원회는 우리나라에서 제출한 이행보고서를 심의한 후, 우리나라의 협약 이행상황에 대한 우려와 제안을 담은 권고사항을 우리 정부에 전달한다.[14)]

우리나라는 협약 가입 이래 1994년과 2000년에 제1·2차 국가보고서를, 2008년 12월에 제3·4차 국가보고서를 제출하여, 1996년·2003년·2011년에 이행 상황을 심의 받았다. 한국의 NGO들은 1995년 7월 제1차 민간보고서를, 2002년 6월 제2차 민간보고서를 위원회에 제출한 바 있으며, 2005년 9월, 18개의 국내 아동 관련 단체가 연대하여 유엔아동권리협약 한국 NPO 연대(Korea NPO Coalition for the UNCRC)를 조직하였다. 한국 NPO연대는 아동권리 이행을 위한 구심점을 제공하고 법률적·정책적 변화를 위한 촉매 역할을 수행하기 위해 조직되었고, 유엔아동권리협약의 주창 및 홍보, 유엔아동권리위원회 권고문 검토 및 정부의 대처방안 촉구, 유엔아동권리 협약 유보사항의 조속한 철폐를 위한 행동 촉구, 국가보고서에 대응하는 민간보고서 작성 등을 수행해 왔다.[15)]

현재 유엔아동권리위원회 권고 사항에 대한 부처별 이행 상황을 관리하고 있으며, 부처별 협조를 통한 권고 사항의 체계적 이행은 아동정책의 새로운 방향과 기준을 재설정할 수 있는 계기로 보고 있다. 2012년 2월16일에 발효

---

14) 유니세프 한국위원회. http://www.unicef.or.kr/education/korea_pact.asp

15) 유엔아동권리협약 한국 NPO연대(2010). 제3·4차 유엔아동권리협약 민간보고서.

된 「서울학생인권조례」와 정부에서 2016년 5월 2일에 제정하여 공표한 '아동권리헌장'은 이러한 유엔아동권리협약을 토대로 만들었다. 2017년 12월 제5·6차 통합 국가보고서를 제출하였고, 한국 NPO연대는 정부의 국가보고서에 대한 민간보고서를 준비하고 있다. 이를 표로 정리하면 표 3-5와 같다.

✹ 표 3-4 유엔아동권리협약 이행 상황

1991. 11.	유엔아동권리협약 비준
1994. 11.	1차 국가 보고서를 유엔아동권리위원회에 보고
1996. 02.	1차 보고서에 대한 심의 및 권고사항 전달
2000. 05.	2차 국가 보고서를 유엔아동권리위원회에 보고
2003. 03.	2차 보고서에 대한 심의 및 권고사항 전달
2008. 12	3·4차 통합국가보고서를 유엔아동권리위원회에 보고
2011. 09	3·4차 보고서에 대한 심의 및 권고사항 전달
2017. 12	5·6차 국가보고서 제출

2010년에는 유엔권리협약 한국 NPO연대에서 제3·4차 민간보고서를 제출하였다. 국가보고서와 마찬가지로 협약이행을 위한 일반조치, 아동의 정의, 일반 원칙, 시민적 권리와 자유, 가정환경 및 대안양육, 기초보건 및 복지, 교육·여가·문화적 활동, 특별보호조치 등 총8개 주제의 내용을 담고 있다. 이를 표로 정리하면 다음과 같다.

✹ 표 3-5 제3·4차 유엔아동권리협약 민간보고서(2010)

주 제	내 용
제1장 협약이행을 위한 일반조치	1. 아동정책 조정기구의 운영 2. 공적기관에 의한 모니터링 3. 아동정책개발 기관 4. 유보조항 철회를 위한 관련 법률 검토 5. 아동기 투자를 위한 예산확보 6. 홍보 및 교육의 확대
제2장 아동의 정의	• 법령에서 연령설정의 기준 • 아동관련 법령 등에 있어 연령의 중첩과 누락 • 아동의 의사표시 권리 등의 법적 명시 및 규정 제작

(계속)

주 제	내 용
제3장 일반원칙	1. 통합과 조정 2. 비 차별의 원칙 3. 아동최선의 이익 원칙 4. 아동의 생명·생존 및 발달권 5. 아동의사존중원칙
제4장 시민적 권리와 자유	1. 국적 및 신분에 대한 권리 2. 표현 및 집회의 자유 3. 종교의 자유 4. 사생활의 보호 5. 고문 및 비인도적 처우의 금지–체벌문제
제5장 가정환경 및 대안양육	1. 빈곤가정 아동보호를 위한 사회적 안전망 2. 부모로부터의 분리와 가족재결합 3. 대안양육 4. 학대, 유기 및 신체적·심리적 회복과 사회복귀 5. 입양
제6장 기초보건 및 복지	1. 보건서비스 2. 장애아동 3. 사회보장 및 보건복지예산
제7장 교육, 여가, 문화적 활동	1. 사교육비 지출 2. 교육의 목적과 아동의 놀 권리
제 8장 특별보호조치	1. 소수 아동 2. 경제적 착취 3. 성적 착취 4. 소년사법

출처: 유엔아동권리협약 한국 NPO연대(2010) 제3·4차 유엔아동권리협약 민간보고서 내용 재구성

제3·4차 보고서에 대한 유엔아동권리위원회의 권고문에서는 표 3-6과 같이 우리나라 아동의 권리문제에 대한 우려를 표명하였다.

표 3–6 유엔아동권리위원회 권고문에 나타난 우리나라 아동의 권리문제

영 역	우려 사항
권리보장 영역	22. 아동권리에 대한 낮은 인식 수준 28. 소외계층(다문화이주노동탈북자난민 가정의 아동) 아동에 대한 차별적 문화
권리 경험	34. 아동에 영향을 미치는 결정에 있어 당사자인 아동의 견해를 고려하지 않음 40. 학교 내 정치활동의 금지와 학교운영위원회에 학생 참여 배제 42. 가정, 학교, 대안돌봄 환경에서 체벌이 여전히 존재 44. 아동학대의 발생의 증가 57. 건강하지 못한 식습관

(계속)

영 역	우려 사항
권리 경험	62. 학업에 대한 극심한 부담과 과도한 사교육 62. 또래 괴롭힘, 특히 외국 출신 아이들에 대한 괴롭힘 증가 71a. 아동 성폭력의 급증과 높은 음란물 소비
발달 결과	30. 심각하게 높은 아동 자살률 55. 여아의 우울증 비율 증가 57. 아동비만율 증가 57. 아동과 청소년의 음주 및 흡연율 증가 57. 아동 인터넷 중독의 심각성 58. 청소년 임신율과 낙태율이 높음 62. 높은 학업스트레스 수준

출처: 굿네이버스(2017). 대한민국 아동권리지수.

제3·4차 권고사항을 바탕으로 정부는 민간부문과 적극적인 협력을 통해 비차별, 아동 이익 최우선 고려, 생존 발달권 보장 그리고 아동의견 존중 등 협약의 원칙을 지키며 아동권리 실현을 위해 모든 입법적 행정적 노력을 기울였다. 부처 간 연계 조정의 필요성을 인식하고 아동의 삶과 관련된 모든 영역과 관련된 정책이 연계를 가질 수 있도록 정책을 추진하고자 하였다.

보건복지부는 2015년 5월 '제1차 아동정책기본계획'(2015~2019)을 수립하였고 여성가족부는 「청소년기본법」에 근거하여 청소년 육성에 관한 기본계획을 5년마다 수립하여 '제5차 청소년정책기본계획'(2013~ 2017)을 이행하고 있다. 법무부는 '제3차 국가인권정책기본계획'(2017~2021) 수립을 위해 준비 절차를 진행하고 있다. 이와 관련하여 국가인권위원회는 2016년 9월에 모든 아동 청소년의 인권 보장을 위한 기초적인 제도를 마련하고, 취약계층 아동 청소년의 인권 보호체계 확대를 위한 '제3기 국가인권정책 기본계획 권고안'을 정부에 제출하였다. 국가인권위원회는 2014년 7월에 아동 청소년 인권 업무를 전담하는 '아동 청소년인권팀'을 신설하고 2016년 4월에 국가인권위원회 내 3인의 인권위원으로 구성된 '아동권리위원회'를 설치하여 아동 청소년 권리에 대한 독립 모니터링을 실시하고 있다. 또한 아동 청소년이 직접 참여하는 '인권지킴이단' 운영 등을 하고 있다.[16)]

16) 대한민국정부(2017). 제5·6차 유엔아동권리협약 국가보고서.

이와 관련하여 아동 관련 법령을 제·개정하였고 아동권리 향상에 노력을 기울였는데, 2017년 12월 현재까지 그 현황을 보면 표 3-7과 같다.

표 3-7 아동 관련 법령 제·개정 현황

구분	시 기	법 령	제·개정 내용
제정	제정 2011. 7. 4. 시행 2012. 7. 15.	아동의 빈곤예방 및 지원 등에 관한 법률	• 경제적·사회적·문화적·정서적 빈곤 상태에 있는 아동을 위한 기본계획과 추진전략 수립으로 통합적인 사회복지 지원체계 마련
	제정 2012. 1. 26. 시행 2013. 1. 27. 개정 2016. 2. 3.	학교체육 진흥법	• 학교체육 진흥에 관한 기본시책 수립 • 여학생 체육활동 활성화 지원
	제정 2012. 2. 10. 시행 2013. 7. 1.	난민법	• 난민 인정자에 대해 생계, 의료, 주거 지원 • 난민아동의 초·중등교육 이수 기회 제공
	제정 2014. 1. 28. 시행 2014. 9. 29. 개정 2016. 5. 29.	아동학대범죄의 처벌 등에 관한 특례법	• 아동학대 피해아동에 대한 긴급한 조치 및 보호, 가해부모에 대한 법원 명령의 치료·상담·교육수강제도 도입 등 가정 내 아동학대 문제에 강력한 대응체계 마련
	제정 2014. 1. 28. 시행 2014. 9. 29. 개정 2016. 5. 29.	아동학대범죄의 처벌 등에 관한 특례법	• 피해아동에 대한 변호사 및 진술조력인 선임 특례 • 신고의무자의 신고에 의한 불이익 조치 금지 신설
	제정 2014. 3. 11. 시행 2014. 9. 12.	공교육 정상화 촉진 및 선행교육 규제에 관한 특별법	• 선행교육 규제를 통해 학교 내의 정상적인 교육과정 운영 여건 조성
	제정 2014. 3. 23. 시행 2015. 3. 25.	양육비 이행확보 및 지원에 관한 법률	• 이혼가정 자녀의 안정적 생활수준 유지 보장 • 한시적 양육비 긴급지원 제도 도입
	제정 2014. 5. 28. 시행 2015. 5. 29.	학교 밖 청소년 지원에 관한 법률	• 학교 밖 청소년을 위한 종합적인 지원체계 도입 • 정부, 지역, 민간 협업 통한 학교 밖 사각지대 해소
개정	2011~2016	아동복지법	• 매 5년마다 아동종합실태조사 실시 • 아동보호구역에 영상정보처리기기 설치 의무화 • 아동학대 관련 범죄전력자 10년간 취업 제한 • 보호자의 아동에 대한 신체적 고통이나 폭언 등의 정신적 고통 금지 • 보호대상 아동의 사전 조사, 상담 기능 강화
	2011~2015	입양특례법	• 국내외 입양 모두 법원의 허가제 도입 • 국외 입양아동의 권익 보호를 위한 사후관리 도입

(계속)

구분	시 기	법 령	제·개정 내용
개정	2011~2016	건강가정기본법	• 건강가정기본계획 수립의 주체를 기초자치단체장으로 확대 • 취약위기가족의 정서적·경제적 자립역량 지원 강화
	2011~2016	청소년 보호법	• 청소년 유해업소 범위 확대, 유해약물 등 제공 금지 • 환각물질 중독전문치료기관 종사자 비밀 누설 금지
	2012	형법	• 유사간강죄 신설 • 고소가 있어야 공소 제기하는 조항 폐지
	2012~2016	아동·청소년의 성보호에 관한 법률	• 아동·청소년 대상 성범죄의 공소시효는 피해아동·청소년이 성년에 달한 날부터 진행 • 아동·청소년에 대한 강간·강제추행 등의 죄의 법정형을 5년 이상의 유기징역에서 무기 또는 5년 이상의 유기징역으로 상향조정 • 아동·청소년 이용 음란물임을 알면서 이를 소지한 자는 1년 이하의 징역 또는 2천만원 이하의 벌금형
	2012~2016	아동·청소년의 성보호에 관한 법률	• 아동·청소년 피해자에 대한 변호사 선임 특례 도입
	2012~2016	다문화가족지원법	• 다문화가족에 아동에 대한 학습 및 생활지도 정보 제공 • 결혼이민자, 다문화가족에 대한 전화통화 서비스 제공, 결혼이민자의 모국어 사용 활성화
	2012~2016	한부모가족지원법	• 자녀양육비 가이드라인 마련 • 한부모가족 복지시설 입소자 권익 보호 조치 확인 의무
	2012~2014	민법	• 미성년자의 입양 허가제 도입 • 자녀를 학대하는 친권자의 법원의 재판제도, 친권의 일시 정치 제도, 친권의 일부 제한 제도의 도입
	2012~2016	청소년복지 지원법	• 위기 청소년 보호지원 강화 • 청소년자립지원관 기능을 규정 • 「소년법」에 의한 보호처분 1호를 받은 청소년에게 상담·주거·학업·자립 등을 지원하기 위한 청소년 회복지원시설을 청소년복지시설로 규정
	2012~2016	청소년 기본법	• 청소년 차별금지, 의사 표명 및 결정권 규정 • 「근로기준법」상 근로 청소년의 권리 등에 필요한 교육 및 상담을 청소년에게 실시, 청소년 근로 권익 보호정책을 적극적으로 홍보

(계속)

구분	시 기	법 령	제·개정 내용
개정	2012~2016	청소년 기본법	• 청소년 상담·복지 관련 시설 종사자 등이 청소년의 근로와 관련하여 노동관계 법령 위한 사실을 알게 된 경우 신고하도록 의무화
	2012~2016	유아교육법	• 무상유아교육을 취학 전 3년의 모든 유아에게 확대 • 유아를 교육하거나 사무를 담당할 때에는 도구, 신체 등을 이용하여 유아의 신체에 고통 부담 금지
	2012~2016	초·중등교육법	• 학력인정학교의 명칭에 따른 사회적 차별 해소 • 성폭력 범죄 등의 처벌 경력이 있는 경우 학교운영위원회의 결격사유로 추가
	2012~2016	학교폭력예방 및 대책에 관한 법률	• 피해학생의 치료 위한 학교안전공제회 치료비 부담 및 구상권 행사, 피해학생 재심 청구 허용 등 • 학교폭력 실태조사의 주기, 결과의 공표, 관계 기관의 정보 제공 의무 및 실태조사의 방법 등 규정
	2012~2016	학교보건법	• 학교폭력 징후 사전 발견 위한 정신건강상태 검사 • 학생의 정신건강 상태 검사를 학부모에게 통보
	2012~2016	학교안전사고 예방 및 보상에 관한 법률	• 학교폭력 피해학생에 대한 치료비 지급 규정, 학교 밖 교육활동 시 안전점검, 보험 가입 여부 확인 등 • 학교시설에 대한 학부모의 안전점검 참여 보장
	2012~2014	가사소송법	• 미성년자 입양에 대한 가정법원의 허가제 도입 • 친권의 일시 정지, 일부 제한 등 친권의 제한 제도 가정법원의 전속관할 사항에 추가
	2012~2016	가족관계 등록 등에 관한 법률	• 미성년 후견인 및 감독인의 개시, 경질, 종료에 관한 신고제도 도입 • 모의 인적사항을 알 수 없는 경우 가정법원의 확인을 받아 친생부가 출생신고 가능, 자녀의 생명권 보장
	2013~2016	어린이 식생활 안전관리 특별법	• 고카페인 함유 식품에 대한 판매, 광고 제한 강화 • 어린이 기호식품 전담관리원 지정 및 운영 • 알레르기 유발 가능 식품 표시 의무 부여
	2013~2016	청소년활동 진흥법	• 이동 및 숙박형 청소년 활동에 대한 관할기관 신고 의무화, 청소년 수련시설에 대한 종합안전점검 실시

(계속)

구분	시 기	법 령	제·개정 내용
개정	2013~2016	청소년활동 진흥법	• 청소년 수련시설 대표 및 종사자 안전교육 의무화
	2013~2016	영유아보육법	• 무상보육 근거 마련 • 아동학대로 금고 이상 실형 선고받고 10년 경과되지 않은 경우 어린이집 설치 및 운영 불가 • 보육교직원의 영유아에 대한 신체적 고통이나 고성·폭언 등의 정신적 고통 금지
	2013~2016	보호소년 등의 처우에 관한 법률	• 가족 등과의 전화통화 허용 등 보호소년 인권 강화 • 보호소년 등에 대한 징계의 종류의 다양화로 보호소년 등에 대한 인권 친화적인 교육 및 처우 환경 조성
	2014~2016	소년법	• 소년원 송치 처분의 경우에도 원판결에 따른 송치기간이 항고에 따른 송치기간에 산입될 수 있도록 법적 근거를 마련

출처: 대한민국정부(2017). 제5·6차 유엔아동권리협약 국가보고서.

6) 아동권리지표의 개발

유엔아동권리위원회에서는 한국 아동의 권리사항을 체계적으로 파악할 수 있도록 협약 이행사항을 점검하기 위하여 효과적이고 신뢰할 수 있는 권리지표 개발을 지속적으로 권고하였고, 유엔아동권리위원회의 2차 권고 이후, 국가적 차원의 권리지표 개발 시도가 이루어졌다. 2006년 한국청소년정책연구원에서 아동청소년의 종합적인 인권실태를 파악하기 위해 아동의 4대 기본권인 생존권, 보호권, 발달권, 참여권과 인권의 5개 영역 152개 지표를 개발하였고, 2013년에는 인권일반 및 일반원칙, 시민적 권리와 자유, 가정환경과 대안양육, 장애·기초적 보건과 복지, 교육·여가 및 문화적 활동, 특별보호조치의 6개 영역 총130개 지표를 조사하였다. 2015년에는 권리 환경의 변화에 따라 폭력 및 학대 영역을 추가하여 7개 영역 148개 지표를 조사하였다. 아동관련 NGO인 초록우산어린이재단에서는 초·중·고 1,000명의 학생을 대상으로 아동의 생활시간을 권리적 측면에서 분석을 시도하였다.[17]

17) 굿네이버스(2017). 대한민국 아동권리지수.

표 3-8 국내아동권리지표 개발 연구 현황

기 관	연구과제	조사영역	생산	조사인원
한국아동권리학회	아동권리지표(1999) 한국의 아동지표(2001)	10개 영역(인구, 생명 및 생존, 보건, 보육, 교육, 가족, 사회성 발달, 사회보장, 경제, 문제행동과 사회적 환경) 227개 지표	×	
한국보건사회연구원	아동권리지표 개발에 관한 연구(2003)	8개 영역(인구, 생존과 건강, 가족, 시민적 권리와 자유, 교육, 사회복지, 특별보호, 문화와 여가) 112개 지표	×	
한국청소년정책연구원	한국아동·청소년 인권실태 연구(2013~2015)	7개 영역(인권일반 및 일반원칙, 가정환경과 대안 양육, 시민적 권리와 자유, 폭력과 학대, 장애·기초적 보건과 복지, 교육·여가 및 문화적 활동, 특별보호조치) 148개 지표	1년 주기	초·중·고 10,453명 (2015년 기준)
초록우산 어린이재단	아동권리지표(2016)	4개 영역(생존, 보호, 발달, 참여) 관련 생활시간 32개 지표	미정	초·중·고 1,000명

출처: 굿네이버스(2017). 대한민국 아동권리지수

굿네이버스에서는 유엔아동권리협약의 4대 권리인 생존권, 발달권, 보호권, 참여권을 기본틀로 하여 아동의 권리경험뿐 아니라 권리 관련 환경과 발달의 산물 등 총체적인 아동권리지표 체계를 수립하고자 하였다.

이 연구에서는 개발한 지표를 설문문항으로 구성하여 16개 시·도의 초등학생과 중학생 및 그들의 부모(보호자)를 대상으로 직접 조사를 실시하여 아동권리지표 및 지수 체계를 개발하였다.

표 3-9 대한민국 아동권리 지수 개발을 위한 전체 조사항목

대영역	소영역	아동 조사항목	부모(보호자) 조사항목
권리 보장 환경	가정	–	인구사회학적 배경, 주거시설, 부모(보호자)의 삶의 만족도, 행복감, 양육스트레스, 양육효능감
	학교	학교시설, 학교풍토	–
	지역사회	아동학대 신고 인식, 아동권리 인식	안전, 무질서, 시설 및 기관, 아동학대 인식, 아동학대 신고 인식, 아동권리 인식
권리 경험	생존권 경험	규칙적인 식사와 양질의 식품 섭취, 신체활동, 건강검진, 수면	식품미보장

(계속)

대영역	소영역	아동 조사항목	부모(보호자) 조사항목
권리 경험	발달권 경험	학교생활 만족도, 방과 후 생활, 놀이 및 여가, 부모(보호자)-자녀관계, 교사관계, 또래관계	부모(보호자)의 교육적 관심 및 참여, 가족여가
	보호권 경험	학대(신체, 정서), 방임, 성학대 및 성폭력, 학교 내 처벌, 학교폭력, 사이버폭력	나홀로 아동
	참여권 경험	의사존중, 참여활동, 아동권리교육	-
발달 결과	건강	주관적 건강, 체형 인식 및 만족	객관적 건강
	인지	학업성취	-
	사회 정서	자아존중감, 우울, 불안, 공격성, 비행, 인터넷 중독, 스트레스, 자살, 진로발달	-
	인성	인성	-
	행복	주관적 행복감, 삶의 만족도	-

출처: 굿네이버스(2017). 대한민국 아동권리지수.

아동권리를 종합적 수준에서 평가하고 지역별·학년별 아동권리 실현 정도를 비교하기 위하여 아동의 개별 지표 데이터를 시·도 단위 및 학년별 지수로 산출하여 이를 비교하였고 생산된 아동권리지수와 아동을 둘러싼 가정, 학교, 지역사회의 다양한 환경과 아동발달의 상관관계를 분석하고 이를 통해 아동의 권리경험이 환경과 아동발달에 어떠한 의미를 갖는지 살펴보았다.[18] 이 연구를 통해 아동 예산을 확대하고 중앙정부 주도의 아동 예산을 배정해야 함을 지적하고 청소년기의 권리 경험의 중요성에 대한 관심과 지원이 필요하며 아동권리에 기반한 종합적인 데이터의 지속적 생산이 필요하다고 제안하였다.

7) 대한민국 아동총회(2004~2016)

2002년 아동문제에 관한 최초의 유엔특별총회인 유엔아동특별총회가 개최되었다. 우리나라에서도 2004년 대한민국 아동총회가 개최되었고 아동들이 자신의 목소리를 낼 수 있는 기회를 갖게 되었다. 아동권리협약에서 아동의

18) 굿네이버스(2016). 대한민국 아동권리지수.

참여는 제12조 아동의 의사표현권과 제13조 의사표현의 자유에 관한 조항 등을 이행하도록 권고하고 있어 아동에게 권리주체로서의 참여(participation)의 길을 제시하고 있으며, 이러한 아동의 참여권을 보장하는 것은 아동의 자기결정권을 보장하는 일이다.

정부는 2004년부터 2016년까지 매년 '아동총회' 및 '청소년특별회의' 등을 통하여 아동·청소년이 제안한 정책과제에 대해 예산을 편성하기 위해 노력하고 있다. 지방자치단체에서는 아동 청소년의회, 청소년참여위원회 등을 구성하여 아동 청소년이 자신과 관련된 정책과 예산에 대해 건의할 수 있게 하고 있다. 일부 지자체에서는 예산 수립 시 아동 청소년이 제안한 의제에 예산을 배정하는 '아동 청소년 참여예산제'를 실시하고 있다.[19]

표 3-10 2014~2106까지 아동총회 결의 내용

회 차	결 의 문
2014년 제11회	주제: 대한민국 아동안전은 녹색불입니까? 1. 학교나 지역별로 아동 안전 체험 및 교육 시설을 만들어 주세요. 2. 아동의 눈높이에 맞게 아동학대 관련 정보를 제공해 주세요. 3. 학교 건물 및 어린이 놀이시설 등 아동과 관련한 시설의 경우, 학부모와 전문가 등이 참여한 가운데 1년 단위로 안전 검사를 받도록 해 주세요. 4. 다양한 매체(영화, 체험, 연극)를 활용해 자연 재난의 위험성과 적절한 대처 요령을 알려주세요. 5. 학교마다 안전사고 예방법 등을 배우고 홍보하는 '안전 동아리'를 의무적으로 운영하도록 주세요. 6. 모든 유아교육기관 및 영유아 보육시설에 실시간으로 부모가 확인할 수 있는 시스템이 갖춰진 CCTV를 설치해 주세요. 7. 모든 유아교육기관과 보육시설에 인성을 갖춘 교사가 배치될 수 있도록 교육과정을 개편해 주세요. 8. 모든 초·중·고등학교에 Wee클래스를 설치하고 Wee클래스 상담선생님들의 활동 권한을 강화해 주세요.
2015년 제12회	주제: 행복한 아동, 존중받는 아동 1. 모든 문화여가 시설에 18세 미만의 아동할인제도를 강화시켜 주세요. 2. 학교 시설이 수업시간 외에 아동들의 놀 공간의 중심으로 활용될 수 있도록 해주세요. 3. 모든 아동들이 진로전문교육 담당교사에게 정기적으로 진로교육을 받을 수 있게 해주세요. 4. 선생님과 여가를 즐길 수 있게 학생 여가보조금 제도를 마련해 주세요. 5. 아동이 꿈을 찾고 키울 수 있는 소통중심의 진로교육을 강화시켜 주세요.

(계속)

19) 대한민국정부(2017). 제5·6차 유엔아동권리협약 국가보고서.

회 차	결 의 문
2016년 제13회	주제: 우리의 꿈 말해도 되나요? -내가 바라는 세상- 1. 어린이 통학버스의 운전기사 자격기준과 운영지침, 지도 감독을 강화해 주세요. 2. 아동 관련 범죄는 어떠한 이유에서라도 처벌을 줄이는 것을 없애 주세요. 3. 아동의 놀권리 실현을 위해 안전하고 접근성이 보장되는 아동전용 복합문화시설을 잘 만들고 관리해 주세요. 4. 담배를 판매하는 곳에 담배 진열대를 없애 주세요. 5. 아동들의 건강권을 보장하기 위하여 질병으로 인한 결석을 출석으로 인정해 주세요. 6. 아동을 위한 직업체험박람회를 지자체 별로 개최·홍보하여 지역 격차를 줄여 주세요. 7. 중·고등학교 교과시간에 삶 속에서 교과의 의미를 탐구하고 적용하는 교과연계동아리 활동을 의무적으로 실시해 주세요.

출처: 보건복지부(2017).

2016년 제13회 회의에서의 안건 중 하나인 아동의 놀권리 실현과 관련해 세이브더칠드런, 유니세프한국위원회, 초록우산어린이재단 3곳에서 합동으로 2017년 12월 7일 "대한민국아동, 놀이를 말하다"라는 정책제안집을 제출하였다. 유엔아동권리협약의 기본권 중 하나인 발달권에 해당하는 놀이 및 휴식시간에 관해 우리나라 아동들은 학년이 올라갈수록 놀이 및 휴식시간을 부족하다고 느끼는 아동이 증가하는 모습을 보였다(2016 대한민국아동권리지수). 이 제안집에서 아동들은 "모든 국민이 아동의 놀 권리를 중요하게 생각하는 나라를 만들어 주세요', "부족한 놀이 시간과 과도하게 경쟁적인 교육현실을 개선해 주세요", "모든 곳에서 놀 수 있도록 안전한 환경을 만들어 주세요", "안전하면서도 모험도 즐길 수 있는 재미있는 놀이터를 만들어 주세요", "장애, 지역, 경제 수준, 연령, 성별 등에 상관없이 모든 아동이 신나게 놀 수 있어야 해요", "더 많은 예산을 아동의 놀 권리를 위해 써주세요", "놀이 관련 정책을 만들 때에는 아동의 목소리를 꼭 경청해 주세요" 등의 의견을 제시하였다.

2. 아동권리에 대한 인식 및 현황

최근 어린 영유아에 대한 아동학대뿐만 아니라 학교폭력 및 사이버폭력으로 자살에까지 이르는 청소년과 관련된 사고가 증가하고 있다. 유엔아동권리협약에 따른 권고문에서도 우리나라 아동의 자살률이 높다는 점을 우려하고 있다. 이러한 사회적 분위기에 따라 아동을 보호하고 있는 양육자뿐만 아니라 이들을 돌보는 교사 및 기관 등을 중심으로 아동 인권에 대한 교육을 강조하고 있으며 현장에서의 인권교육을 의무적으로 받도록 제도적으로 강제하고 있는 추세이다.

동서양 모두 역사적으로 볼 때, 아동에 대한 권리는 무시되거나 축소되어왔다. 고대 그리스의 스파르타 등에서는 영아유기 및 살해가 공공연하게 일어났고 중세에도 아동은 성인의 축소판으로서 취급되어 노동력을 착취당하였고 19세기 근대 산업혁명시기에도 매질을 당하거나 생업에 종사하며 성인과 동일한 노동을 부여받는 등 아동의 권리는 무시되어 왔다. 우리나라에서도 유교적 전통의 영향을 받아 아동이 부모의 소유물로 인식되어 아동에게 훈육이라는 명목아래 체벌과 학대 등을 당연시 여겨 왔으며 교육현장에서도 사랑의 매라는 명목으로 체벌이 빈번하게 이루어졌다. 아동에 대한 학대와 체벌이 사회적으로 용인되는 분위기였다. 아동도 인간으로서 성인과 마찬가지로 온전히 하나의 권리를 가지고 있다는 생각보다는 성인의 보호를 받아야 하며 어른들의 말에 무조건적으로 복종해야 한다는 사회적 통념이 있었기 때문이다.

우리나라는 유엔아동권리협약 비준 등으로 관련 국내법을 정비하면서 2011년 「아동복지법」을 전면 개정하고 아동종합실태조사를 시행하여 그 결과를 바탕으로 아동정책기본계획을 수립·시행하였다. 아동학대의 예방과 방지, 아동학대행위자의 계도를 위한 교육 등에 관한 홍보영상을 방송할 수 있도록 하며, 아동복지서비스의 안정적 추진을 위한 근거와 아동정책을 효과적으로 수행하기 위한 정책적 기반을 마련함으로써, 아동의 복지증진을 통해 아동이 건강하고 행복하게 자랄 수 있도록 하기 위한 것이다.

2013년 울산 울주군 여아 학대 사망사건을 계기로 2013년 12월 30일 아동학대 사망 땐 최대 무기징역으로 처벌하는 '아동학대범죄의 처벌 등에 관한 특례법' 제정안이 국회 법제사법위원회 전체회의를 통과했다. 그리고 2014년 9월 29일, 「아동학대 처벌에 관한 특례법」이 시행되어, 친권제한 및 가중처벌, 신고의무자 강화 및 접근금지 등이 시행되고 처벌이 대폭 강화되었다.

원영이 사건(2016년)

원영이라는 만 7세 아동이 부모에 의해 베란다 등에 감금되고 체벌을 당하는 등 지속적인 학대를 견디지 못하고 사망한 사건이다. 재혼한 사이인 신씨와 김씨는 양육에 관해 부부간 다툼이 잦았는데 그에 따라 원영이에 대한 학대도 증가하였다. 2015년 11월경부터 1월말까지 난방도 되지 않는 화장실에 감금하고 락스를 들이붓거나 폭행을 가하고 식사도 주지 않는 등의 학대를 저질렀다. 2016년 2월 신씨와 김씨는 결국 사망한 원영이를 열흘간 베란다에 방치했다가 경기도 평택 인근 야산에 암매장하였다. 이들의 범행은 초등학교 입학유예 신청을 앞두고 '아이가 없어졌다'는 변명을 하는 부부를 수상하게 여긴 경찰의 수사로 학대 사실이 밝혀졌다. 2017년 4월 13일 대법원에서는 김씨에게는 징역 27년, 신씨에게는 징역 17년을 최종 선고했다.[20]

2017년 한국의 어린이·청소년의 행복지수를 국제 비교한 연구결과를 보면 우리나라 어린이·청소년의 '주관적 행복지수'는 최하위권을 맴돌았다.[21] 주관적 건강나쁨, 학교 생활 만족, 삶에 만족, 소속감 못 느낌, 주변상황 적응 못함, 외로움 총 6개 분야로 측정한 주관적 행복지수는 OECD 국가들과 비교했을 때 연도별로 소폭 상승은 했으나 여전히 평균치 아래임을 볼 수 있다. 또한 '온오프라인 혼합형 친구', '오프라인 위주형 친구', '온라인 위주형 친구'로 나뉘어 친구수가 증가할수록 변화를 살펴보았을 때, 온라인 위주형 친구수가 많을수록 자살 충동 확률이 높게 나타났으며, 이러한 경향은 삶에 만족할 확률에서도 동일하게 나타났다. 또다른 문항인 개인행복 중 외로움 항목에서는 '외롭다고 느끼는 학생 비율'의 경우 네덜란드 5.3%로 가장 낮았고, 한국은 15.2%로 OECD 국가 중 가장 높은 것으로 나타났다.

20) 법률신문뉴스 2017-04-13, 2017-04-17 기사 재구성.
21) 한국방정환재단, 2017 한국 어린이·청소년 행복지수 국제비교.

출처: 한국방정환재단(2017). 어린이청소년 행복지수.

✵ 그림 3-1 주관적 행복지수 변화 추이

OECD 국가의 아동들과의 행복지수 비교결과에서 삶의 만족도[22]를 측정했을 때 전체 아동은 61.5점(100점 만점), OECD 비교기준 아동(11,13,15세)은 60.3점으로 OECD국가 중 최하위를 기록했다.[23]

2015년 5월 정부에서는 OECD 국가 중 최하위인 아동의 "삶의 만족도"와 "주관적 행복지수"를 10년 내 OECD 국가 평균 수준으로 향상시키고, 유엔아동권리협약의 중요 원리인 '아동 최우선의 원칙'을 실현시킬 수 있는 기반을 조성하는 것을 핵심목표로 설정하는 제1차 아동정책 기본계획을 발표하였다. 아동과 관련하여 관련부처에서 매년 생산하는 각종 실태조사 및 통계를 체계적으로 관리할 수 있는 방안을 마련하고 다양한 사유로 사회적 보호나 지원이 필요한 아동에 대해 종합적인 보호 대책을 수립하고 이행 관리하는 방안을 제시하였다. 또한 세이브더칠드런을 비롯한 한국 NPO연대는

22) 아동이 11구간(10점: best possible life/0점: worst possible life) 내에서 자신의 삶을 어떤 수준으로 인지하는지에 대한 국제척도(WHO)

23) 관계부처합동(2015). '15~'19 제1차 아동정책기본계획.

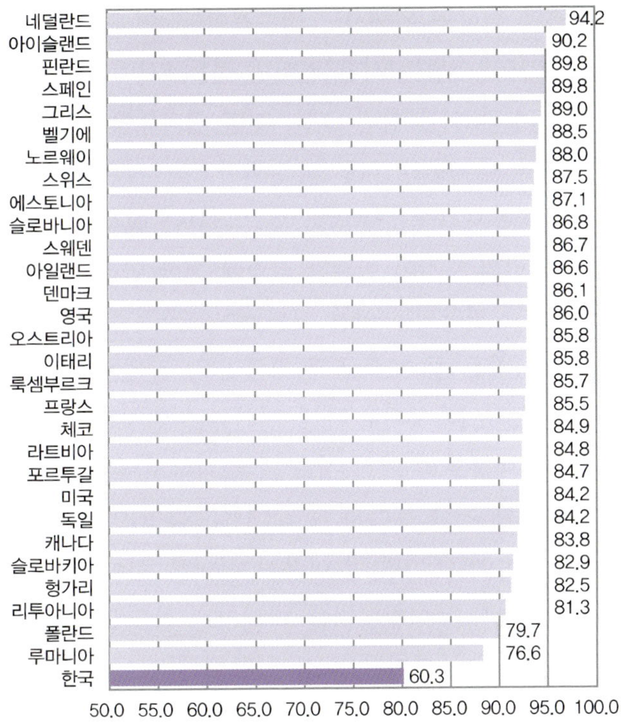

출처: 아동의 삶과 대한민국의 미래를 바꾸는 [제1차 아동정책기본계획(안)('15~'19)] (2015.05.15, 관계부처 합동).

✱ 그림 3-2 삶의 만족도 〈OECD 국가별 수치 비교결과(단위: %)〉

유엔아동권리협약 이행 상황에 대해 정부와 별도로 민간보고서를 작성하여 정부의 대체에 좀 더 강력한 이행을 촉구하는 한편 아동권리와 관련된 지표를 개발하는 연구를 진행하였다.

1) 대한민국 아동보고서

세이브더칠드런에서는 유엔아동권리위원회에 보내는 대한민국 아동보고서 'Children's Voice'를 작성하였는데, 유엔아동권리협약 제12조에 명시된 아동참여의 원칙, 즉 아동은 자신의 견해를 자유롭게 표현할 권리가 있으며, 아동에게 영향을 미치는 절차에 직접 또는 대표자를 통해 진술할 기회가 주어져야 한다는 원칙에 따라 작성한 아동권리보고서이다. 아동의 권리가 지켜지는지 점검하는 절차에 아동이 참여하여 직접 자신의 목소리를 내는 것은 또한 협약

이 명시한 참여권의 실현을 위해서도 필수적이다. 이 조사에 참여한 아동은 모두 671명으로 2010년 5월 실시한 인터넷 설문조사에 564명, 4~12월 진행된 권리교육 프로그램과 이를 통한 그룹, 개별 인터뷰에 107명이 참여하였다. 아동 스스로 권리의 주체로서 역량을 강화하도록 지원하기 위해 그룹별로 2~5개월간 권리교육 프로그램을 운영하고, 인터뷰를 실시한 대상은 한국 사회에서 상대적으로 권리의 보장이 미흡한 환경에 처한 아동들, 한국사회의 급격한 변화에 취약하다고 판단되는 아동 그룹, 즉 저소득층, 농촌 거주, 시설 거주, 다문화아동, 탈북아동 등 모두 5개 그룹이다. 장애아동 이주노동자 자녀, 난민아동, 청소년 미혼모를 상대로 개별 인터뷰를 진행하였다.[24)]

대한민국 아동의 '아동권리 인식 정도'의 결과에서 권리에 대해 사전에 들어본 적 있는지에 대해 전체 응답자 중 68.1%(384명)의 아동이 권리에 대해 들어본 적이 있고, 31.9%(180명)의 아동이 들어본 적이 없다고 대답하였다.

권리에 대해 어디에서 들어봤는지에 대해서는 학교(242명, 63%), 미디어(982명, 21.4%), 가정이나 복지관, 아동관련 단체 등에서 들은 아동은 각각 10.9%, 4.7%로 나타났다. 즉, 학교에서의 인권교육이 중요한 대목이다.

아동연령에 대한 정의로 몇 살을 아동이라고 하는지에 대해서는 절반이 넘는 288명(51.1%)이 아동의 연령을 0~12세까지로 인식하고 있었고, 유엔아동권리협약에서 정의하고 있는 아동의 연령인 0~18세로 응답한 아동은 121명(21.5%)이었다.

또한 대한민국에 살고 있는 아동이 현재 존중받고 있는 권리와 준중받지 못하는 권리를 물어보는 문항을 살펴보면 가장 존중받는 권리는 "깨끗한 물을 마실 수 있어요(544명)", "나는 학교에 다니고 있어요(540명)", "나는 살고 있는 집이 있어요(539명)" 등으로 나타났다. 가장 존중받지 못하고 있는 권리는 "나는 놀 수 있는 시간이 충분해요(267명)", "인터넷이나 TV에서 이상한 동영상을 보지 않아요(172명)", "나는 내 일기장을 다른 사람에게 보여주지 않아도 돼요(147명)" 순으로 나타났다.

---

24) 세이브더칠드런(2010). 유엔아동권리위원회에 보내는 대한민국 아동보고서.

✺ 표 3-11 존중받고 있는 권리, 존중받지 못하는 권리

응답수	%	존중받고 있는 권리	순위	존중받지 못하고 있는 권리	응답수	%
544	96.6	나는 깨끗한 물을 마실 수 있어요.	1	나는 놀 수 있는 시간이 충분해요.	267	47.3
540	95.9	나는 학교에 다니고 있어요.	2	인터넷이나 TV에서 이상한 동영상을 보지 않아요.	172	30.5
539	95.7	나는 살고 있는 집이 있어요.	3	나는 내 일기장을 다른 사람에게 보여주지 않아도 돼요.	147	26.1
536	95.2	나는 대한민국 국민이에요.	4	밖에서 마음대로 뛰어 놀 수 있어요.	141	25.0
536	95.2	나는 나를 보살펴 주는 어른이 있어요.	5	엄마, 아빠는 내 말을 잘 들어주세요.	132	23.4
530	94.1	나는 아프면 병원에 갈 수 있어요.	6	내 의견을 자유롭게 표현할 수 있어요.	121	21.5
518	92.0	라디오, 신문, TV, 인터넷, 책 등 여러 가지 정보를 얻을 수 있어요.	7	위험한 사람들로부터 보호받아요.	108	19.1

출처: 세이브더칠드런(2011), 유엔아동권리위원회에 보내는 대한민국 아동보고서.

아동의 권리가 존중 받지 못한 경우 아동이 도움을 요청할 수 있는 외적 자원에 대해 물어보는 문항(중복응답가능)에서는 “부모(463명)에게 이야기한다”가 가장 많았으며, 친구(232명), 학교교사(176명), 형제(136명), 긴급전화(75명), 교회나 학원선생님(46명), 다른 가족(18명) 순으로 응답하였고, 복지관이나 아동단체를 선택한 아동은 한 명도 없었다.

다음으로 유엔아동권리협약을 들어본 적 있느냐는 질문에는 들어본 적 없다는 아동이 301명(53.4%), 들어본 적 있다는 아동이 263명(46.6%)인 것으로 나타났다.

또한 세이브더칠드런의 “권리야, 놀자!”라는 워크숍, 캠프 등의 형식으로 진행된 권리교육프로그램에서 아동들은 자신의 생활 속에서 존중 받지 못하는 권리에 대해 이야기를 나누었는데 아동들이 존중 받지 못하는 권리는 1) 의견을 존중 받을 권리, 2) 놀이와 여가, 교육의 목적을 보호받을 권리, 3) 차별 받지 않을 권리, 4) 폭력 및 학대로부터 보호받을 권리, 5) 생활을 보호받을 권리 등의 순서로 나타났다.[25)]

> **잊혀진 권리, 놀 권리**
>
> 어린이는 충분히 쉬고 놀 권리가 있습니다.
> 정부는 어린이가 문화와 예술활동에 참여할 수 있도록 하며,
> 모든 어린이가 이런 권리를 누릴 수 있도록
> 동등한 기회를 주어야 합니다.
>
> **– 유엔아동권리협약 31조**

이 보고서에서는 존중받지 못하는 권리인 놀이와 여가, 사생활, 유해매체로부터의 보호, 의견표명 등으로 나타나는 권리영역에서의 개선 노력이 필요하다고 보았다.

표 3-12 아동권리교육프로그램을 받은 아동들의 목소리

학교에서
교사와의 상호작용에서 의견 무시 "수학시간에 공부를 할 때 모르는 문제가 나오면 손을 드는데 그냥 가버리세요" (10세, 여자) "내가 말한 말을 무시해요" (11세, 여자) 아동이 참여하는 활동에 대한 의사결정 과정에서 아동 의견 무시 "소풍을 우리의 의견 대신 다른 곳으로 정해서 가요." (14세, 남자)
가정에서
의사결정과정에 참여하지 못하는 경우 "어른들 마음대로 생각하고 결정할 때" (11세, 여자) "일방적으로 약속을 어길 때" (11세, 남자) 아동의 욕구 무시 "머리 길고 싶은데 할머니가 머리 자르라고 하실 때" (11세, 여자) "TV보고 싶은데 못 보는 것" (13세, 여자)
존중 받지 못하는 놀이와 여가
지나친 학업으로 인한 시간 부족 "운동장에 나갈 시간도 없어요." (익명) "자유시간인데 공부하게 하는 경우" (익명)

(계속)

25) 세이브더칠드런(2010), 유엔아동권리위원회에 보내는 대한민국 아동보고서.

존중 받지 못하는 놀이와 여가
사라지는 쉬는 시간 "40분 수업하고 1교시 쉬는 시간은요 10분 더 많은데요. 그 10분을 선생님들이 다 잘라먹어요." (11세, 여자) "쉬는 시간인데 쉬는 시간 아니라고 할 때" (11세, 여자)
성차별
"오빠를 두고 나 혼자만 설거지, 혹은 집안일을 시킨다." (16세, 여자) "급식 당번은 다 여자에요…. 선생님이 여자아이들이 더 깔끔하게 준다고 여자아이들을 시켰어요." (12세, 남자)
성적에 의한 차별
"선생님은 편애해요. 공부를 못한다고 차별해요. 공부 잘하는 아이에게만 관심 가져주세요." (익명) "내가 발표하고 싶은데 공부 못한다는 이유로 무시하고 안 시킬 때" (15세, 여자)
사회적 출신에 의한 차별
"왜 새터민이라고 불러요?" (11세, 여자) "저는 '다문화'에요. 그래서 놀림을 받았어요." (11세, 여자)
신체적 특성에 의한 차별
"피부가 까맣다고 놀림 받는 것이 싫어요." (11세, 여자) "성장발달 조건이 다르다고 놀릴 때" (11세, 여자) "왼손잡이라고 놀릴 때" (13세, 여자)
나이로 인한 차별
"자기는(성인) 되고 내가 할 때는 안 되는 것" (익명) "부모님이 어리다고 무시하는 경우" (11세, 여자) "무슨 일을 할 때 어리다고 무시당할 때" (익명) "가게에서 물건 살 때 어리다고 성의 없이 대할 때" (15세, 남자)
성인에 의한 폭력
"콤플렉스를 꼭 집어 말하는 친구와 부모님들이 많고, 그것을 통해 놀리는 사람들이 많습니다…. 그리고 아무리 어른이라도 우리에게 너, 야 같은 짜증나는 말들을 자제하게 해주셨으면 좋겠습니다." (12세, 여자) 〈모욕적 언어, 벌〉 "선생님들 중에 욕하는 분이 계십니다." (12세, 어지) "적당한 선에서 막말 좀 안 했으면 좋겠는데, 제발…. 자퇴하라고 완전 세상 쓰레기라도 되는 마냥 이야기 하는 것" (16세, 여자) 〈신체적 체벌〉 "어른들이 우리를 안 때렸으면 좋겠어요. 그 이유는 제가 음악을 좀 못하거든요. 그런데 합주부 선생님이 절 지휘봉으로 때려서 전 정말 마음이 아파요." (익명) "학교에서 무슨 잘못하면 손바닥 안 맞았으면 좋겠어요." (11세, 여자) "체벌금지를 해 놓고는 선생님이 때려요. 손바닥 때리거나 이만한 쇠몽둥이로 엉덩이 때리거나" (13세, 여자) 〈엄격한 규율적용〉 "소리를 내면 화를 내세요. 복도에서는 규칙적으로 걸어야 돼요. 뛰거나 친구랑 팔짱 끼고 다니면 혼나요." (12세, 남자)

(계속)

다른 아동에 의한 폭력
"요즘 들어서 친구들끼리 너무 때리거나 욕해요. 이유 없이 때릴 때면 속상하거든요…. 축구나 그런 것들을 못하는 사람도 같이 해야 하는데, 못하는 사람이 실패하면 그 사람 많이 괴롭히고 그래서 그 사람이 참여를 못하니까" 1(1세, 여자) "날라리 형이 아무 이유 없이 때리는 경우도 있어요. 이제부터 아무 이유 없이 자기가 짜증난다고 때리지 않게 해주세요! 그리고 힘센 형들이 힘 약한 동생의 돈을 마음대로 빼앗아요." (11세, 남자)
사생활을 보호받지 못한 경험
〈일기장〉 "일기 쓰는 것도 내가 잘 때 뺏어가지고 가서 보고 또 내 개인적인 사정도 다 말하라고 하고…, 엄마가." (15세, 여자) 〈휴대폰〉 "마음대로 통화할 수 없다." (16세, 여자) "휴대폰 뺐을 때" (14세, 남자) 〈지나친 관심〉 "우리의 사생활에 지나치게 간섭하는 부모님과 선생님이 많습니다…. 말하고 싶지 않은 사생활을 지나치게 관심 갖고 말하게 할 때…." (11세, 여자) "집에선 너무 지나치게 간섭하는 게 너무 짜증나요." (11세, 여자) 〈개인 공간이 확보되지 않음〉 "저 방이 있는데요…. 방이 오픈 되어 있어서요. 옷 갈아입는 동생 보고요." (14세, 남자) "씻고 있는데 옆에서 계속 문을 열 때" (13세, 여자) 〈개인소유의 어려움〉 "우리 용돈을 자기가 쓰지 못해서 정말 싫습니다." (11세, 남자) "내 마음대로 못하는 권리(야구공을 받았는데 엄마(생활지도 교사)의 사물함에 보관하는 것)." (11세, 남자)

출처: 세이브더칠드런(2010). 유엔아동권리위원회에게 보내는 대한민국 아동보고서.

2) 아동권리인식도 조사

2016년 중앙아동보호전문기관에서 우리나라 아동권리에 대한 정책 수립에 필요한 기초 자료를 수집하는 목적으로 조사를 실시하였다. 2016년 대한민국에 거주하는 성인 1,329명과 만 18세 미만의 아동 770명, 총 2,099명을 대상으로 온라인 조사와 면접조사를 병행하여 실시하였다.

아동권리인식도 조사 중 유엔아동권리협약에 대해 인지하고 있는지에 대해서 성인 전체 응답자 1,329명 중 47.9%가 인지하고 있으며, 작년 42.5%에 비해 소폭 증가하였다. 아동관련 직업 종사자의 경우 유엔아동권리협약에 대한 인지율이 상대적으로 높았으며, 아동권리 교육 경험자에서 인지율이 상대적으로 높게 나타났다.

✺ 표 3-13 유엔아동권리협약 인지 여부(성인) - 응답자 특성별

전 체		전체응답자(명)	인지(%)	비인지(%)
		1,329	47.9	52.1
구 분	일반 성인 남녀	600	25.0	75.0
	아동 관련 직업 종사자	**729**	66.8	33.2
아동권리교육 받은 경험	**경험자**	**561**	72.5	27.5
	비경험자	768	29.9	70.1

출처: 중앙아동보호전문기관(2016). 아동권리인식도조사 내용 재구성

아동권리교육 경험율은 1,329명 중 42.2% 수준으로 전년 47.2%로 소폭 감소하였고, 교육 장소는 '책 등 출판물', '초/중/고등학교', '아동권리교육기관' 순으로 높게 응답하였다.

✺ 표 3-14 아동권리교육 경험(성인) - 응답자 특성별

전 체		전체응답자(명)	인지(%)	비인지(%)
		1,329	42.2	57.8
구 분	일반 성인 남녀	600	15.3	84.7
	아동 관련 직업 종사자	**729**	64.3	35.7
유엔아동권리협약 인지 여부	**인지자**	**637**	63.9	36.1
	비인지자	692	22.3	77.7

출처: 중앙아동보호전문기관(2016). 아동권리인식도조사 내용 재구성

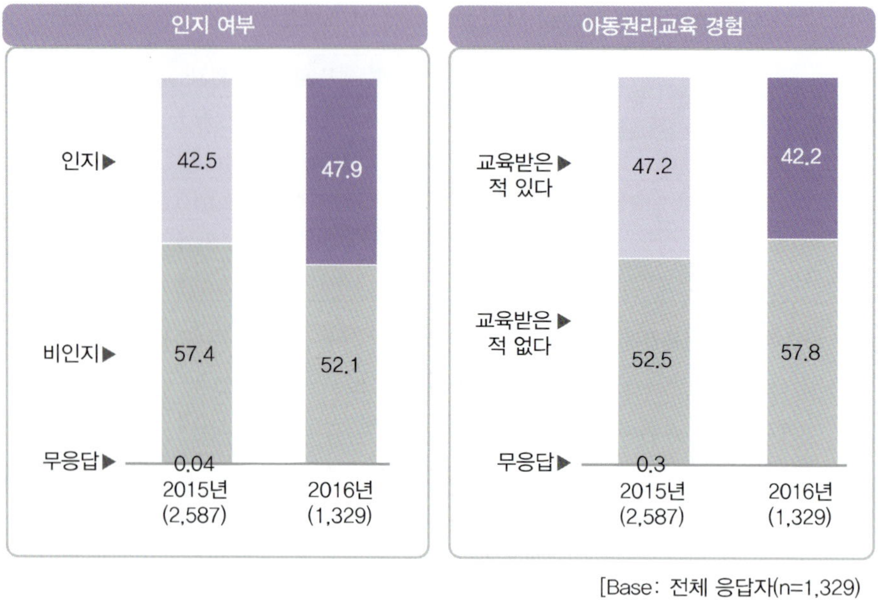

출처: 중앙아동보호전문기관(2016). 아동권리인식도조사.

✳ 그림 3-3 유엔아동권리협약 인지 여부 및 아동권리교육 경험

일반성인 남녀층에서의 아동권리교육 경험률은 책 등 출판물과 초/중/고등학교가 상대적으로 높았으며, 아동관련 직업 종사자층에서는 유아교육기관과 공공기관 및 관련기관 경험률이 상대적으로 높게 나타났다.

아동권리교육의 필요성을 묻는 질문에서는 총 응답자의 98.7%가 필요하다고 답하여 아동권리교육의 필요성을 인식하고 있으며, 실시 수준은 응답자 전체의 71.5%가 '전 국민에게 의무적으로 실시'하는 것이 바람직하다고 평가하였다.

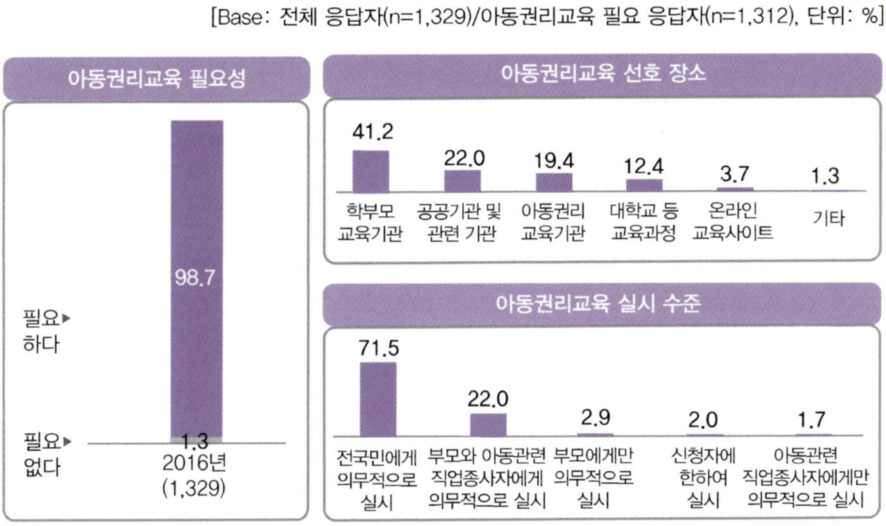

출처: 중앙아동보호전문기관(2016). 아동권리인식도조사.

✺ 그림 3-4 아동권리교육 필요성

아동에 대한 권리에서는 '장애아동이 차별받지 않고 성장하도록 국가가 함께 최선의 노력을 해야 한다고 생각'에 대한 동의 정도가 가장 높게 나타났으며, 그 다음으로 '어떠한 경우라도 아동은 절대로 신체/정서/성/방임의 학대를 받아서는 안 된다고 생각' 순으로 높게 응답되었으며 반대로 '피부색이 다르거나 부모가 가난하거나, 종교기 다르다는 이유로 아동이 차별받아야 한다고 생각', '아동이 신체적·정신적으로 위험한 노동을 해도 괜찮다고 생각'에 대한 동의 정도가 가장 낮게 응답되었다.

[Base: 전체 응답자(n=1,329), 단위: Top 2%/점]

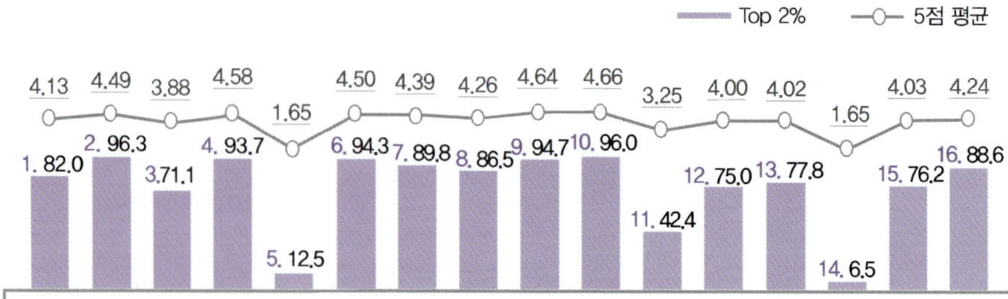

1. 부모와 국가가 모든 아동의 의식주를 함께 책임져야 한다고 생각하나요?
2. 부모와 국가가 아동의 몸과 마음의 건강을 위해 최선을 다해야 한다고 생각하나요?
3. 아동이 친부모와 함께 살 수 없을 경우 자신의 친부모가 누구인지 알 권리를 가진다고 생각하나요?
4. 모든 아동이 차별받지 않고 교육받을 권리를 가진다고 생각하나요?
5. 피부색이 다르거나 부모가 가난하거나, 종교가 다르다는 이유로 아동이 차별받아야 한다고 생각하나요?
6. 아동에게 자신의 생각을 자유롭게 표현할 권리가 있다고 생각하나요?
7. 아동의 놀 권리가 반드시 보장되어야 한다고 생각하나요?
8. 국가, 지역사회 등에서 아동에 관한 지원 및 활동을 할 때 아동의 입장을 가장 먼저 생각해야 한다고 생각하나요?
9. 어떠한 경우라도 아동은 절대로 신체/정서/성/방임의 학대를 받아서는 안된다고 생각하나요?
10. 장애아동이 차별받지 않고 성장하도록 국가가 함께 최선의 노력을 해야 한다고 생각하나요?
11. 아동이 범죄를 저지른 경우 성인과 동일하게 대하거나 다뤄져야 한다고 생각하나요?
12. 아동이 자신의 종교를 스스로 선택할 수 있는 권리를 가지고 있다고 생각하나요?
13. 아동은 자신의 연령 및 성숙단계에 알맞은 정보 중 알고 싶어하는 정보에 접근할 수 있어야 한다고 생각하나요?
14. 아동이 신체적, 정신적으로 위험한 노동을 해도 괜찮다고 생각하나요?
15. 아동은 사생활을 보호받을 권리를 가지고 있다고 생각하나요?
16. 아동이 입양 보내질 때 그 과정에서 아동의 연령 및 성숙단계를 고려하여 의견을 들을 필요가 있다고 생각하나요?

출처: 중앙아동보호전문기관(2016). 아동권리인식도조사.

그림 3-5 아동권리 인식 현황

아동권리 침해 사례로는 신체 및 정서적인 아동학대(12.6), 지나친 학습을 강요한다(11.8), 아이들의 의견을 무시한다(10.4), 어른들의 생각 및 의견을 강요한다(5.9), 놀 권리를 침해 한다(5.6), 아동폭력(4.5), 방임(4.3), 부모 및 교육시설에서 훈육 및 체벌 교육 등을 빙자한 폭력이 이루어진다(3.6), 자녀를 소유물로 생각한다(3.5), 모든 결정권을 부모가 행사한다(3.3), 아이들에게 종교를 강요한다(2.9), 보호자의 일방적인 양육이 이루어진다(2.9), 언어폭력(2.9), 사생활을 보호 받지 못한다(2.6), 성범죄(2.6), 가정 내 아동학대(2.6), 아동의 인격을 무시한다(2.6), 체벌(2.5), 아동은 정신적 및 신체적으로 미성숙하다는 인식이 강하다(2.2), 가정폭력(2.1), 자유를 억압한다(1.7) 등의 순으로 나타났다.

아동을 대상으로 한 질문에서 유엔아동권리협약을 인지하는 경우는 총 770명 중 26.6%이고 그 중 아동권리교육을 받은 경험자인 아동이 34.0%이고 아동권리교육을 받은 경험자이지만 비인지하고 있는 아동이 66.0%로 응답되었다. 아동권리교육 경험률은 48.4%수준이고, 교육 장소는 대부분 '학교(83.9%)로 응답되었다.

✻ 표 3-15 유엔아동권리협약 인지 여부(아동) - 응답자 특성별

전 체		전체응답자(명)	인지(%)	비인지(%)
		700	26.6	73.4
구 분	초등학생	470	24.5	75.5
	중고등학생	300	30.0	70.0
아동권리교육 받은 경험	경험자	397	34.0	66.0
	비경험자	397	19.6	80.4

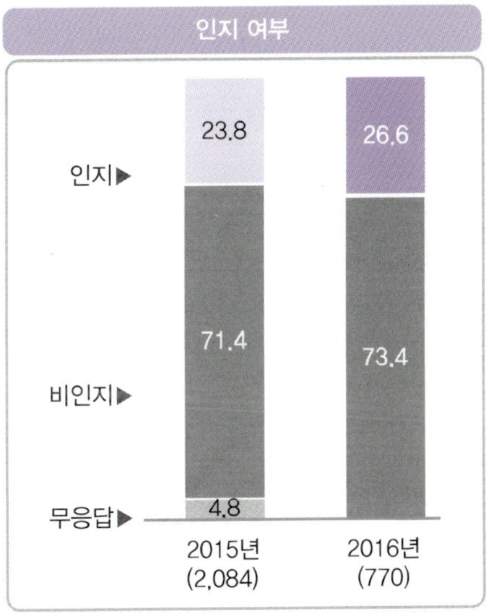

✻ 그림 3-6 아동권리협약 인지 여부

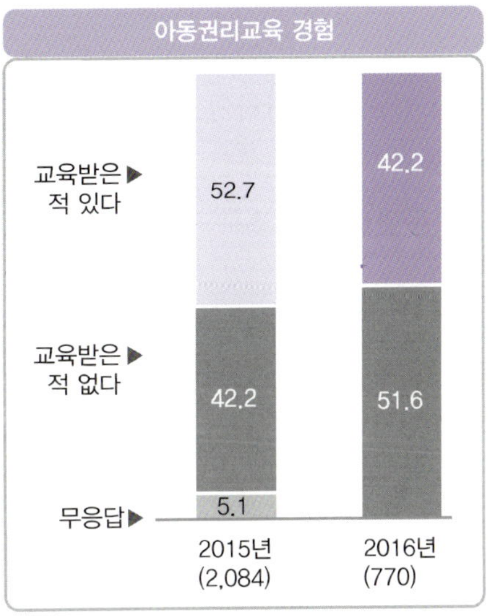

✻ 그림 3-7 아동권리교육 경험

아동권리의 필요성에 대해서도 응답자 중 대부분의 아동 94.7%가 필요하다고 인식하고 있으며, 아동권리교육 실시 수준은 전체의 87.2%는 '모든 아동에게 의무적으로 실시'하는 것이 바람직하다고 응답하였다. 아동권리의 침해 사례로는 지나친 학습을 강요한다(6.5), 아동폭력(5.2), 아이들의 의견을 무시한다(4.4), 신체 및 정서적인 아동학대(4.2), 아동의 인격을 무시한다(3.2), 언어폭력(2.6), 담배(1.6), 어른들의 생각 및 의견을 강요한다(1.6), 차별(1.4), 놀 권리를 침해한다(1.4), 학교폭력(1.3), 가정폭력(1.3), 일기 검사(1.0), 장애아동 차별/학대(1.0) 순으로 나타났고 '없다'는 응답이 37.7%, '모른다'는 응답이 7.9%였다.

아동을 대상으로 한 아동권리침해 해결을 위한 개선점으로는 아동권리에 대한 인식 변화(9.1), 아동권리에 관한 교육 실시(4.9), 아동의 의견 존중(3.4), 법률적인 강화/법률 위반에 관한 처벌 강화(2.9), 부모들에 대한 교육(2.6), 아동의 입장에서 생각해줘야 한다(2.2), 아동을 존중해야 한다(1.8), 아동을 인격체로 대우(1.6), 아동 차별 금지(1.4), 아동의 자유 확대(1.4), 관련 법 제정(1.3), 아동 폭력 금지(1.2), 홍보 강화/캠페인(1.2), 아동학대 금지(1.0) 순으로 응답하였고 '없다'는 응답이 38.2%, '모른다'는 응답도 7.9%로 나타났다.

아동권리인식 조사 결과에서는 다음과 같은 점을 시사하고 있다.[26]

첫째, 아동권리증진과 아동권리침해 사례를 방지하기 위한 아동학대(폭력)에서의 보호, 적절한 학습 시간 보장, 아동의 참여권 보장과 관련된 제도와 정책을 추진해야 한다. 제1차 아동정책기본계획에는 이러한 욕구에 따라 아동의 참여권을 보장하고, 놀이 여가 권리를 보장하는 정책을 펼치고 있지만 '부모교육을 내실화한다'는 점만 명시되어 있을 뿐 구체적인 방안이 없는 점이 아쉽다.

둘째, 아동권리교육을 <초·중등학교 교육과정>에 개별 분야로 포함시키고, 일반 성인을 대상으로 학부모교육기관에서의 아동권리 교육 활성화가 필

26) 중앙아동보호전문기관(2016). 2016 아동권리인식도조사.

요하다. 현재 우리나라에서 실시하고 있는 아동권리교육은 일선 학교에서는 선택적인 것으로, 권리교육을 적극적으로 독려하고자 보편적이고 구조화된 아동권리교육과정을 실시해야 하며, 특히 고등학생을 대상으로 한 교육이 시행될 수 있도록 초·중등학교 교육과정에서 인권교육이 전문적으로 다뤄질 수 있는 개편이 실시되어야 할 것이다.

셋째, 아동권리교육을 일반 성인이 받을 수 있도록 학부모교육기관에서의 교육이 활성화되어야 하며 적극적인 보급이 필요하다.

우리나라 아동의 권리 인식이 한 단계 발전하기 위해서는 아동과 성인 모두의 인식 전환이 필요한 시점이다. 이를 위해 아동과 성인을 대상으로 한 아동권리교육을 적극적으로 제작하여 이를 보급하고 각종 위험과 폭력으로부터의 아동들의 안전, 놀이 및 휴식시간을 보장하는 적절한 학습시간, 어린 영유아부터 아동 의견을 존중할 수 있는 정책과 제도를 추진해야 할 것이다.

표 3-16 아동에 대한 권리 인식 문항

1	부모와 국가가 모든 아동의 의식주를 함께 책임져야 한다고 생각하나요?
2	부모와 국가가 아동의 몸과 마음의 건강을 위해 최선을 다해야 한다고 생각하나요?
3	아동이 친부모와 함께 살 수 없을 경우 자신의 친부모가 누구인지 알 권리를 가진다고 생각하나요?
4	모든 아동이 차별받지 않고 교육받을 권리를 가진다고 생각하나요?
5	피부색이 다르거나, 부모가 가난하거나, 종교가 다르다는 이유로 아동이 차별받아야 한다고 생각하나요?
6	아동에게 자신의 생각을 자유롭게 표현할 권리가 있다고 생각하나요?
7	아동의 놀 권리가 반드시 보장되어야 한다고 생각하나요?
8	국가, 지역사회 등에서 아동에 관한 지원 및 활동을 할 때 아동의 입장을 가장 먼저 생각해야 한다고 생각하나요?
9	어떠한 경우라도 아동은 절대로 신체/정서/성/방임의 학대를 받아서는 안 된다고 생각하나요?
10	장애아동이 차별받지 않고 성장하도록 국가가 함께 최선의 노력을 해야 한다고 생각하나요?
11	아동이 범죄를 저지른 경우 성인과 동일하게 대하거나 다뤄져야 한다고 생각하나요?
12	아동이 자신의 종교를 스스로 선택할 수 있는 권리를 가지고 있다고 생각하나요?

(계속)

13	아동은 자신의 연령 및 성숙단계에 알맞은 정보 중 알고 싶어 하는 정보에 접근할 수 있어야 한다고 생각하나요?
14	아동의 신체적·정신적으로 위험한 노동을 해도 괜찮다고 생각하나요?
15	아동은 사생활을 보호받을 권리를 가지고 있다고 생각하나요?
16	아동이 입양 보내질 때 그 과정에서 아동의 연령 및 성숙단계를 고려하여 의견을 들을 필요가 있다고 생각하나요?

■ 생각해 봅시다.

1. 최근 논란이 되고 있는 노키존(No-Kids Zone)에 대해 어떻게 생각하나요? 아동의 기본권을 중심으로 토론해 봅시다.

2. 교사로서 다음과 같은 상황에서 영유아의 권리를 인정하는 방법은 무엇인지 토론해 봅시다.

Q. 유아가 점심 식사 도중 특정 음식을 먹기 싫다고 거부하고 있을 때 어떻게 이야기 할까요?
A.
Q. 7세 유아들에게 손 씻는 순서를 교사가 정해 주었는데 이는 유아에게서 어떠한 권리를 침해했다고 볼 수 있을까요?
A.
Q. 자유선택활동 시 소그룹을 만들 때 유아들의 의견을 반영할 수 있는 방법은 무엇일까요?
A.

PART 02

아동권리와 복지 관련 법과 정책

CHAPTER 04 아동권리와 복지 관련 제도와 정책

아동권리와 복지 관련 제도와 정책

제1절 아동권리와 복지 관련 법령

1. 아동복지법

1) 아동복지법의 변천

아동은 권리를 부여받은 독립적 인격체로서만 의의가 있는 것이 아니라 미래의 생산인구, 부양인구로서 가치가 있다고 볼 수 있다. 특히, 우리나라와 같이 국토면적이 작고, 부존자원이 적은 나라에서는 인적자원의 개발은 무엇보다도 중요하다고 할 수 있다. 이러한 점에서 아동이 건전하게 성장하고 이들의 잠재력을 위한 대책이 국가발전에 필수적으로 반영되어야 할 것이다(공세순 외, 2008).

「아동복지법」 제도의 정책적 이념은 그 접근방법에 따라 차이가 있을 수 있으나 일반적으로 특별히 보호가 필요한 아동은 물론 모든 아동들이 모든 분야에서 가족 및 사회의 일원으로 육체적으로나 정신적으로 건전하게 성장하는 데 필요한 조직적인 활동을 하는 데 있다. 따라서 「아동복지법」 제도와 정책의 목표는 아동이 건전하게 성장하는 데 필요한 제반 활동이 원활해질 수 있도록 권리, 안전, 보호, 육성 등 사회 환경을 조성하고 지원하는 데 있다고 할 수 있다.

1961년 법률 제912호로 제정된 「아동복리법」은 아동이 그 보호자로부터 유실, 유기 또는 이탈되었을 경우, 그 보호자가 아동을 양육하기에 부적당하거나 양육할 수 없는 경우 또는 아동의 건전한 출생을 기할 수 없는 경우에 아동이 건전하고 행복하게 육성되도록 그 복리를 보장하기 위해 제정되었다. 요보호아동이나 요보호임산부 등을 구호적·선별적 복지의 대상으로 인식하고 있음을 알 수 있다.

1981년 4월 13일 「아동복리법」을 「아동복지법」으로 전면 개정하고 종전의 아동복리법이 구호적 성격의 복지제공에 중점을 두고 있어 그동안의 경제·사회의 발전에 따라 발생한 사회적 복지요구에 부응하지 못하고 있으므로 요보호아동뿐만 아니라 일반아동을 포함한 전체 아동의 복지를 보장하고 특히 유아기에 있어서의 기본적 인격·특성과 능력개발을 조장하기 위한 여건을 조성할 수 있도록 하였다. 또한 아동의 보호·육성 책임을 국가·지방자치단체 및 보호자가 공동으로 책임지도록 명시하였다.

이후 2000년 1월 학대아동에 대한 보호 및 아동안전에 대한 제도적 지원을 공고히 하고, 아동학대에 대한 정의와 금지유형을 명확히 규정하며, 아동학대에 대한 신고를 의무화하는 등 기타 현행 규정의 운영상 나타난 일부 미비점을 개선·보완하는 내용을 담아 전면 개정이 이루어졌다([법률 제6151호, 2000.1.12., 전부개정]).

2004년 1월 29일 아동의 권리증진과 건강한 출생 및 성장을 위해 종합적인 아동정책을 수립하고 관계부처의 의견을 조정하며 그 정책의 이행을 감독하고 평가하기 위하여 국무총리 소속하에 아동정책조정위원회를 두도록 하는 내용으로 개정되었다.

2005년 7월 13일 다시 일부 개정하여 보호를 필요로 하는 아동에 대한 가정위탁보호를 활성화할 수 있도록 가정위탁지원센터 등을 두고, 아동학대를 근절하기 위하여 현재 아동학대 신고의무자로 되어 있는 교원, 의료인, 아동복지시설 종사자 등의 자격취득 교육과정에 관계 중앙행정기관의 장으로 하여금 아동학대 예방 및 신고와 관련된 교육내용을 포함시키도록 하였다.

2006년 9월 27일 아동학대 신고의무자의 범위에 유치원·학원·교습소의 운영자·교직원·종사자 등과 구급대의 대원을 추가하는 등 아동의 안전하고 건전한 성장환경을 조성하려는 노력을 반영한 개정이 이루어졌다.

이후 2008년 6월 13일 어린이 유괴·살해 사건이 빈번하게 발생하고 아동학대범죄가 줄지 아니하여 아동안전 등에 대한 국민적 불안감이 확산되고 있음에 따라 국가나 지방자치단체는 실종·유괴 예방 교육을 실시하고, 아동보호구역에 폐쇄회로 텔레비전을 설치하거나 그 밖의 필요한 조치를 할 수 있도록 하는 등 아동이 안전하고 건전하게 성장할 수 있는 환경을 조성하기 위해 일부 개정하였는데 주요내용을 살펴보면 다음과 같다.

가. 실종·유괴의 예방·방지 교육(법 제9조제3항)

아동복지시설, 보육시설, 초·중·고등학교장으로 하여금 아동 실종·유괴의 예방과 방지를 위한 교육을 실시하도록 함.

나. 아동보호구역에 폐쇄회로 텔레비전 설치(법 제9조의2 신설)

국가와 지방자치단체는 유괴 등 범죄의 위험으로부터 아동을 보호하기 위하여 필요하다고 인정하는 때는 초등학교 또는 특수학교, 보육시설, 도시공원 등의 주변구역을 아동보호구역으로 지정하여 폐쇄회로 텔레비전을 설치하거나 그 밖의 필요한 조치를 할 수 있도록 함.

다. 아동학대의 예방과 방지(법 제23조)

아동학대의 예방과 방지를 위하여 국가와 지방자치단체가 아동학대의 예방과 방지를 위한 정책의 수립·시행, 연구·교육·홍보 및 실태조사의 실시, 아동학대에 관한 신고체제의 구축·운영 등의 의무를 부과함.

라. 아동보호전문기관(법 제24조 및 제25조)

아동학대예방을 전담하는 아동보호전문기관을 중앙과 지역으로 구분하고, 중앙아동보호전문기관은 지역 간 연계체계를 강화하도록 하는 등 기관 간 역할을 분담하도록 함.

2011년 8월 4일 아동종합실태조사를 시행하여 그 결과를 바탕으로 아동정책기본계획을 수립·시행하고, 아동학대의 예방과 방지, 아동학대행위자의 계도를 위한 교육 등에 관한 홍보영상을 방송할 수 있도록 하며, 아동복지서비스의 안정적 추진을 위한 근거와 아동정책을 효과적으로 수행하기 위한 정책적 기반을 마련함으로써, 아동의 복지증진을 통해 아동이 건강하고 행복하게 자랄 수 있도록 하기 위함을 내용으로 하는 「아동복지법」 개정이 이루어졌다. 또한 이후에도 증가하는 아동학대 범죄 등으로 「아동학대범죄의 처벌 등에 관한 특례법」이 제정되었고 몇 번의 개정을 통해 현재에 이르고 있다. 특히 아동학대와 관련하여 모든 신고의무자에 대하여 신고의무교육을 실시하고, 아동학대 예방교육을 연 1회 이상 실시하며 국가는 피해아동을 위한 법률상담과 소송대리 등의 지원을 할 수 있도록 하였다(「아동복지법」 제29조의6 신설).[1)]

2) 목적

「아동복지법」 제1조에서 "이 법은 아동이 건강하게 출생하여 행복하고 안전하게 자랄 수 있도록 아동의 복지를 보장하는 것을 목적으로 한다."고 밝힘으로써 요보호아동뿐만 아니라 모든 아동을 대상으로 함을 천명하고 있다.

3) 기본 이념

① 아동은 자신 또는 부모의 성별, 연령, 종교, 사회적 신분, 재산, 장애유무, 출생지역, 인종 등에 따른 어떠한 종류의 차별도 받지 아니하고 자라나야 한다.

② 아동은 완전하고 조화로운 인격발달을 위하여 안정된 가정환경에서 행복하게 자라나야 한다.

③ 아동에 관한 모든 활동에 있어서 아동의 이익이 최우선적으로 고려되어야 한다.

④ 아동은 아동의 권리보장과 복지증진을 위하여 이 법에 따른 보호와 지원을 받을 권리를 가진다.

4) 용어의 정의

「아동복지법」에서 정의하고 있는 용어의 뜻은 다음과 같다.

① "아동"이란 18세 미만인 사람을 말한다.

② "아동복지"란 아동이 행복한 삶을 누릴 수 있는 기본적인 여건을 조성하고 조화롭게 성장·발달할 수 있도록 하기 위한 경제적·사회적·정서

1) 법제처, 「아동복지법」 [시행 2018.4.25.] [법률 제14925호, 2017.10.24., 일부개정]

적 지원을 말하고 있다.

③ "보호자"란 친권자, 후견인, 아동을 보호·양육·교육하거나 그러한 의무가 있는 자 또는 업무·고용 등의 관계로 사실상 아동을 보호·감독하는 자를 말한다.

④ "보호대상아동"이란 보호자가 없거나 보호자로부터 이탈된 아동 또는 보호자가 아동을 학대하는 경우 등 그 보호자가 아동을 양육하기에 적당하지 아니하거나 양육할 능력이 없는 경우의 아동을 말한다.

⑤ "지원대상아동"이란 아동이 조화롭고 건강하게 성장하는 데에 필요한 기초적인 조건이 갖추어지지 아니하여 사회적·경제적·정서적 지원이 필요한 아동을 말한다.

⑥ "가정위탁"이란 보호대상아동의 보호를 위하여 성범죄, 가정폭력, 아동학대, 정신질환 등의 전력이 없는 보건복지부령으로 정하는 기준에 적합한 가정에 보호대상아동을 일정 기간 위탁하는 것을 말한다.

⑦ "아동학대"란 보호자를 포함한 성인이 아동의 건강 또는 복지를 해치거나 정상적 발달을 저해할 수 있는 신체적·정신적·성적 폭력이나 가혹행위를 하는 것과 아동의 보호자가 아동을 유기하거나 방임하는 것을 말한다.

⑦의2. "아동학대관련범죄"란 다음 각 목의 어느 하나에 해당하는 죄를 말한다.

가. 「아동학대범죄의 처벌 등에 관한 특례법」 제2조제4호에 따른 아동학대범죄

나. 아동에 대한 「형법」 제2편제24장 살인의 죄 중 제250조부터 제255조까지의 죄

⑧ "피해아동"이란 아동학대로 인하여 피해를 입은 아동을 말한다.

⑨ "아동복지시설"이란 제50조에 따라 설치된 시설을 말한다.

⑩ "아동복지시설 종사자"란 아동복지시설에서 아동의 상담·지도·치료·양육, 그 밖에 아동의 복지에 관한 업무를 담당하는 사람을 말한다.

5) 아동복지법의 수행 내용

「아동복지법」의 수행을 위한 내용으로 제7조와 제8조에서 아동정책의 효율적인 추진을 위하여 5년마다 **아동정책기본계획**을 수립하여 시행하도록 하였다. 이를 위해 보건복지부장관, 관계 중앙행정기관의 장 및 시·도지사는 매년 기본계획에 따라 연도별 아동정책시행계획을 수립·시행하여야 한다. 제10조에서는 아동의 권리증진과 건강한 출생 및 성장을 위하여 종합적인 아동정책을 수립하고 관계 부처의 의견을 조정하며 그 정책의 이행을 감독하고 평가하기 위하여 국무총리 소속으로 **아동정책조정위원**를 두도록 하고 아동정책조정위원회 및 분과위원회를 설치하여 운영과 아동정책의 새로운 전기를 마련하기 위해 과단위 전담조직을 설치토록 하고 있다. 또한 아동 관련 정책이 아동복지에 미치는 영향을 분석·평가하고, 그 결과를 아동 관련 정책의 수립·시행에 반영하도록 아동정책영향평가를 하도록 신설하였고(2016. 3.22.), 시·도지사, 시장·군수·구청장은 아동복지심의위원회를 두도록 하고 있다.

아동에 대한 **보호서비스**로 아동의 보호조치 및 금지행위를 명시하고 있으며 아동학대의 예방 및 방지를 위해 아동학대의 예방과 방지를 위한 각종 정책의 수립 및 시행, 아동학대의 예방과 방지를 위한 연구·교육·홍보 및 아동학대 실태조사, 아동학대에 관한 신고체제의 구축·운영, 피해아동의 보호와 치료 및 피해아동의 가정에 대한 지원 등을 명문화하였다.

제17조(금지행위) 누구든지 다음 각 호의 어느 하나에 해당하는 행위를 하여서는 아니 된다. 〈개정 2014.1.28.〉

1. 아동을 매매하는 행위
2. 아동에게 음란한 행위를 시키거나 이를 매개하는 행위 또는 아동에게 성적 수치심을 주는 성희롱 등의 성적 학대행위
3. 아동의 신체에 손상을 주거나 신체의 건강 및 발달을 해치는 신체적 학대행위
4. 삭제 〈2014.1.28.〉
5. 아동의 정신건강 및 발달에 해를 끼치는 정서적 학대행위
6. 자신의 보호·감독을 받는 아동을 유기하거나 의식주를 포함한 기본적 보호·양육·치료 및 교육을 소홀히 하는 방임행위
7. 장애를 가진 아동을 공중에 관람시키는 행위
8. 아동에게 구걸을 시키거나 아동을 이용하여 구걸하는 행위

9. 공중의 오락 또는 흥행을 목적으로 아동의 건강 또는 안전에 유해한 곡예를 시키는 행위 또는 이를 위하여 아동을 제3자에게 인도하는 행위
10. 정당한 권한을 가진 알선기관 외의 자가 아동의 양육을 알선하고 금품을 취득하거나 금품을 요구 또는 약속하는 행위
11. 아동을 위하여 증여 또는 급여된 금품을 그 목적 외의 용도로 사용하는 행위

제26조에서는 아동학대 신고의무자에 대한 교육을 수립하고 시행하는 내용을 명시하고 있다.

제26조(아동학대 신고의무자에 대한 교육) ① 관계 중앙행정기관의 장은 「아동학대범죄의 처벌 등에 관한 특례법」 제10조제2항 각 호의 어느 하나에 해당하는 사람(이하 "아동학대 신고의무자"라 한다)의 자격 취득 과정이나 보수교육 과정에 아동학대 예방 및 신고의무와 관련된 교육 내용을 포함하도록 하여야 한다. 〈개정 2014.1.28., 2015.3.27.〉

② 관계 중앙행정기관의 장 및 시·도지사는 아동학대 신고의무자에게 본인이 아동학대 신고의무자라는 사실을 고지할 수 있고, 아동학대 예방 및 신고의무와 관련한 교육(이하 이 조에서 "신고의무 교육"이라 한다)을 실시할 수 있다. 〈신설 2015.3.27.〉

③ 아동학대 신고의무자가 소속된 기관·시설 등의 장은 소속 아동학대 신고의무자에게 신고의무 교육을 실시하고, 그 결과를 관계 중앙행정기관의 장에게 제출하여야 한다. 〈신설 2015.3.27., 2017.10.24.〉

[시행일: 2018.4.25.] 제26조

④ 제1항부터 제3항까지에 따른 교육 내용·시간 및 방법 등 그 밖에 필요한 사항은 대통령령으로 정한다. 〈개정 2015.3.27〉

제26조의2(아동학대 예방교육의 실시) ① 국가기관과 지방자치단체의 장, 「공공기관의 운영에 관한 법률」에 따른 공공기관과 대통령령으로 정하는 공공단체의 장은 아동학대의 예방과 방지를 위하여 필요한 교육을 연 1회 이상 실시하고, 그 결과를 보건복지부장관에게 제출하여야 한다.

② 제1항에 따른 교육 대상이 아닌 사람은 지역아동보호전문기관 또는 대통령령으로 정하는 교육기관에서 아동학대의 예방과 방지에 필요한 교육을 받을 수 있다.

③ 보건복지부장관은 제1항 및 제2항에 따른 교육을 위하여 전문인력을 양성하고, 교육 프로그램을 개발·보급하여야 한다.

④ 제1항 및 제2항에 따른 교육 내용·시간 및 방법, 그 밖에 필요한 사항은 대통령령으로 정한다.

[본조신설 2017.10.24.] [시행일: 2019.1.1.] 제26조의2

이외에도 어린이날 및 주간행사를 대대적으로 실시하고, 국내입양활성화를 위한 지원시책을 개발하여 보급하며, 가정위탁아동 지원을 강화하고, 가정위탁지원센터 18개소를 통한 위탁가정 발굴 등 가정위탁사업 활성화를 도모토록 하고 있다. 또한 전국에 지역아동센터를 설치·운영하여 지역사회 기존 복지인프라와 연계한 종합적인 아동보호·육성체계를 구축함과 동시에 기존 아동양육시설의 성격을 아동상담, 일시보호, 급식, 프로그램 제공 등 지역아동을 위한 종합서비스 시설로 전환토록 하고 있다.

공동생활가정(그룹홈)을 시설의 종류로 추가하여 그룹홈 사업 확대와 결식우려가 있는 아동에 대한 급식 지원 확대 및 내실화를 기하고, 학대받는 아동을 위한 보호체계강화와 아동안전강화를 위하여 노력할 것을 명시하고 있다. 그 밖에 미아찾기 체계를 지속적으로 보완하여 미아가 신속히 상봉할 수 있도록 추진하며, 긴급 아동양육을 요청하는 체계를 마련하여 수행할 것을 기본으로 하고 있다.

2. 영유아보육법

영유아보육 업무의 수행을 위한 전달체계를 살펴보면, 「아동복리법」이 제정된 이후 현재까지 보육관련 업무는 당시의 정책과 법, 시대의 상황에 따라 하나의 행정부서에 있지 못하고 새롭게 이동되어 왔다.

「아동복리법」 제정 당시의 보건부에서 1982년 「유아교육진흥법」의 제정과 더불어 새마을 유아원이 생겨나면서 내무부로, 이후 1991년 「영유아보육법」이 제정되면서 다시 보건복지부로 이전되었으며, 2004년 6월에는 여성부로 이관되어 여성부가 여성가족부로 명칭을 변경하고 업무를 확대함에 따라 보육업무도 가족업무의 일부로서 행정체계에 속하게 되었으며, 보육관련 예산이 대폭 증가하게 되었으나, 2008년 다시 보건복지부로 업무가 이관되어 현재에 이르고 있다.

보육서비스를 제공하기 위한 예산지원 및 시설관리를 직접적으로 담당하는 시·군·구 담당부서에서는 날로 증가하는 보육시설과 업무량에 비해 1~2명이 전담하고 있어 업무추진에 많은 어려움을 겪고 있다(보건복지부, 2010).

2006년 보육행정정보화를 위해 중앙부처, 지방자치단체, 어린이집 간의 보조금지급, 아동·종사자관리 등을 보육행정을 위한 e-보육시스템을 운영하면서 관과 시설과의 업무연락체계 및 보조금 신청, 회계보고의 단순화와 투명화를 시키고자 노력하였고, 이후 보건복지가족부에서 2009년 아이사랑카드를 도입하여 보육료 지원체계를 전면 개편하였다.

아이사랑카드(카드 형태의 서비스 이용권, 현재 아이행복카드로 이름 변경)의 시행으로 학부모가 보육료 결제를 카드로 해야 하므로 관리 시스템인 "보육통합정보시스템"을 구축하여 아동정원, 현원, 반편성, 종사자 경력관리, 보조금 자동생성 및 지급 등이 모두 전산으로 대체되었다. 또한 어린이집 지원시스템, 아이사랑포털시스템 등이 전산시스템의 구축으로 인터넷으로 보육시설의 정보를 자세히 공개하고 있어 학부모들의 선택권이 넓어지고 다양한 정보를 얻을 수 있게 되었다(신민경, 2010).

이후 보건복지가족부의 청소년·가족 기능을 여성부로 이관하고 보건복지정책 중심으로 사무를 관장하기 위해 2010년 3월 보건복지가족부를 보건복지부로 개편하여 영유아보육과 관련하여 주무부처로서의 업무를 담당하고 있다. 만 3~5세 공통누리과정의 시행으로 어린이집과 유치원 시설 간 이동 시 카드를 교체해야 하는 부모의 불편을 개선하고자 2015년부터 보건복지부 보육료 지원카드인 아이사랑카드와 교육부의 유아학비지원카드인 아이즐거운카드를 아이행복카드로 통합하였다.

1) 영유아보육법의 변천

1991년 1월 14일 현대사회의 산업화에 따른 여성의 사회참여 증가 및 가족구조의 핵가족화에 의한 탁아수요의 급증에 따라 아동보호와 교육문제는 개인적인 차원을 넘어 사회적·국가적 차원에서 해결이 불가피하게 되었으나, 현행 「아동복지법」에 의한 탁아사업은 시설 설립 주체의 제한으로 인한 보육사업 확대곤란, 관장부처의 다원화로 체계적이고 효율적인 보육사업 추진 등에 문제점이 있으므로, 영유아의 보호와 교육에 관한 별도의 입법을 통하여 보육시설의 조속한 확대 및 체계화로 아동의 건전한 보호·교육 및 보육자의 경제적·사회적 활동의 지원을 통하여 가정복지 증진을 도모하려는 내용을 담은 「영유아보육법」이 제정되었다.

보육서비스를 직접적으로 제공하는 보육시설 종사자와 관련 2005년에 개정된 「영유아보육법」은 전반적으로 종사자의 자격요건을 강화하여 보육인력의 전문성을 높이려는 시도를 보여주고 있다. 우선 보육교사의 자격요건이 2등급에서 3등급으로 세분화되었으며, 보육시설장의 자격도 보육시설의 장이 보육교사를 겸임할 수 있는 시설기준이 40인 미만 시설에서 20인 미만 시설로 강화되었고, 아동 대 보육교사의 비율도 전반적으로 강화되었다. 또한 시·구청장이 보육시설종사자의 임면 및 경력관리를 하도록 조항을 신설하였고, 보육시설을 설치·운영할 수 없는 결격사유와 보육시설 근무결격 사유를 신설 보육종사자의 자격관리를 공공화하였다.

2009년 7월 1일 시행된 「영유아보육법」에서는 보육의 정의를 보육시설 서비스 중심이 아닌 가정에서의 양육지원까지 포함됨을 명시하여, 보육정책의 대상이 시설 이용 아동만이 아닌 전체 영유아임을 명확히 하였고, 취약보육대상에 다문화 아동을 포함하였고, 보육시설 안전공제사업을 신설하였다.

2013년 3월 1일 무상보육의 근거를 마련하는 「영유아보육법」이 개정되었고, 2015년 9월 19일 시행된 「영유아보육법」에서는 아동학대범죄가 잇따라 발생하여 어린이집을 이용하고 있는 영유아 보호자들의 불안이 가중되고, 건강하고 안전하게 보호받고 양육되어야 하는 영유아의 권리도 훼손되고 있어 어린이집의 폐쇄회로 텔레비전(CCTV) 설치를 의무화하고, 아동학대자에 대한 제재 및 보육교직원의 자격기준을 강화할 뿐 아니라, 보육교직원의 보수교육에 이들의 인성함양 과목을 추가하여 아동학대범죄의 재발을 막고 이에 대한 경각심을 높이도록 하였다. 제18조 제2항에서는 아동학대의 방지를 위해 '보육교직원은 영유아를 보육함에 있어 신체적 고통이나 고성·폭언 등의 정신적 고통을 가하여서는 아니됨(제18조의2)'을 명시하였다. 2017년 9월 15일 개정된 「영유아보육법」에서는 영유아의 보호자에게 영유아의 성장·양육방법, 보호자의 역할, 영유아의 인권 등에 대한 교육을 실시하도록 하였다.

2) 목적

이 법은 영유아(영幼兒)의 심신을 보호하고 건전하게 교육하여 건강한 사회 구성원으로 육성함과 아울러 보호자의 경제적·사회적 활동이 원활하게 이루어지도록 함으로써 영유아 및 가정의 복지 증진에 이바지함을 목적으로 한다(<개정 2011.8.4.>).

3) 보육이념

① 보육은 영유아의 이익을 최우선적으로 고려하여 제공되어야 한다.
② 보육은 영유아가 안전하고 쾌적한 환경에서 건강하게 성장할 수 있도록 하여야 한다.
③ 영유아는 자신이나 보호자의 성, 연령, 종교, 사회적 신분, 재산, 장애, 인종 및 출생지역 등에 따른 어떠한 종류의 차별도 받지 아니하고 보육되어야 한다(<개정 2011.8.4.>).

4) 영유아보육법의 수행 내용

원장 및 보육교직원의 보수교육에서 성폭력 및 아동학대 예방, 실종·유괴의 예방과 방지, 감염병 및 약물의 오남용 예방 등 보건위생 관리, 재난대비 안전, 교통안전, 원장(보육교사)의 인성함양(영유아의 인권보호 교육을 포함한다)을 포함해야 한다. 또한 어린이집운영위원회에는 영유아의 건강·영양 및 안전에 관한 사항, 아동학대 예방에 관한 사항, 영유아의 보육환경에 관한 사항을 심의하도록 하고 있다. 취약보육을 우선적으로 실시하며, 영유아의 건강·영양 및 안전에 관한 조항, 무상보육과 양육수당에 대한 조항을 포함하고 있다.

제2절 아동권리와 복지 관련 지원 정책

우리나라의 아동권리와 복지 관련 주요 부처로는 보건복지부, 여성가족부, 그리고 국가인권위원회를 들 수 있다. 아동권리와 복지 관련 주요 정책들을 살펴보면 다음과 같다.

1. 보건복지부의 아동권리와 복지서비스

보건복지부에서 아동권리와 복지를 담당하는 주요 부서인 인구정책실의 아동복지정책과와 아동권리과의 업무내용을 살펴보면 다음과 같다.

▣ 인구정책실 업무내용

1. 저출산·고령사회기본계획 및 시행계획의 수립·평가·총괄
2. 저출산·고령사회정책 개발·분석·연구 및 총괄·조정
3. 저출산·고령사회위원회의 운영 지원
4. 저출산·고령화 관련 홍보·대외협력 및 민간 활동지원
5. 베이비부머 세대에 관한 종합계획의 수립 및 조정
6. 노후의 소득·건강·교육·주거·환경·여가 및 문화 등에 관한 정책의 수립·조정
7. 인구 관련 정책의 총괄 및 조정

7의2. 여성·어린이 건강정책의 종합 및 조정

7의3. 모자보건법령 운영

7의4. 산후조리원의 관리

7의5. 인공임신중절 예방에 관한 사항

8. 아동복지에 관한 종합계획의 수립·조정 및 아동정책조정위원회 운영
9. 빈곤아동 맞춤형 통합서비스 제공, 아동발달계좌(CDA), 결식아동 지원 등 빈곤아동 지원에 관한 사항
10. 아동건강관리에 관한 사항
11. 아동권리증진, 아동학대 예방·보호 및 아동권리 관련 국제협약에 관한 사항
12. 아동의 안전 및 실종에 관한 종합계획의 수립·시행에 관한 사항
13. 입양에 관한 종합계획 수립·시행 및 국제협약, 아동의 입양 및 사후관리 등에 관한 사항
14. 아동양육시설, 지역아동센터, 그룹홈 등 아동복지시설 관리·운영에 관한 사항
15. 아동의 가정위탁, 소년소녀가정 등 가정보호에 관한 사항
16. 어린이날, 어린이 주간, 아동 총회 등 아동행사에 관한 사항
17. 아동 관련 법인 및 단체에 관한 사항

▣ 아동복지정책과

1. 아동복지에 관한 정책 총괄 및 종합계획의 수립·시행
2. 아동복지법령 제정·개정에 관한 사항
3. 아동정책조정위원회에 관한 사항
4. 아동복지서비스 조사·연구·홍보 및 통계에 관한 사항
5. 아동복지관련 업무의 중앙부처 및 지방자치단체 협의·조정
6. 빈곤아동종합대책의 수립 및 조정
7. 가정위탁, 소년소녀가정에 관한 사항
8. 아동복지시설, 그룹홈 등 운영·지원에 관한 사항
9. 입양특례법령 제정·개정에 관한 사항
10. 국내외 입양 제도개선 및 활성화 종합대책 수립·시행에 관한 사항
10의2. 국내외 입양 실태조사·연구·홍보 및 통계에 관한 사항
10의3. 헤이그국제아동입양협약에 관한 사항
10의4. 중앙입양원 및 입양 기관·단체에 관한 사항
11. 아동발달지원계좌에 관한 사항
12. 아동관련 법인 및 단체에 관한 사항
13. 한국아동복지협회, 한국아동그룹홈협의회에 관한 사항

▣ 아동권리과

1. 아동권리증진 및 인권보호에 관한 사항
2. 아동권리 관련 국제협약 및 국제협력에 관한 사항
3. 아동학대 예방 및 보호에 관한 사항
4. 아동 건강관리에 관한 사항
5. 결식아동 급식에 관한 사항
6. 실종아동보호 및 지원에 관한 사항
7. 실종아동 등의 보호 및 지원에 관한 법령 제정·개정에 관한 사항
8. 아동에 대한 맞춤형 통합서비스 제공에 관한 사항
9. 지역아동센터, 방과 후 돌봄서비스에 관한 사항
10. 아동복지교사 파견 및 관리에 관한 사항
11. 어린이날, 어린이 주간 등 아동행사에 관한 사항
12. 아동안전에 관한 사항

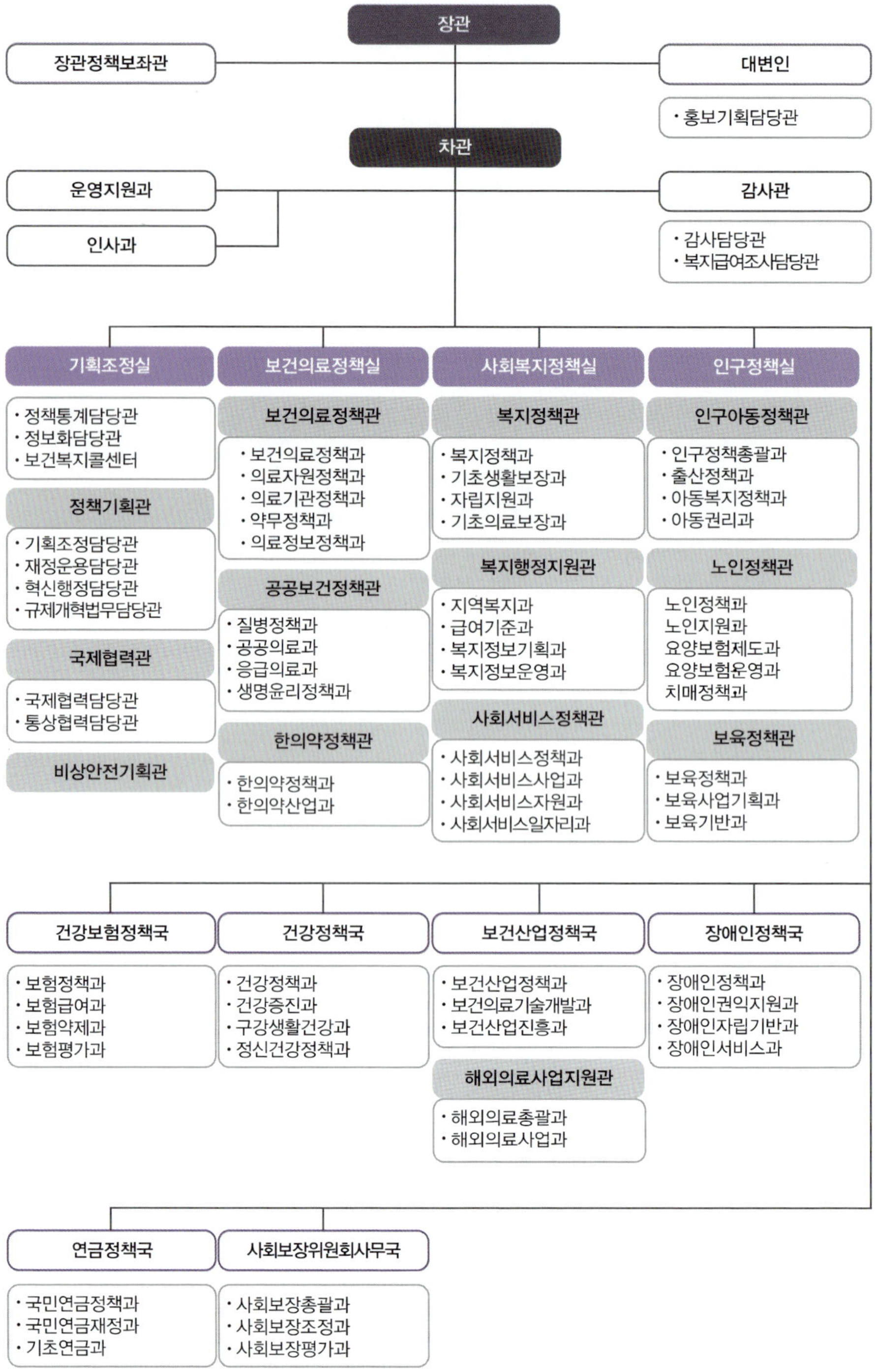

✺ 그림 4-1 보건복지부 조직도(http://www.mohw.go.kr, 2017)

1) 아동복지 관련 정책

(1) 제1차 아동정책기본계획(2015~2019)[2)]

2012년 8월 5일 전부 개정된 「아동복지법」의 시행으로 아동정책에 대한 범정부 차원의 중기계획 수립 근거를 마련하였다(「아동복지법」 제7조). 이에 관계부처 합동으로 2015년 5월 아동 대상의 “아동정책기본계획”을 수립하였다.

아동정책에 대한 기본방향, 추진목표, 분야별 주요 시책, 재원조달방안 등을 포함하고, 유사분야 중장기 계획과 추진연도를 조정하여 정책방향의 일관성을 확보하고자 하였다. 매년 각 부처 및 지자체는 '아동정책 기본계획'의 정책목표를 달성하기 위해 연도별로 시행계획을 수립하여 시행해야 한다(「아동복지법」 제8조).

(2) 요보호아동 자립지원

① 목적

아동복지시설, 가정위탁시설 등 보호대상 아동의 자립준비 역량을 강화하고 18세 이후 사회 진출 시 안정적인 자립 기반을 마련할 수 있도록 지원한다.

② 사업내용

보호아동의 자립의지·자립기술 향상을 위한 프로그램 운영 및 주거지원·취업훈련연계·정보제공 등으로 자립생활 정착 지원을 한다.

③ 지원대상

대리양육 또는 가정위탁보호 중인 아동, 아동복지시설에서 보호 중인 아동, 가정위탁보호가 종료되거나 시설에서 퇴소한 지 5년이 지나지 아니한 아동 등이 지원대상이다.

2) 다음의 3)항 '제1차 아동정책기본계획'에서 자세한 내용 참조.

(3) 정기적 아동실태조사 및 통계 정비

정기적(5년)으로 아동의 종합실태 조사를 실시하도록 「아동복지법」에 정기적 실태조사 법적 근거를 마련하였다.

아동의 건강·영양·정서·안전 등 전 부분 및 가구소득별·가구유형별 전체 아동실태를 포함하며 아동복지 관련 통계 정비, 기·미아, 학대아동, 실종아동, 소년소녀가장 등 단편적·부분적 통계에서 보편적 아동의 삶의 질을 판단할 수 있는 통계를 생산한다.

(4) 입양

① 목적

요보호아동이 안정적인 가정환경에서 건전하게 성장할 수 있도록 지원함으로써 아동의 복지증진을 도모한다.

② 주요사업

- 국내입양우선추진제: 아동의 입양의뢰 후 5개월간은 국내입양을 우선 추진하고 그 이후에 국외입양 추진 허용('07년 시행)
- 국내입양가정에 대한 경제적 지원: 입양기관에 지급하는 입양비용 지원(보건복지부 허가기관 270만 원, 시도 허가기관 100만 원)
- 입양아동양육수당 지급: (만 16세 전, 월 15만 원)
- 장애아동의 경우 장애아동 입양양육보조금 및 의료비 별도 지원: (만 18세 전)
- 의료급여 1종으로 지정하여 의료비 지원
- 입양아동 심리치료비 지원: (만 18세 전, 월 20만 원 한도)
- 국내외입양인 사후서비스 지원
  - 국외입양인: 모국방문, 한국어교육, 국내체류 쉼터 지원 등
  - 국내입양인: 입양아동의 정체성 확립 지원 등
- 공무원 대상 입양휴가제(20일) 도입: ('07년 시행)

「입양특례법」 제26조에 따라 아동의 권익을 보장하고 입양문화 활성화를 위하여 입양 관련 업무지원·조정 기능을 수행함으로써 국민의 복지증진에 기여함을 목적으로 2009년 7월 중앙입양원(전 중앙입양정보원)을 설립하였다.

주요 업무로는 입양아동·가족정보 및 친가족 찾기에 필요한 통합데이터베이스 운영, 입양아동의 데이터베이스 구축 및 연계, 국내외 입양정책 및 서비스에 관한 조사·연구, 입양 관련 국제협력 업무 등이다. 2011년 입양정보 통합관리시스템 서비스를 개시하였다.

(5) 가정위탁지원

① 기본방향

가정위탁아동이 건전한 사회인으로 자랄 수 있도록 위탁아동 및 위탁부모에 대한 경제적·사회적 지원을 확대한다.

② 목적

보호대상 아동을 보호·양육하기를 희망하는 가정에 위탁 양육함으로써 가정적인 분위기에서 건전한 사회인으로 자랄 수 있도록 한다.

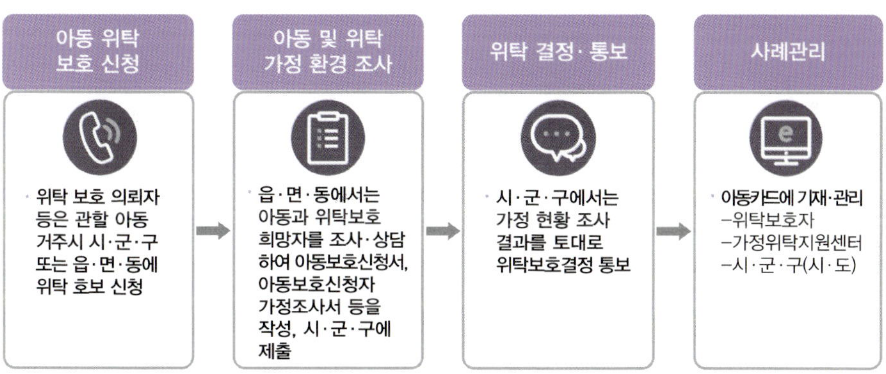

출처: 보건복지부(2017).

그림 4-2 가정위탁 선정 절차

(6) 아동복지시설운영

① 시설의 종류

가. 아동양육시설 및 아동일시 보호시설

- 보호를 필요로 하는 아동을 입소시켜 보호·양육하는 시설
- 보호를 필요로 하는 아동을 일시보호하고 아동에 대한 향후의 양육대책수립 및 보호조치를 행하는 시설

▣ 입소대상자

- 보호자가 없거나 보호자로부터 이탈된 아동
- 보호자로부터 학대받은 아동
- 보호자의 학대로 아동보호전문기관에 신고되어 동 기관이 시·도지사 또는 시·군·구 청장에게 보호조치를 의뢰한 아동(특히, 아동에게 문제행동이 있어 상담·치료가 필요한 경우, 아동보호전문기관에서 아동의 시설입소를 의뢰하면 시·도 또는 시·군·구에서는 반드시 입소될 수 있도록 하여야 함)
- 보호자의 질병, 가출 등으로 가정 내에서 보호하기 어려운 아동
- 시·도지사 또는 시장·군수·구청장이 특별히 보호가 필요하다고 인정하는 아동

나. 아동보호치료시설

- 불량행위를 하거나 불량행위를 할 우려가 있는 아동으로서 보호자가 없거나 친권자나 후견인이 입소를 신청한 아동 또는 가정법원, 지방법원소년부지원에서 보호 위탁된 아동을 입소시켜 그들을 선도하여 건전한 사회인으로 육성하는 시설
- 정서적·행동적 장애로 인하여 어려움을 겪고 있는 아동 또는 학대로 인하여 부모로부터 일시 격리되어 치료받을 필요가 있는 아동을 보호·치료하는 시설

다. 자립지원시설

- 아동복지시설에서 퇴소한 자에게 취업준비기간 또는 취업 후 일정기간 보호함으로써 자립을 지원하는 시설

▣ 지원대상

① 시설퇴소 아동 중 취업 중인 아동(우선)
② 시설퇴소 아동 중 취업준비 중인 18세 이상 24세 이하인 사람
※ 취업준비 중인 퇴소아동에 대한 이용이 확대되도록 바람
③ 아동복지시설, 가정위탁 등 보호종결자로서 24세 이하인 기초생활보장수급자
시·도지사, 시장·군수·구청장이 보호자의 의뢰 또는 보호필요아동 발견 시 보호자 및 아동의 제반사항을 고려하여 결정

아동복지시설의 현황을 살펴보면 2010년 총 280개소로 양육시설 238개소, 직업훈련시설 2개소, 보호치료시설 11개소, 자립지원시설 12개소, 일시보호시설 14개소, 종합시설 3개소이다. 2015년에는 총 281개소로 양육시설은 5개소 늘어난 243개소, 보호치료시설 11개소, 자립지원시설은 12개소, 일시보호시설은 12개소, 종합시설은 3개소로 동일하였다.

표 4-1 아동복지시설 현황

연도	양육시설	직업훈련 시설	보호치료 시설	자립지원 시설	일시보호 시설	종합시설	계
2010	238	2	11	12	14	3	280
2011	242	1	10	12	12	3	280
2012	243	–	11	12	12	3	281
2013	243	–	11	13	11	3	281
2014	242	–	10	12	11	3	278
2015	243	–	11	12	12	3	281

출처: 보건복지부(2017)

(7) 공동생활가정(그룹홈) 운영

① 목적

보호가 필요한 아동에게 가정과 같은 주거여건과 보호, 양육, 자립지원 서비스를 제공하는 것을 목적으로 한다.

② 연혁

대규모 집단시설 위주의 보호에서 소규모 가정형태 보호로의 전환을 강조하고 지역사회 중심의 아동보호를 위한 새로운 보호형태로 논의가 이루어졌다. 1995년 3월 23일 "국민복지기획단"에서 마련한 국민복지기본구상에 그룹홈 도입을 논의하였다. 1996년 12월 그룹홈 제도 도입을 결정하여 1997년부터 시범사업을 실시하였다. 2004년 1월 「아동복지법」상 아동복지시설 종류에 공동생활가정을 추가하였다.

(8) 디딤씨앗통장

① 목적

저소득 아동의 사회진출 시 필요한 자립자금 마련에 도움을 주기 위하여 아동복지시설 아동, 가정위탁아동 등을 대상으로 2007년 4월 도입하여 아동발달지원계좌(CDA: Child Development Account, CDA)를 지원하였다.

② 사업내용

아동이 보호자, 후원자의 후원으로 월 4만 원 이내의 금액을 저축하면 국가(지자체)에서 만 18세 미만까지 같은 액수(1:1 매칭펀드)를 지원하여 만 18세 이후 사회진출 시 학자금, 전세금, 창업자금 등으로 사용토록 한다.

※ 아동형편에 따라 최대 월 50만 원 내에서 자율 저축 가능
※ 2017년부터 월 정부지원금액 한도 4만 원으로 지원 확대

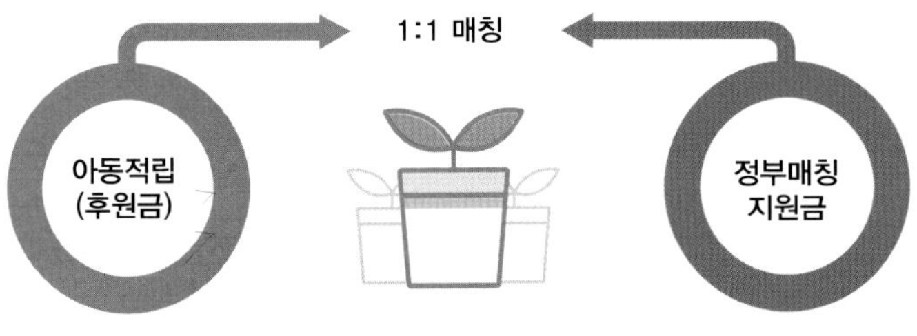

그림 4-3 디딤씨앗통장 사업내용(http://www.adongcda.or.kr)

③ 지원대상

지원대상은 만 18세 미만 아동으로서 아동복지시설 생활아동, 가정위탁아동, 소년소녀가정, 공동생활가정 및 장애인시설 생활아동, 기초생활수급가정(중위소득 40% 이하 기준)의 아동으로 가정회복 및 정부의 가정보호 확대정책으로 중도에 가정으로 복귀하는 아동이 희망 시 계속 지원한다. 지원기간은 가입 시부터 만 18세까지 지원한다.

2017년 12월 현재 지원아동 수는 총 71,457명으로 시설보호아동 11,844명, 가정위탁 보호 아동 8,478명, 소년소녀가정 아동 63명, 공동생활가정 아동 2,405명, 장애인시설 아동 1,058명, 가정복귀 아동 2,469명, 기초생활수급가구 아동 45,140명으로 집계되었다.

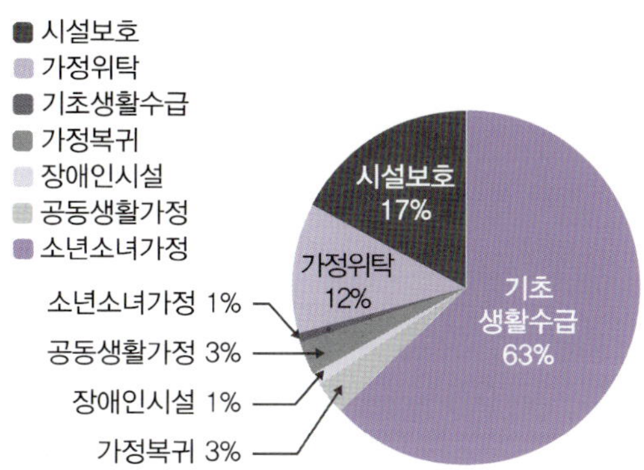

구분	총계	시설 보호	가정 위탁	소년소녀 가정	공동생활 가정	장애인 시설	가성 복귀	기초생활 수급
지원 아동	71,457 (100%)	11,844 (17%)	8,478 (12%)	63 (1%)	2,405 (3%)	1,058 (1%)	2,469 (3%)	45,140 (63%)

✷ 그림 4-4 유형별 지원아동 현황(2017.12)(http://www.adongcda.or.kr)

일정기간 적립하고 일정 연령에 달한 아동은 자기계발 등 자립을 위해 필요한 경우에는 사용용도 범위 내에서 본인의 적립금을 사용 가능하다(5년 이상 적립한 아동으로 만 15세 이상 아동).

디딤씨앗통장의 총 저축액은 2017년 3,230억 원으로 이중 정부지원금은 1,369억, 아동저축액은 1,861억으로 2008년 301억 원에 비해 10배 이상 증가하였다.

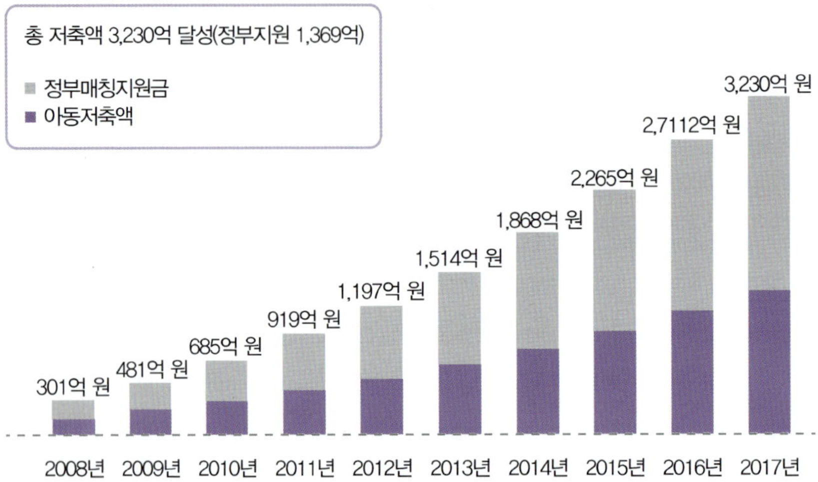

구분	2008년	2009년	2010년	2011년	2012년	2013년	2014년	2015년	2016년	2017년
아동 저축액	161	248	377	510	670	854	1,061	1,296	1,562	1,861
정부 매칭 지원금	140	233	308	409	527	660	807	969	1,150	1,369
합계	301	481	685	919	1,197	1,514	1,868	2,265	2,712	3,230

그림 4-5 디딤씨앗통장 총 저축금액(http://www.adongcda.or.kr)

(9) 소년소녀가정 지원

소년소녀가정 지원은 실질적으로 가정을 이끌어 가는 소년소녀가정의 아동에 대하여 생활 보호를 해줌으로써 자립능력 배양 및 건전한 사회인으로 육성·도모함을 목적으로 하며, 1984년 3월 13일 "소년소녀가장세대 보호대책" 수립과 1985년 6월 11일부터 소년소녀가장에 대한 정부지원사업을 실시하였다. 2000년 9월 지원대상의 명칭을 소년소녀가정(youth family)으로 변경하였다.

① 추진방향

현재 소년소녀가정 지정을 금지하고 기존의 소년소녀가정은 가정위탁보호로 전환 추진한다. 소년소녀가정 제도는 아동에게 위험을 초래할 수 있고, UN 등에서도 폐지를 권고하는 제도이다.

※ 소년소녀가정은 가정위탁이나 시설보호에 비해 외부위험에 노출되어 있는 보호형태이므로, 추가지정을 금지하며, 가정위탁으로 보호조치 하도록 권고함
※ 2013년부터는 추가지정 금지하며, 단, 아동이 만 15세 이상으로 「아동복지법」 제19조에 의해 후견인을 선임하는 경우에 한 해 추가지정 가능

② 지원대상

「국민기초생활보장법」에 의한 수급자(가구) 중 18세 미만(출생일 기준)의 아동이 실질적으로 가정을 이끌어 가고 있는 세대를 대상으로 한다.

③ 정서적 후원

가. 후원자 지정

아동만으로 구성된 세대에 대해서는 가까운 이웃에 거주하는 아동위원, 종교인, 지역여성지도자, 공무원, 대학생 멘토 등을 후원자로 지정하여 고충이나 애로사항을 상시 의논하고 해결할 수 있도록 한다.

나. 결연기관 (초록우산어린이재단)과 협조체계 강화

시·군·구청장은 소년소녀가정 책정 후 초록우산어린이재단에 관련 자료를 통보하고, 초록우산어린이재단의 소년소녀가정을 위한 프로그램을 활용하여 중복지원이 발생하지 않도록 한다.

소년소녀가정 협동캠프, 생활수기 공모 등 정서적 지원을 강화하고, 후원자와의 만남행사 등 후원프로그램을 활성화하도록 한다.

2) 아동권리

(1) 아동학대 예방 및 피해아동 보호

① 목적

아동학대 예방 강화 및 피해아동 보호를 통한 아동의 건강한 성장환경을 조성하고 아동의 권리증진을 도모한다.

② 사업내용

아동학대 예방을 위한 정책수립, 관련 법·제도 마련 및 개선, 「아동학대 방지대책」 수립 및 추진, 「아동복지법」 개정, 아동학대 예방 매뉴얼 및 지침 마련 등이다.

아동학대 예방 인프라를 강화하기 위해 아동보호전문기관 확충 및 아동학대 대응 인력을 증원한다. 2016년 말 현재 지역아동보호전문기관 59개소를 운영 중이다. 또한 아동학대 예방 교육 및 홍보 방안으로 중앙아동보호전문기관(korea1391.go.kr)을 운영하고 있으며, 신고의무자 교육 강화, 부모교육 확산, 아동학대 인식개선을 위한 대국민 홍보를 추진하고 있다.

가. 아동학대 신고

- 아동학대: 보호자를 포함한 성인이 아동의 건강 또는 복지를 해치거나 정상적 발달을 저해할 수 있는 신체적·정신적·성적 폭력이나 가혹행위를 하는 것과 아동의 보호자가 아동을 유기하거나 방임하는 것을 말한다(「아동복지법」 제3조).

※ 아동보호전문기관은 보호자를 포함한 성인으로부터 학대를 받아 보호가 필요한 만 18세 미만의 아동에 대하여 개입 및 조치한다.

※ 방임에는 「아동복지법」 제17조제6호의 "의식주를 포함한 기본적 보호·양육·치료 및 교육을 소홀히 하는 행위"를 포함한다.

※ 「아동학대범죄의 처벌 등에 관한 특례법」 제2조제6호의 피해아동은 아동학대범죄로 인해 직접적으로 피해를 입은 아동을 의미한다.

- 아동학대 신고전화: 112

누구든지 아동학대범죄를 알게 된 경우나 의심이 있는 경우에는 아동보호전문기관 또는 수사기관에 신고할 수 있다(「아동학대범죄의 처벌 등에 관한 특례법」 제10조).

- 아동학대 신고의무자

어린이집·유치원 종사자·초중고교 교사, 의사 등 신고의무자 직군은 직무상 아동학대를 알게 되거나 그 의심이 있는 경우에는 즉시 아동보호전문기관 또는 수사기관에 신고하여야 하며, 정당한 사유없이 신고의무를 불이행할 경우 500만 원 이하의 과태료가 부과된다.

- 「아동학대범죄의 처벌 등에 관한 특례법」 제10조제2항
- 「동법」 제63조제1항제2호

(2) 아동인권 증진 지원 사업

① 사업목적

어린이날 및 어린이주간, 대한민국 아동총회 등 아동 관련 행사의 개최와 아동권리교육 사업의 추진을 통해 아동이 존중받고 안전하게 양육될 수 있는 사회적 분위기를 조성한다.

② 주요사업

가. 아동권리교육 실시

아동의 성장과 발달, 권익 향상에 큰 영향을 미치는 부모와 예비부모, 아동학대 등 권리침해 사례 발견이 용이한 어린이집교사, 시설종사자, 교직원을 포함한 아동학대 신고의무자 등을 대상으로 맞춤형 아동권리교육을 실시하여 아동권리침해 사례를 예방한다.

나. 국제적 기준에 부합하는 유엔아동권리협약 이행 추진

유엔아동권리협약 및 유엔아동권리위원회 권고사항에 대한 이행체계를 마련하고 각 부처의 이행을 점검하고 국가보고서를 작성하여 제출하며 위원회 심의 업무 등을 진행한다.

다. 아동행사 개최

어린이날 및 어린이주간 행사로 어린이주간 선포식, 아동복지유공자 표창 및 모범어린이 선발, 아동인권 관련 캠페인 실시 등을 진행한다. 대한민국 아동총회 개최와 관련하여 지역대회·본 대회 추진계획 수립·홍보하고 지역별 참여아동을 선정하며 지역별 대회와 본 대회 개최, 보건복지부 어린이홈페이지 활동 등을 진행한다.

아동권리주간(아동학대 예방주간) 행사로 “아동학대예방의 날” 및 “아

동학대 예방주간"을 활용하고 기념행사, 전국단위 아동학대예방 캠페인, 홍보 및 교육 등을 실시한다.

라. 아동권리포럼 개최

아동복지정책 방향 마련을 위한 아동권리·정책 포럼, 국제아동권리 정책방향 모니터링 및 정보공유를 위한 국제아동포럼 등을 실시한다.

(3) 드림스타트

① 추진배경

가족해체에 따른 가족기능 약화·사회 양극화 등에 따라 빈곤의 대물림이 심화되고 있으나, 밀착형 서비스가 필요한 취약계층 아동에 대한 집중 관리는 미흡하다. 취약계층 아동에게 맞춤형 통합서비스를 제공하여 아동의 건강한 성장과 발달을 도모하고 공평한 출발기회를 보장함으로써 건강하고 행복한 사회구성원으로 성장할 수 있도록 지원한다.

국가 성장잠재력 제고를 위한 선제적 인적투자로써 아동에 대한 투자가 필요하고 아동기의 빈곤은 아동의 전 생애는 물론 사회 전체 발전 가능성을 저해하기 때문에 아동에 대한 조기 투자는 성장과 복지의 선순환을 달성하고 사회문제 예방 및 사회통합 유도 등 사회적 환원효과가 큰 것으로 분석되었다.

※ 아동기 빈곤은 빈곤이 대물림되는 원인이며, 빈곤으로부터 아동을 보호하고 성장의 기회를 주는 것은 빈곤 완화를 위한 비용대비 효과성이 높은 공공정책임

–〈아동빈곤에 대한 유니세프 이슈브리프(2014년 7월)〉

- 아동기 빈곤으로 인해 발생하는 문제(생산성 손실, 의료보호 등 사회보호 정책, 범죄 등)에 대응하기 위해 막대한 사회적 비용이 지출됨(미국의 경우 GPD의 약 4%)

※ 빈곤 아동에 대한 사회적 투자는 취업률, 소득수준, 교육성취, 복지수급 등의 측면에서 $1 투자에 대해 최대 $16.1의 환원효과 발생

–〈美 랜드연구소, 2006년〉

아동과 가족에 초점을 둔 통합지원체계인 통합사례관리를 통해 모든 아동에게 공평한 출발기회를 보장할 필요가 있으며 학대, 방임 아동 증가 등 아동 복지 사각지대 해소를 위해 아동보호 보건복지 통합서비스 시범사업을 2006년부터 20개 보건소를 중심으로 실시하고 있다.

② 추진현황(2006~2016)

표 4-2 2017년 아동분야 사업안내(보건복지부, 2017)

연 도	추 진 내 용
2006년	• 아동보호 보건복지 통합서비스 시범사업 실시(20개 보건소) – 학대, 방임 아동 발견 등 아동 복지 사각지대 해소
2007년	• 희망스타트 시범사업 실시 16개 시·군·구
2008년	• 사업명을 '희망스타트'에서 '드림스타트'로 변경 • 사업지역 확대('07년 16개 → '08년 32개) • 국정핵심과제 선정: 2012년까지 사업지역 전국 확대 추진
2009년	• 사업지역 확대('08년 32개 → '09년 75개) • 사업의 질적 고도화 추진 – 전담인력 교육 강화 및 사례관리 통합전산시스템 구축 – 추진협의회 정기 개최, 멘토-멘티 체계 구축 • 드림스타트 사업운영 평가체계 마련
2010년	• 사업지역 확대('09년 75개 → '10년 101개) • 드림스타트 통합정보시스템 고도화, 홈페이지 개편화 • 대상아동별, 서비스유형별, 지역유형별 특성화 추진 – 대상아동별: 위기도 검사도구 도입 및 신규사업지역에 적용 – 서비스유형별: 기본·필수·선택 서비스로 분류, 아동발달영역별 서비스 체계 구축 – 지역유형별: 대도시 자치구, 대도시 기초단체, 중소도시 기초단체, 농산어촌 기초단체
2011년	• 사업지역 확대('10년 101개 → '11년 131개) • 위기도 검사도구 전 사업지역 적용 • 「아동복지법」에 드림스타트사업 근거 신설('11.8.4., '12.8.5. 시행) • 「지역 내 아동통합지원체계 구축」 시범사업 실시('11.8.~'13.12.)
2012년	• 사업지역 확대('11년 131개 → '12년 181개) • '지역사회서비스투자사업' 연계 • 아동복지기관협의체 구성 및 운영
2013년	• 사업지역 확대('12년 181개 → '13년 211개) • 위기도 검사도구(양육환경 및 아동발달 사정도구) 개정 • 사업 실시연수 2년 이상 지역 서비스 대상지역 전체 읍·면·동 확대 단계적 추진 • 아동통합서비스 지원강화를 위한 사업체계 개선방안 연구
2014년	• 사업지역 확대('13년 211개 → '14년 219개) • 사회보장정보시스템(행복e음)과 드림스타트 통합정보시스템(e-dreamstart) 통합

(계속)

연 도	추 진 내 용
2014년	• 드림스타트 운영 및 서비스 질 개선 추진 – 지역유형별로 격년제 점검('13년도 사업점검: 대도시 자치구, 중소도시 기초단체) – 멘토–멘티 지원체계 개선 • 추진협의회 권역별 개최
2015년	• 사업지역 전국 확대 완료('14년 219개 → '15년 229개) • 드림스타트 업무지원시스템과 홈페이지 통합 추진 • 통합사례관리 1:1 컨설팅 시범운영
2016년	• 통합사례관리 1:1 맞춤형 컨설팅 운영 • 사업운영 점검 대상기간 확대(1년 → 2년)

③ 추진체계

보건복지부가 총괄하고 시·군·구가 아동통합서비스지원기관(드림스타트)을 설치·운영한다.

✻ 표 4–3 드림스타트 개소(보건복지부, 드림스타트 2017) (단위: 개소)

연도	2007	2008	2009	2010	2011	2012	2013	2014	2015
시·군·구 (사업실시단위)	16	32	75	101	131	181	211	220	230

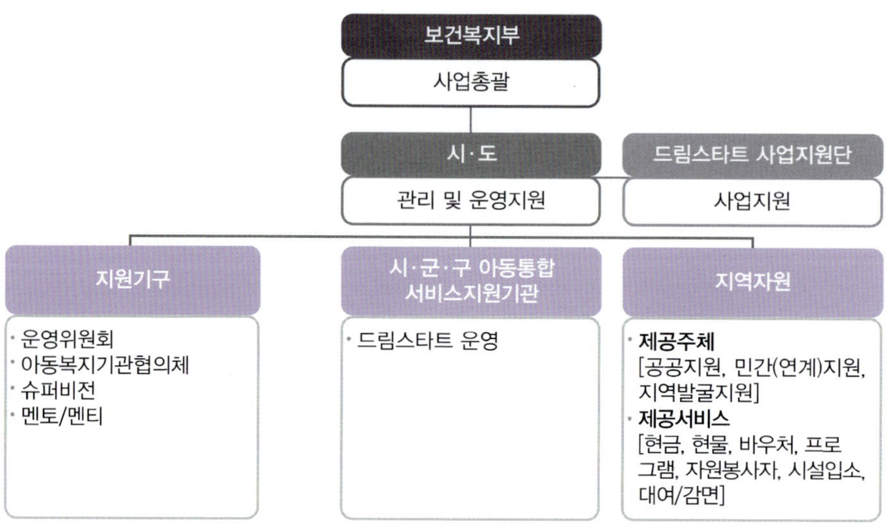

✻ 그림 4–6 드림스타트 추진체계(http://www.dreamstart.go.kr)

④ 지원대상

지원대상은 0세(임산부)~만 12세(초등학생 이하) 아동 및 가족을 대상으로 한다.

※ 만 12세 이상 아동 중 초등학교 재학 아동 포함
※ 국민기초수급 및 차상위 계층 가정, 법정 한부모가정(조손 가정 포함), 학대 및 성폭력피해아동 등에 대한 우선 지원 원칙
※ 만 12세 이상 아동 중 위기개입·집중사례관리 등급에 한해 지속적인 사례관리가 필요하다고 인정되는 경우 사례회의 및 자치단체장의 승인을 거쳐 사례관리 기간 연장 가능(최대 15세까지)

⑤ 사업추진기구: 드림스타트(시군구별 운영)

- 시·군·구 소속 드림스타트(공무원 및 분야별 전문인력으로 구성)
- 지역사회 돌봄 필요 아동 및 취약계층 아동가구 방문상담 실시
- 아동별 서비스 계획 수립 및 지역사회 자원 연계, 조정 등

⑥ 지원내용

아동의 양육환경 및 발달 상태 사정 결과에 따른 사례관리를 통해 건강·기초학습·사회성 함양·부모교육·가족지지 등 맞춤형 통합서비스를 제공한다. 서비스 내용으로는 건강검진 및 건강관리, 기초학습 지원, 사회정서 증진 서비스, 부모 양육지원 등 아동발달 영역별 맞춤형 통합서비스이다.

표 4-4 드림스타트 서비스 영역과 내용(보건복지부, 2017)

서비스 영역	서비스 내용
신체/건강 서비스	• **건강검진 및 예방**(신체 및 건강검진, 예방접종, 치과검진 및 관련교육, 건강교육, 클리닉, 응급처치 및 영양 관련 교육 등) • **건강관리**(질병관련 치료지원 등)
인지/언어 서비스	• **기초학습**(기초학력검사, 기초학력배양, 독서지도, 경제교육 등) • **학습지원**(교구재활용학습, 공부방, 도서관운영, 보충학습, 예체능, 학습지 지원 등)
정서/행동 서비스	• **사회정서**(사회성발달, 정서발달, 아동권리교육, 아동학대 예방, 성폭력 예방, 다문화 관련교육, 소방 및 안전교육, 진로지도 등)

(계속)

서비스 영역	서비스 내용
정서/행동 서비스	• **심리행동**(심리상담 및 치료, 인터넷중독 상담 및 치료) • **보호**(돌봄기관 연계, 야간 보호 및 교육 등) • **문화체험**(체험학습, 영화 및 공연관람, 캠프 등)
부모 및 가족, 임산부 서비스	• **부모교육**(상담 및 교육, 자녀발달, 양육, 자조모임 등) • **부모지원**(취업지원, 자활상담, 가계경제상담 등) • **양육지원**(다문화가정지원, 취미, 여가, 안전 및 건강지원 등) • **산전산후관리** 등

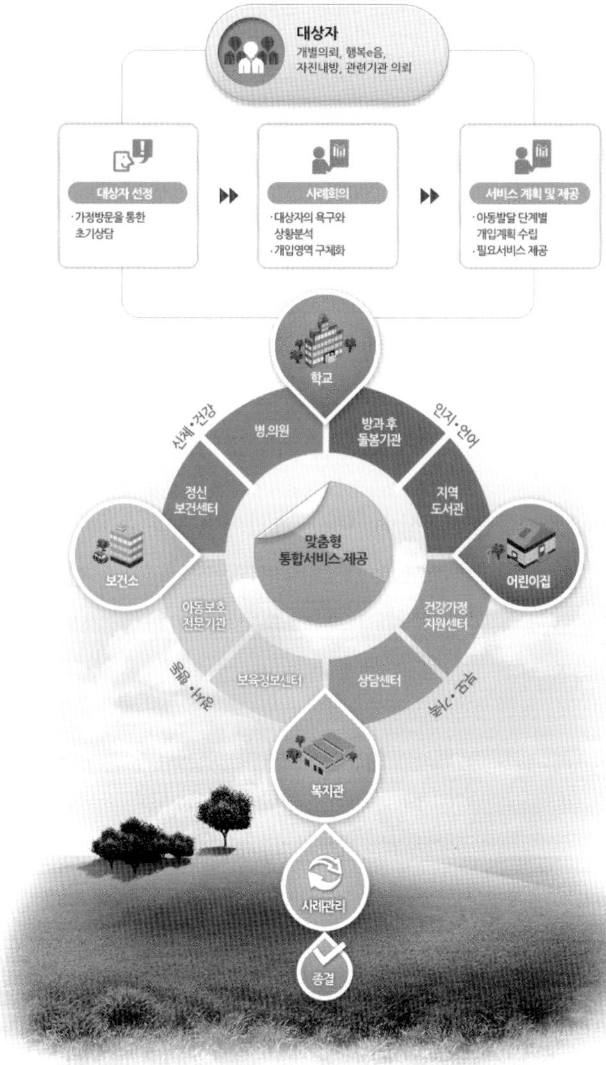

✺ 그림 4-7 드림스타트 지원과정(http://www.dreamstart.go.kr, 2017)

(4) 지역아동센터

① 목적

방과후 돌봄이 필요한 지역사회 아동의 건전육성을 위하여 보호·교육, 건전한 놀이와 오락의 제공, 보호자와 지역사회의 연계 등 종합적인 아동복지 서비스를 제공한다(「아동복지법」 제52조제1항제8호).

② 운영현황

지원대상은 교육급여, 한부모가족, 다문화가정, 장애가정 등 지역사회 내 방과후 돌봄서비스를 필요로 하는 만 18세 미만의 아동(중위소득 100% 이하)으로 2004년 「아동복지법」의 개정으로 '지역아동센터(구,공부방)'를 아동복지시설로 법제화하여 총 895개소 시설에 23,347명의 아동서비스를 지원하고 있다. 2016년 12월 31일 기준 4,107개소가 운영하고 있다.

지자체 및 지역아동센터는 지역 내 빈곤·학대·방임 가정, 한부모·조손, 맞벌이·이혼가정의 아동·다문화가정아동 등 돌봄이 필요한 아동들을 적극 발굴·보호하여 아동방임을 예방하고, 시설은 지역사회 서비스 및 자원체계를 개발·연계하여 아동에게 필요한 서비스를 지원할 수 있도록 노력해야 한다. 사례관리가 필요한 아동에 대해서는 드림스타트 또는 지역사회 전문기관에 의뢰하고, 지속적이며 종합적인 서비스 제공을 위해 사례관리 기관에서 요청하는 아동정보 등을 제공하고 협조한다.

지역아동센터는 하루 8시간 이상, 주 5일 운영을 기본으로 한다.

③ 운영내용

지역아동센터는 아동의 보호·교육·문화·정서지원·지역사회 연계 등의 영역에서 다양한 세부 프로그램과 지역사회 특수성 및 주요대상의 특성을 고려한 맞춤형 프로그램인 특화 프로그램을 운영한다.

표 4-5 지역아동센터의 세부프로그램

영 역	세부프로그램
보호	• 안전한 곳에서 건강한 생활지원(생활 및 안전) • 일상생활관리, 위생건강관리, 급식지도, 생활안전지도, 안전귀가지도, 5대안전의무교육
교육	• 다양한 교육활동 지원(학습, 특기적성, 성장과 권리 등) • 숙제지도, 교과학습지도, 예체능활동(미술/음악/체육), 적성교육(진로/독서/요리/과학 등), 인성·사회성 교육, 자치회의 및 동아리 활동
문화	• 아동의 정서적 성장 촉진 도모(체험활동 및 참여활동) • 관람·견학, 캠프·여행, 공연, 행사(문화/체육 등)
정서지원	• 아동 및 가족에 대한 지원-가족 기능 강황 • 연고자 상담, 아동 상담, 보호자교육, 행사·모임
지역사회 연계	• 지역네트워크를 통해 필요한 서비스 제공 및 연계 • 기관홍보, 인적연계, 기관연계

출처: 보건복지부(2017). 지역아동센터중앙지원단 홈페이지 내용 재구성

④ 지역아동센터 개수 및 이용현황

표 4-6 지역아동센터 개수 및 이용아동현황 (단위: 개소)

연 도	2010	2011	2012	2013	2014	2015
지역아동센터 수	3.690	3.985	4.036	4.061	4.059	4.102
이용아동현황*	100,233	104,982	108,357	109,066	108,936	109,661

주) *미취학아동, 초·중·고등학생, 탈학생 총계

출처: 보건복지부(2017). 지역아동중앙센터중앙지원단 http://www.icareinfo.go.kr 내용 재구성

⑤ 지역아동센터 특징

- 소규모 가정형태의 이용시설로 정서적·심리적 안정감을 제공
- 지역사회 내 아동 청소년의 접근성 용이
- 아동, 가족의 욕구 파악 및 사례관리, 상담 실시
- 교육과 복지의 통합적 서비스 실시
- 아동의 권리 보호 및 보장 활동 실시
- 빈곤 위기 아동정책에 대한 제도적 개선 및 정책 반영 활동

⑥ 지역아동센터 기능

- 아동청소년의 심리 정서적 안정 및 건강한 신체발달 기능 강화
- 일상생활, 학교생활의 유지 및 적응력 강화 기능
- 빈곤 위기가정 아동청소년 가정의 기능 보완
- 가족지원 기능 강화
- 지역사회 내 아동청소년 문제에 대한 사전 예방적 기능
- 지역사회 자원 확보, 발굴 및 지지망 강화

(5) 아동복지교사지원

① 목적

지역사회에서 방치되기 쉬운 취약계층 아동들의 건전한 성장 지원을 위해 방과후 보호·상담·학습지도 등 종합적인 아동복지서비스를 제공한다. 저소득층, 장기실업자, 여성가장, 고령자 등 취업취약계층에게 일자리를 제공(재정지원 일자리 사업)한다.

② 사업내용

취약계층 아동에게 다양하고 체계적인 교육프로그램을 제공하고 아동의 건전한 성장 지원을 위해 지역아동센터에 아동지도, 기초영어, 독서지도, 예체능활동 등 4개 분야 아동복지교사를 파견한다.

표 4-7 아동복지교사 활동 내용(보건복지부, 2017)

교사분야	활동내용
아동지도	• 기초학습교육(학습코칭, 수준별 학습지도, 학습부진아 지도) • 학교생활교육(숙제 및 관계 지도, 준비물 지도) • 일상생활교육(위생청결교육, 안전교육지도)
기초영어	• 기초영어지도 • 그룹 영어지도 • 영어활동 프로그램 지도

(계속)

교사분야	활동내용
독서지도	• 독서지도(읽기, 말하기, 쓰기 등) • 그룹 독서지도 • 독서활동 프로그램 지도
예체능활동	• 예체능활동지도(음악, 미술, 체육 등) • 예체능활동 프로그램 지도

(6) 실종 아동 등의 보호 및 지원

① 사업목적

취약계층인 아동 및 장애인(지적·자폐성·정신)의 실종예방을 위한 교육 및 홍보, 장기실종아동가족 지원을 통한 가족 해체를 예방한다.

② 지원대상

「실종 아동 등의 보호 및 지원에 관한 법률」에 따라 약취·유인·유기·사고 또는 가출하거나 길을 잃는 등의 사유로 인하여 보호자로부터 이탈된 실종 당시 18세 미만 아동 및 지적장애인·자폐성장애인·정신장애인(장애인은 연령 구분 없음)을 대상으로 한다.

표 4-8 실종 아동·장애인 발생 및 가족복귀 현황 (단위: 명)

연 도	총 계		18세 미만 아동		장애인(지적·자폐·정신)		치매환자	
	접 수	미발견	접 수	미발견	접 수	미발견	접 수	미발견
2013	38,695	21	23,089	0	7,623	11	7,983	10
2014	37,522	20	21,591	5	7,724	7	8,207	8
2015	36,785	23	19,428	9	8,311	10	9,046	4
2016	38,281	285	19,870	182	8,542	82	9,869	21

※ 「실종아동 등의 보호 및 지원에 관한 법률」('05.12.1. 시행)이 '13.6.4.개정됨에 따라 '실종당시 14세 미만'에서 '실종당시 18세 미만'으로 연령 확대

출처: 보건복지부(2017)

③ 사업내용

• 실종아동 가족지원 및 사회적응을 위한 상담 및 치료서비스 제공
• 무연고아동 등에 대한 신상카드 데이터베이스 구축·운영

- 실종아동 등과 관련된 실태조사 및 연구
- 실종아동 등의 발생예방을 위한 연구·교육 및 홍보 등

④ 실종아동전문기관(보건복지부위탁)[3]

실종아동 및 장애인, 그 가족을 지원하는 국내 유일의 기관으로, 2005년 12월 1일 제정된 「실종 아동 등의 보호 및 지원에 관한 법률」에 의거해 설립되었으며, 중앙입양원에서 보건복지부의 위탁을 받아 사업을 수행하고 있다. 실종아동 및 장애인 가족을 지원, 가정 복귀 후 적응을 위한 상담 및 치료서비스를 제공하고, 실종 발생 예방을 위한 연구, 교육 및 홍보활동 등을 진행한다.

(7) 아동안전사고 예방사업

① 사업목적

부모, 교사 또는 종사자의 안전의식 강화 및 대응능력 향상으로 아동이 안전하게 성장할 수 있는 환경을 조성한다.

② 그간의 사업추진 실적

- 2007~2012년까지 아동안전사고 예방사업 실시
  - 영유아 부모대상 안전교육 및 아동안전키트 보급 사업 위주
- 2013년부터 안전교육 활성화를 위해 「아동복지법」에 맞춘 5대 의무 교육주제와 응급처치 교육 콘텐츠 개발·보급 및 예방홍보 실시

③ 사업내용

전국 아동복지시설, 보육시설, 유치원, 초·중·고 18세 미만 아동을 대상으로 아동안전 체험 콘텐츠 개발 및 체험안전교육, 아동·교사 대상 온·오프라인 안전교육 및 콘텐츠 보완·개선, 아동안전 예방 홍보 및 연구조사 등을 진행한다.

3) 보건복지부 위탁 실종아동전문기관. http://www.missingchild.or.kr

④ 연도별 아동안전사고 사망자 수

표 4-9 연도별 아동안전사고 사망자 수

구 분	2009	2010	2011	2012	2013	2014	2015
14세 이하 인구(천명)	8,180	7,907	7,643	7,624	7,433	7,337	7,151
아동안전사고 사망자(명)	443	387	322	326	287	215	225
아동10만 명당 사망자(명)	5.42	4.89	4.21	4.28	3.86	2.93	3.15

주) 통계표 사망통계자료(외부요인에 의한 사망)에서 자살·타살·질병 제외

3) 제1차 아동정책기본계획('15~'19)

2015년 정부는 "행복한 아동, 존중받는 아동"을 비전으로 하는 제1차 아동정책기본계획('15~'19)을 확정·발표했다. 2012년 개정된 「아동복지법」에 따라 아동분야에서 처음 수립되는 중기 계획으로, 2013년 아동종합실태조사 등에서 나타난 우리나라 아동정책의 취약부분을 근본적으로 개선하고, 유엔아동권리협약 및 유엔아동권리위원회의 권고사항을 정책으로 구현하고자 노력하였다.[4] 2013년 아동종합실태조사에서 아동의 삶의 만족도, 행복지수 및 성장에 필요한 물질적·사회적 기본조건의 결여수준은 OECD 국가 중 최하위로 나타나 우리나라 아동의 우리나라 아동의 전반적 삶의 질은 국제적 수준에 미치지 못하며, 권리보장에 대한 인지도도 낮은 수준이다.

이에 정부는 5년 단위 아동정책 목표('15~'19)와 기본방향, 주요 추진과제를 수립하고 중앙부처·지자체 공동으로 시행·관리하는 중기플랜으로 제1차 아동정책 기본계획을 발표하였다. 대상은 우리나라에 거주하는 18세 미만의 모든 아동으로 정책 과제에 따라 임산부 및 18세 이상 청소년도 일부 포함하며, 우리나라에 거주하는 외국 아동도 포함한다. 정책 내용은 중앙정부 및 지자체의 아동 관련 모든 정책으로 아동의 발달주기에 따라 직·간접적으로 고

4) 아동의 삶과 대한민국의 미래를 바꾸는 [제1차 아동정책기본계획(안)('15~'19)] (2015.05.15, 관계부처 합동) 내용 발췌.

려되어야 하는 가족·보육·교육문화·여가·체육·건강·안전·복지·산업 등 모든 영역 포괄하고자 하였다.

제2장 아동복지정책의 수립 및 시행 등
제7조(아동정책기본계획의 수립)

① 보건복지부장관은 아동정책의 효율적인 추진을 위하여 5년마다 아동정책기본계획(이하 "기본계획"이라 한다)을 수립하여야 한다.
② 기본계획은 다음 각 호의 사항을 포함하여야 한다.
1. 이전의 기본계획에 관한 분석·평가
2. 아동정책에 관한 기본방향 및 추진목표
3. 주요 추진과제 및 추진방법
4. 재원조달방안
5. 그 밖에 아동정책을 시행하기 위하여 특히 필요하다고 인정되는 사항
③ 보건복지부장관은 기본계획을 수립할 때에는 미리 관계 중앙행정기관의 장과 협의하여야 한다.
④ 기본계획은 제10조에 따른 아동정책조정위원회의 심의를 거쳐 확정한다. 이 경우 보건복지부장관은 확정된 기본계획을 관계 중앙행정기관의 장 및 특별시장·광역시장·도지사·특별자치도지사(이하 "시·도지사"라 한다)에게 알려야 한다.

제8조(연도별 시행계획의 수립·시행 등)

① 보건복지부장관, 관계 중앙행정기관의 장 및 시·도지사는 매년 기본계획에 따라 연도별 아동정책시행계획(이하 "시행계획"이라 한다)을 수립·시행하여야 한다.
② 관계 중앙행정기관의 장 및 시·도지사는 다음 연도의 시행계획 및 전년도의 시행계획에 따른 추진실적을 대통령령으로 정하는 바에 따라 매년 보건복지부장관에게 제출하고, 보건복지부장관은 매년 시행계획에 따른 추진실적을 평가하여야 한다.
③ 시행계획의 수립·시행 및 추진실적의 평가 등에 필요한 사항은 대통령령으로 정한다.

출처: 「아동복지법」[시행 2017.12.20.] [법률 제14887호, 2017.9.19., 일부개정]

제1차 아동정책기본계획에 포함된 사업의 5년간 총 소요 예산은 약 4.5조원이며, 각 부처 및 지자체는 기본계획에 맞춰 시행계획을 수립, 추진하고 아동정책조정위원회는 기본계획의 이행상황, 정책성과 등을 주기적으로 보고·평가·공개한다. 유엔아동권리위원회에 아동권리협약 이행사항에 대한 국가보고서를 제출하는 2017년에는 약 3년간의 기본계획 이행관리를 기초로 정책

과제, 성과지표 등을 보완한 보완계획을 수립한다. 제시된 아동정책의 기본 방향과 정책 과제들은 향후 정부부처 및 지방자치단체에서 아동 관련 계획·대책 수립 시 근간이 될 것이며, 이에 따라 그동안 분절적으로 기획, 시행되던 아동 관련 사업들은 상호 연계, 종합적으로 추진될 기반이 마련되었다.

이번 제1차 기본계획의 비전은 '행복한 아동, 존중받는 아동'으로, 생애주기에서 아동기가 가장 행복한 시기가 될 수 있도록 아동 친화적 발달환경을 제공하고, 발달·생존·보호·참여 등 모든 영역에서 아동을 권리의 주체로 인정하고, 아동의 권리를 온전하게 실현되도록 한다는 의미를 담았다. 핵심 목표로는 OECD 국제비교가 가능한 삶의 만족도, 주관적 행복지수 점수를 10년에 걸쳐 OECD 평균에 도달할 수 있도록 노력하여 아동 행복도를 증진시키고, 사회의 운영원리, 아동을 둘러싼 환경 및 정책의 변화과정에서 아동의 이익을 최우선으로 보장하고 실현하는 원칙을 정착하며, 특히 아동의 눈으로 발달주기에 따른 취약 요인을 찾아내고, 이를 근본적으로 개선할 수 있는 사회적 기반을 마련하여 아동 최우선의 원칙을 실현할 수 있는 기반을 조성하고자 하였다.[5)]

표 4-10 아동정책기본계획 핵심지표('15~'19 아동정책기본계획, 관계부처합동, 2015)

핵심지표		현 재	목표치 ('19)	주관부처	비 고
총괄	삶의 만족도	60.3%	77%	복지부	아동종합 실태조사
	행복지수 (주관적 행복 영역)	74.0점	85점	복지부	한국 어린이·청소년 행복지수
	UN아동권리협약 권고사항 이행률	–	90% ('17)	복지부	UN아동권리협약 제5·6차 국가보고서
미래 준비	아동결핍수준 (정기적 여가활동 결핍)	54.8% (52.8%)	32% (40%)	복지부 (문화부)	아동종합 실태조사

(계속)

5) 아동의 삶과 대한민국의 미래를 바꾸는 [제1차 아동정책기본계획(안)('15~'19)] (2015.05.15, 관계부처 합동) 내용 발췌

핵심지표		현 재	목표치 ('19)	주관부처	비 고
미래 준비	공동체 의식	2.12점	2.75점	교육부	아동종합 실태조사
건강한 삶	영유아 건강검진률	63.7%	90%	복지부	건강검진 결과분석
	신체활동 실천율	14.7%	23%	복지부 교육부	아동종합 실태조사
	15~19세 자살률(인구 10만 명당)	7.9명	6.8명	통계청	사망원인통계
안전한 삶	안전사고 사망자수 (아동10만 명당)	3.9명	2.9명	안전처	사망원인통계
	아동범죄 피해자수 (15세 이하)	26,962명(성폭력) 294,188명(상해폭행)	25,000명/ 280,000명	경찰청	경찰청 범죄 통계
	재학대 판정률	14.4%	10%	복지부	학대피해아동 보호현황
함께 하는 삶	빈곤아동 삶의 만족도	4.61점	5.4점	복지부	아동종합 실태조사
	소년범 재범률	41.63%	37%	경찰청	경찰통계연보

아동정책 기본계획과 관련하여 관련 법령에 따른 주요 대책은 표 4-11과 같다.

표 4-11 아동관련 종합 대책 현황('15~'19 아동정책기본계획, 관계부처합동, 2015)

분 야		주요 내책
종합 계획	아동	유엔아동권리협약 국가보고서
		청소년육성기본계획(청소년기본법)
		건강가정기본계획(건강가정기본법)
	일반	사회보장기본계획(사회보장기본법)
		저출산 고령사회 기본계획(저출산고령사회 기본법)
보육·교육	아동	보육종합대책(영유아보육법)

(계속)

분 야		주요 대책
보육·교육	아동	유아교육발전기본계획(유아교육법)
		인성교육종합계획(인성교육진흥법)
		학교체육활성화 추진계획(학교체육진흥법)
		학교폭력 예방 및 대책 기본계획(학교폭력예방대책법)
문화	일반	문화예술교육종합계획(문화예술교육지원법)
		독서문화진흥기본계획(독서문화진흥법)
		산림교육기본계획(산림교육의 활성화에 관한 법률)
건강·식품	아동	어린이식생활안전관리 종합계획(어린이식생활안전관리특별법)
		학생건강증진기본계획(학교보건법·학교급식법)
	일반	국민건강증진종합계획(국민건강증진법)
		건강검진종합계획(건강검진기본법)
		결핵관리종합계획(결핵예방법)
		자살예방기본계획(자살예방 및 생명존중법)
		식품안전종합대책(식품안전기본법)
		국민영양관리기본계획(국민영양관리법)
		식생활교육기본계획(식생활교육지원법)
안전	아동	어린이안전종합대책(재난 및 안전관리기본법)
		어린이환경보건종합계획(환경보건법)
		아동학대예방 및 피해아동 조기발견·보호 종합대책(아동복지법)
		어린이제품안전 기본계획(어린이제품안전 특별법)
		청소년보호종합대책(청소년보호법)
		학교안전사고예방계획(학교안전사고예방 및 보상에 관한 법률)
		어린이통학차량안전강화종합대책(재난 및 안전관리기본법)
	일반	국가안전관리기본계획(재난 및 안전관리기본법)
		교통안전기본계획(교통안전법)
권리	아동	학교 밖 청소년 지원계획(학교밖청소년지원에 관한 법률)
	일반	외국인정책기본계획(재한외국인처우기본법)
		국가인권정책기본계획(국가인권위원회법)

생애발달주기에 따라 가정, 어린이집·유치원, 각급 학교, 아동보호기관, 지역사회 등 발달환경별 주요 정책과제를 다음과 같이 제시하였다.

표 4-12 발달환경별 주요 정책과제('15~'19 아동정책기본계획, 관계부처합동, 2015)

생애 / 공간	영유아 (0~5세)	초등학생 (6~11세)	중학생 (12~14세)	고등학생 (15~17세)
가정	영유아가정방문서비스 도입(검토)			
		학생 가정방문 서비스		
	양육정보 통합제공			
		아이사랑 Planner 도입		
	부모교육 활성화			
	이혼절차 개선			
	일·가정 양립문화 조성			
	모유수유 증진			
	영아사망 예방			
	카시트 착용률 제고			
어린이집 유치원	시간제 보육 확충			
	아이돌봄서비스 내실화			
	직장 어린이집 설치 확대			
	보육·교육 통합 플랜			
	영유아 건강관리체계 마련			
	누리과정 활용 안전교육 실시			
	아동학대 예방			
학교	아동기 핵심역량 반영전략 수립 및 아동역량지수 개발			
		인성교육 강화, 문화예술 교육 지원		
		학교에서의 참여권 보장		
		학습부진 아동에 대한 맞춤형 지원		
		건강증진학교 확대 방안(검토)		
		학교체육 활성화		
		안전실습 체계화		
보호기관	아동보호제도 간 협업구조 마련			
		범죄아동 사회복귀 지원		
		방과후 돌봄체계 정비		
지역사회 (공통영역 포함)	독서습관 형성 지원			
	문화 인프라(아동전용 도서관, 숲교육 공간 등) 확충			
		아동의견 상시 수렴 창구 운영		
	제1차 아동 놀이정책 수립			

(계속)

생애 / 공간	영유아 (0~5세)	초등학생 (6~11세)	중학생 (12~14세)	고등학생 (15~17세)
지역사회 (공통영역 포함)	지역사회 놀이터 리모델링			
	어린이 예방접종률 향상			
	생활습관형 질병 예방·관리, 아동기 다빈도 질병 관리			
	정신건강관리체계 구축			
	아동전용 보건인프라 확충 추진			
	범죄예방 환경설계(셉테드) 확산 유도			
	어린이급식관리지원센터 운영 확대			
	영유아 식품 이력추적관리 확대			
	안전체험교실 및 안전체험관 확대			
	어린이 활동공간 환경 안전성 확보			
	어린이용품 안전기준 확보			
	아동친화 지자체 및 아동친화 기업문화 확산			

제1차 아동정책 기본계획에 제시된 아동정책의 기본 방향과 정책 과제들은 아동 관련 업무를 포괄하는 범정부 차원의 포괄적·종합적인 아동정책의 국가기본계획으로, 향후 정부부처 및 지방자치단체에서 아동 관련 계획·대책 수립 시 근간이 됨과 동시에 교육부, 보건복지부, 여성가족부, 경찰, 지방자치단체 등 여러 정부부처에서 개별적으로 수립되었던 아동 관련 정책을 통합하였다는 의의를 갖는다.

2. 여성가족부의 아동권리와 복지서비스

여성가족부는 여성정책의 기획·종합 및 여성의 권익증진, 청소년의 육성·복지 및 보호, 가족과 다문화 가족정책의 수립·조정·지원, 여성·아동·청소년에 대한 폭력피해 예방 및 보호를 주요 목적으로 하고 있다.

▣ 가족지원정책

- 부모역할지원
- 공동육아나눔터운영
- 취약위기 가족지원
- 한부모가족 자녀 양육비 지원
- 한부모가족복지시설 지원
- 국제결혼 피해상담 및 구조
- 워킹맘·워킹대디 지원사업
- 건강가정·다문화가족지원센터 운영
- 아이돌봄 지원사업
- 청소년한부모 자립지원
- 양육비이행지원제도
- 다누리 콜센터(1577-1366) 운영

▣ 청소년 지원 정책

- 청소년 체험활동
- 청소년 참여활동
- 청소년증 발급
- 정서·행동장애 청소년 지원
- 위기청소년 특별지원
- 이주배경청소년 지원
- 청소년 유해환경 개선
- 청소년 수련시설 설치·운영
- 청소년 국제교류
- 청소년 방과 후 아카데미
- 위기청소년 상담 및 복지지원(CYS-Net) 운영
- 청소년 인터넷·스마트폰과의존 치유 지원
- 학교 밖 청소년 건강검진
- 청소년 근로권익 보호
- 가출청소년 쉼터 운영
- 청소년 수련활동 안전 지원

▣ 인권 보호

- 폭력예방교육 점검 및 지원
- 성폭력 방지 및 피해자 지원
- 성매매 방지 및 피해자 지원
- 여성긴급전화(1366) 운영 지원
- 가정폭력 방지 및 피해자 지원
- 성매매처벌법에 따른 신고보상금 제도
- 성범죄자의 신상정보 공개 및 고지 제도
- 성범죄자의 아동·청소년 관련기관 취업 제한제도
- 아동·청소년대상 성범죄 신고포상금 제도
- 일본군 '위안부' 피해자 생활안정지원 강화

여성가족부에서 지원하는 정책을 살펴보면 다음과 같다.

1) 한부모가족 자립

아동양육비 및 대상을 현재 월 12만 원, 만 13세 미만에서 2022년까지 월 15만 원, 만 16세 미만으로 단계적으로 확대한다. 또한 한부모가족의 주거 자립 지원을 위해 현재 128호를 운영 중인 매입임대주택을 지속적으로 확대한다. 24세 이하 청소년한부모의 실질적인 자립과 사회 참여를 지원하는 '청소년한부모 자립지원 패키지'를 추진한다. 또한 학습환경이 구비된 청소년한부모 전용시설을 설치한다.

2) 양육비 이행 지원 강화

지속적인 양육비 이행 여부 관리를 위한 모니터링을 강화하고 양육비 책임 의식 및 자발적 양육비 이행 제고를 위한 교육과 홍보를 확대한다.

3) 취약가족 지원

한부모·조손·북한 이탈가족 등 취약·위기가족의 사례관리, 자녀학습지원, 생활도움지원 및 유관 서비스의 연계를 강화한다.

4) 다문화가족 지원

결혼이민자의 미래설계, 역량 강화, 취업 연계를 위한 정책 단계별 '자립 지원 패키지 프로그램'을 확대한다. 이주민과 자녀의 이중언어 역량 개발과 이중언어 인재를 확충하여 활용할 수 있도록 지원한다. 또한 원거리, 임신·출산 등으로 센터 이용이 어려운 결혼 이민자 대상 '온·오프 라인 한국어교육'을 병행 실시한다. 학령기 자녀의 진로지도, 사회성 발달, 지역자원 활용 멘토링 등으로 원할한 고등교육 진학 및 사회진출을 지원하는 '자녀 성장 지원 프로그램'을 확대한다. 교육 수요처를 지속적으로 발굴하고 지역의 특성을 고려한 다문화 이해교육을 제공하며 대상별 맞춤형 온라인 교육 콘텐츠를 확대 제공하는 등 국민을 대상으로 하는 다문화수용성 교육을 내실화하고 확대할 수 있도록 한다.

✻ 그림 4-8 여성가족부 조직도(http://www.mogef.go.kr, 2017)

3. 국가인권위원회의 아동권리와 복지서비스

1) 탄생 배경

2001년 5월 24일 법률 제6481호로 「국가인권위원회법」이 제정되어 동년 11월 25일 시행되었다. 인권침해 행위 및 평등권 침해의 차별행위에 대한 조사·구제를 비롯하여 인권교육의 업무 등을 수행하는 국가인권위원회를 설치하여 모든 개인이 가지는 불가침의 기본적 인권을 보호하고 그 수준을 향상시킴으로써 인간으로서의 존엄과 가치를 구현하고 민주적 기본질서의 확립에 기여하려는 것이다.

「국가인권위원회법」 제1조에서는 "이 법은 국가인권위원회를 설립하여 모든 개인이 가지는 불가침의 기본적 인권을 보호하고 그 수준을 향상시킴으로써 인간으로서의 존엄과 가치를 구현하고 민주적 기본질서 확립에 이바지함을 목적으로 한다."고 목적을 제시하고 있다. 이 법의 주요 골자는 인권을

'헌법 및 법률에서 보장하거나 대한민국이 가입·비준한 국제인권조약 및 국제관습법에서 인정하는 인간으로서의 존엄과 가치 및 자유와 권리'라고 정의함으로써 인권의 헌법적 보장과 세계적 추세를 반영하고(법 제2조제1호), 인권의 보호와 향상을 위한 업무를 독립적으로 수행하기 위하여 국가인권위원회(이하 "위원회"라고 함)를 설립(법 제3조제1항)하였다.

2017년 현재 서울의 국가인권위원회와 함께 부산, 광주, 대구, 대전, 강원에 인권사무소를 두고 있다. 「국가인권위원회법」 제26조에서는 인권교육과 홍보에 관하여 다음을 명시하고 있다. ① 위원회는 모든 사람의 인권 의식을 깨우치고 향상시키기 위하여 필요한 인권교육과 홍보를 하여야 한다. ② 위원회는 「초·중등교육법」 제23조에 따른 학교 교육과정에 인권에 관한 내용을 포함시키기 위하여 교육부장관과 협의할 수 있다.[6)]

2) 위원회의 설립목적

위원회는 모든 개인의 기본적 인권을 보호하고 향상시키며, 민주적 기본질서를 확립하고, 인간으로서의 존엄과 가치구현을 목적으로 한다. 2011년 5월 전문 개정에서 "이 법은 국가인권위원회를 설립하여 모든 개인이 가지는 불가침의 기본적 인권을 보호하고 그 수준을 향상시킴으로써 인간으로서의 존엄과 가치를 구현하고 민주적 기본질서 확립에 이바지함을 목적으로 한다."고 목적을 밝히고 있다.

3) 위원회의 성격

위원회는 인권보호 향상에 관한 종합적인 인권전담기구이며 입법·사법·행정에 소속되지 않는 독립기구이고, 인권침해와 차별행위에 대한 조사와 구제 조치를 하는 준사법기구, 국제인권 규범의 국내적 실행을 담당하는 준국제기구의 성격을 갖고 있다.

6) 법제처, 국가인권위원회법 <개정 2013.3.23.>

4) 위원회의 지위와 독립성

(1) 인권전담 국가기관

"이 법이 정하는 인권의 보호와 향상을 위한 업무를 수행하기 위하여 국가인권위원회를 둔다"(「인권위법」 제3조제1항). 국가인권위원회법에서 정한 인권의 보호와 향상을 위한 업무를 수행하는 국가기관이다.

(2) 업무수행의 독립성 보장

"국가인권위원회는 그 권한에 속하는 업무를 독립하여 수행한다"(「인권위법」 제3조제2항). 국가인권위원회는 입법, 사법, 행정 등 3부 어디에도 소속되지 않은 국가기구로서 누구의 간섭이나 지휘를 받지 않고 국가인권위원회법에 정해진 업무를 독자적으로 수행하는 독립기구이다.

(3) 인권위원 구성의 독립성과 다양성

위원회의 독립성과 다양성을 확보하기 위하여 국회 선출 4인(상임위원 2인 포함), 대통령 지명 4인, 대법원장 지명 3인으로 인권위원을 선출 또는 지명하여 구성한다.

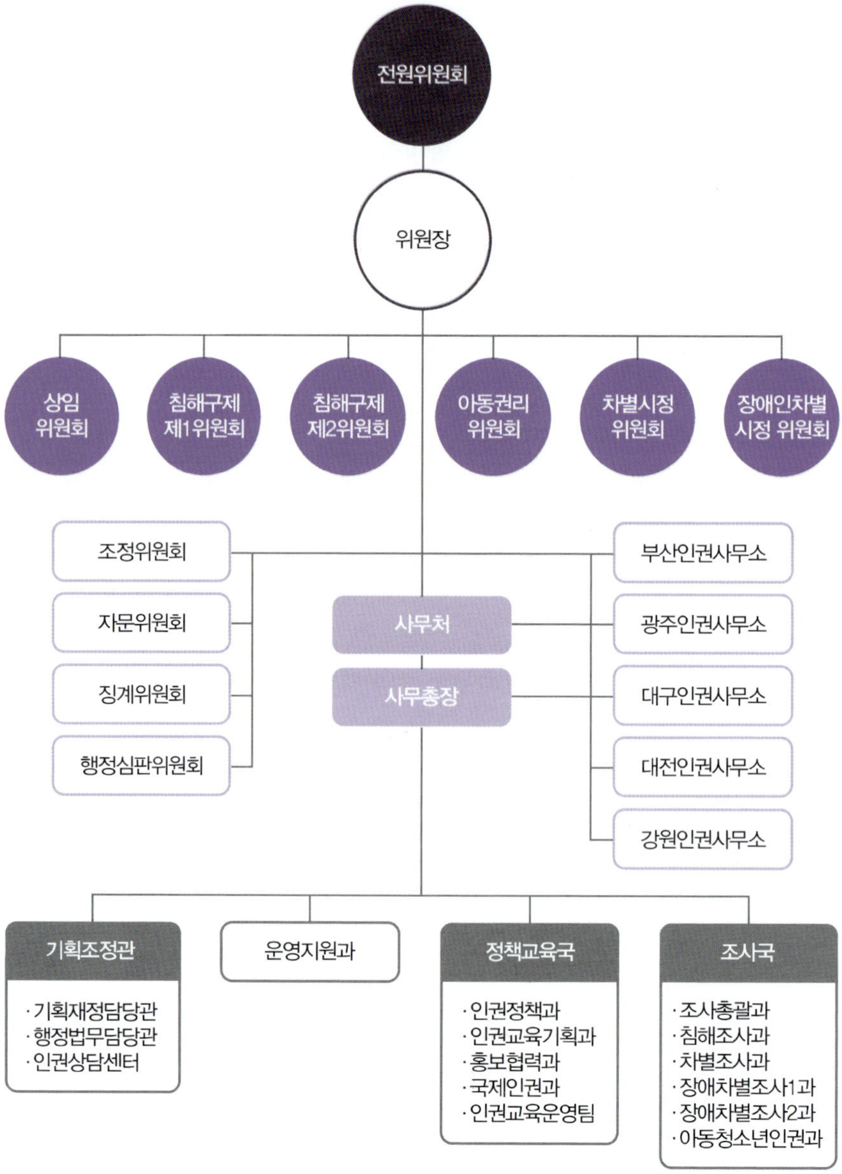

출처: 국가인권위원회(https://www.humanrights.go.kr)

✺ 그림 4-9 국가위원회 조직도

국가인권위원회의 2017년 업무 추진계획 중 아동권리협약과 관련된 내용을 살펴보면 다음과 같다.

- 유엔 아동권리위원회 제5·6차 정부보고서 모니터링 및 의견 표명
- 2015~2016년 주요 성과
  - 아동청소년 인권 관련 국제인권기준 정리·분석
  - 아동 국제인권기준의 국내이행 점검 및 이행방안 모색 토론회 개최
  - 아동권리 국제인권기준의 국내이행 기초현황 조사
  - 아동권리위원회 설치(2016. 4.)
  - 유엔 아동권리위원회 심의대응 관련 전문가 간담회 개최
  - 아동의 출생신고 권리 보장 방안 모색을 위한 토론회 개최

출처: 『학교 인권교육 길라잡이 *ABC: Teaching Human Rights*』(국가인권위원회, 2006)

✻ 그림 4-10 국가인권위원회에서 번역·발간한 유엔의 초·중등학교 인권학습 활동 안내서

■ 생각해 봅시다.

1. 「아동복지법」의 변천과정을 설명해 봅시다.

2. 아동권리와 복지를 실천하기 위한 정책을 대상별로 분류해 봅시다.

3. 우리 주변의 일상적 환경에서의 폭력은 어떤 것이 있는지를 이야기해 봅시다.

> 2016년 국가인권위원회의 인권 영화 프로젝트로 제작된 영화 "4등"
>
> 
>
>
> "맞아서라도 1등만 하면 좋겠다"는 엄마
> "맞고 싶지 않습니다" 맞아서라도 1등을 꼭 해야 하냐는 아이,
> "때리는 스승이 진짜"라는 코치

4. 아동들이 놀고 싶은 놀이를 찾아본 후 각자 자기가 놀고 싶은 놀이를 만들어 봅시다.

PART 03 아동복지 실천분야

보육아동

제1절 보육아동의 개념

1. 보육아동의 개념

우리나라의 보육시설은 1991년 「영유아보육법」 제정 이래 급격하게 증가해 왔다. 기혼여성의 사회진출의 확대로 보육 수요가 계층을 초월해 증가함에 따라 보육서비스도 과거 저소득층 취업모 자녀를 중심으로 하던 잔여적 탁아서비스에서 보편적 복지서비스로 변화하게 되었다(장하진 외, 2002). 서비스의 내용 면에서도 단순보호 중심의 탁아서비스에서 현재 아동보호와 교육이 통합된 종합적 서비스를 제공하고 있다.[1]

1) 보육시설이 양적 팽창을 이루면서 공급되어야 할 사회적 필요성이 어느 정도 해결된 지금, 보육계의 새로운 과제는 보육서비스의 질을 어떻게 높일 것인가에 모아져 있다. 보건복지부는 보육사업 목표를 보육서비스 질 개선 및 보육서비스 향상에 두고 종사자 자질 향상, 프로그램 개발·보급, 보육시설운영 개선 등의 사업을 계획하였다. 그런데 이러한 목표와 사업계획에 전제가 되어야 하는 보육의 서비스의 기본방향과 이념이 명확하지 않아 혼선을 빚고 있다. 이로 인해 최근 관심을 일으켰던 교육계획위원회의 유아학교 일원화 찬반 논쟁도 결국 아동보육서비스의 개념과 목적이 분명하게 인지되지 않은 보육시설의 정체성 모호에서 비롯된 것이라 할 수 있다.

종래의 보육서비스의 본질이 교육과 보호라는 두 가지 목표에 있다는 규정은 단순히 단어를 풀어서 설명하는 식의 개념규정으로 보육의 사회적 필요성에서 제기되는 사회복지서비스의 인식이 결여되어 있다. 이는 보육서비스의 기본 요구, 즉 아동의 발달적 요구와 사회적 요구 중에서 전자만을 강조하는 것으로 보육서비스의 사회적 기능을 간과하고 있는 것이다.

보육서비스를 역사적으로 살펴보면 1960년 이전의 시기에는 요보호아동의 단순보호를 목적으로 하는 구빈, 1961~1981년에는 「아동복리법」에 의한 아동복지서비스로서의 보육, 1982~1990년에는 「유아교육진흥법」에 의한 유아교육으로서의 보육, 1991~현재에는 「영유아보육법」에 의한 복지와 교육의 통합적 보육으로 서비스가 확대되어 왔다(보건복지부, 2011).

보육의 포괄적 목적을 위해서는 아동과 여성, 그리고 지역사회의 복지를 위한 다양하고 전문적인 보육서비스가 필요하다. 보육서비스를 이론적으로 개념화하기 위해서는 보육의 사회적 목적과 보육시설의 사회적 기능에 대한 인식에서 출발해야 한다.[2)]

즉, 보육은 아동의 생존과 양육에 대한 아동의 복지권을 추구하는 것은 물론 여성과 가정 및 지역사회의 복지를 추구하는 복합적인 사회복지서비스이며, 보육시설은 이러한 목적을 수행하는 복지기관으로서의 사회적 기능이 있음을 인식하는 것이다. 이러한 인식은 새로운 개념이나 특수한 실천방법론을 의미하는 것은 아니다. 이는 「영유아보육법 시행규칙」에서 명시하고 있는 보육환경, 보육과정 운영, 보육교사와 보육 영유아 간의 일상적 상호작용, 영유아의 건강·영양 및 안전, 보육인력의 전문성, 어린이집 운영관리, 가족 및 지역사회와의 연계 등의 통합적인 보육서비스를 지칭한다. 그럼에도 보육서비스의 포괄적 목적으로 재인식하고자 하는 이유는 대부분의 보육시설이 「영유아보육법」에서 명시하고 있는 위의 보육영역을 개별적이고 독립적인 서비스로만 이해하고 있거나 소수의 보육시설에서만 가능한 보육서비스로 인식하

2) 또한 보육서비스는 지역 특성에 따라서도 서비스가 다르게 나타나는데, 저소득층에서는 아동보육과 더불어 부모와 가정을 지원하는 가정지원 서비스를 더욱 요구하며, 중산층에서는 지역사회에 기초한 아동보육, 특히 교육에 더 중점을 둔다. 그리고 아동보육은 아동, 여성, 가족, 지역사회 등 각각의 관점에 따라서도 다르게 요구되고 있다.

고 있기 때문이다(이종신, 2003).

이러한 최근의 보육서비스는 지역사회를 토대로 아동 및 가정, 지역사회 중심의 포괄적 보육서비스로, 지역사회를 토대로 하는 가정 중심의 포괄적 복지서비스는 아동 개인의 보육욕구에 초점을 두는 것과 더불어 아동이 속한 가족 전체에의 기능향상과 문제해결에 초점을 두고 있다.

2. 보육시설의 유형

오늘날의 영유아보육은 다양한 철학, 교육과정, 시설, 재정, 가족의 요구나 특성에 따라 다양하게 운영된다. 최근에는 영유아보육이 저소득층의 여성 근로자들만의 관심사가 아니라 취업모 및 다양한 형태의 영유아의 요구에 따라 보육의 형태도 다양하게 운영되고 있다.

「영유아보육법」(2011)에 의하면 '보육'이란 영유아를 건강하고 안전하게 보호·양육하고 영유아의 발달 특성에 맞는 교육을 제공하는 어린이집 및 가정양육 지원에 관한 사회복지서비스로 보육대상인 영유아는 6세 미만의 취학 전 아동을 지칭한다. 또한 보호자의 위탁을 받아 영유아를 보육하는 기관으로 '어린이집'을 정의하고 있다. 어린이집은 설립, 운영주체, 규모에 따라 국공립 어린이집, 사회복지법인어린이집, 법인·단체 등 어린이집, 민간어린이집, 직장 어린이집, 가정어린이집, 협동 어린이집으로 구분한다.

① **국공립어린이집**: 상시 영유아 11인 이상을 보육할 수 있는 규모를 갖추고, 국가나 지방자치단체가 설치·운영하는 보육시설

② **사회복지법인어린이집**: 상시 영유아 21인 이상을 보육할 수 있는 규모를 갖추고 「사회복지사업법」에 의한 사회복지법인이 설치·운영하는 어린이집

③ **법인·단체등어린이집**: 상시 영유아 21인 이상을 보육할 수 있는 규모를 갖추고 각종 법인(사회복지법인을 제외한 비영리법인)이나 단체 등이 설치·운영하는 어린이집

④ **민간어린이집**: 상시 영유아 21인 이상을 보육할 수 있는 규모를 갖추고 국공립·사회복지법인·법인단체등·직장·가정·부모협동 어린이집이 아닌 어린이집

⑤ **직장어린이집**: 상시 영유아 5인 이상을 보육할 수 있는 규모를 갖추고 사업주가 사업장의 근로자를 위하여 설치·운영하는 어린이집(국가 또는 지방자치단체의 장이 소속 공무원을 위하여 설치·운영하는 어린이집 포함)

⑥ **가정어린이집**: 상시 영유아 5인 이상 20인 이하를 보육할 수 있는 규모를 갖추고 개인이 가정 또는 그에 준하는 곳에 설치·운영하는 어린이집

⑦ **협동어린이집**: 상시 영유아 11인 이상을 보육할 수 있는 규모를 갖추고 보호자 또는 보호자와 보육교직원 11인 이상이 조합[3]을 결성하여 설치·운영하는 어린이집

✺ 표 5-1 보육시설의 유형

구 분	설립주체	규 모	명 칭	설치방법
국공립어린이집	국가·지방단체	11인 이상	어린이집	신고
사회복지법인어린이집	사회복지법인	21인 이상	어린이집	인가
법인단체등어린이집	법인·단체 등	21인 이상	어린이집	인가
민간어린이집	법인, 단체, 개인	21인 이상	어린이집	인가
직장어린이집	사업주	5인 이상	어린이집	인가
가정어린이집	개인	5~20인 이하	어린이집	인가
협동어린이집	조합	11인 이상	어린이집	인가

출처: 보건복지부(2017). 2017년 보육사업안내 내용 재구성

특수보육을 필요로 하는 영유아를 위한 특수어린이집의 유형은 다음과 같다.

3) 영리를 목적으로 하지 아니하는 조합에 한정하며, 「민법」 상 조합, 「협동조합기본법」 상 사회적 협동조합 등 조합 설립 형태 무관.

① **영아전담 어린이집:** 2004년 이전 영아전담어린이집으로 지정받았거나 국고보조금으로 영아전담 신축비를 지원받은 어린이집

② **장애아전문 어린이집:** 「장애아동복지지원법」 제32조에 따라 요건을 갖추고, 상시 12명 이상의 장애아(단, 미취학장애아 9명 이상 포함)를 보육하는 어린이집

③ **장애아통합 어린이집:** 정원의 20% 내에서 장애아종일반을 편성·운영하거나 장애아종일반을 별도로 편성하지 않은 채 미취학장애아를 3명이상 통합 보육하고 있는 어린이집

④ **시간연장 어린이집:** 기준보육시간(07:30~19:30)을 경과하여 최대 24:00까지 시간을 연장하여 보육하는 어린이집

⑤ **24시간 어린이집:** 24시간 동안 보육서비스를 제공하는 어린이집

⑥ **휴일 어린이집:** 일요일 및 공휴일에 보육하는 어린이집

⑦ **방과후 어린이집:** 초등학생을 대상으로 방과후 보육서비스를 제공하는 어린이집

「영유아보육법」 제7조에서는 보육 및 양육에 관한 정보의 수집·제공 및 보육교직원·부모상담 등을 제공하기 위하여 보건복지부장관과 지방자치단체의 장이 설치·운영하는 육아지원 기관인 육아종합정보센터를 설치하도록 하고 있다. 2017년 3월 기준 전국 94개의 육아종합정보센터가 있다.[4)]

① 중앙육아종합정보센터

보긴복지부장관이 보육에 관한 정보의 수집·제공 및 상담을 위해 설치·운영하며, 지방육아종합지원센터의 업무를 지원한다.

- 지역사회 내 육아지원을 위한 거점기관으로서 어린이집 지원·관리 및 가정양육 보호자에 대한 맞춤형 지원
- 보육컨설팅, 교직원 상담 및 교육 등 어린이집 지원 기능과 부모에 대한 상담 및 교육, 일시보육 서비스 등 가정양육 지원 기능의 지역 내 One-

4) 중앙육아종합지원센터. http://central.childcare.go.kr.

stop 육아지원 서비스 제공

- 전국 단위 보육관련 정보의 수집·DB구축 및 제공, 육아종합지원센터 보육전문요원 등에 대한 연수 및 전문강사 인력 풀 관리, 전국공통사업 매뉴얼·자료 제작 등 지방육아종합지원센터 사업 지원, 통합홈페이지의 운영, 원격교육 등 온라인 서비스 수행 및 지원, 아동학대예방사업(교육·상담·관리)을 위한 정보 구축, 인력 확보, 프로그램 개발

② 지방육아종합지원센터

시·도지사 또는 시·군·구청장이 보육에 관한 정보의 수집·제공 및 상담을 위해 설치·운영하며, 관할 지역 내 어린이집과 보육수요자에 대하여 지역특성에 기초한 서비스를 제공한다.

- 지역의 보육관련 정보의 수집 및 제공, 지역 특성을 고려한 보육 프로그램 및 콘텐츠의 개발·보급, 어린이집 설치·운영 컨설팅, 보육교직원 교육 등 어린이집 지원, 영유아 보호자에 대한 육아정보 제공 등 가정양육 지원, 지역의 전문인력, 유관기관 연계 등 지역사회와의 네트워크 구축

현재 우리나라에서 제공되고 있는 영유아보육사업의 지원내용을 살펴보면, 보육시설을 이용하는 경우 영유아보육료는 국고보조금이 지원되는 무상보육으로 이루어지고 있으며, 다음의 조건을 갖춘 아동은 보육의 우선 제공을 법적으로 보장받는다.

표 5-2 보육의 우선 제공

제28조 보육의 우선 제공
국가나 지방자치단체, 사회복지법인, 그 밖의 비영리법인이 설치한 어린이집과 대통령령으로 정하는 어린이집의 원장은 다음 각 호의 어느 하나에 해당하는 자가 우선적으로 어린이집을 이용할 수 있도록 하여야 한다. 다만, 「고용정책 기본법」 제40조제2항에 따라 고용촉진시설의 설치·운영을 위탁받은 공공단체 또는 비영리법인이 설치·운영하는 어린이집의 원장은 근로자의 자녀가 우선적으로 어린이집을 이용하게 할 수 있다. <개정 2007.10.17., 2008.2.29., 2009.10.9., 2010.1.18., 2011.6.7., 2013.8.13., 2016.2.3., 2017.3.14.>
1. 「국민기초생활 보장법」에 따른 수급자 2. 「한부모가족지원법」 제5조에 따른 보호대상자의 자녀

(계속)

제28조 보육의 우선 제공
3. 「국민기초생활 보장법」 제24조에 따른 차상위계층의 자녀 4. 「장애인복지법」 제2조에 따른 장애인 중 보건복지부령으로 정하는 장애등급 이상에 해당하는 자의 자녀 5. 「다문화가족지원법」 제2조제1호에 따른 다문화가족의 자녀 6. 「국가유공자 등 예우 및 지원에 관한 법률」 제4조제1항에 따른 국가유공자 중 제3호의 전몰군경, 제4호·제6호·제12호·제15호·제17호의 상이자로서 보건복지부령으로 정하는 자, 제5호·제14호·제16호의 순직자의 자녀 7. 제1형 당뇨를 가진 경우로서 의학적 조치가 용이하고 일상생활이 가능하여 보육에 지장이 없는 영유아 8. 그 밖에 소득수준 및 보육수요 등을 고려하여 보건복지부령으로 정하는 자의 자녀 ② 사업주는 사업장 근로자의 자녀가 우선적으로 직장어린이집을 이용할 수 있도록 하여야 한다. <개정 2011.6.7.> ③ 제1항에 따른 보육의 우선제공 대상에 대한 적용 방법·기준 등에 필요한 사항은 보건복지부령으로 정한다. <신설 2017.3.14.>

출처: 영유아보육법(2017).

제2절 보육아동을 위한 보육서비스

1. 보육아동 현황

「영유아보육법」에 의하면 영유아의 심신을 보호하고 건전하게 교육하여 건강한 사회 구성원으로 육성함과 아울러 보호자의 경제적·사회적 활동이 원활하게 이루어지도록 함으로써 영유아 및 가정의 복지 증진에 이바지함을 목적으로 함을 명시하고 있다. 6세 미만의 취학 전 아동을 영유아로 정의하며 보육은 '영유아를 건강하고 안전하게 보호·양육하고 영유아의 발달 특성에 맞는 교육을 제공하는 어린이집 및 가정양육 지원에 관한 사회복지서비스'로 정의한다. 보육 아동 중 다음의 조건에 따라 아동의 입소 우선순위가 부여된다.[5)]

5) 보건복지부(2017). 2017년 보육사업안내.

✺ 표 5-3 입소우선순위

입소우선순위
• 1순위(법 제28조, 시행령 제21조의4, 시행규칙 제29조) – 국민기초생활보장법에 따른 수급자(법정) – 한부모가족지원법 제5조의 규정에 의한 보호대상자의 자녀 – 국민기초생활보장법 제24조의 규정에 의한 차상위계층(중위소득의 50%이하)의 자녀 – 장애인복지법 제2조의 규정에 의한 장애인 중 보건복지부령이 정하는 장애등급 이상에 해당하는 자(장애부모*)의 자녀 * 장애인복지법 시행규칙 별표 1의 장애등급 중 1급 또는 2급에 해당하거나 3급에 해당하는 지적장애인 또는 자폐성장애인으로서 다른 장애가 중복된 사람 – 아동복지시설에서 생활 중인 영유아 – 부모가 모두 취업 중이거나 취업을 준비 중인 영유아 – 「다문화가족지원법」 제2조제1호에 따른 다문화가족*의 영유아 * 「재한외국인 처우 기본법」 제2조제3호의 결혼이민자와 「국적법」 제2조부터 제4조까지의 규정에 따라 대한민국 국적을 취득한 자로 이루어진 가족 * 「국적법」 제3조 및 제4조에 따라 대한민국 국적을 취득한 자와 같은 법 제2조부터 제4조까지의 규정에 따라 대한민국 국적을 취득한 자로 이루어진 가족 – 자녀가 3명 이상인 가구 또는 영유아가 2자녀 가구의 영유아 * 영유아 2자녀 가구의 경우, 3월 신학기 입소 시 첫째 자녀가 초등학교 취학연령에 도달하거나 조기 입학할 경우 해당하지 않음 * 태아는 자녀에 포함되지 않으므로 태아에 대한 입소대기신청은 불가. 다만 둘째 자녀 이하를 임신중으로 입소일 전에 출산예정인 경우 임신중인 태아를 자녀수에 포함 가능(출산예정일이 명시된 진단서 등 제출) – 제1형 당뇨를 가진 경우로서 의학적 조치가 용이하고 일상 생활이 가능하여 보육에 지장이 없는 영유아 – 산업단지 입주기업체 및 지원기관 근로자의 자녀로서 산업단지에 설치된 어린이집을 이용하는 영유아 – 법인·단체 등이 어린이집을 국가 또는 지방자치단체에 기부채납하여 국공립어린이집으로 전환된 경우 해당 법인·단체 등의 근로자 자녀로서 그 어린이집을 이용하는 영유아 – 법 제24조제2항제3호에 따라 「주택법」 제2조제2호에 따른 공동주택에 설치된 국공립어린이집의 경우 해당 공동주택의 거주자 자녀로서 그 어린이집을 이용하는 영유아 * 기부채납 또는 무상임대한 주체와 지자체 간 협의한 범위(30~70%)를 기준으로 거주자 자녀에게 우선 입소권을 부여하며, 협의한 범위 외(70~30%)에서는 거주자와 비거주자 구분 없이 일반적인 입소우선순위에 따라서 입소자 결정. 다만, 어느 한쪽의 현원이 부족하거나 입소대기자가 없을 경우에는 통합하여 운영할 수 있음. • 2순위 – 기타 한부모·조손 가족, 입양된 영유아, 어린이집 재원 중인 아동의 형제·자매 ※ 재원아동 형제·자매의 경우, 3월 신학기 입소 시 첫째 자녀가 초등학교에 입학할 경우 해당하지 않음

출처: 영유아보육법(2017).

2016년 보육아동은 국공립 175,929명, 사회복지법인 99,113명, 법인·단체 등 45,374명, 민간 745,663명, 가정 328,594명, 협동 4,240명, 직장 52,302명으로 총 1,451,215명이 보육서비스를 이용하고 있다.6)

6) 보건복지부(2017). 2017보건복지통계연보.

최근 몇 년간 국공립어린이집을 이용하는 아동의 수는 꾸준히 증가하고 있으나 여전히 국공립을 제외한 어린이집 이용 아동수가 상대적으로 많음을 알 수 있다.

✺ 표 5-4 보육시설 유형별 보육아동 및 보육시설 현황 (단위: 명/개소)

연 도	합 계	국·공립	사회복지 법 인	법인· 단체 등	민 간	가 정	협 동	직 장
2012	1,487,361	149,677	113,049	51,914	768,256	371,671	2,913	29,881
	42,527	2,203	1,444	869	14,440	22,935	113	523
2013	1,486,980	154,465	108,834	51,684	770,179	364,113	3,226	34,479
	43,770	2,332	1,439	868	14,751	23,632	129	619
2014	1,496,671	159,241	104,552	49,175	775,414	365,250	3,774	39,265
	43,742	2,489	1,420	852	14,822	23,318	149	692
2015	1,452,813	165,743	99,715	46,858	747,598	344,007	4,127	44,765
	42,517	2,629	1,414	834	14,626	22,074	155	785
2016	1,451,215	175,929	99,113	45,374	745,663	328,594	4,240	52,302
	41,084	2,859	1,402	804	14,316	20,598	157	948

출처: 보건복지부 보육정책과(2016). 「보육통계」.

정부의 지속적인 확충에도 불구하고 전체적인 국공립어린이집 비율은 경제협력개발기구(OECD) 국가 대비 매우 낮은 수준이다. 정부는 제3차 중장기보육 기본계획에서 보육의 공공성 강화를 위한 방안으로 국공립어린이집 이용률을 '17년 13%에서 '22년까지 40%로 확대하는 방안을 제시하였다.

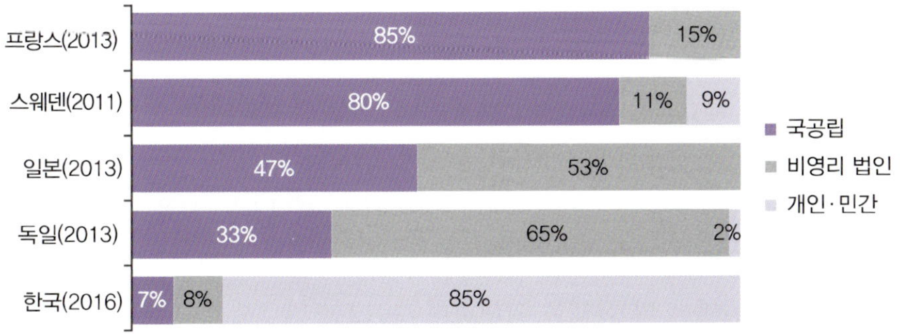

출처: '보육·양육에 대한 사회적 책임 강화'를 위한 제3차 중장기보육 기본계획(2018~2022) 보도자료(보건복지부, 2017.12.27).

✺ 그림 5-1 주요국 설립주체별 보육시설 현황(시설 수 기준)

2. 아동을 위한 보육서비스

「영유아보육법」의 개정으로 과거 요보호아동을 위한 시설보육 중심이었다면 현재는 6세 미만의 모든 아동을 대상으로 건강하고 안전하게 보호·양육하고 영유아의 발달 특성에 맞는 교육을 제공하는 어린이집 및 가정양육 지원에 관한 사회복지서비스를 포괄하는 개념으로 발전하였다.

정부의 보육·양육에 대한 중장기 기본계획으로는 1차 새싹플랜('06~'08), 1차 새싹플랜을 보완하여 아이사랑플랜('09~'12)을 수립하였고, 2차 중장기 기본계획('13~'17)으로 무상보육 도입과 함께 보육서비스의 질을 강화하는 데 중점을 두었다. 2017년 12월 27일 '보육·양육에 대한 사회적 책임 강화'를 위한 제3차 중장기보육 기본계획(2018~2022)을 발표하고 보육의 공공성과 서비스 품질향상 관련 4개 분야 17개 과제를 선정하였다.

1) 1차 새싹플랜('06~'08)

영유아보육과 양육에 있어 최초의 '중장기 기본계획'으로 당시 보육업무의 담당 부처였던 여성가족부 시기에 수립되었다. '함께 키우는 건강한 아동'을 비전으로 제시하며 보육과 양육의 공공성을 강조하였고, 여성의 사회진출 증가에 따라 부모의 육아부담을 경감하고 공보육의 기반을 조성하는 보육서비스를 공급하고자 하였다.

2) 아이사랑플랜('09~'12)

보육업무가 보건복지부로 이관되고 기존 1차 새싹플랜을 수정·보완하여 국가책임 강화를 강조하고 '아이와 부모가 행복한 세상'을 비전으로 설정하였다. 이를 위해 영유아 중심의 서비스, 국가가 책임지는 보육 등을 추진과제로 삼았다. 2011년 소득하위 70%까지 지원하고, 양육수당도 2009년 신규 도입 이후 지원대상 및 금액을 확대하며, 2012년 만 5세 누리과정 및 0~2세 전 계층 아동에게 보육료를 지원하였다(「영유아보육법」 제11조 및 「시행령」 제19조).

3) 제2차 중장기 보육 기본계획('13~'17)

공급자 중심의 양적 확충보다는 수요자인 아동의 건전한 발달과 부모의 선택권을 높이는 촘촘한 맞춤형 지원에 역점을 두고 '부모와 아동의 행복한 안심보육'을 위한 서비스 질 향상과 '수요자·공급자·정부 간 신뢰' 회복을 위한 상호 소통과 공감대 기반을 마련하고자 하였다. 출산과 양육에 유리한 환경 조성을 위해 기업·가정의 문화 개혁과 아울러 '보육·양육에 대한 국가책임제'를 확고히 할 필요에 따라 새 정부 공약 및 국정과제에 따라 국가완전책임제를 추진하였다.

아이사랑플랜에서의 무상보육을 2013년도부터 5세아 누리과정을 3~4세까지 확대하였고, 양육 수당도 가정 양육 부담 완화를 위해 전계층 아동에게 지원하였다. 또한 아이사랑카드(보육전자바우처) 도입으로 수요자 중심의 보육서비스 전달체계 기반을 구축하고자 하였다.

제2차 기본계획은 급속한 보육 수요 충족 및 서비스 질 제고를 위한 평가인증을 확대하고, 믿고 맡길 수 있는 보육 인프라 확충 등을 지속적으로 추진하고 아이의 건강한 성장 발달에 최우선을 두어 모든 아이에게 양질의 교육과 돌봄서비스를 제공하여 가능한 최적의 출발선(The Best Possible Start) 기회를 부여하는 데 중점을 두었다.[7]

7) 보건복지부(2013). 제2차 중장기기본계획.

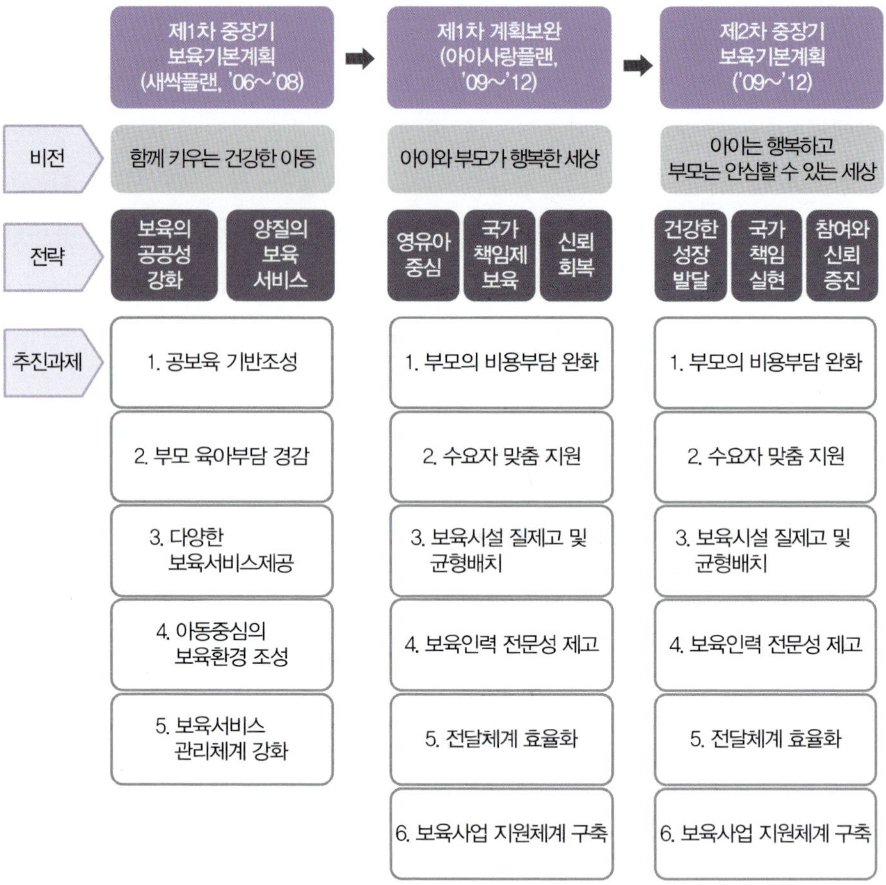

출처: 보건복지부(2017). 보도자료(2017.12.27)

✳ 그림 5-2 '보육·양육에 대한 사회적 책임 강화'를 위한 제3차 중장기보육 기본계획(2018~2022)

4) 제3차 중장기 보육 기본계획('18~'22)

2017년 12월 27일에 발표한 제3차 중장기보육 기본계획에서는 정책과제를 다음과 같이 설정하고 있다.

영유아의 행복한 성장을 위해 함께하는 사회로 비전을 제시하고 '보육·양육에 대한 사회적 책임 강화'를 실현하며 보육서비스의 공공성을 강화하고 부모들이 만족할 수 있는 수준으로 보육서비스의 품질을 개선해 나가는 데 목적을 두고 있다. 구체적으로는 보육의 공공성 강화, 보육체계 개편, 보육서비스의 품질 향상, 부모 양육지원 확대를 정책과제로 선정하였다.

비전	영유아의 행복한 성장을 위해 함께하는 사회	
목표 및 전략	**보육의 공공성 강화** 1. 국공립 이용률 40%로 확대 2. 국공립 운영의 공공성 강화 3. 직장어린이집 활성화 4. 어린이집 운영의 건전성 제고	**보육 체계 개편** 1. 어린이집 이용 및 지원체계 개선 2. 표준보육비용 산정 및 적정 보육료 지원 3. 보육과정 개편
	보육서비스 품질향상 1. 보육교사 전문성 강화 2. 보육교사 적정 처우 보장 3. 영유아 보육환경 개선 4. 상시적 품질관리 강화	**부모 양육지원 확대** 1. 부모의 양육역량 강화 지원 2. 시간제 보육 서비스 확대 3. 취약보육 지원 개선
실행 기반	▸ 지원기관 기능 개편 ▸ 민·관 협업 확대 ▸ 전산시스템 개편	

출처: 보건복지부(2017). 보도자료(2017.12.27)

그림 5-3 '보육·양육에 대한 사회적 책임 강화'를 위한 제3차 중장기보육 기본계획(2018~2022)

정부는 제3차 중장기보육 기본계획을 통해 아동권리협약 이행과 아동 이익 최우선의 관점에서 158개 정책과제를 마련하여 실천 중에 있으며 아동청소년의 권리증진 및 미래에 대한 투자 확대라는 관점에서 관련 예산 확충에 노력하고 있다. 아동 보호 및 양육 지원을 위해 다양한 서비스를 제공하는데 부모가 믿고 맡길 수 있는 국공립어린이집을 지속적으로 확충하여 질 좋은 보육서비스를 제공하고 우수한 보육 인프라를 구축하며, 우수한 민간·가정 어린이집 등을 선정하여 운영비를 지원하는 공공형 어린이집 제도를 시행하고 있다.

2016년 기준으로 전국에 93개소의 육아종합지원센터를 설치하여 양육 정보제공, 부모교육, 양육 도서 및 장난감 대여 등의 사업을 실시하고 있다. 전국학부모지원센터는 자녀에 대한 올바른 이해와 역량제고를 위해 학부모회 활성화와 학부모 고충상담, 교육, 리더 양성 등의 사업을 하고 있다. 또한 전국 151개소가 설치된 건강가정지원센터는 교육, 상담, 돌봄, 가족문화프로그램 등 가족기능 강화와 가족관계 개선을 위한 서비스를 제공하고 있다. 부모가 최적의 환경에서 아동을 양육할 수 있도록 지원하고 어린이집과 유치원을 이용하는 영유아에 대하여 2013년부터 무상보육 교육을 전 계층으로 확대하여 실시하고 있다. 또한 시설 미이용 아동에 대한 가정양육수당을 차상위 계층 이하에서 전 계층으로 확대하였다.8)

8) 대한민국정부(2017). 제5·6차 유엔아동권리협약 국가보고서.

■ 생각해 봅시다.

1. 보육아동 수혜규모에 대하여 생각해 봅시다.

2. 보육시설 종류에 대하여 생각해 봅시다.

3. 무상보육 및 육아수당의 필요성, 도입에 대하여 토론해 봅시다.

4. 영유아의 양육에 있어 육아지원기관의 의존도가 높아지는 상황에서 부모의 책임을 강화하는 지원 정책에는 무엇이 있을지 토론해 봅시다.

한부모 가정의 아동

제1절 한부모아동의 개념

아동은 가정이라는 건전하고 자연적인 환경 속에서 성장·발달해야 한다는 것이 아동복지의 기본원칙이다. 그러나 부모의 사망, 이혼, 가출, 경제적인 이유 등으로 가족이 붕괴되거나 가족기능이 약화될 경우 아동이 원가정에서 보호를 받을 수 없을 경우가 발생하게 된다. 이러한 상황 속에서 발생하는 한부모가정아동에 대한 지원과 대리가정의 서비스로서 가정보호사업인 가정위탁서비스, 공동생활가정(그룹홈), 지역아동센터, 결연사업이 있다(보건복지부, 2005).

한부모가정이란 이혼, 사별, 유기, 미혼모에 의하여 발생하는 가정으로 현재 18세 미만의 자녀와 살면서 자녀를 부양하고 부모 역할을 담당하고 있는 한부모와 자녀의 집단을 의미한다.[1)]

1989년 7월 시행된 「모자복지법」을 2007년 10월 17일 「한부모가족지원법」으로 명칭을 변경하고, 자녀가 취학 중인 경우 자립능력이 갖추어지지 아니한 상태로 학비 등으로 인한 생활비 지출이 증가될 수 있는 시기라는 점을 고려하여 자녀가 취학 중인 때에는 22세 미만까지 확대하여 지원하도록 하였다. 2017년 12월 12일 이 법을 일부 개정하여 만 24세 이하 저소득 청

1) 한국한부모가정사랑회. http://www.hanbumo.org

소년 한부모와 한부모가족의 생활안정과 복지증진을 위하여 생계비·아동양육비·검정고시학습비 등의 복지 급여 제공과 자립을 위한 자금 대여 및 고용 지원 등을 실시하도록 하였다.

또한 청소년기에 미혼모나 미혼부가 되어 친족의 도움 없이 홀로 자녀의 양육과 생계를 책임지고 있는 저소득 청소년 한부모가족의 경우 어려운 가정형편과 불규칙한 생활패턴 등으로 인하여 건강 위협요인에 노출되는 경우가 많아 이들에 대한 건강 지원 방안을 추가로 마련하기 위하여 국가와 지방자치단체가 청소년 한부모의 건강상태 확인과 질병 예방을 위하여 건강진단을 실시할 수 있도록 하였다.

「한부모가족지원법」에서는 국가와 지방자치단체가 한부모가족의 복지를 증진할 책임을 명시하였다. '청소년 한부모'란 24세 이하의 모 또는 부를 말하며, '한부모가족'이란 모자가족 또는 부자가족을 지칭하며, '아동'이란 18세 미만(취학 중인 경우에는 22세 미만을 말하되, 「병역법」에 따른 병역의무를 이행하고 취학 중인 경우에는 병역의무를 이행한 기간을 가산한 연령 미만을 말한다)의 자를 말한다. 또한 다음의 사항에 해당하는 아동과 그 아동을 양육하는 조부 또는 조모로서 여성가족부령으로 정하는 자는 제5조에도 불구하고 이 법에 따른 지원대상자가 된다.[2)]

제5조의2(지원대상자의 범위에 대한 특례)

1. 부모가 사망하거나 생사가 분명하지 아니한 아동
2. 부모가 정신 또는 신체의 장애·질병으로 장기간 노동능력을 상실한 아동
3. 부모의 장기복역 등으로 부양을 받을 수 없는 아동
4. 부모가 이혼하거나 유기하여 부양을 받을 수 없는 아동
5. 제1호부터 제4호까지에 규정된 자에 준하는 자로서 여성가족부령으로 정하는 아동

③ 국내에 체류하고 있는 외국인 중 대한민국 국민과 혼인하여 대한민국 국적의 아동을 양육하고 있는 사람으로서 대통령령으로 정하는 사람이 제5조에 해당하면 이 법에 따른 지원대상자가 된다. 〈개정 2014.1.21.〉
[전문개정 2007.10.17.]
[제목개정 2014.1.21.]

2) 법제처(2017). 한부모가족지원법 <개정 2008.2.29., 2010.1.18., 2011.4.12., 2014.1.21.>

제2절 한부모가정의 아동을 위한 서비스

1. 한부모가정의 아동 현황

2017년 아동수의 격감 현실을 반영하여 출산율을 증진시키고자 하는 여러 가지 정책이 실시되고 있다. 2017년 현재 다양한 원인으로 우리나라는 세계적으로 낮은 저출산과 높은 이혼율의 수치를 나타내고 있다. 가족 해체로 인한 한부모아동도 시대적 급변에 매우 중요한 문제로 대두되면서 이들 가족의 아동의 문제 또한 함께 해결해야 할 과제가 되었다. 가족해체로 인해 생긴 한부모가정 현황을 살펴보면 표 6-1과 같다(보건복지부, 2018).

표 6-1 전국 한부모가족 현황 (단위: 1,000가구, %)

연 도	총가구수	한부모가구		
		계	모자가구	부자가구
2005	15,887	1,370(8.6)	1,083	287
2010	17,339	1,594(9.2)	1,247	347
2011	17,687	1,639(9.3)	1,278	361
2012	17,951	1,677(9.3)	1,304	373
2013	18,206	1,714(9.4)	1,329	385
2014	18,457	1,749(9.4)	1,352	397
2015	18,705	1,783(9.5)	1,374	409
2016	18,948	1,816(9.6)	1,395	421

출처: 여성가족부(2017). 2018년 한부모가속사업안내.

「한부모가족법」에서는 국가나 지방자치단체가 한부모가족지원서비스로 아동의 양육 및 교육 서비스, 장애인, 노인, 만성질환자 등의 부양 서비스, 취사, 청소, 세탁 등 가사 서비스, 교육·상담 등 가족 관계 증진 서비스, 인지청구 및 자녀양육비 청구 등을 위한 법률상담, 소송대리 등 법률구조서비스, 그 밖에 대통령으로 정하는 한부모가족에 대한 가족지원서비스를 제공하도록 노력해야 한다고 명시하고 있다.

청소년 한부모에 대한 교육지원, 건강지원, 자립지원과 한부모가족구성원인 아동·청소년을 차별하지 않도록 하고 있다. 또한 한부모가족복지시설을 모자가족복지시설, 부자가족복지시설, 미혼모가족복지시설, 일시적복지시설, 한부모가족복지상담소로 구분하고 있다.

한부모가족복지시설의 현황을 보면 2017년 모자가족복지시설의 수가 48개소, 부자가족복지시설이 4개소, 미혼모자가족복지시설은 62개소, 일시지원복지시설 11개소가 있다.

표 6-2 연도별 생활시설 개소수 (단위: 개소)

시설 유형		2014년	2015년	2016년	2017년
합 계		121	123	122	125
모자가족복지시설	기본생활지원	41	41	42	42
	공동생활지원	3	4	3	3
	자립생활지원	3	3	3	3
부자가족복지시설	기본생활지원	2	2	2	2
	공동생활지원	2	2	2	2
	자립생활지원	-	-	-	-
미혼모자가족복지시설	기본생활지원	31	20	20	21
	공동생활지원	26	38	38	39
		1	1	1	2
일시지원복지시설		12	12	11	11

출처: 여성가족부(2017). 2018년 한부모가족사업안내.

2017년 12월 현재 한부모가족복지시설은 생활시설 125개소, 이용시설 4개소 총129개소가 있다. 한부모가족복지시설의 입소대상과 기능을 보면 표 6-4와 같다.

표 6-3 한부모가족복지시설 입소대상과 기능

시설 유형		시설수	입소대상 및 기능	입소기간 (연장가능기간)	입소 정원
모자가족복지시설 (48)	기본생활지원	42	만 18세 미만의 자녀를 양육하는 무주택 저소득 모자가족	3년(2년)	1,031세대
	공동생활지원	3	독립적인 가정생활이 어렵고 일정기간 공동으로 가정을 이루어 생활하면서 자립을 준비하고자 하는 모자가족	2년(1년)	37세대
	자립생활지원	3	만 18세 미만의 자녀를 양육하는 무주택 저소득 모자가족, 기본생활지원형에서 퇴소한 모자세대로서 자립준비가 미흡한 모자가족	3년(2년)	41세대
부자가족복지시설 (4)	기본생활지원	2	만 18세 미만의 자녀를 양육하는 무주택 저소득 부자가족	3년(2년)	40세대
	공동생활지원	2	독립적인 가정생활이 어렵고 일정기간 공동으로 가정을 이루어 생활하면서 자립을 준비하고자 하는 부자가족	2년(1년)	15세대
	자립생활지원	–	기본생활지원형에서 퇴소한 부자세대로서 자립준비가 미흡한 부자가족	–	–
미혼모자가족복지시설 (62)	기본생활지원	21	이혼·사별 또는 미혼의 임신여성 및 출산 후(6월 미만) 지원을 요하는 여성	1년(6월)	537명
	공동생활지원	39	3세 미만의 영유아를 양육하는 미혼모 * 휴지시설 1개소 포함	2년(1년)	329세대
		2	출산 후 해당아동을 양육하지 아니하는 미혼모	2년(6월)	15명
일시지원 복지시설(11)		11*	배우자의 학대로 인하여 아동의 건전 양육과 모의 건강에 지장을 초래할 우려가 있는 모와 아동 * 휴지시설 1개소 포함	6월(6월)	311명
한부모가족 복지상담소 (4)		4*	한부모가속에 대한 위기·자립상담 및 문제해결 지원 * 미운영시설 1개소 포함	이용시설	

출처: 여성가족부(2017). 2018년 한부모가족사업안내.

2. 한부모가정을 위한 복지서비스

한부모가정 문제의 대부분은 경제적 빈곤의 문제와 결부되어 있어 한부모가족들의 복지욕구에 의해 경제적 자립에 도움을 줄 수 있는 취업상담 및 안정된 취업알선을 위한 프로그램 개발이 우선적으로 이루어져야 한다. 우선 외부적으로 취업 훈련기관이 대폭 증가한 현실을 고려하여야 한다.

한부모가정을 위한 경제적 기능강화 서비스는 복지관 사업에서 일차적인 상담을 거쳐 전문적인 직업훈련이나 취업알선으로 중개하는 역할이 매우 중요하다. 한부모가정에서의 한부모의 연령 및 능력, 특성을 고려하여 능력을 향상시켜주고, 보다 안정적인 직업 알선이 최우선이라고 할 수 있다.

전반적인 가정생활 만족도를 높이는 데 경제적 문제해결이 매우 중요하다. 생계비 지원이나 직업(자활)훈련 및 직업 알선을 필요로 하는 한부모가정에게 서비스 지원에 대한 수혜자 인식을 긍정적으로 심어 주어 서비스 지원에 당당하고 적극적인 수혜 태도를 지닐 수 있다는 것을 우선시 고려해야 하는 것도 바로 이 같은 이유 때문이다.

여성가족부에서 지원하는 정책을 살펴보면 다음과 같다.

1) 한부모가족 자녀 양육비 지원 사업

사별, 이혼 등에 의한 한부모가족으로 저소득 한부모가족의 아동양육비, 아동교육지원비, 생활보조금 등의 지원을 통해 아동의 건강한 성장과 가정의 생활안정 도모하고자 한다. 세대주인 모 또는 부가 만 18세 미만(취학 시 만 22세 미만)의 자녀를 양육하는 경우, 부모로부터 부양을 받지 못하는 만 18세 미만(취학 시 만 22세 미만) 손자녀를 (외)조부 또는 (외)조모가 양육하는 조손가족 포함하고, 가구 소득인정액 기준 중위소득 52% 이하인 경우에 지원대상이다.

2) 청소년한부모 자립지원

사별, 이혼 등에 의한 한부모가족으로 다음 조건을 모두 충족하는 자로 세대주인 모 또는 부가 만 24세 이하 청소년인 경우, 세대주인 모 또는 부가 만 18세 미만(취학 시 만 22세 미만)의 자녀를 양육하는 경우, 가구 소득인정액 기준 중위소득 60% 이하인 경우에 지원대상이며 24세 이하 청소년한부모에게 아동양육비, 검정고시학습비, 자립촉진수당 등을 지원하여 조기 자립할 수 있도록 지원하고 있다.

3) 한부모가족복지시설 지원

「한부모가족지원법」상 보호대상 한부모가족을 대상으로 주거·양육, 심리상담·치료, 직업연계 교육 등 자립 지원, 임신미혼모의 경우 출산을 지원하여 저소득 무주택 한부모가족에게 한부모가족복지시설 등 주거·양육지원을 통해 사회·경제적 자립 기반을 조성한다.

4) 취약위기가족 지원

한부모·조손가족 및 위기가족 등 가족기능이 약화된 가족이 가진 복합적인 문제를 해결하고 욕구를 해소하기 위해 지속적인 사례관리를 통한 가족기능 회복과 정서·경제적 자립역량 강화 도모하고자 취약위기가족에 대한 지원사업을 진행하고 있다. 기준 중위소득 72% 이하 저소득 한부모·조손가족 및 다문화·북한이탈 가족, 가정폭력, 이혼, 자살 사망, 사고, 경제·사회적 위기사건을 직면한 위기가족 등이 지원대상이다. 한부모가족을 위한 지원내용으로는 자녀 학습·정서 지원(배움지도사 파견), 생활도움서비스(키움보듬이 파견) 등이다.

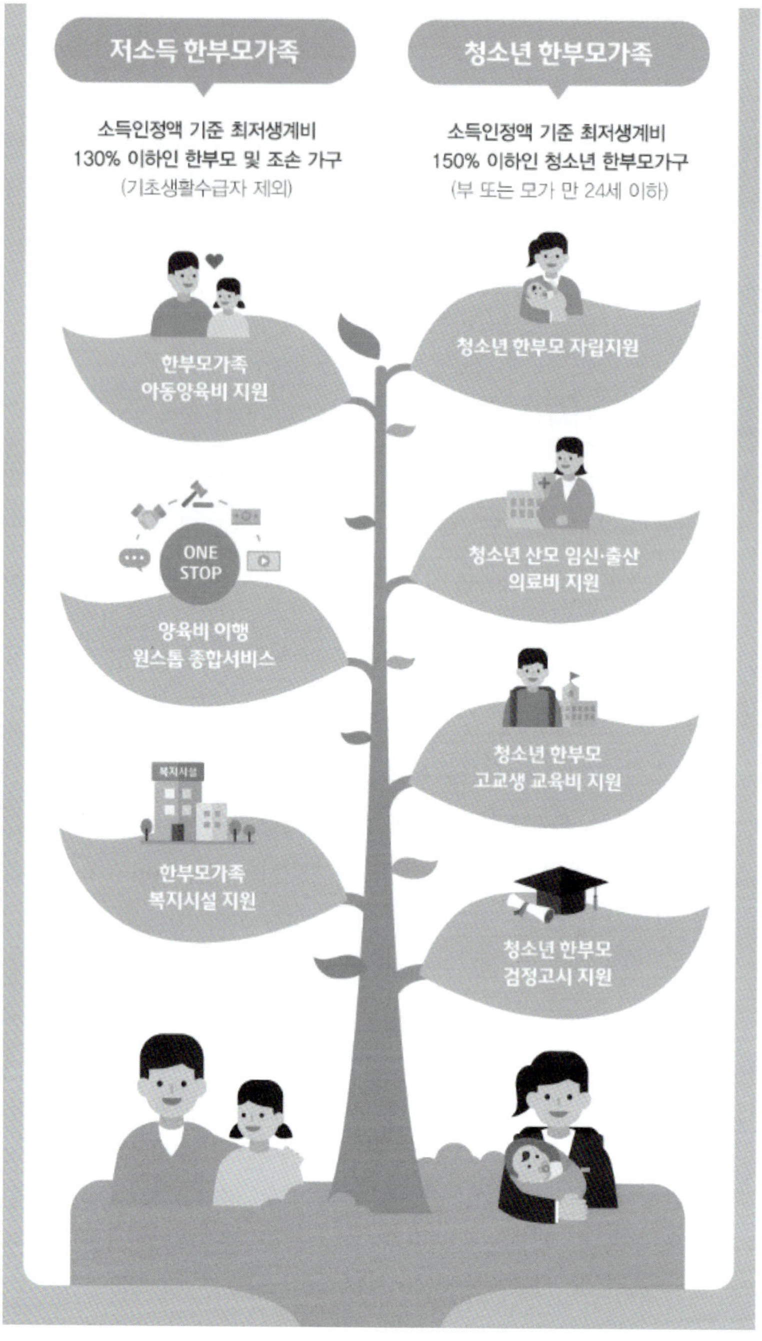

출처: 복지로(2018). http://www.bokjiro.go.kr

✷ 그림 6-1 한부모가족 복지서비스

2016년 1월 전국의 한부모가정을 체계적으로 지원하기 위해 한국한부모가정연구소 부설로 한국한부모가정지원센터[3]가 설립되었다.

한부모가정을 비롯한 다양한 형태의 가족이 가족의 하나로 인정받고 존중받을 수 있는 사회가 될 수 있도록 평등한 가족문화를 지원하여 건강한 한부모가정을 육성할 수 있도록 하는 데 목적이 있다. 센터의 주요사업은 다음과 같다.

- 한부모가정에 대한 인식 개선사업
- 다양한 가족을 존중하는 가족문화를 형성하는 사업
- 이혼, 사망, 별거, 미혼모 등 한부모가정을 위한 상담 및 심리치료
- 가정폭력, 성폭력 등 여성 인권증진 사업
- 고용평등과 취업알선 사업
- 유아교육기관, 보육시설, 방과후시설, 사회복지관 등 위탁사업
- 한부모가정아동 장학사업
- 한부모가정과 이혼 이해교육 사업
- 건강증진 사업
- 한부모가정 직업교육
- 한부모가정지도사 양성과정
- 정보화 사업
- 문화사업
- 기타 본회의 목적달성에 필요한 부대사업

현재 우리나라는 한부모가정을 위한 복지대책으로 사회보험, 「국민기초생활보장법」, 「한부모가족지원법」, 기타 차상위 저소득층을 위한 서비스 지원이 외형상 존재하고 있으나, 실질적인 혜택에 있어서는 매우 제한적이다. 무엇보다도 대부분의 사회적 지원이 절대빈곤층에 초점을 두고 있어 극빈층을 제외한 저소득층 및 차상위층에 대한 복지적 지원이나 보호는 미흡하다.

3) 한국한부모가정지원센터. http://www.hanbumocenter.org

경제적 자립을 위한 직업훈련의 필요성이 역설되고 있지만 여성 한부모 가구주를 둘러싼 제반 여건에 대한 고려가 충분히 되고 있지 않다. 취업교육 및 훈련 중 생계급여가 주어지고 있기는 하나 가족이 기본적인 생활을 영위할 수 없을 만큼의 소액이며, 직업훈련 기간도 3개월에 불과하여 기술 습득이나 숙련 정도를 높일 수 없어서 취업으로 연계하는 데 어려움이 많다.

이렇듯 현재 한부모가정이 점점 늘어나고 있음에도 불구하고 한부모가정에게 가족생활 만족에 대한 긍정적인 서비스가 실질적으로 매우 미흡한 만큼 한부모가정에 대한 체계적이고 포괄적인 지원정책 마련이 시급하다.

정부는 「한부모가족지원법」에 따라 청소년 한부모 검정고시 학습비, 고교 교육비, 자립촉진수당 지원 및 위탁형 교육제도 운영을 통한 학습권 보장 등 다양한 청소년 한부모 지원정책을 시행하고 있다. 2017년부터는 청소년 한부모가 양육과 학업 및 자립 준비를 병행할 수 있는 청소년 한부모 전용시설을 운영할 예정이다.[4)]

4) 대한민국정부(2017). 제5·6차 유엔아동권리협약 국가보고서.

■ 생각해 봅시다.

1. 한부모아동의 관리범위에 대하여 생각해 봅시다.

2. 한부모아동의 지원프로그램의 종류별 특징에 대하여 생각해 봅시다.

3. 한부모아동의 향후 정책 과제에 대하여 생각해 봅시다.

4. 미혼모의 사회적 적응을 위한 사회복지서비스에 대해 조사하고 토론해 봅시다.

조손가정아동

제1절 조손가정아동의 개념

1. 조손가정아동의 개념

조손(祖孫)에 대한 국어사전적 의미를 보면 “할아버지와 손자를 아울러 이르는 말”로 풀이되어 있다(네이버 인터넷 국어사전, 2009). 그러나 “조손가족”이나 “조손가정”이라는 말은 공식적인 용어로 사용되지 않고 있어 사전적인 의미는 찾을 수 없다. 조손가족이나 조손가정은 손자녀가 부모와 함께 살지 못하고 부모와 별거하여 조부모에게 양육되고 있는 가족을 이르는 말이다. 이는 조손가정(祖孫家庭), 조손가족(祖孫家族), 조손세대(祖孫世代), 조손가구(祖孫家口) 등 연구하는 사람마다 비슷하면서도 다른 용어를 사용하고 있다. 그러나 조손가정은 약간의 차이는 있지만 공통적으로 부모세대(父母世代)가 없이 조부모와 손자·손녀로만 구성된 가족을 의미하는 용어로 쓰이고 있다.

경북여성정책 개발원(박충선 외, 2003)은 한 가구에 조부모와 손자녀가 동거하는 경우를 “조손가구”라고 일컬으면서 부모가 없이 조부모와 18세 이하 또는 고등학생 이하의 손자녀가 함께 사는 가구로 정의하고 있다. 부모가 생사와 관계없이 동거하지 않는 경우로서 “손자녀 양육가족”, “손자녀 양육가구", "조손가구"를 동일한 개념으로 사용하고 있다. 이외에도 조손가정은 조부모가족, 조부모–손자녀 가족, 할머니 할아버지 가장세대, 조부모 손자녀 세대, 조부모와 동거하는 소년소녀가장세대 등으로 불리고 있다(신은정, 2004).

조부모–손자녀 가정이 이렇게 다양하게 명명되고 있기는 하지만 대체로 부모가 자신의 자녀와 동거하며 양육하지 못하는 환경에서 조부모가 손자녀와 동거하며 양육의 일차적 책임을 맡고 있는 가족유형을 말하고 있음은 공통적인 것으로 볼 수 있다.

외국의 경우를 보면, 손자녀의 부모역할을 대행하고 손자녀를 직접 양육하는 양육자로서의 조부모(grandparents raising grandchildren, Kelley & Whitley, 2002)나 어린 손자녀가 성인이 될 때까지 보호하는 조부모(custodial grandparents, Dannison & Smith, 2003), 부모를 대신한 조부모(grandparents as parents), 조부모가족(grandfamily)의 개념으로 사용하고 있다.

이외에도 Grandparent-headed home, Skipped-generation household, Grandparents rearing Grandchildren, Grandparent caregivers(Burnette, 2000) 등으로 불리고 있다.

2. 조손가정의 어려움

가족 환경의 변화의 중심에는 저출산과 고령화라는 인구학적 추세와 혼인의 감소 및 이혼의 증가 현상이 있다. 혼인율 감소는 독신가구와 동거커플의 증가를 반영하며, 이혼율 증가는 한부모가족과 재혼가족, 조손가족 등의 가족형태 증가에 영향을 미쳤다(전영주, 2007).

조손가정아동과 조부모에게 관심을 모으는 것은 가족구성원들 모두가 생활의 주체로서 적합하지 않은 위치에 있는 약자로서 보호대상자가 되어야하는 노인과 아동만으로 가족을 구성하고 있기 때문이다. 손자녀의 양육에 있어 단순한 양육조력자의 역할을 하던 조부모가 조부모와 손자녀를 연결하는 중간세대로서의 부모세대가 그 역할을 제대로 수행하지 못하여 부모 대신 양육의 책임을 지는 것이 조손가정의 조부모 역할이다. 조손가정은 조부모가 자녀를 대신하여 손자녀를 양육해야 할 책임을 가지고 있기 때문에 일반적인 조부모가 갖지 않은 훨씬 가중된 역할부담을 가지고 있을 수밖에 없다. 부양을 받아야 할 시기에 있는 조부모가 전적인 책임을 지고 손자녀를 양육해야 하는 조손가정의 조부모와 아동은 피차 간에 매우 큰 심리·정서적 부담을 가지고 있다.

가족 해체로 인해 손자녀를 양육하고 있는 조부모들은 성인 자녀의 잘못된 상황을 자신의 탓으로 생각하여 자식을 제대로 길러내지 못했다는 자책과 노화, 손자녀를 양육할 만한 능력이 있는가 하는 자신의 부적절성을 생각하게 된다. 게다가 문제해결능력과 자신감을 상실하게 하는 조부모의 빈곤한 생활 조건은 조부모를 더욱더 무기력하게 만든다.

조손가정을 구성하고 있는 이들은 노년기에 신체적 쇠약함과 심리·정서적 외로움과 소외감에 더하여 대부분 경제적 어려움을 겪고 있다. 자녀의 이혼과 별거, 맞벌이 등으로 손자녀를 양육해야 하는 조부모 앞에 놓여 있는 손자녀를 돌봐야 하는 부담감과 갈등, 경제적 부담의 배가 등 손자녀를 양육해야 하는 어려움은 한두 가지가 아니다.

박경애(2006)는 혈연 중심의 우리 사회에서 조손가정의 조부모는 손자녀를 돌봄의 대안으로 선택될 가능성이 높으며, 조부모가 돌보지 않을 경우 이에 대처할 수 있는 자원이 부족한 우리의 현실에서는 더욱 선호될 수밖에 없다고 보았으며, 부모를 대신하여 조부모가 손자녀를 돌보는 환경으로서 중요한 역할을 감당하고 있기 때문에 사회적인 차원에서 개입하여 이들을 보호하고 지원해야 한다고 말하고 있다.

가족구성원들 모두가 생활의 주체로서 적합하지 않은 위치에 놓여 있는 "조손가정"이라는 새로운 가족형태는 가치관의 변화와 사회경제적인 불황과 맞물려 계속 증가하는 추세에 있다. 그럼에도 불구하고 아직도 관심의 사각지대에 있는 손자녀를 양육하고 있는 조부모에게 있어서 손자녀 양육이 여가생활과 생활만족도에 미치는 영향에 대한 이병주(2006)의 연구에 의하면, 일부 연구에서 손자녀 양육이 노인들의 자존감이나 정서적인 만족감을 주는 것으로 보고한 경우도 있으나 전체적으로는 부정적인 영향을 미치는 것으로 나타냈다. 모든 조부모들에게 적용할 수는 없지만 부모세대 없이 손자녀에 대한 일차적인 양육 주체로서 책임을 지고 장기간 손자녀를 양육하는 것은 조손가정 노인들을 불행하게 만드는 중요한 요인이라고 결론을 내리고 있다.[1)]

제2절 조손가정아동을 위한 복지서비스

1. 조손가정아동 현황

2010년 조손가족 실태조사[2]에서는 우리나라 조손가족에서 양육하고 있는 손자녀 수는 가구당 평균 1.4명이며, 손자녀 1인을 양육하는 가구는 전체 가구의 66.2%였고, 2명 이상의 손자녀를 양육하는 가구는 33.8%로 나타났으며 조부나 조모 홀로 손자녀를 양육하는 가구는 82.9%로 조손가족 10가구 중 8가구 이상이 조부나 조모 홀로 손자녀를 양육하고 있는 것으로 나타났으며 소득 수준에 따라 자녀 수에 차이를 보였다.

표 7-1 양육 손자녀 수 (단위: %)

	응답자 수 (명)	1명	2명 이상	합 계
전 체	12,750	66.2	33.8	100.0
소득 수준				
40만 원 미만	2,569	72.1	27.9	100.0
40만 원~80만 원 미만	5,610	68.9	31.1	100.0
80만 원 이상	2,285	54.3	45.7	100.0
무응답	2,287	64.6	35.4	100.0

출처: 여성가족부(2010). 2010조손가족실태조사보고서.

고등학생 손자녀를 양육하고 있는 가족은 33.2%였고, 중학생 양육가족 32.5% 그리고 초등학생 양육가족이 31.6%였으며, 미취학 손자녀 양육가족은 2.6%였다.

1) 조손가정은 「아동복지법」 개정 이후, 소년소녀가정 세대를 조부모 대리양육위탁가정으로 전환하면서 사회적 이슈로 부각되었다. 조손가족은 2000년에 전체 가구 중 45,224가구로 5년 동안 29% 증가하였으며, 2005년도는 10년 전 대비 65%가 증가하였다. 조손가족은 노년기 부모가 손자녀를 부양하면서 생기는 노인문제와 아동문제가 복합되어 나타난다. 이는 세대 간의 차이와 대화단절 등이 가족기능에 부정적인 영향을 끼칠 수 있다.

2) 여성가족부에서 2010년 주민등록상의 만 65세 이상의 조부모와 만 18세 이하의 손자녀만으로 이루어진 조손가족 12,750표본을 대상으로 한 실태조사보고서로 조손가족이란 조부모와 그의 손자녀로 이루어진 가족을 통칭하는 개념이지만, 이 조사 연구에서는 정책적 목적에 따라 65세 이상의 조부모와 18세 이하의 손자녀만으로 이루어진 가족을 조손가족으로 규정하였다.

✺ 표 7-2 양육 손자녀 학력 (단위: %)

손자녀 수 (명)	미취학	초등생	중학생	고등학생	합 계
17,616	2.6	31.6	32.5	33.2	100.0

미취학 손자녀를 양육하고 있는 1,497가구 중 86.6%는 조부모 자신들이 직접 손자녀를 양육하고 있었으며, 어린이집 등 시설을 이용하는 경우는 7.2%에 불과하였다.

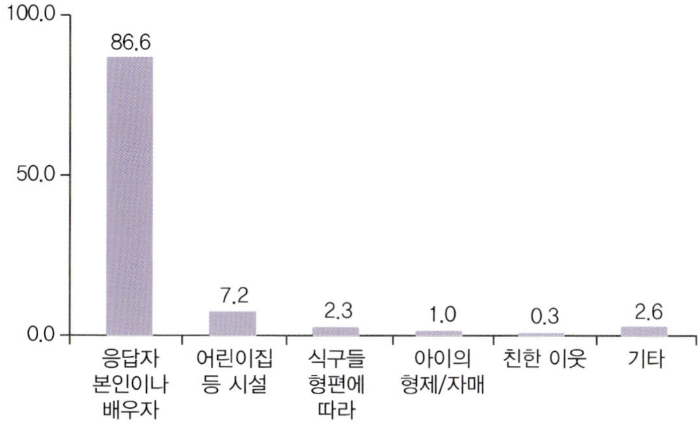

출처: 여성가족부(2010). 2010조손가족실태조사보고서.

✺ 그림 7-1 미취학 손자녀 양육 실태(단위: %, n=1,497)

조손가족의 손자녀 양육 애로사항으로는 전체 응답자의 66.2%가 손자녀를 양육하며 부딪히게 되는 가장 어려운 문제로 '아이 양육(교육)에 따른 경제적 문제'를 언급하였고, 11.5%는 '아이의 생활 및 학습지도 문제' 역시 어려운 사안으로 지적하였다. 본 조사에서 집계된 조손가족의 월평균 소득이 59.7만 원에 불과하고, 손자녀의 친부모로부터 정기적으로 양육비 지원을 받는 경우가 30%에도 미치지 못하는 상황에서 결국 손자녀의 양육(교육)비는 조부모의 노후생활에 큰 짐이 된다고 보고 있다.

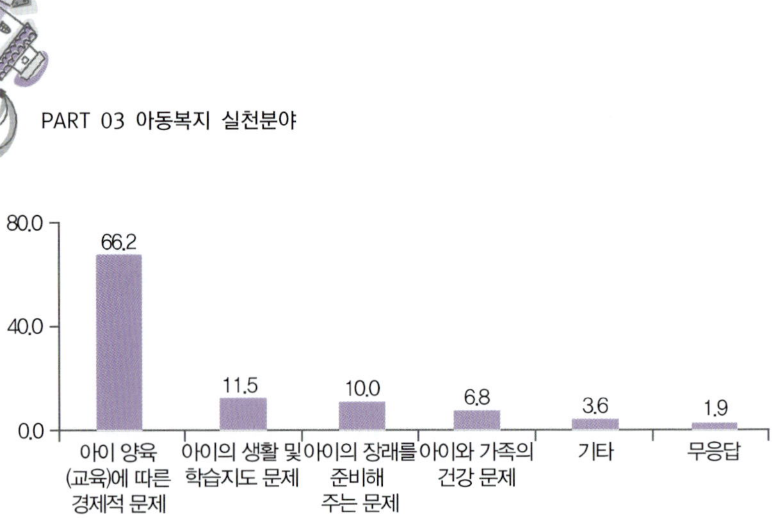

출처: 여성가족부(2010). 2010조손가족실태조사보고서.

✺ 그림 7-2 손자녀 양육 애로사항(단위: %, n=238)

친부모의 양육비 제공 실태에서는 친부가 양육비를 정기적으로 보내주는 경우는 13.3%였고, 부정기적으로 보내는 경우는 12.6%로 응답 가족 4가구당 1가구 정도(25.9%)만이 손자녀의 친부로부터 양육비를 지원받고 있는 실정이며, 친모의 경우에는 정기적으로 보내주는 경우가 8.6%, 부정기적으로 보내주는 경우가 6.1%로 14.7%에 불과한 실정이었다.

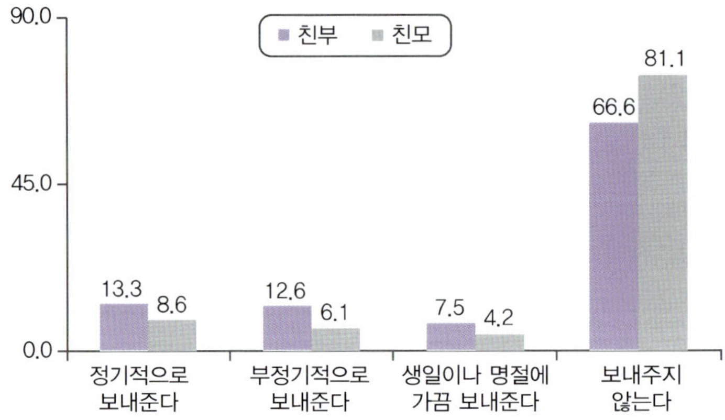

출처: 여성가족부(2010). 2010조손가족실태조사보고서.

✺ 그림 7-3 친부모의 양육비 지원 여부(단위: %, 친부 n=9,434, 친모 n=7,895)

조부모의 현황을 살펴보면, 응답자의 연령으로는 조손가족의 조부모 평균 연령은 만 72.6세이며, 조부는 평균 만 73.1세, 조모는 평균 만 72.5세로 나타났다.

✺ 표 7-3 응답자의 성, 연령 분포 (단위: %, n=12,750)

	만 65~69세	만 70~74세	만 75세 이상	합계
남성	4.8	6.3	6.2	17.3
여성	26.6	29.1	27.0	82.7
합 계	31.4	35.4	33.2	100.0

출처: 여성가족부(2010). 2010조손가족실태조사보고서.

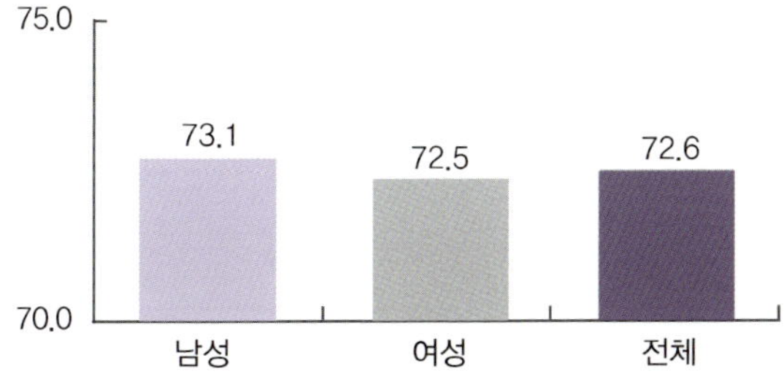

출처: 여성가족부(2010). 2010조손가족실태조사보고서.

✺ 그림 7-4 응답자의 성별 평균 연령(단위: 만 세, n=12,750)

조부모의 건강상태를 보면 응답자 12,750명 중, 6개월 이상 만성질환을 앓고 있는 경우가 40.8%로 가장 많았고, 크고 작은 잦은 질병에 시달리는 경우가 33.1%로 질병으로 인해 건강하지 못한 경우가 73.9%에 달했으며, 나이에 비해 건강한 편이라는 응답은 16.9%로 상대적으로 매우 적었다.

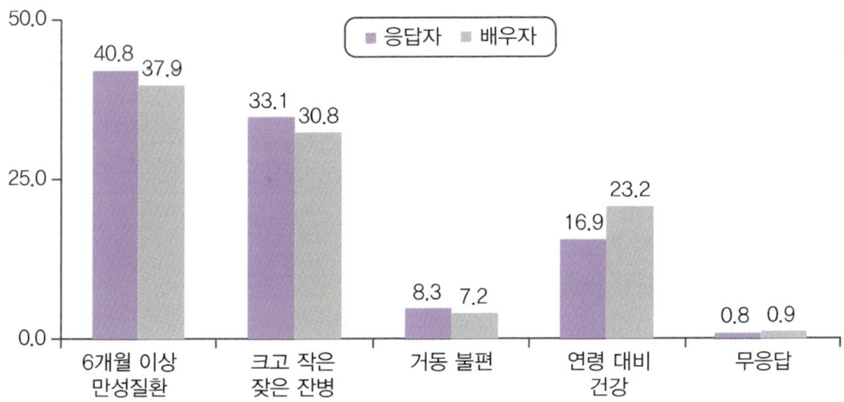

출처: 여성가족부(2010). 2010조손가족실태조사보고서.

✺ 그림 7-5 응답자 및 배우자 건강상태(단위: %, 응답자 n=12,750, 배우자 n=2,176)

조손가족의 월평균 가구소득은 평균 약 59.1만 원 정도였으며, 40만 원 이상 80만 원 미만의 가구가 전체의 44.0%였고, 40만 원 미만 가구가 20.1%였으며, 80만 원 이상의 소득은 전체의 17.9%로 10가구 중 2가구에도 미치지 못하는 것으로 나타났다.

✹ 표 7-4 월평균 가구 소득 (단위: %)

	응답자 수(명)	40만 원 미만	40만 원~ 80만 원 미만	80만 원 이상	무응답	합 계	평 균
전 체	12,750	20.1	44.0	17.9	17.9	100.0	59.7
가구 유형							
양조부모 가족	2,176	13.1	36.7	33.8	16.4	100.0	77.6
한조부모 가족	10,574	21.6	45.5	14.6	18.3	100.0	55.9

출처: 여성가족부(2010). 2010조손가족실태조사보고서.

조손가족이 형성되게 된 주요 이유는 손자녀의 '친부모 이혼이나 재혼'에 의한 경우가 전체의 53.2%로 반을 넘었고, '친부모 가출이나 실종'에 의한 경우가 14.7%, '친부모의 질병이나 사망'에 의한 경우가 11.4%였으며, '친부모의 실직이나 파산' 및 '친부모 취업(맞벌이)' 등 경제적 이유로 조손가족을 이루게 된 경우는 각각 7.6%와 6.7%였다.

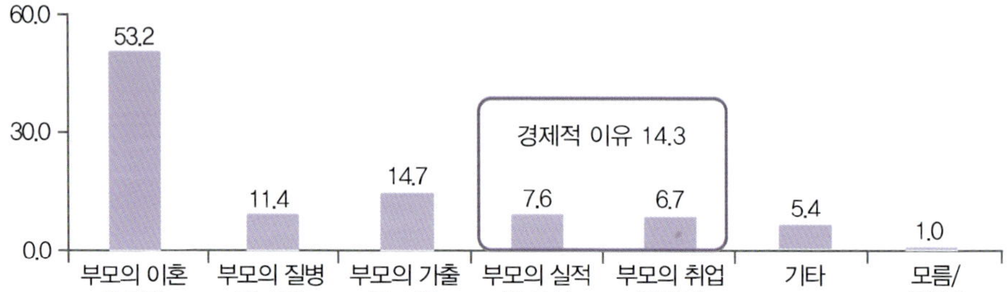

출처: 여성가족부(2010). 2010조손가족실태조사보고서.

✹ 그림 7-6 손자녀 양육이유(단위: %, n=12,750)

조손가족의 아동 중 초등학교 손자녀에게 조손가족을 이루며 살아가는 과정에서 가장 어려운 점이 무엇인지 두 가지를 고르게 한 결과, 응답자들이 가장 많이 지적한 것은 '경제적 어려움'으로 76.7%였다. 두 번째로 많은 것은 '손자녀의 학업 및 장래에 대한 걱정'으로 53.7%가 지적하였고, '자신들과 배우자의 건강'에 대한 걱정 역시 44.8%로 많았다.

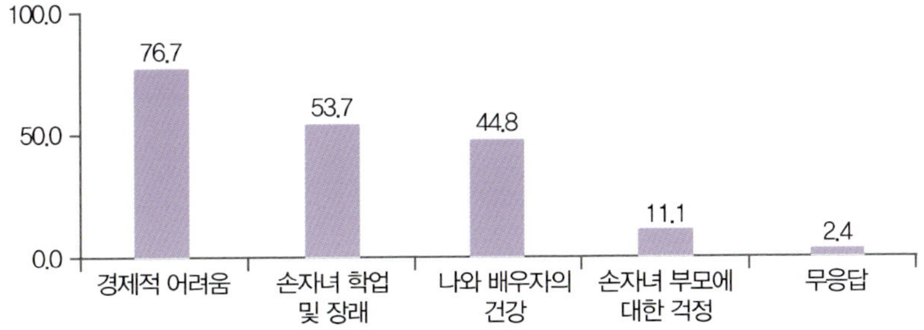

출처: 여성가족부(2010). 2010조손가족실태조사보고서.

그림 7-7 조손가족 생활 애로사항(복수응답, 단위: %, 응답자 n=12,750)

조부모와의 생활을 위한 희망사항으로 가장 많은 것은 '가족들이 아프지 않았으면 좋겠다'는 것으로 56.8%였으며, '필요한 물건을 살 수 있으면 좋겠다'는 내용이 33.7%, '조부모가 내 마음을 알아주었으면 좋겠다' 20.5%의 순이었고, '조부모가 돈을 많이 벌 수 있으면 좋겠다' 18.0%, '부모 역할을 해주는 사람이 있으면 좋겠다' 15.7%, '차별받지 않았으면 좋겠다'가 15.3%였다.

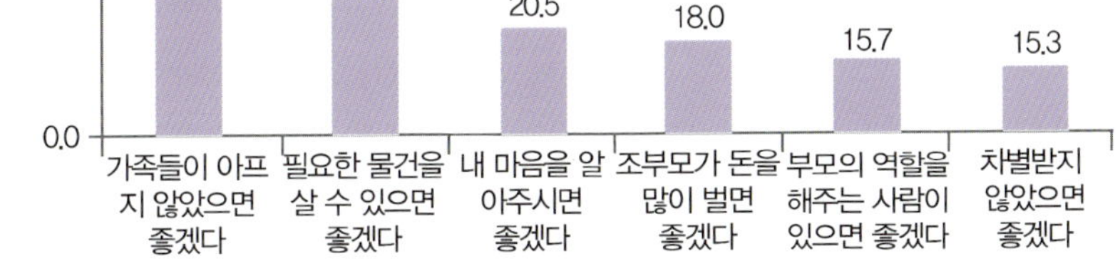

출처: 여성가족부(2010). 2010조손가족실태조사보고서.

그림 7-8 조부모와의 생활 희망사항(복수응답, 단위: %, n=3,682)

조손가족의 아동에게 학교생활을 하면서 바라는 내용을 두 가지 고르게 한 결과, 학습도우미에 대한 요구가 31.9%, '친구와의 원만한 교우관계'가 29.5%였으며, '학습 준비물이나 현장 학습 등의 무료화'를 요구하는 응답이 27.7%, '방과 후 특기 교육 희망'이 27.3%였고, '학교 행사 시 부모역할로 참여해 줄 수 있는 사람'을 바라는 응답이 24.0%였다. 자신의 고민을 털어놓고 상의할 수 있는 교사를 바라는 응답과 학교 내의 차별 근절을 바라는 응답이 각각 15.3%와 13.4%였다.

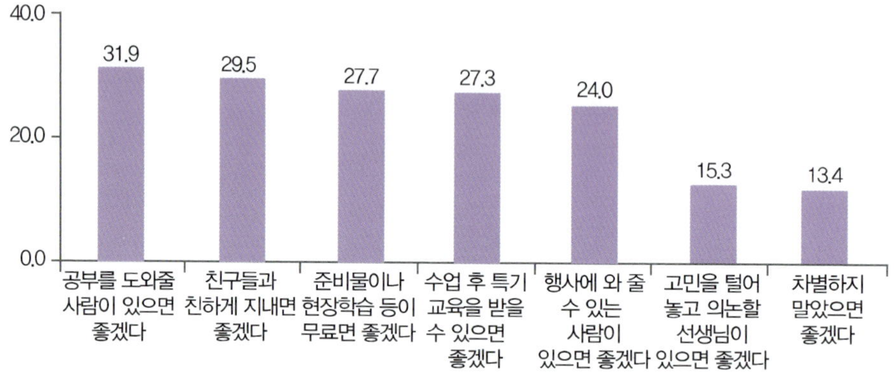

출처: 여성가족부(2010). 2010조손가족실태조사보고서.

✺ 그림 7-9 학교 생활 애로 사항(복수응답, 단위: %, n=3,682)

조손가족은 경제적 자활능력이 없다는 점과 부모와 자녀 간의 유대 없이 세대 차이가 심한 조부모와 손자녀만으로 가족이 형성되고 있다는 점에서 일반 저소득층 가족이나 한부모가족과는 다른 상황에 처해 있다. 또한 이혼율의 증가와 급속한 노령화로 인해 앞으로도 조손가족은 하나의 새로운 가족유형으로서 일정 수준 지속적으로 증가할 것이 예상된다.

이 보고서에 따르면 생계 책임자가 65세 이상의 노령인 조손가정은 노동시장에서 소외될 수밖에 없는 상황이며, 손자녀들 역시 아직 본격적으로 생계를 담당할 연령에 이르지 못하고 있다는 점에서 이들의 향후 전망 역시 밝지 않기 때문에 공적 지원이 절실한 계층이란 점을 부각시킨다. 노동력 약화에 따른 경제적 어려움과 세대 차이 등으로 인한 손자녀 양육의 어려움 그리고 노화과정에서 불가피한 건강 악화 등이 조손가족이 직면하는 대표적

난제로 나타났다.[3)]

조손가족은 가족 구성상, 경제적 자립을 통해 생활수준을 향상시킬 수 있는 가족이 아니기 때문에 이들의 생활수준을 향상시키고, 삶의 질을 높일 수 있는 물질적 지원책을 강구해야 한다. 특히 조손가족에서 성장하고 있는 손자녀들이 사회적 약자로서 소외당하지 않을 다양한 복지서비스를 개발하는 것이 필요하다.

2. 조손가정의 아동을 위한 복지서비스

보건가복지부(2011)는 다양한 가족을 위한 경제적 지원으로 「국민기초생활보장법」과 「한부모가족지원법」 등에 명시된 지원을 제공하기 위해 여러 정책 사업을 운영하고 있다. 그러나 양육에 대한 스트레스, 우울증, 사회적 소외감 등 심리·정서 행동적 문제에 대한 지원은 미흡하다. 미취학 및 초등학교 아동, 청소년 모두 양육에 대한 지원과 함께 상담 지원이 요구된다. 보건복지부는 관련 법령을 개정하여 이러한 가족기능 유지 강화를 위해 건강가정지원센터를 설립하여 어려운 가정뿐만 아니라 올바른 가족문화 형성을 위해 지원할 수 있는 근거를 마련하였다.

건강가정지원센터는 조부모와 손자녀의 세대 간 차이를 먼저 좁히기 위해 사회 이슈에 따른 프로그램 운영으로 세대 간의 이해관계 증진에 노력하고 있다. 특히 기초수급권 혜택을 받지 못하는 사각지대 조손가족을 대상으로 지역사회에서 정상적으로 성장하고 자립할 수 있도록 돕는 역할을 한다.

또한 손자녀의 학습능력과 특성을 고려한 방과 후 학교 및 지자체와 지역 소재 대학 등과 인적 자원망을 구축하는 등 종합적으로 서비스하고 있다. 건강가정지원센터의 통합적 접근은 혈연관계를 단절시키지 않고 복합적인 욕구를 충족시키면서 가족문제 해결의 대안이 될 수 있다(박영순, 2010). 이것은 손자녀 양육에 대해 큰 부담을 안고 있는 조부모에게 좋은 지지 요인이 되고 있는 것이다.

3) 여성가족부(2010). 2010조손가족실태조사보고서.

「한부모가족지원법」에서는 65세 이상의 고령자들과 손자녀로 구성되어 있는 조손가족의 경우도 이 법에 따른 보호대상자로 함으로써 조손가족의 생활안정과 복지증진을 도모할 수 있도록 규정하고 있다.

조손가족의 범위와 해당 아동

▣ 조손가족의 "(외)조모" 또는 "(외)조부"의 범위

부모로부터 부양을 받지 못하는 아동을 양육하는 (외)조부 또는 (외)조모를 지원대상으로 한다.

- 부모가 사망하거나 생사가 분명하지 않은 아동
- 부모가 정신 또는 신체의 장애·질병으로 장기간 노동능력을 상실한 아동
- 부모의 6개월 이상 장기복역 등으로 인하여 부양을 받을 수 없는 아동
- 부모가 이혼하거나 유기하여 부양을 받을 수 없는 아동
- 부모가 가정의 불화 등으로 가출하여 부모의 부양을 받을 수 없는 아동
- 그 밖에 부모가 실직 등으로 장기간 경제적 능력을 상실하여 부양을 받을 수 없는 아동

출처: 여성가족부(2016). 2017한부모가족지원사업안내

현재 정부에서 실시하고 있는 지원정책을 살펴보면 다음과 같다.

1) 가정위탁아동 지원

가정위탁아동의 지원은 보호를 필요로 하는 아동을 보호할 수 있는 가정에 일정기간에 위탁하는 것으로 국민기초생활수급자를 대상으로 하여 지급된다. 국민기초생활수급자 중 18세 미만의 아동을 위탁하거나 시·군·구에서 부모의 질병, 가출, 실직, 사망 등 그 밖의 사유로 보호가 필요함을 인정한 아동, 아동학대로 격리 보호가 필요한 아동을 위탁한 경우가 해당된다.

대상가정 유형은 친인척(친조부모, 외조부모)에 의한 대리양육가정, 친인척(친조부모, 외조부모)에 의한 위탁가정, 일반인에 의한 위탁가정에게 지원된다. 따라서 조손가정은 수혜 대상에 포함된다. 그러나 가정위탁보호사업은 「아동복지법」과 「국민기초생활보장법」, 「의료급여법」 등을 근거로 지원하고 있기 때문에 조손가정이 「국민기초생활보장법」에 의한 수급 대상자가 아닌 경우에는 위탁가정으로서 정부의 지원을 받지 못하게 된다.

2) 복지급여

조손가족은 다음의 복지급여를 받을 수 있다. 다만, 지원대상자가 「국민기초생활 보장법」 등 다른 법령에 따라 지원을 받고 있는 경우에는 그 범위에서 「한부모가족지원법」에 따른 급여를 받을 수 없다.

표 7-5 복지급여의 지원종류

지원종류	지원대상	지원금액
아동양육비	만 13세 미만 아동을 양육하는 한부모가족	1인당 월 12만 원
추가 아동양육비	만 5세 이하 아동을 양육하는 조손가족 및 만 25세 이상 미혼 한부모가족	1인당 월 5만 원
학용품비	중·고등학생 자녀를 양육하는 한부모가족	1인당 연 5.41만 원
생활보조금	한부모가족복지시설 입소 한부모가족	월 5만 원

「한부모가족지원법」에서는 지원대상에 조손가족, 가정위탁 조손가정까지 포함하고 있다. 아동의 부모가 사망하거나 생사가 분명하지 아니하거나 부모가 정신 또는 신체의 장애·질병으로 장기간 노동능력을 상실한 경우, 부모의 장기복역 등으로 부양을 받을 수 없는 경우 65세 이상의 조부모가 18세 미만의 아동을 양육하는 경우에 보호를 받게 된다. 또한 「한부모가족지원법」을 통해 생계비와 아동교육지원비, 아동양육비 등을 지원받는다.

건강가정지원센터에서는 조손가족 지원사업을 공동협력 및 시범사업으로 지정하여 운영 중이며, 조손가정의 가족기능을 강화하기 위해 조부모 상담 및 교육, 다양한 문화 프로그램을 제공한다. 그리고 아이돌보미 사업의 실시로 이를 강화하여 조손가정의 손자녀 양육을 돕는다.

그 외에도 조손가정은 손자녀 양육비 확보를 위해 소송 등을 제기할 경우 소득이나 재산에 상관없이 무료로 소송비용 및 법률서비스도 제공된다.

하지만 아동과 노인을 대상으로 한 정책은 대부분 경제적 지원에 집중되어 있고 게다가 조손가정을 대상으로 한 사회지원은 거의 전무한 실정이다. 즉, 조손가정의 수가 증가하고 있지만 그에 준한 사회복지정책은 찾아보기 힘들다. 현재 정부에서 실시하는 조손가정에 대한 지원은 지원대상에 아동과 노인을 따로 분리해서 지원하고 있다. 이는 아동을 양육하는 조손가정의 실태를 파악하지 못한 것으로 조손가정의 지원은 손자녀와 조부모를 하나의 가족 단위로 보고 통합적으로 지원할 수 있도록 해야 한다. 그리고 조손가정을 별도의 지원대상으로 분류하여, 이들의 특수성을 감안하여 보다 도움이 될 수 있는 지원 정책을 마련해야 할 필요성이 있다.

손자녀의 양육을 책임지고 있는 조손가정은 최근의 가족 해체율을 감안할 때 점점 더 늘어날 것으로 예측됨에 따라 가족 형태의 하나로 사회복지 분야뿐만 아니라 신체건강 및 정신건강을 규칙적으로 돌봐주고 조부모와 손자녀의 심리사회적 기능과 건강 증진을 위해 효과적인 개인 및 지역사회 차원의 프로그램과 서비스 개발 및 확대에 보다 더 관심을 가져야 할 것이다.

■ **생각해 봅시다.**

1. 조손가정아동의 관리범위에 대하여 생각해 봅시다.

2. 조손가정아동의 지원프로그램의 종류별 특징에 대하여 생각해 봅시다.

3. 조손가정아동의 향후 정책 과제에 대하여 생각해 봅시다.

장애아동

제1절 장애아동의 개념

1. 국제기구에서의 개념

1995년 국제노동기구(ILO) 총회의 장애인의 직업재활에 관한 권고에서는 "장애인이란 신체적 또는 정신적 손상의 결과 안정된 고용을 확보하고 유지할 가능성이 실질적으로 감소된 사람을 말한다."고 정의하여, 이는 고용 측면에서 본 정의라고 할 수 있다.

1975년 제30차 국제연합(UN)총회에서 결의한 장애인 권리선언에서는 장애인의 통상적인 생활에 통합될 수 있도록 필요한 권리들을 보호할 수 있는 공통적 기반과 준거틀을 선언하면서 제1조에서 다음과 같이 정의하였다(문선화 외, 2009).

> "장애인이라 함은 선천적이든 후천적이든 신체적·정신적 능력의 불완전으로 인하여 일상의 개인적 또는 사회적 생활에서 필요한 것을 자기 자신으로서는 완전히 또는 부분적으로 확보할 수 없는 사람을 말한다."

1979년 유엔총회에서는 세계 장애인을 앞둔 선언에서 "장애는 개인과 그 환경간의 관계로 파악되어야 한다."고 함으로써 장애의 정의에는 기능상 장애뿐만 아니라 사회적 불리(handicap)도 포함되어야 함을 밝힌 바 있다.

1980년 유엔총회는 세계 장애인의 행동계획을 결의하면서 세계 장애인의 해는 개인적 특질인 불리, 손상으로 인한 기능적 제한인 능력장애(disability), 그리고 장애의 사회적 결과인 불리 간에 구별이 있다는 사실을 인식시켜야 한다고 선언하였다(문선화 외, 2009).

1980년 세계보건기구(WHO)에서는 장애를 세 가지 차원의 장애개념을 먼저 장애발생의 과정을 질병 → 심신이 손상 → 장애 → 사회적 불리로 이어진다고 보고, 손상은 장애와 사회저기 불리에 영향을 주고, 장애는 개인적 차원에서 일상생활의 활동에 나타나며, 사회적 불리는 사회적 차원, 즉 다른 사람과의 관계에서 비롯되는 장애인이 경험하는 불이익, 편견, 차원 등을 의미한다.

2001년 제53차 유엔총회에서 멕시코 빈센트 폭스 대통령이 유엔장애인권리협약을 제안하였고 2006년 12월 13일 유엔장애인권리협약이 채택되었다. 우리나라는 2007년 3월 30일 협약에 서명하였고 2008년 5월 협약이 발효되었으며 국회 본회의를 통과하여 2009년 1월 협약이 국내에 발효되었다. 2011년 1월 협약에 대한 국내이행에 대한 제1차 국가보고서를 작성하여 제출하였고 2014년 9월 유엔장애인권위원회에서 제1차 국가보고서에 대해 심의 후 심의결과를 통보 받았다.

2. 우리나라에서의 개념

우리나라 현행 법 중 장애아동과 관련된 대표적인 법령으로는 「장애아동복지지원법」(장애아동복지법)과 「장애인 등에 대한 특수교육법」(특수교육법) 등이 있으며 각 법에서 장애아동에 대한 내용을 살펴보면 다음과 같다.

1) 장애아동복지지원법

(1) 제정이유

2011년 8월 4일 법류 제11009호로 제정되어 다음 해 8월 5일부터 시행되었다. 장애아동에 대한 보편적 복지가 아니라 저소득층 장애아동에 대한 선별적인 복지의 성격이 강하고, 복지정책도 주로 성인기 장애인들을 중심으로 수립되고 있으며, 복지지원 전달체계나 연계협력 체계가 미비하여 분절된 복지서비스가 이루어지고 있어서 장애아동과 그 가족에 대한 종합적인 지원대책이 필요하므로, 국가와 지방자치단체가 장애아동의 특별한 복지적 욕구에 적합한 지원을 통합적으로 제공함으로써 장애아동이 안정된 가정생활 속에서 건강하게 성장하고 사회에 활발하게 참여할 수 있도록 하며, 장애아동 가족의 부담을 줄이는 데 이바지하려는 것이다.

(2) 주요내용

① 장애아동의 복지지원에 관한 조사·연구, 지역장애아동지원센터에 대한 평가 등을 위해 중앙장애아동지원센터를 설치·운영하며, 시·군·구에 장애의 조기발견을 위한 홍보, 장애아동의 복지지원 사업에 관한 정보 및 자료 제공 등의 업무를 수행하는 지역장애아동지원센터를 설치·운영한다(안 제6조부터 제9조까지).

② 국가와 지방자치단체는 장애아동의 조기발견을 위한 선별검사와 홍보를 하여야 하고, 시장·군수·구청장은 장아애동 및 그 보호자로부터 복지지원의 신청을 받아서 복지지원대상자를 선정하고, 복지지원 내용을 결정한 후 복지지원대상자로 선정한 장애아동과 그 가족에게 복지지원 제공기관을 연계하도록 한다(안 제12조부터 제16조까지).

③ 국가와 지방자치단체는 장애아동의 의료적 욕구에 따른 의료지원을 하고, 장애아동에게 보조기구, 발달재활서비스, 장애영유아 보육지원을 무상으로 제공하도록 한다(안 제19조부터 제22조까지).

④ 국가와 지방자치단체는 장애아동의 가족이 장애아동에게 적합한 양육방법을 습득하고 가족의 역량을 키울 수 있도록 가족상담·교육

등의 가족지원을 제공하고, 장애아동 가족의 일상적인 양육부담을 경감하고 보호자의 정상적인 사회활동을 돕기 위하여 돌봄 지원과 일시적인 휴식지원서비스를 제공하며, 장애아동이 성인이 된 경우를 위해 지역사회 전환서비스를 제공하도록 한다(안 제23조부터 제25조까지).

⑤ 국가와 지방자치단체는 취약가정에 대하여 우선적으로 복지지원을 제공하고, 복지지원의 비용을 현금 또는 현물로 지급하되, 지급받은 자가 거짓이나 그 밖의 부정한 방법으로 지급받은 경우에는 이를 환수하도록 한다(안 제27조부터 제29조까지).

(3) 목적

이 법은 국가와 지방자치단체가 장애아동의 특별한 복지적 욕구에 적합한 지원을 통합적으로 제공함으로써 장애아동이 안정된 가정생활 속에서 건강하게 성장하고 사회에 활발하게 참여할 수 있도록 하며, 장애아동 가족의 부담을 줄이는 데 이바지함을 목적으로 한다.

(4) 정의

“장애아동”이란 18세 미만의 사람 중 「장애인복지법」 제32조에 따라 등록한 장애인을 말한다. 다만, 6세 미만의 아동으로서 장애가 있다고 보건복지부장관이 별도로 인정하는 사람을 포함한다.

2) 장애인 등에 대한 특수교육법([시행 2017.12.19.] [법률 제15234호, 2017.12.19., 일부개정] 특수교육법)

(1) 제정이유 및 주요내용

「교육기본법」 제18조에 따라 국가 및 지방자치단체가 장애인 및 특별한 교육적 요구가 있는 사람에게 통합된 교육환경을 제공하고 생애주기에 따라 장애유형·장애정도의 특성을 고려한 교육을 실시하여 이들의 자아실현과 사회통합을 하는 데 기여하기 위하여 「특수교육진흥법」을 폐지하고 2007년 5월 25일 「장애인 등에 대한 특수교육법」을 제정하였다.

주요 내용으로는 시각장애, 청각장애, 정신지체, 정서·행동장애 등이 있는 특수교육대상자에 대하여 유치원·초등학교·중학교 및 고등학교과정의 교육을 의무교육으로 하고, 고등학교과정을 졸업한 자에게 진로 및 직업교육을 제공하는 전공과와 만 3세 미만의 장애영아교육은 무상으로 하며, 의무교육 및 무상교육에 드는 비용은 국가 또는 지방자치단체가 부담하도록 하는 의무교육 및 무상교육(법 제3조), 특수교육지원센터의 설치·운영에 대한 법적 근거 마련(법 제11조), 장애의 조기발견(법 제14조), 특수교육지원대상자에 대한 통합교육 촉진(법 제21조) 등을 담고 있다.

2013년 12월 특수교육대상자에 대한 교사의 인권침해 사례가 빈번하게 발생하고 있어 학교에서의 특수교육대상자에 대한 인권 보호 대책이 필요한 실정인 바, 특수교육교원의 자질향상을 위한 교육·연수과정과 통합교육을 하는 일반학교 교원의 교육·연수과정에 특수교육대상자 인권의 존중에 관한 내용이 포함되도록 하려는 내용으로 일부 개정하였다.

2016년 3월에는 현행법이 특수교육대상자 선정요건 중에서 '정신지체'를 규정하고 있으나 장애인의 종류 등을 정하고 있는 「장애인복지법」 및 「동법 시행령」에서는 2007년 10월에 '정신지체인'을 '지적장애인'으로 변경하였고, 국립국어원의 표준국어대사전에서도 정신지체는 지적장애의 전 용어로 규정하고 있기에 '정신지체'를 '지적장애'로 변경함으로써 장애 관련 용어를 통일하는 일부 개정이 이루어졌다.

2017년 12월 19일 다시 일부 개정이 되었는데 그 이유는 「장애인 등에 대한 특수교육법」은 「교육기본법」 제18조에 따라 국가 및 지방자치단체가 장애인 및 특별한 교육적 요구가 있는 사람에게 통합된 교육환경을 제공하고, 생애주기에 따라 장애유형·장애정도의 특성을 고려한 교육을 실시하여 이들이 자아실현과 사회통합을 하는 데 기여함을 목적으로 하는 법으로 현재 「장애인 등에 대한 특수교육법」에는 비교육적 용어이자 강제적인 의미를 담고 있는 단어인 '수용'이라는 용어가 남아 있어 이를 '배치'로 개정하였다.

(2) 목적

이 법은 「교육기본법」 제18조에 따라 국가 및 지방자치단체가 장애인 및 특별한 교육적 요구가 있는 사람에게 통합된 교육환경을 제공하고 생애주기에 따라 장애유형·장애정도의 특성을 고려한 교육을 실시하여 이들이 자아실현과 사회통합을 하는 데 기여함을 목적으로 한다.

(3) 정의

1. "특수교육"이란 특수교육대상자의 교육적 요구를 충족시키기 위하여 특성에 적합한 교육과정 및 제2호에 따른 특수교육 관련서비스 제공을 통하여 이루어지는 교육을 말한다.
2. "특수교육 관련서비스"란 특수교육대상자의 교육을 효율적으로 실시하기 위하여 필요한 인적·물적 자원을 제공하는 서비스로서 상담지원·가족지원·치료지원·보조인력지원·보조공학기기지원·학습보조기기지원·통학지원 및 정보접근지원 등을 말한다.
3. "특수교육대상자"란 제15조에 따라 특수교육을 필요로 하는 사람으로 선정된 사람을 말한다.

(4) 의무교육과 차별의 금지

장애인 등에 대한 특수교육법에서는 특수교육대상자에 대하여 유치원·초등학교·중학교 및 고등학교 과정의 교육은 의무교육으로 하며 만 3세 미만의 장애영아교육은 무상으로 한다고 명시하고 있고 다음의 차별에 대해 금지하고 있다.

① 각급학교의 장 또는 대학(「고등교육법」 제2조에 따른 학교를 말한다. 이하 같다)의 장은 특수교육대상자가 그 학교에 입학하고자 하는 경우에는 그가 지닌 장애를 이유로 입학의 지원을 거부하거나 입학전형 합격자의 입학을 거부하는 등 교육기회에 있어서 차별을 하여서는 아니 된다.

② 국가, 지방자치단체, 각급학교의 장 또는 대학의 장은 다음 각 호의 사항에 관하여 장애인의 특성을 고려한 교육시행을 목적으로 함이 명백한 경우 외에는 특수교육대상자 및 보호자를 차별하여서는 아니 된다.

1. 제28조에 따른 특수교육 관련서비스 제공에서의 차별
2. 수업참여 배제 및 교내외 활동 참여 배제
3. 개별화교육지원팀에의 참여 등 보호자 참여에서의 차별
4. 대학의 입학전형절차에서 장애로 인하여 필요한 수험편의의 내용을 조사·확인하기 위한 경우 외에 별도의 면접이나 신체검사를 요구하는 등 입학전형 과정에서의 차별

(5) 특수교육대상자의 선정

교육장 또는 교육감은 다음 각 호의 어느 하나에 해당하는 사람 중 특수교육을 필요로 하는 사람으로 진단·평가된 사람을 특수교육대상자로 선정한다. <개정 2016.2.3>

1. 시각장애
2. 청각장애
3. 지적장애
4. 지체장애
5. 정서·행동장애
6. 자폐성장애(이와 관련된 장애를 포함한다)
7. 의사소통장애
8. 학습장애
9. 건강장애
10. 발달지체
11. 그 밖에 대통령령으로 정하는 장애

(6) 장애영아의 교육지원

「특수교육법」에서는 특수교육대상자의 보호자는 그 보호하는 자녀에 대하여 제3조제1항에 따른 의무교육의 기회를 보호하고 존중하여야 함을 명시하고 장애영아의 교육지원을 다음과 같이 규정하고 있다.

① 만 3세 미만의 장애영아의 보호자는 조기교육이 필요한 경우 교육장에게 교육을 요구할 수 있다.

② 제1항에 따른 요구를 받은 교육장은 특수교육지원센터의 진단·평가결과를 기초로 만 3세 미만의 장애영아를 특수학교의 유치원과정, 영아학급 또는 특수교육지원센터에 배치할 수 있다.

③ 제2항에 따라 배치된 장애영아가 의료기관, 복지시설 또는 가정 등에

있을 경우에는 특수교육교원 및 특수교육 관련서비스 담당 인력 등으로 하여금 순회교육을 제공하도록 할 수 있다.

④ 국가 및 지방자치단체는 장애영아를 위한 교육여건을 개선하고 설비를 정비하기 위하여 노력하여야 한다.

제2절 장애아동을 위한 복지서비스

1. 장애아동을 위한 복지의 실천

장애아동을 위한 아동복지의 실천이란 장애아동의 발생을 예방하고, 장애아동이 가지고 있는 잠재능력과 잔존능력을 최대한 발휘하여 발달의 신장과 함께 정상적인 생활이 가능하도록 원조하는 제반 사회적 활동을 말한다(박정희, 2003). 모든 아동은 건강하게 성장하여 행복한 생활을 누리는 데 필요한 생리적·문화적 욕구를 충족 받을 권리를 가지며, 장애아동은 이들이 가지고 있는 특수성에 적합한 서비스를 부가하여 제공받을 권리를 지닌다. 이러한 생각은 우리나라의 「헌법」과 「아동복지법」, 「특수교육법」 및 「장애아동복지지원법」 등에 명시 또는 함축되어 있고 유엔아동권리협약에도 구체적으로 언급되어 있다.

전체 장애인복지사업 중 장애아동복지사업이 특히 중요한 것은 인간발달 과정에서 유아 및 아동기에 가장 빠른 성장이 이루어지기 때문에 아동의 잠재능력과 잔존능력을 최대한으로 개발하고 장애로 인한 심리·사회 및 발달적 손상을 최소화하기 위해서는 장애아동의 예방 및 재활을 위한 개입이 가능하면 빨리 시작되어야 하기 때문이다(심미영·염동문, 2009).

오늘날 사회복지는 개인의 복지에 직접 관계되어 인간 개인의 복지를 목적으로 하고, 이에 대해 직접적으로 그 개인에게 적용되는 사회정책으로 이해되고 있으며, 사회복지의 특성으로 사회적인 책임과 주관성, 조직적인 활동성, 이용자와의 직접적인 관계성, 인간의 복지성을 들고 있다. 장애아동복지는 넓게는 사회복지 틀 속에서 공통된 특성을 가지고 있지만 장애아동이라는 특정인을 대상으로 하기 때문에 독특한 특성을 가질 수 있다.

장애아동복지의 실천은 장애문제의 복잡성·종합성·역동성·책임성에 의해 실천된다.

1) 복잡성

장애는 손상 부위에 따라 지체, 시각, 청각, 언어, 발달, 정신, 심장, 신장 장애 등으로 분류되고 다시 손상정도에 따라 6등급으로 분류되며, 재활서비스 측면에 따라 장애는 다시 정의되는 등 장애유형과 장애로 인해 파생되는 여러 가지 문제도 다양하다. 또한 이러한 장애문제는 사회 전체가 가지고 있는 잘못된 장애인관, 사회·문화적 환경과도 깊은 관련이 있는데, 이러한 여러 가지 장애문제의 다양성과 복잡성은 장애아동 복지를 어렵게 하기 때문에 실천에 복잡성이라는 특성을 가지게 된다.

2) 종합성

장애문제는 다양하고 복잡하기 때문에 해결방법도 다양하고 종합적으로 강구되어야 한다. 단순한 사회복지 차원에서뿐만 아니라 의료적·교육적·직업적·사회적·환경적 차원과도 관련되어 있는 종합성이 요구되는 복지로서 결코 어느 한 특정 분야의 전문성만 가지고는 달성될 수 없다. 따라서 전문분야의 특성을 조직화하여 접근하여야 하며, 복지라는 측면과 재활이라는 측면이 종합적으로 강구될 때 목적을 달성할 수 있다, 그리고 장애를 가진 본인의 문제로 국한된 것이 아니라 가정, 사회, 국가가 공동으로 해결하는 종합적 대책이 필요하다(박정희, 2003).

3) 역동성

처음 장애인복지가 실시된 것은 위정자나 전문가를 중심으로 한 일부 소수들에 의해 다루어졌으나 점차 장애인 자신들의 권리의식이 싹트고 경제수준이 향상되면서 장애인 복지에 관한 공감대가 형성되었다. 이는 장애인복지를 시대나 상황에 따라 역동적으로 움직이게 하고 있는 것이다.

4) 책임성

장애복지는 한 인간의 재활문제를 다루는 공공적 성격을 띠므로 반드시 책임이 따른다. 그 책임의 한계는 첫째, 한 인간의 삶과 연계된 문제이기에 개인을 대상으로 하는 책임이 따른다. 둘째, 후원자에 대한 책임으로 국가뿐만 아니라 민간기관에서 장애인복지를 수행하는 경우가 많기 때문이다. 셋째, 사회적 책임으로 개인이나 사적이 아닌 공적·사회적 목적에 의해 규정하는 활동이라는 점에 대한 책임성을 입증할 수 있어야 한다.

2. 우리나라 장애아동 복지의 실천과정

2008년에 제정된 「장애인 등에 대한 특수교육법」에 따라 정부는 장애인 등에 대한 특수교육종합계획을 수립하여 추진하였다. 1997년부터 2001년까지 진행된 제1차 계획은 교육복지 종합대책에 다섯 가지 부문, 즉 장애아, 유아, 학습부진아, 학교 중도탈락자 및 해외 귀국자녀의 교육을 포함하여 추진하였고 2002년부터 2007년까지 진행된 제2차 계획에서는 '일반교육과 특수교육의 책무성 공유에 의한 모든 학생의 교육성과 최대화'를 목표로 추진하였다. 제3차 계획은 2008년부터 2012년까지 '장애유형·장애정도를 고려한 교육지원으로 모든 장애인의 자아실현과 사회통합 기여'를 목표로 추진하였다.

제3차 계획의 종료에 따라, 꿈과 끼를 키우는 특수교육 제공으로 장애학생의 행복교육을 실현하고자 국정과제 등 국정기조를 담아 2013년부터 2017년까지 제4차 계획을 수립하여 시행하였다. 국정과제로 청각장애인 지원확대를 위해 특수교육지원센터 지정, 특수교육교원 수화 연수, 교수·학습자료를 개발하고, 장애학생 교육여건을 대폭 확충하고자 특수학교 신설·특수학급 증설, 특수교사 법정정원 확보율 제고, 전공과 학급 설치 확대, 장애대학생 학습도우미 지원사업대학 의무운영 및 학습도우미 증원 등을 추진하였다.

✳ 표 8-1 4차 특수교육발전 5개년 계획(2013~2017) 중점과제

4대 분야		11개 중점과제	
1	특수교육 교육력 및 성과 제고	1	장애영유아교육의 내실화
		2	특수교육교원의 전문성 강화
		3	특수교육 교육과정 운영 내실화
2	특수교육 지원 고도화	4	장애발견 진단·배치 체계 고도화
		5	특수교육관련서비스 및 방과후학교 운영 내실화
		6	특수교육기관 확충 및 역할 강화
3	장애학생 인권친화적 분위기 조성	7	장애학생 인권보호 및 인성교육 강화
		8	통합교육 환경에서의 장애학생 지원 강화
4	장애학생 능동적 사회참여 역량 강화	9	장애학생 진로·직업교육 강화를 통한 진로의 다양화 및 취업률 향상
		10	장애학생 고등교육 접근성 및 교육인프라 강화
		11	장애성인 평생교육 기회 확대 및 여건 개선

출처: 교육부(2013)

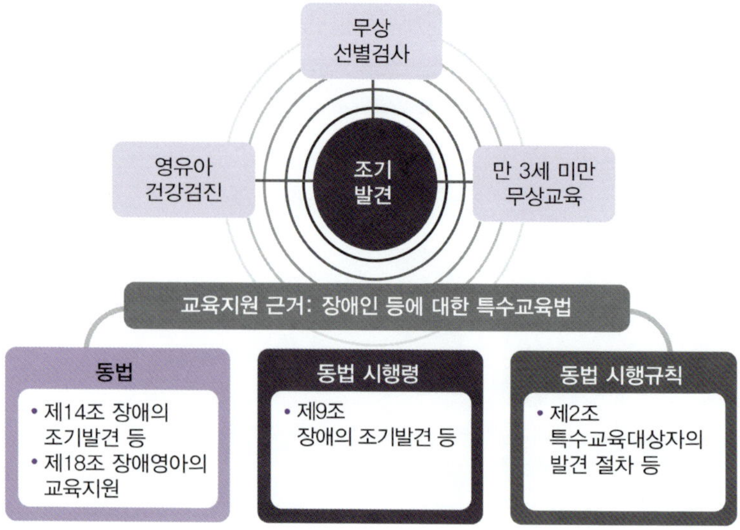

출처: 교육부(2013). 제4차 특수교육발전 5개년 계획.

✺ 그림 8-1 장애영유아 조기발견을 통한 특수교육지원

장애영유아 건강검진

• 6세 미만 영유아를 대상으로 4개월, 9개월, 2세, 3세, 4세, 5세에 건강 검진 실시, 비용은 무료이며 장애가 있는 것으로 의심될 경우 특수교육지원센터에서 진단·평가를 받을 수 있도록 안내

특히 학교 내 장애학생에 대한 상시모니터링 및 인권보호 노력은 아직 부족하다고 판단하여 장애학생의 인권친화적 분위기 조성을 주요 과제 중 하나로 삼았다. 2012년 국립특수교육원에는 「인권보호팀」을 설치하고, 전국 특수교육지원센터 내 조직으로 「상설모니터단」을 187개 조직하였으나, 설치 초기단계이므로 운영의 내실화가 필요하다고 보았다.[1)]

1) 교육부(2013). 제4차 특수교육발전 5개년 계획.

✺ 표 8-2 '11년 특수학교 인권침해 예방 현황

	성(인권교육)	인권보장 규정	재해대피 교육	학생건의 방안	자기권리 인지
양호	149	141	149	131	126
보통	4	7	5	14	15
미흡	1	6	0	9	13
계	154	154	154	154	154

출처: 교육부(2013). 제4차 특수교육발전 5개년 계획.

통합교육 추세에 따라 일반학교에서 교육 받기를 희망하는 학생이 증가하고 있으나, 일반학생, 교원 및 학부모의 장애이해는 미흡한 실정이다. 따라서 장애학생의 자기보호 역량뿐만 아니라 범국민 장애인식 개선이 필요한 시점이다.2)

또한 장애학생 인권침해 예방 및 재발 방지를 위한 인권보호 프로그램을 개발하여 운영하는 등 장애학생 인권존중 문화 정착을 위한 지원을 강화하며 장애학생의 꿈과 끼를 살리는 건강하고 즐거운 학교생활을 위한 문화예술 및 체육활동을 지원하는 등 장애학생의 인권보호 및 인성교육을 강화하도록 추진하였다.

전국 유·초·중·고 학생 및 대국민을 대상으로 하는 장애인식 개선활동을 전개하여 통합교육 분위기를 조성하고자 일반학교 학생을 대상으로 장애이해교육을 연 2회 실시하도록 하였다.

장애이해 교육

- 「장애인복지법 시행령」 제16조(사회적 인식 개선 교육) ② 「초·중등교육법」에 따른 학교의 장은 법 제25조에 따라 학생을 대상으로 장애인에 대한 인식개선을 위한 교육을 1년에 1회 이상 하여야 한다.

2) 교육부(2013). 제4차 특수교육발전 5개년 계획.

2003년부터 2012년까지 지난 10년간 0~19세 인구 대비 특수교육대상자 비율 증가 추세를 보면 2003년 0.4%에서 2012년 0.76%로 10년간 0.34% 증가하였다. 이를 감안할 때 향후 10년간('13~'22년) 매년 0.034% 증가하여 2022년에는 특수교육대상자가 100,316명이 될 것으로 예측된다.

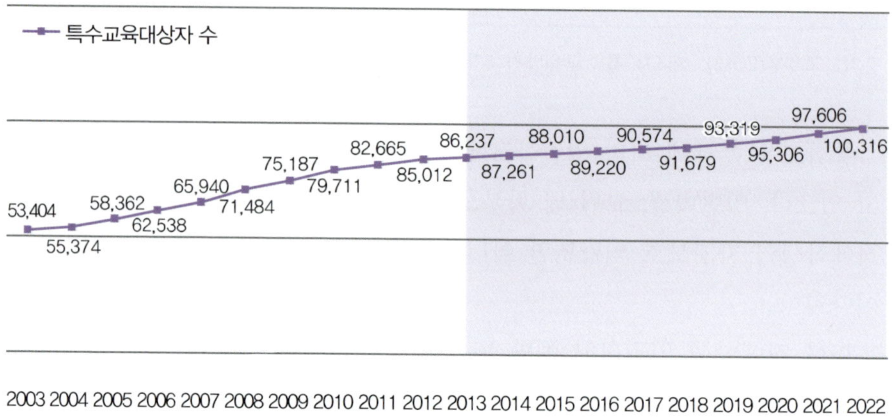

출처: 교육부(2013). 제4차 특수교육발전 5개년 계획.

✹ 그림 8-2 연도별 특수교대상자 수

현재 특수교육대상자의 의무교육기간은 유치원(만 3세)부터 고등학교까지이며, 0~2세와 고등학교 이후 전공과정은 무상교육이다. 특수교육 대상자는 2011년 82,665명에서 2016년 87,950명으로 증가하였다.3)

✹ 표 8-3 특수교육대상자 배치 현황(교육부, 특수교육통계) (단위: 명, 개소, %)

구분 \ 연도		2011	2012	2013	2014	2015	2016
전체 학생 수(명)		82,665 (100.0)	85,012 (100.0)	86,633 (100.0)	87,278 (100.0)	88,067 (100.0)	87,950 (100.0)
일반학교	일반학급(명)	14,741 (17.8)	15,647 (18.4)	15,930 (18.4)	15,648 (17.9)	15,622 (17.8)	15,344 (17.4)
	특수학급(명)	43,183 (52.3)	44,433 (52.3)	45,181 (52.1)	45,803 (52.5)	46,351 (52.6)	46,645 (53.0)

(계속)

3) 대한민국정부(2017). 제5·6차 유엔아동권리협약 국가보고서.

구분 \ 연도	2011	2012	2013	2014	2015	2016
일반학교 계(개소)	57,924 (70.1)	60,080 (70.0)	61,111 (70.5)	61,451 (70.4)	61,973 (70.4)	61,989 (70.5)
특수학교(명)	24,580 (30.0)	24,720 (29.0)	25,138 (29.0)	25,288 (29.0)	25,531 (29.0)	25,647 (29.0)
특수교육지원센터(소)	161 (0.2)	212 (0.2)	384 (0.4)	539 (0.6)	563 (0.6)	494 (0.6)

출처: 대한민국정부(2017). 제5·6차 유엔아동권리협약 국가보고서.

정부는 '제4차 특수교육 발전 5개년 계획'(2013~2017)에 의거하여 장애아동의 교육 여건을 개선하기 위해 특수학교, 특수학급 등을 신·증설하였다.

표 8-4 특수학교 현황 (단위: 개교, 개, 명)

구분 \ 연도	학교수 (개교)	교원수 (명)	학급수						학급당 학생수					
			전체	유치원 과정	초등 학교 과정	중학교 과정	고등 학교 과정	전공과 과정	전체	유치원 과정	초등 학교 과정	중학교 과정	고등 학교 과정	전공과 과정
2000	129	4,555	2,534	242	1,193	578	521	–	9.3	6.2	8.6	10.0	11.6	–
2005	142	5,724	3,073	274	1,321	701	679	98	7.7	4.6	6.6	8.8	9.5	10.1
2010	150	6,857	3,760	281	1,340	910	974	255	6.3	3.6	5.3	6.6	7.5	9.4
2011	155	7,407	3,973	283	1,374	963	1,046	307	6.2	3.7	5.2	6.3	7.2	9.3
2012	156	7,654	4,086	280	1,376	983	1,088	359	6.1	3.9	5.0	6.2	6.9	9.1
2013	162	8,012	4,274	285	1,392	1,061	1,134	402	5.9	3.9	4.8	5.9	6.6	8.9
2014	166	8,297	4,374	289	1,402	1,091	1,147	445	5.8	3.6	4.7	5.8	6.5	8.8
2015	167	8,542	4,476	294	1,428	,1070	1,190	494	5.7	3.7	4.6	5.7	6.4	8.6
2016	170	8,720	4,611	308	1,472	,1074	1,224	533	5.5	3.6	4.5	5.4	6.2	8.2

주: 1) 학교수에는 신설학교, 기존학교, 휴교가 포함됨(폐교, 분교는 제외함).
2) 교원수에는 정규교원(휴직 교원 포함)과 기간제교사가 포함되며, 퇴직교원과 시간강사는 제외함.
출처: 한국교원개발원(각 연도), 교육통계서비스.

장애학생의 교육권 보장을 위해 최근 6년간(2011~2016) 특수교사 2,828명, 특수교육 보조인력 2,324명을 증원 배치하였고, 특수교육 담당교원 등의 자질 함양 및 전문성 제고를 위해 연수를 실시하고 있다. 또한 정부는 장애학생 의무교육을 내실화하기 위해서 특수교육 예산을 증액하였다.

✺ 표 8-5 특수교육 총 예산 (단위: 천원)

구분 \ 연도	2011	2012	2013	2014	2015	2016
특수교육 총예산	1,966,284,753	2,138,496,638	2,245,781,336	2,076,048,794	2,227,638,518	2,376,062,265

주: 특수교육 총예산은 시·도교육청 총예산과 국립학교(특수학교, 특수학급) 예산 합계
출처: 교육부(각 연도), 특수교육 연차보고서.

전체 장애학생 중 평균 70.4%(2011~2016)가 통합교육을 받고 있으며, 통합교육 담당교사 연수도 지속적으로 확대하고 있다. 정부는 장애아동의 통합수업 참여 지원을 위해 통합교육 교수 학습 자료와 과목별 시청각 보조 교과서 등 장애 유형과 특성을 고려한 다양한 자료를 개발 보급하였다. 교육부는 각급 학교에서 모든 학생을 대상으로 장애영역별 특성, 예절, 교우관계 형성 등 장애이해교육을 연 2회 이상 실시하도록 하고 있다.[4)]

3. 장애아동의 권리와 복지서비스

정부에서 실행하고 있는 장애인 권리와 복지를 증진하기 위한 정책 중 장애아동 관련 서비스는 장애인 활동 지원정책, 만 18세 미만 중증 장애아동을 지원하는 장애아 가족 양육 지원, 발달장애인 자녀를 가진 부모 및 보호자를 위한 발달장애인 부모상담지원, 발달장애인 가족휴식지원 등이 있으며 의료지원으로는 장애인의료비 지원, 장애인등록진단비 지원, 장애검사비 지원, 만 19세 미만 장애아동을 대상으로 하는 발달재활서비스, 장애인 보조기구 및 보장구 건강보험급여(의료급여) 적용, 장애아동 의료재활시설 운영 등이 있다. 또한 생애주기별 교육지원체계를 구축하고 특수교육 지원강화, 장애학생 인권 보호 및 인식개선, 장애인 문화활동 활성화 등의 분야를 정책과제로 삼고 있다.

장애아동에게 재활서비스 및 돌봄서비스를 제공하여 장애아동 재활치료서비스, 언어발달지원서비스, 돌봄서비스 등 2011년에는 4만 4천여 명에게 서

4) 대한민국정부(2017). 제5·6차 유엔아동권리협약 국가보고서.

비스를 제공하여 장애아동가족의 양육부담을 경감하였고, 장애아가족 돌봄서비스 대상자를 확대하고 서비스 제공기관 지정을 확대하고 전국 제공기관 지정 등 서비스 접근성을 개선하여 2010년 688명이던 돌봄서비스 대상자가 2011년에는 2,500명에 이르렀다. 재활치료서비스 제공기관 지정도 확대하여 2010년 801개소에서 2011년 993개소로 증가하였다.[5)]

「국민기초생활보장법」에 의한 수급자 및 차상위 계층의 만 18세 미만 등록 장애아동에게 장애아동수당을 지급하고 있다. 단, 만 20세 이하로서 「초·중등교육법」에 따른 학교에 재학(휴학 및 의무교육대상자 중 유예자도 포함됨) 중인 자는 포함한다.

2008년 4월 시행된 「장애인 차별금지 및 권리구제 등에 관한 법률」에 따라 모든 생활영역에서 장애를 이유로 한 차별을 금지하고 장애를 이유로 차별받은 사람의 권익을 효과적으로 구제함으로써 장애인의 완전한 사회참여와 평등권 실현을 통해 인간으로서의 존엄과 가치를 구현하고자 하였다. 이 법에서는 장애를 신체적·정신적 손상 또는 기능상실이 장기간에 걸쳐 일상 또는 사회생활에 상당한 제약을 초래하는 상태로 규정함으로써 「장애인복지법」상의 장애인 개념과 조화를 꾀함과 동시에 장애를 사유로 한 차별을 폭넓게 금지할 수 있는 근거를 마련하였다.

금지대상 차별행위를 직접차별, 간접차별, 정당한 편의제공 거부, 광고를 통한 차별로 규정하고, 장애아동의 보호자 또는 후견인 그 밖에 장애인을 돕기 위한 장애인 관련자를 차별하는 행위와 보조견 또는 장애인보조기구 등의 정당한 사용을 방해하는 행위 등도 차별에 해당하는 것으로 정하였고, 차별의 영역을 고용, 교육, 재화와 용역의 제공 및 이용, 사법·행정절차 및 서비스와 참정권, 모·부성권 및 성 등, 가족·가정·복지시설 및 건강권 등의 여섯 가지 영역으로 규정하여 생활상의 다양한 영역에서 차별을 금지하였다.[6)]

유엔아동권리협약 제23조에서도 "아동의 몸이나 마음에 장애가 있을 때 아동은 특별한 보호를 받아야 하며, 정부는 아동을 돌보는 부모나 보호자가

---

5) 보건복지부(2013). 제4차 장애인정책종합계획 2013~2017.
6) 법제처, 장애인차별금지 및 권리구제 등에 관한 법률(장애인차별금지법,[시행 2017.7.26.] [법률 제14839호, 2017.7.26., 타법개정])

아동을 잘 돌볼 수 있도록 필요한 자원을 해주어야 한다"고 장애아동의 보호에 대해 설명하였다.

그림 8-3 그림으로 보는 아동권리협약

출처: 그림으로 보는 아동권리협약(유니세프한국위원회, 2017)

우리나라는 2014년 5월 지적장애인과 자폐성장애인을 통칭하여 「발달장애인의 권리보장을 위한 법률」을 제정하였는데 발달장애인은 전체 등록장애인 중 소수에 불과하지만 성인이 되어서도 세수, 화장실 사용 등의 간단한 일상생활조차도 타인의 도움이 없이 영위하기가 어려워 일생 돌봄이 필요한 경우가 대부분이고, 특히 발달장애인은 인지력·의사소통능력 등이 부족하여 자신의 권리를 주장하거나 스스로 보호하는 것에 상당한 어려움이 있어 학대·성폭력, 인신매매, 장기적인 노동력 착취 등의 피해자가 되는 경우가 지속적으로 발생하고 있어 법을 제정하게 되었다.[7)]

이 법은 발달장애인의 의사를 최대한 존중하여 그들의 생애주기에 따른 특성 및 복지 욕구에 적합한 지원과 권리옹호 등이 체계적이고 효과적으로 제공될 수 있도록 필요한 사항을 규정함으로써 발달장애인의 사회참여를 촉진하

7) 한국장애인개발원(2015). 반갑다, 발달장애인법.

고, 권리를 보호하며, 인간다운 삶을 영위하는 데 이바지함을 목적으로 한다.[8)]

발달장애인에 대한 복지서비스와 인프라는 그 필요량에 비해 지원 규모가 부족하여 발달장애인을 돌보고 있는 부모나 보호자들의 신체적·정신적·경제적·정서적인 부담이 상당히 높은 수준이고, 발달장애인 직업훈련이나 평생교육 등 능력계발을 위한 지원체계도 상당히 미흡한 실정인 바, 발달장애인에 대한 구체적인 장애 범위, 그 가족이나 보호자 등의 특수한 수요에 부합될 수 있는 지원체계 및 발달장애인지원센터 설립의 근거를 제정함으로써 발달장애인의 권리를 보호하고, 그 보호자 등의 삶의 질을 향상시키기 위함이다.

이 법에서 정하는 발달장애인의 권리는 다음과 같다.

① 발달장애인은 원칙적으로 자신의 신체와 재산에 관한 사항에 대하여 스스로 판단하고 결정할 권리를 가진다.
② 발달장애인은 자신에게 법률적·사실적인 영향을 미치는 사안에 대하여 스스로 이해하여 자신의 자유로운 의사를 표현할 수 있도록 필요한 도움을 받을 권리가 있다.
③ 발달장애인은 자신과 관련된 정책의 결정과정에서 자기의 견해와 의사를 표현할 권리가 있다.

또한 자기결정권을 보상하는 근거를 다음과 같이 마련하였다.

① 발달장애인은 자신의 주거지의 결정, 의료행위에 대한 동의나 거부, 타인과의 교류, 복지서비스의 이용 여부와 서비스 종류의 선택 등을 스스로 결정한다.
② 누구든지 발달장애인에게 의사결정이 필요한 사항과 관련하여 충분한 정보와 의사결정에 필요한 도움을 제공하지 아니하고 그의 의사결정능력을 판단하여서는 안 된다.
③ 제1항 및 제2항에도 불구하고 스스로 의사를 결정할 능력이 충분하지 아니하다고 판단할 만한 상당한 이유가 있는 경우에는 보호자가 발달

8) 발달장애인 권리보장 및 지원에 관한 법률(약칭: 발달장애인법) [시행 2017.7.26.] [법률 제14839호, 2017.7.26., 타법개정]

장애인의 의사결정을 지원할 수 있다. 이 경우 보호자는 발달장애인 당사자에게 최선의 이익이 되도록 하여야 한다.[9)]

9) 법제체(2018). 발달장애인법[시행 2017.7.26.] [법률 제14839호, 2017.7.26., 타법개정]

■ **생각해 봅시다.**

1. 장애아동의 권리와 복지 실천과정과 내용은 무엇인가 생각해 봅시다.

2. 장애아동 가족이 경험하는 가족 부담에 대하여 생각해 봅시다.

3. 장애아동을 위한 통합교육의 필요성에 대하여 토론해 봅시다.

4. 최근에 벌어지고 있는 장애아동에 대한 학교 내에서의 차별에 대해 토론해 봅시다.

입양아동

제1절 입양아동의 개념

1. 입양아동의 개념

입양이란 부모와 자녀관계가 생물학적 과정을 통해 이루어지는 것이 아니라 법적·사회적 과정을 통해 영원한 부모–자녀 관계가 성립됨을 의미한다. 한국에서 근대적 의미의 입양은 6.25 한국전쟁으로 인한 많은 고아들이 속출하자, 홀트(Holt)라는 미국인 선교사가 본국 자기 가정에서 8명의 아동을 입양하면서부터 개시되었다(홀트아동복지회, 2006).

본격적인 입양전담기관으로서는 1960년 홀트해외양자회(1972년 홀트아동복지회로 개칭)가 설립되었으며, 1972년에는 한국적십자연맹(1977년 동방아동복지사회로 개칭)이, 1964년에는 한국사회봉사회가 입양기관으로 각각 설립되어 해외입양, 국내입양 및 각종의 아동복지사업(예컨대 거택구호, 장학사업, 미혼모상담, 탁아사업, 저소득 가정의 후원사업, 시설후원, 결연사업 등)이 행해지고 있다. 한마디로 전근대적 양자제도는 가족 중심적이며, 근대적 양자제도는 아동보호의 복지적 성격을 띠고 있다.

다시 말해서 입양은 아동을 낳은 부모의 법적 권리와 책임을 입양하는 부모에게 이전시키는 것으로 친생부모에게는 아이에 대한 부모 권리를 이전시키는 수단을 마련해주고, 입양부모에게는 부모가 될 수 있는 해결책을 마련해준다. 그리고 입양아에게는 준비된 부모를 제공해 주는 것이 입양의 일반적 특성이다(정명례, 2004).

즉, 입양이란 혈연관계가 아닌 일반인 사이에서 법률적으로 친자관계를 맺는 것을 말한다. 가정법원의 입양허가를 통해 입양이 성립되면 친생부모에 대한 모든 권리와 의무는 소멸되고, 입양부모에게 입양아동에 관한 모든 권리와 의무가 이양된다(중앙입양원, 2018).

또한 헤이그국제사법회의(www.hcch.net)에서 국제입양으로 국가를 이동하는 아동의 인권을 보호하고 입양에 의한 유괴·인신매매 방지를 위한 국제입양의 절차와 요건을 규정하기 위해 1993년 5월 29일 협약을 채택하여 1995년 5월 1일 발효하였는데 이것이 헤이그국제아동입양협약이다. 현재 98개국이 가입하였고, 우리나라와 국제입양을 진행하는 국가 모두 협약에 가입하였다. 우리나라는 입양아동 안전 및 권익보호를 위해 2013년 5월 24일 이 협약에 서명하였고, 협약 비준을 위해 추가적 이행입법 마련과 관련 제도를 보완하는 등의 준비를 하고 있다. 유엔아동권리협약에서도 입양과 관련하여 제21조에서 아동이 입양될 때에는 아동에게 가장 좋은 것이 무엇인지를 생각해서 결정되어야 하고 입양은 국가에서 인정하는 곳을 통해 안전한 방법으로 이루어져야 함을 규정하고 있다.

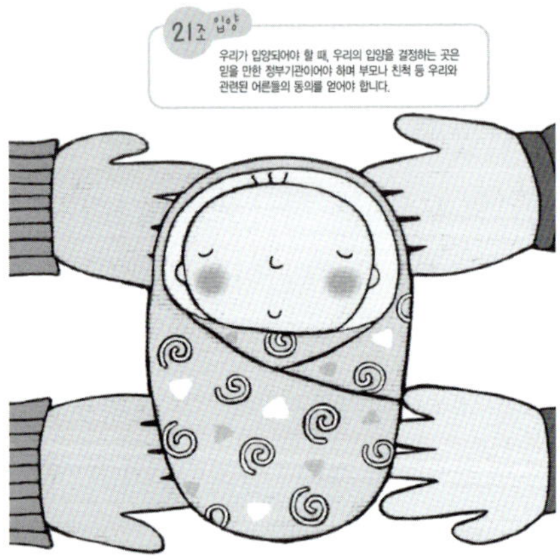

출처: 유니세프한국위원회(2013).

✵ 그림 9-1 그림으로 보는 아동권리협약

헤이그국제아동입양협약에는 다음과 같은 원칙이 있다.[1)]

① 입양은 아동의 가장 근본적인 권리를 존중하고 아동의 최선의 이익을 보장하기 위해서 이루어져야 한다.

② 원가정 보호가 원칙이며 원가정 보호가 불가능할 경우 국내에서 보호할 수 있는 가정을 찾고, 그래도 없으면 국제입양을 추진하는 순서로 아동 최선의 이익을 보장해야 한다.

③ 국가는 입양을 위해 행해질 수 있는 아동의 유괴, 인신매매를 방지해야 한다.

④ 아동 보호를 위해 국가 간 긴밀한 협조체계를 구축해야 한다.

⑤ 입양국의 입양결정을 다른 체약국에서도 자동으로 인정해야 한다.

⑥ 협약을 이행하기 위한 권한 당국이 있어야 하며, 권한 당국은 중앙당국, 공공당국, 사법 또는 행정당국, 인가단체를 둘 수 있다.

2. 입양의 종류

입양의 종류로는 독립입양(independent adoption)과 기관입양(agency adoption) 등이 있으며, 사사로이 사고파는 암거래(black market)도 존재하고 있다.

1) 독립입양

독립입양(independent adoption)은 친부모와 양부모가 직접 상의하여 아동을 입양하거나 친척, 의사, 변호사를 통해 개별적으로 입양하는 방법이다. 독립입양의 경우 비용이 많을 수 있고, 친부모와 양부모의 대면 횟수가 많아 비밀보장이 어려워 나중에 문제를 일으킬 수 있다.

2) 기관입양

기관입양(agency adoption)은 아동복지기관에서 전문가에 의해 친부모로 하여금 친권을 포기하게 하고, 기관이 모든 법적 대리인이 되어서 입양절차

1) 중앙입양원(2018). https://www.kadoption.or.kr

를 밟는 경우로서, 양쪽 부모 및 가정을 조사하여 가장 적절한 가정과 연결해 줌으로써 입양 후의 문제가 적다. 기관입양의 경우 서류상의 절차가 약간 복잡하며 입양을 기다리는 기간이 길다. 또한 입양가정으로는 아동이 안전한 보호를 받을 수 있는 여러 조건이 구비된 가정환경이어야 한다. 즉 신체적으로 건강해야 하며, 경제적·정서적으로 안정되어야 하고, 아동의 성격적 특징과 입양부모의 성격이 유사하며, 입양동기가 건전해야 하고, 가능하면 지역적·종교적 배경이 유사해야 한다(유승곤, 2008).

우리나라 입양의 문제점을 보면, 입양부모뿐만 아니라 입양에 대한 사회적 태도로 말미암아 아동자신을 위한 입양은 아직도 먼 실정이다. 예를 들면 기관을 통한 이성(異姓)입양보다는 친척을 통한 동성(同姓)입양이 주종을 이루고 있다든가, 성별 및 정상아, 장애아, 연장아에 따라 입양이 크게 좌우된다든가(장애아는 거의 입양이 안 됨) 완전 비밀입양을 원하여 자기가 낳은 것처럼 태도를 취한다든가(외국: 입양아로 만족, 우리나라: 친자로 요구)하는 것 등이다(정용주, 2011).

3. 입양의 절차

1) 입양아동의 요건

입양의 기본방향은 국내입양을 우선으로 하며 국외입양을 차선책으로 추진함과 입양가정에 대한 경제적·제도적 지원을 통한 국내입양 활성화 추진 및 혈연중심의 가족문화, 비밀입양위주의 입양인식 개선을 위한 대국민 홍보에 주력하고 있다(보건복지부, 2011). 양자(養子)가 되는 아동의 권익과 복지를 증진하는 것을 목적으로 하는 「입양특례법」은 요보호아동의 입양(入養)에 관한 요건 및 절차 등에 대한 특례와 지원에 필요한 사항을 정하고 있다. 이 법에서 "아동"이란 18세 미만인 사람을 말하며 "요보호아동"이란 「아동복지법」 제3조제4호[2]에 따른 보호대상아동을 말한다. 그리고 "입양아

2) "보호대상아동"이란 보호자가 없거나 보호자로부터 이탈된 아동 또는 보호자가 아동을 학대하는 경우 등 그 보호자가 아동을 양육하기에 적당하지 아니하거나 양육할 능력이 없는 경우의 아동을 말한다(「아동복지법」 제3조제4호).

동"이란 "이 법에 따라 입양된 아동"을 말한다. 이 법 제4조에서 "입양은 아동의 이익이 최우선이 되도록 하여야 한다."는 입양의 원칙을, 제7조에서는 국내입양 우선 추진에 관한 사항을 명시하고 있다.

가정입양 정책의 기본방향은 다음과 같다.

- 태어난 가정에서 양육하기 어려운 경우 아동의 최상의 이익을 위해 입양·가정위탁 등 가정보호를 지원한다.
- 보호가 필요한 아동에 대해 시설보호보다는 가정보호(입양 등)조치가 우선될 수 있도록 지자체의 협조를 필요로 한다.
- 국내입양을 우선으로 하며 국외입양을 차선책으로 추진한다.
- 입양가정 및 아동에 대한 사후관리를 강화한다.
- 입양가정에 대한 경제적·제도적 지원을 통한 국내입양을 활성화한다.
- 혈연중심의 가족문화, 비밀입양위주 입양문화 개선을 위한 대국민 홍보를 강화한다.

(1) 양자될 자격(「입양특례법」 제9조)

1. 보호자로부터 이탈된 사람으로서 특별시장·광역시장·도지사 및 특별자치도지사(이하 "시·도지사"라 한다) 또는 시장·군수·구청장(자치구의 구청장을 말한다. 이하 같다)이 부양의무자를 확인할 수 없어 「국민기초생활 보장법」에 따른 보장시설(이하 "보장시설"이라 한다)에 보호의뢰한 사람
2. 부모(부모가 사망이나 그 밖의 사유로 동의할 수 없는 경우에는 다른 직계존속을 말한다) 또는 후견인이 입양에 동의하여 보장시설 또는 제20조에 따른 입양기관에 보호의뢰한 사람
3. 법원에 의하여 친권상실의 선고를 받은 사람의 자녀로서 시·도지사 또는 시장·군수·구청장이 보장시설에 보호의뢰한 사람
4. 그 밖에 부양의무자를 알 수 없는 경우로서 시·도지사 또는 시장·군수·구청장이 보장시설에 보호의뢰한 사람

(2) 양친될 자격(「입양특례법」 제10조)

① 이 법에 따라 양친이 될 사람은 다음 각 호의 요건을 모두 갖추어야 한다.
1: 양자를 부양하기에 충분한 재산이 있을 것
2: 양자에 대하여 종교의 자유를 인정하고 사회의 구성원으로서 그에 상응하는 양육과 교육을 할 수 있을 것
3: 양친이 될 사람이 아동학대·가정폭력·성폭력·마약 등의 범죄나 알코올 등 약물중독의 경력이 없을 것
4: 양친이 될 사람이 대한민국 국민이 아닌 경우 해당 국가의 법에 따라 양친이 될 수 있는 자격이 있을 것
5: 그 밖에 양자가 될 사람의 복지를 위하여 보건복지부령으로 정하는 필요한 요건을 갖출 것

② 양친이 될 사람은 양자가 될 아동이 복리에 반하는 직업이나 그 밖에 인권침해의 우려가 있는 직업에 종사하지 아니하도록 하여야 한다.

③ 양친이 되려는 사람은 입양의 성립 전에 입양기관 등으로부터 보건복지부령으로 정하는 소정의 교육을 마쳐야 한다.

「입양특례법」은 다음과 같은 주요내용을 가지고 있다.[3)]

첫째, 법원 허가제로 요보호아동의 국내·외 입양은 가정법원의 허가로 성립한다(법 제11조).

둘째, 입양숙려제로 입양동의는 아동의 출생 후 1주일이 경과한 후에만 가능하도록 한다(법 제13조). 친생부모가 아동 최선의 이익을 위해 원가정 보호를 우선적으로 고려할 수 있도록 아동의 출생 후 1주일의 숙려기간을 둔다.

셋째, 국내입양활성화를 위해 국가 및 지자체, 입양기관에 국내입양을 최우선적으로 추진해야 하는 의무를 부여하고 있다. 2007년부터 시행해 온 국내입양우선추진제의 법적근거를 신설하였다(법 제7조).

넷째, 사후서비스로 입양아동과 양부모의 안정적인 가정생활 지원을 위해 사후관리 기간을 연장(6개월→1년)하고 서비스 제공내용을 명시한다(법 제

3) 중앙입양원(2018). https://www.kadoption.or.kr

25조 및 시행령 제5조). 국내입양기관의 장은 입양이 성립된 후 1년 동안 양친과 양자의 상호 적응상태에 필요한 관찰 및 이에 필요한 서비스, 입양가정에서의 아동양육에 필요한 정보의 제공, 입양가정이 수시로 상담할 수 있는 창구의 개선 및 상담원 배치를 하여야 한다. 국외입양기관의 장은 모국방문사업, 모국어 연수 지원, 모국에 관한 자료 제공, 친생부모 찾기 사업과 입양정보 공개제도에 관한 홍보, 국적회복 지원, 국외로 입양된 아동(성년이 된 경우를 포함)을 위한 상담 사업을 실시해야 하고 국외입양인의 국적취득을 확인하고 보건복지부장관에게 보고 한다.

다섯째, **입양정보공개제도**로 입양인의 뿌리찾기 지원을 위해 입양정보공개 청구권을 법적으로 보장하고 있다(법 제36조). 공개청구 대상 정보의 범위는 다음과 같다(시행령 제13조).

1. 친생부모의 인적사항(입양 당시): 이름, 생년월일, 주소 및 연락처
   ※ 친생부모의 인적사항은 친생부모의 동의가 있어야 공개 가능
2. 입양배경에 관한 사항:
   - 입양 당시 친생부모의 나이
   - 입양일 및 입양 사유
   - 친생부모의 거주 지역명(시·군·구의 명칭)
3. 양자가 된 사람의 입양 전 이름, 주민등록번호, 주소, 출생일시 및 출생장소
4. 양자가 된 사람이 입양 전 보호되었던 보장시설 또는 입양기관의 명칭, 주소 및 연락처

2) 입양절차 및 입양가정 지원

첫째, 국내 입양의 경우 수용보호 의뢰(입양기관 또는 보장시설의 장이 시장·군수·구청장에게 의뢰)와 후견인 지정 등(입양기관 또는 보장시설의 장이 시·군·구청장에게 신청), 부양의무자 확인 공고(후견인으로 결정된 보호시설의 장이 당해 보호시설의 소재지를 관할하는 시장·군수·구청장에게 확인공고 의뢰)토록 하고 있으며, 친권자(미혼모 포함) 또는 후견인이 입양에 동의한 아동은 제외하고 있다.

기아인 경우 성·본이 창설되어 있어야 하고, 입양대상아동 확인서 발급의뢰(양자로 될 자의 거주지를 관할하는 시장·군수·구청장이 확인) 및 양친될

자의 입양 알선 신청 및 양친가정조사(거주지관할 시장·군수·구청장, 입양기관 및 아동복지법에 의한 아동상담소의 장)를 통해 이루어진다. 이때 국내에 조사할 가정이 없는 재외동포의 경우는 국내입양이 불가하다.

입양동의(부모, 직계존속 또는 후견인)의 경우, 부모 또는 후견인이 입양에 동의하여 시설 또는 입양기관에 보호의뢰한 경우는 보호의뢰시의 동의로 갈음하며, 양부모에게 입양아동 및 소유물품 인계 후 양부모는 호적법이 정하는 절차에 따라 신고하면 된다.

둘째, 국내에서의 국외입양(외국인이 국내에서 입양하는 경우)인 경우, 국내입양절차와 동일하지만, 아동의 본적지 또는 주소지 관할 가정법원에서 입양인가를 받아야 한다.

셋째, 외국에서의 국외입양(외국인이 국외에서 입양하는 경우)도 국내입양절차와 동일하지만, 국외로 출국 전에 보건복지부장관으로부터 해외이주허가를 받아야 한다. 또한 미아와 친권자가 확인되지 아니한 요보호아동으로서 보장시설 및 입양기관에 입소된 날부터 6월 이내인 기아는 해외이주허가가 제한된다(시행규칙 제17조).

▣ 국내 입양절차

• 근거법인 입양특례법을 전면 개정('11년 8월)하여 '12년 8월부터 시행

입양대상아동의 입양준비에 관한 법적 절차(법 제9조, 제22조, 시행규칙 제7조)

- **(아동 보호의뢰)** 보장시설에 보호의뢰(시·도지사 또는 시장·군수·구청장), 입양기관에 보호의뢰(부모 또는 후견인)
- **(후견인 직무)** 입양기관의 장은 보장시설의 장, 부모 등으로부터 입양될 아동을 인수한 때에는 그 인수한 날부터 입양완료일까지 후견인 직무를 행함
  * 시·도지사 또는 시장·군수·구청장은 친권자 또는 후견인이 없는 아동을 발견한 경우 필요하다고 인정할 때에는 법원에 후견인 선임 신청(아동복지법 제20조)
- **(부양의무자 확인 공고)** 친권자 또는 후견인이 없는 경우, 보호시설장 및 기관장은 소재지 관할 시장·군수·구청장에게 부양의무자 확인 공고 의뢰, 의뢰를 받은 시장·군수·구청장은 15일간 확인 공고
  * 기아인 경우, 기아발견신고 및 기아발견조서 작성(입양기관, 지자체) 후 가정법원에 성·본 창설 허가재판 청구 → 아동의 가족관계등록 창설
- **(입양대상아동 확인서 발급)** 보장시설의 장 또는 입양기관의 장이 작성하여 양자될 자의 자격확인기관(아동 거주지 관할 시장·군수·구청장)에 제출하여 확인을 받음

- (**입양정보통합관리시스템 등록**) 입양기관의 장은 입양기관에 보호 의뢰된 아동 및 친생부모의 정보를 중앙입양원에 제공(입양정보통합관리시스템 등록)하여야 함

• 양친될 자의 입양준비에 관한 법적 절차(법 제10조, 시행령 제2조, 시행규칙 제4~6조, 제8조)
- (**양친가정조사신청서 제출**) 양친이 되려는 사람은 조사기관(양친될 자 거주지 관할 시장·군수·구청장, 입양기관의 장, 아동상담소의 장)에 양친가정조사 신청서 제출
  * 국외입양의 경우 입양을 원하는 국가 또는 그 국가의 공인된 입양기관이 국내 입양기관에 입양알선을 의뢰한 것으로 갈음
- (**가정조사 및 양친 가정조사서 발급**) 조사기관은 '양친가정조사서'에 따라 가정조사를 실시하고 입양적격 여부를 결정, 신청인에게 양친가정조사서 발급
  * 양친가정조사는 직장·이웃·가정 등을 2회 이상 직접 방문하여 실시하되 적어도 1회 이상은 미리 알리지 아니하고 방문조사해야 함
- (**범죄경력의 확인 요청**) 조사기관은 양친이 될 사람이 범죄경력이 있는지 확인을 위해 범죄경력 조회 신청서에 범죄경력 조회 동의서를 첨부하여 경찰관서의 장에게 제출
- (**교육 및 양친교육 이수 증명서 발급**) 입양기관의 장은 양친이 될 사람에게 소정의 교육을 실시하고 양친교육 이수 증명서 발급

• 가정법원 허가(법 제11조, 시행규칙 제9조)
- (**입양허가 신청서 제출**) 양자가 될 사람의 등록기준지 또는 주소지의 가정법원에 입양허가 신청서 제출
- (**구비서류**) 입양동의서, 입양대상아동의 가족관계등록부 등의 증명서, 입양대상아동 확인서, 양친교육 이수 증명서, 범죄경력 조회 회신서, 양친가정조사서

• 친양자 입양 신고(법 제15조)
- (**입양의 효과**) 입양된 아동은·민법상 친양자와 동일한 지위를 가짐(법 제14조)
- (**친양자 입양신고**) 양친 또는 양자는 가정법원의 허가서를 첨부하여·가족관계의등록등에관한법률]이 정하는 바에 따라 친양자 입양신고를 하여야 함

• 입양아동 등의 인도 및 보고(법 제31조, 시행규칙 제22조)
- 법원이 입양을 허가한 경우, 보장시설의 장 또는 입양기관의 장은 입양아동과 그에 관한 기록 및 소유물품을 양친될 사람에게 인도하고, 소재지 관할 시장·군수·구청장에 아동 인도 결과 보고

• 사후서비스 제공(법 제25조)
- 입양기관의 장은 입양이 성립된 후 1년 동안 양친과 양자의 상호적응을 위하여 사후 관리를 하여야 함
  * 사후관리 내용: 양친과 양자의 상호적응상태에 관한 관찰 및 이에 필요한 서비스, 입양가정에서의 아동양육에 필요한 정보의 제공, 입양가정이 수시로 상담할 수 있는 창구의 개설 및 상담요원의 배치

출처: 보건복지부(2017). 아동복지사업안내.

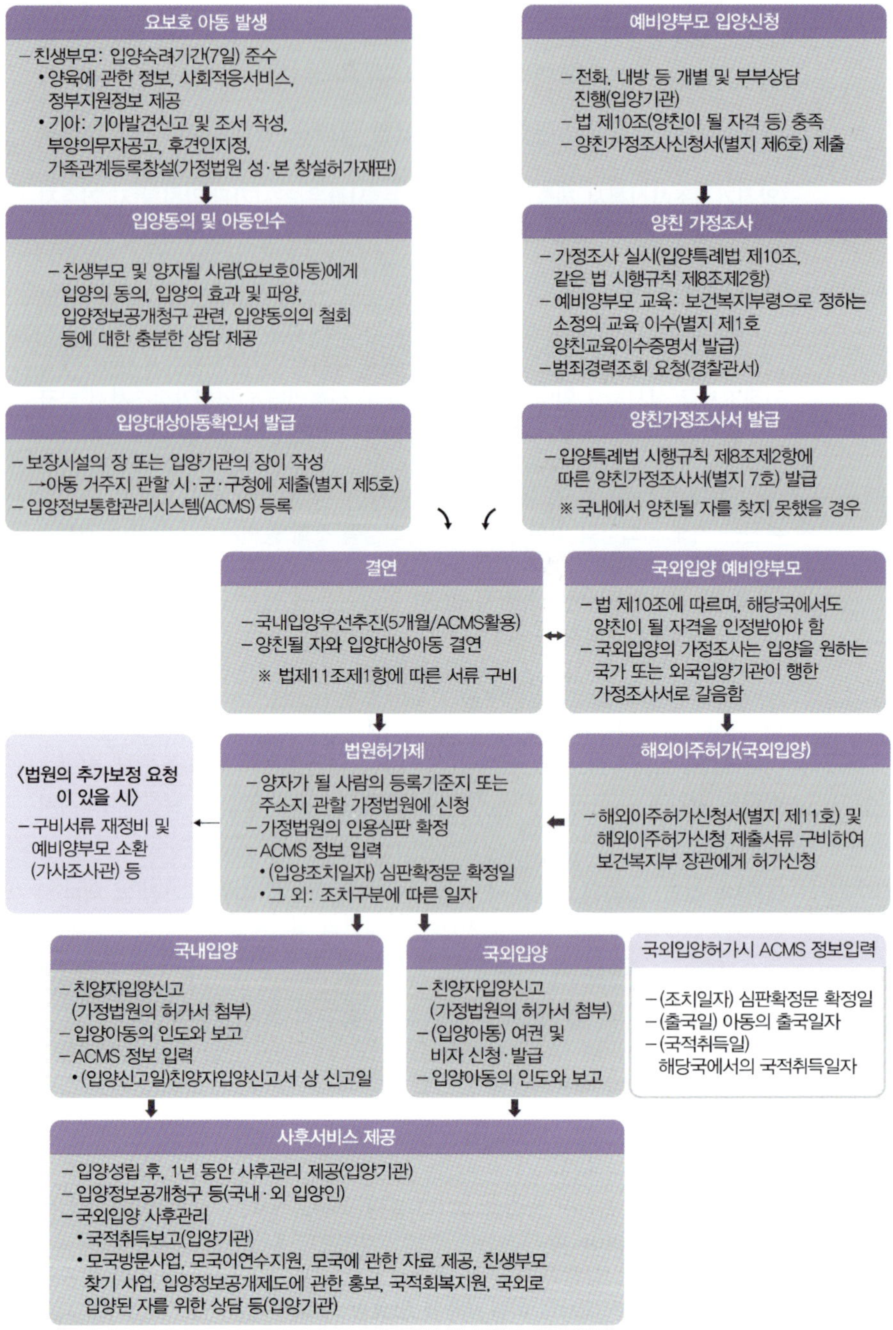

출처: 보건복지부(2017). 아동분야 사업안내.

✹ 그림 9-2 국내·외 입양 프로세스

3) 입양동의 및 철회(법 제12조, 제13조, 시행규칙 제10조)

(1) 입양동의

입양동의에는 양자될 자의 친생부모의 동의가 있어야 하며, 13세 이상인 자를 양자로 할 경우는 양자될 자의 동의도 필요하다. 다만, 친생부모가 친권상실의 선고를 받은 경우, 소재불명 등의 사유로 동의를 받을 수 없는 경우에는 후견인의 동의를 받아야 한다. 부모 또는 후견인이 입양에 동의하여 시설 또는 입양기관에 보호의뢰 된 경우는 보호의뢰 시의 동의로 갈음할 수 있다.

(2) 입양동의 철회

입양동의를 철회하기 원하는 친생부모(미성 년자인 경우 친생부모 혹은 법정후견인)는 입양기관에 입양동의철회서(법 시행규칙 제10조제3항 [별지 제9호 서식])를 제출한다.

제2절 입양아동을 위한 복지서비스

1. 입양아동 보육기관 운영

입양기관은 국내입양을 활성화하기 위해 국내입양기관에 내한 운영을 지원하는 것을 목적으로 하며, 국내입양기관을 대상으로 상담원 인건비, 운영비등을 지원하고, 지방이양사업으로 상담원 1명 배치, 예산의 범위 내에서 정액으로 지원하고 있다(보건복지부, 2011).

입양기관에 대한 점검·평가·분석하여 국내입양 활성화를 유도하며, 각 시·도에서는 지역적 여건을 감안하여 입양기관을 적극 발굴(아동복지시설 등)하여 허가토록 한다. 각 시·도에서는 월별로 입양실적을 보고받고, 분기별로 지도·점검을 실시해야 하며, 입양기관과 협력하여 국내입양활성화를 위하여 지역언론·유선 TV 자막방송·반상회·캠페인·홍보물제작 배포 등을 통한 홍보를 강화하고 있다. 그리고 시·도에서는 입양기관에서 실시한 유료가정위탁실적을 반기 익월 15일까지 보고해야 한다.

입양기관의 허가시 구비서류를 확인하는 방법으로 「입양촉진 및 절차에 관한 특례법 시행규칙」 제7조(입양기관의 허가 등)에 따라 입양기관의 허가 등에 필요한 서류 제출 시 「동법 시행규칙」 제7조제1항제1호 및 제7호의 법인의 등기부등본, 재산목록 중 토지, 건물 등에 관한 소유에 대한 첨부서류는 시·도 행정정보시스템의 전자적 방식에 의한 확인·조회가 가능하다.

2. 입양정보통합관리시스템 운영

입양특례법 제26조에 따라 아동의 권익을 보장하고 입양문화 활성화를 위하여 입양 관련 업무지원·조정 기능을 수행함으로써 국민의 복지증진에 기여함을 목적으로 하여 중앙입양원(https://www.kadoption.or.kr)을 설립하여 입양 사업을 진행하고 있다.

중앙입양원에서는 국내외 입양 종합상담과 함께 국내입양 활성화를 위한 입양대상 아동·예비양부모의 정보공유 및 통합데이터베이스를 구축하고 입양업무의 효율성 증진을 위해 입양인·가족정보 및 친가족 찾기에 관한 입양정보통합관리시스템을 구축하여 운영하고 있다.

입양정보통합관리시스템은 국내·외 입양인 및 입양대상아동에 관한 one-stop 정보를 제공하고 국내입양 활성화를 위한 모니터링 등을 제공하고 있다. 2014년 11월에는 사후서비스 이력관리시스템을 구축하였고 2015년 1월에는 행정정보공동이용서비스와 연계하여 통합적인 서비스 체계를 구축하였다.[4)]

주요 서비스로는 다음과 같다.

① 입양가정 뿌리 찾아주기

흩어져 있던 국내·외 입양기관 DB를 중앙에서 통합·관리하여 성공적인 뿌리찾기 수행

4) 중앙입양원. https://www.kadoption.or.kr

② 입양아동 가정 찾아주기

입양대상아동과 예비양부모 DB정보 공유를 통한 국내입양 활성화

③ 입양업무 체계화·전문화 기틀 마련

one-stop 통계 정보 관리 체계 구축 및 입양 업무 전산화를 통한 업무 효율성 제고

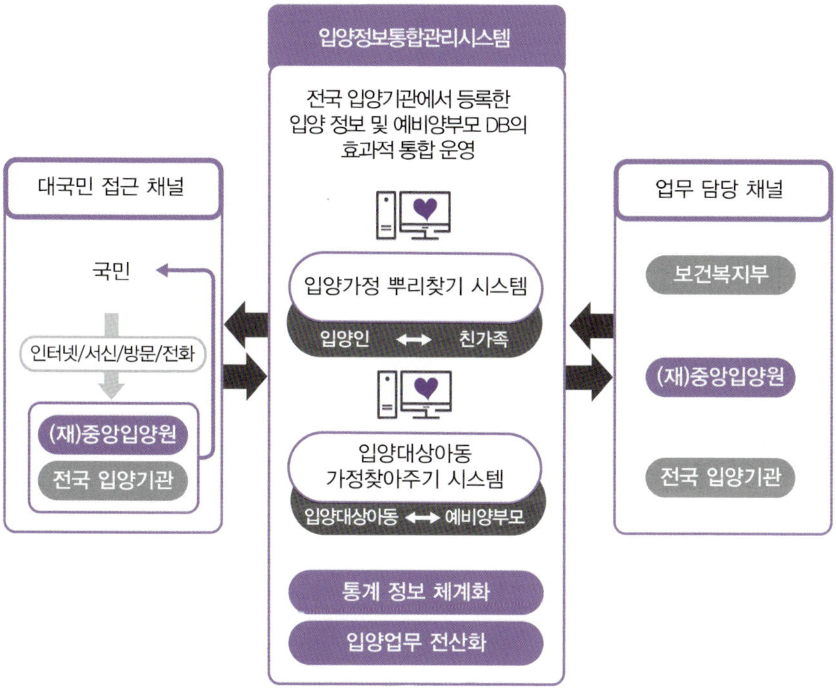

출처: 중앙입양원. https://www.kadoption.or.kr

✻ 그림 9-3 입양정보통합관리시스템 주요 프로세스

3. 입양아동 및 가정 지원서비스

1) 입양아동 현황

2012년 2월 16일 보건복지부에 따르면 지난 2011년 국내 입양아동 수는 전년보다 5.8% 증가한 1,548명에 이르렀다고 발표했다. 이는 4년 전인

2008년에 기록한 1,306명보다 18.5% 늘어난 수준이며, 지난 2005년 1,461명을 기록한 이후 최대치이다. 2016년말 국내 입양 기관은 총 6개소, 국내·국외 입양기관은 4개소로 총 10개의 입양기관이 입양관련 사업을 진행하고 있으며 입양아동 수는 국내가 546명, 국외가 334명으로 나타났다. 2011년의 1.24%였던 출산율이 2016년 1.17%로 떨어졌으며 전반적으로 입양아동의 수도 감소하는 추세이다. 한편, 국내 입양이 증가 추세를 보이고 있는 것은 지난 2007년 국내 입양 우선 추진제가 도입되면서 해외 입양에 앞서 국내 입양을 우선적으로 진행했기 때문이다. 여기에 입양아동에 대한 양육비와 의료비 지원까지 이뤄지면서 국내 입양 환경이 점차 개선됐다. 현재 국내 입양할 경우 입양아동에 대해 월 15만 원의 양육비 지원과 함께 의료비도 지원하고 있다. 장애아동의 경우에는 월 55만~62만 원 정도의 지원금이 추가로 지급된다.

표 9-1 아동 입양기관수 및 입양아동수 (단위: 개소, 명)

구 분	입양기관			입양아동		
	계	국내	국내·국외	계	국내	국외
2004	23	19	4	3,899	1,641	2,258
2005	24	20	4	3,562	1,461	2,101
2006	25	21	4	3,231	1,332	1,899
2007	24	20	4	2,652	1,388	1,264
2008	23	19	4	2,556	1,306	1,250
2009	23	19	4	2,439	1,314	1,125
2010	22	18	4	2,475	1,462	1,013
2011	22	18	4	2,464	1,548	916
2012	19	16	3	1,880	1,125	755
2013	20	16	4	922	686	236
2014	20	16	4	1,172	637	535
2015	10	6	4	1,057	683	374
2016	10	6	4	880	546	334

출처: 보건복지부(2017). 보건복지통계연보.

국내입양아동 발생유형으로 2013년에는 미혼모아동 641명, 유기아동 24명, 결손가정아동 21명으로 미혼모아동이 전체의 93.4%를 차지하였다. 2016년에는 미혼모아동이 481명, 유기아동 18명, 결손가정아동 47명으로 미혼모아동은 2013년에 비해 5.3% 감소한 반면 결손가정아동은 5.5%가 증가되었는데 2배 이상 증가하였다. 따라서 정책 입안 시 미혼모아동과 결손가정아동에 대한 실태조사와 이들을 지원할 수 있는 제도가 강구되어야 할 것이다.

표 9-2 입양아동 발생 유형 (단위: 명(%))

구분 / 연도	국내입양				국외입양			
	계	미혼모아동	유기아동	결손가정 등	계	미혼모아동	유기아동	결손가정 등
2013	686 (100.0)	641 (93.4)	24 (3.5)	21 (3.1)	236 (100.0)	228 (96.6)	1 (0.4)	7 (3.0)
2014	637 (100.0)	578 (90.7)	28 (4.4)	31 (4.9)	535 (100.0)	509 (95.1)	- (0.0)	26 (4.9)
2015	683 (100.0)	618 (90.5)	54 (7.9)	11 (1.6)	374 (100.0)	358 (95.7)	16 (4.3)	- (0.0)
2016	546 (100.0)	481 (88.1)	18 (3.3)	47 (8.6)	334 (100.0)	327 (97.9)	2 (0.6)	5 (1.5)

출처: 대한민국정부(2017). 제5·6차 유엔아동권리협약 국가보고서.

2) 입양아동 및 가정 지원

「입양특례법」상 허가를 받은 입양기관에 의해, 같은 법의 요건과 절차를 갖춰 국내 입양한 가정을 대상으로 입양아동 양육수당과 장애아동을 국내 입양한 가정을 대상으로 장애아동 양육보조금 및 의료비를 지원하며, 입양비 지원, 입양숙려기간 동안 모자지원, 입양아동의 의료급여 등을 지원하고 있다.

(1) 입양아동 양육수당 지원(법 제35조 등)

- 「입양특례법」상 허가를 받은 입양기관에 의해, 같은 법의 요건과 절차를 갖춰 국내 입양한 가정에 인당 월 15만 원을 지급한다.

(2) 장애아동 양육보조금 및 의료비 지원(법 제35조 등)

「입양특례법」상 허가를 받은 입양기관에 의해, 같은 법의 요건과 절차를 갖춰 장애아동을 국내 입양한 가정으로, 입양 당시 「장애인복지법」 제32조 제1항에 따라 장애인 등록을 한 아동, 분만 시 조산·체중미달·분만장애 또는 유전 등으로 입양 당시 질환을 앓고 있는 아동(조산·체중미달·분만장애 및 유전 등으로 질환을 앓고 있던 아동이 지원을 받다가 완치된 경우 지급 중단), 입양 후 선천적 요인으로 인한 장애가 발견되어 장애인 등록을 하거나 질환이 발생한 아동인 경우 지급한다.

(3) 입양비용 지원(법 제32조 등)

「입양특례법」상 허가를 받은 입양기관에 의해, 같은 법의 요건과 절차를 갖춰 국내 입양한 가정은 다음과 같이 지원한다.

- 입양알선비용 지원(법 제32조, 시행령 제6조)
  - 입양알선에 소요되는 인건비, 아동양육비(위탁모비용포함), 입양알선 절차에 소요되는 비용, 입양기관의 운영비 및 홍보비, 사후관리비 등 입양알선에 실제로 드는 비용(복지부 허가기관 270만 원, 시·도 허가기관 100만 원 정액 지원)
- 입양철회비용 지원
  - 입양대상아동 인수부터 철회 시까지 아동을 보호하는 동안 소요된 비용

(4) 입양숙려기간 모자지원(법 제13조 및 제33조)

출산(예정) 후 미혼·이혼 한부모로서 다음 선정기준을 충족한 자로 지원기간동안 입양(동의) 사실이 없어야 한다.

- 출산(예정) 여부: 출산(예정)일 전 40일 또는 후 7일 이내에 있는 자
- 혼인 여부: 혼인관계증명서 상 혼인관계에 있지 아니한 자

✺ 표 9-3 미혼·이혼 한부모가 선택하는 서비스 이용비용 지원

구 분	2017년도	
	지 원 내 용	지원단가
1 가정 내 보호지원	• 산후지원인력* 가정방문 서비스 지원 (1주)	• 500,000원 – 산후지원인력 서비스 이용료(40만 원 한도) – 아동 생필품비 포함(10만 원)
	• 가족 또는 친구 등 지인의 도움을 받기 원할 경우(1주)	• 350,000원 – 아동 생필품비 포함
2 미혼모자 가족 복지시설 내 입소자 지원	• 미혼모자가족시설 입소 시, 산후지원인력 인건비 지원 (1주)	• 400,000원 – 산후지원인력 인건비
3 산후조리원 보호 지원	• 1주 산후조리원 이용료 지원	• 최대 700,000원 • 1주 이용료가 700천원 미만인 산후조리원의 경우, 실비 지원 * 아동 생필품비 및 생모 식료품비 등 포함

출처: 보건복지부(2017). 아동분야 사업안내.

(5) 입양아동 의료급여 실시

「의료급여법」 제3조제1항제4호 및 같은 법시행령 제3조제2항제2호에 따라 「입양특례법」에 의하여 국내에 입양된 만 18세 미만 아동을 대상으로 1종 의료급여를 지원한다.

■ 생각해 봅시다.

1. 입양아동의 아동복지 발전변화 추이에 대하여 생각해 봅시다.

2. 토론해 봅시다.

한 부부가 갓난아이를 입양해 양육하는 과정에서 아이의 장애를 알게 되었다.
▣ 파양을 고려해 본다. ▣ 계속 키우겠다.
트랜스젠더 부부가 아이를 입양하고자 고민하고 있다. 하지만 주변 가족이 반대하고 있다. 당신이 부부라면 어떻게 하겠는가?
▣ 입양에 찬성한다. ▣ 입양에 반대한다.
아이를 갖지 못하는 불임 부부가 아이를 입양하고자 고민하고 있다. 하지만 주변 가족이 반대하고 있다. 당신이 부부라면 어떻게 하겠는가?
▣ 입양에 찬성한다. ▣ 입양에 반대한다.

3. 특별한 문제를 가진 아동의 입양은 어떤 것이 있는지 토론해 봅시다.

가정위탁아동

제1절 가정위탁아동의 개념

1. 가정위탁아동의 개요

일반적으로 아동은 자기가 태어난 가정에서 가족과 함께 성장·발달하여야 한다. 그러나 불행히도 가정 내 여러 가지 사정으로 정상적인 부모자녀 관계를 유지하기 불가능한 경우에는 대리가정으로 하여금 가정의 역할을 수행케 하여야 할 때가 있다. 이 대리가정은 시설에 의한 양육보다는 아동의 성장 발달을 위하여 보다 바람직하다는 이념에서 실시되고 있다(아동복지연구회, 2001).

특히, 미국에서는 1960년대 시설의 많은 부작용으로 인하여 탈시설 운동(deinstitutionalization movement)이 강력히 대두되었다. 그것에 대한 대안으로서 위탁보호사업이 장려되었다(권지성, 2003).

위탁보호란 아동이 자기가정에서 양육될 수 없을 때 입양이 바람직하지도 않고, 불가능할 경우 타가정에서 일정한 계획된 기간 동안 보호와 양육을 받는 대리보호를 말한다. 즉, 하루 24시간 내내 친부모가 아닌 다른 부모의 가정에 의해서 대리보호를 받는 여러 종류의 양육을 의미한다(유승곤, 2008).

위탁보호가 요구되는 상황은 가족붕괴나 결손가정(이혼·사망·별거·질병·사업·투옥 등)으로 아동양육이 어려울 때, 부모의 문제(알코올 중독, 약물중독, 정신질환 등)나 아동의 문제(정서적인 문제, 행동상의 문제 등)가 있을 때, 또 아동 유기나 학대의 위험이 있을 때 등이다. 그러나 요보호아동으로서 위탁보호가 부적당한 경우도 있는데, 이런 경우는 대개 지역사회에서 허용하기 어려운 행동을 하였거나, 특수한 보호를 요청하거나 친부모가 반대하는 경우, 형제와 분리하기 어려운 경우, 또는 아동이 친부모와의 분리에 극심한 공포를 느끼는 경우 등이다.

한편, 위탁보호의 종류를 보면 구빈법(1601)에서는 이미 오늘날의 위탁보호사업의 일환인 도제제도를 통해 빈곤한 가정의 아동은 타 가정에서 보호를 받도록 하였다. 이들 중 일할 수 있는 소년들은 타 가정에서 주인의 직업을 배우며, 무료로 24세까지 일하고, 소녀들 역시 가사를 배우며 결혼할 때까지 노동력을 제공하며 계속 머물러 있었다. 뿐만 아니라 일할 수 없는 유기아나 어린 아동은 봉사적으로 그들을 받아들일 의사가 있는 사람에게 보내지기도 했다(유승곤, 2008). 우리나라에서는 가정위탁과 관련하여 「아동복지법」에 명시되어 있으며 「국민기초생활보장법」, 「의료급여법」 등에서 그 근거를 찾아볼 수 있다.

「아동복지법」 제3장 제1절에서는 아동보호서비스에 대해 정의하며 보호아동이 발생시 보호자 또는 대리양육을 원하는 연고자에 대하여 그 가정에서 아동을 보호·양육할 수 있도록 필요한 조치를 하는 것과 아동의 보호를 희망하는 사람에게 가정위탁하는 것을 명시하고 있다.

가정위탁사업 연혁(2017 아동분야 사업안내)

- **1990년:** 가정위탁사업 시범실시
- **2000년:** 가정위탁 양육보조금 지원
- **2000년~2002년:** 가정위탁지원센터 시범운영(강원도)
- **2003년:** 가정위탁지원센터 전국 확대(16개 시·도, 총 17개소)
- **2004년 7월:** 중앙가정위탁지원센터 설치
- **2005년 7월:** 「아동복지법」 개정(가정위탁보호의 법적근거 규정)
- **2006년 1월:** 가정위탁아동 상해보험료 지원
- **2010년 1월:** 입양 및 가정위탁아동 심리치료비 지원
- **2012년 8월:** 「아동복지법」 개정(시·군·구 가정위탁지원센터 설치 근거 규정, 가정 위탁보호 아동 자립지원 근거 규정)
- **2016년 3월:** 「아동복지법」 개정(가정위탁지원센터를 아동복지시설에 포함)

2016년 현재 위탁가정 및 가정위탁보호 아동현황을 살펴보면 위탁가정 유형별로 2015년 대리양육가정의 아동은 9,127명, 친인척 위탁가정아동은 3,556명, 일반 위탁가정아동은 1,045명으로 총 13,728명의 아동이 위탁가정 서비스를 이용하였다.

표 10-1 가정위탁아동 현황

연 도	계		대리양육가정		친인척 위탁가정		일반 위탁가정	
	세대수	아동수	세대수	아동수	세대수	아동수	세대수	아동수
2015	10,706	13,728	6,944	9,127	2,927	3,556	835	1,045
2014	11,077	14,385	7,162	9,550	3,089	3,816	826	1,019
2013	11,169	14,596	7,294	9,776	3,086	3,843	789	977
2012	11,030	14,502	7,230	9,732	3,037	3,831	763	939
2011	11,630	15,486	7,463	10,205	3,351	4,260	816	1,021
2010	12,120	16,359	7,849	10,865	3,365	4,371	906	1,123

출처: 보건복지부(2016). 보건복지통계연보. 위탁가정 및 가정위탁보호 아동현황.

발생유형별 요보호아동 현황을 보면 빈곤·실직·학대 등이 가장 많고, 그 다음으로는 비행·가출·부랑, 미혼모·부, 기아, 미아 순으로 나타났다.

표 10-2 발생유형별 요보호아동 현황 (단위: 명)

구 분	2008	2009	2010	2011	2012	2013	2014	2015	2016
계	9,284	9,028	8,590	7,483	6,926	6,020	4,994	4,503	4,592
빈곤·실직·학대 등	5,876	4,994	4,613	3,928	3,944	3,668	2,965	2,866	3,148
비행·가출·부랑	706	707	772	741	708	512	508	360	314
미혼모·부	2,349	3,070	2,084	2,515	1,989	1,534	1,226	930	856
기아	202	222	191	218	235	285	282	321	264
미아	151	35	210	81	50	21	13	26	10

출처: 통계청 e-나라지표(각 연도). 요보호아동 현황.

표 10-3 요보호아동 발생 및 조치 현황 (단위: 명(%))

		구분	2008	2009	2010	2011	2012	2013	2014	2015
시설입소	양육시설	2,997 (32.28)	2,406 (26.65)	2,445 (28.46)	2,246 (30.01)	2,272 (32.80)	1,731 (28.75)	1,818 (36.40)	1,412 (31.36)	1,736 (37.80)
	일시보호시설	1,261 (13.58)	1,640 (18.17)	1,751 (20.38)	862 (11.52)	676 (9.76)	801 (13.31)	566 (11.33)	799 (17.74)	541 (11.78)
	장애아동시설	39 (0.42)	35 (0.39)	23 (0.27)	32 (0.43)	25 (0.36)	39 (0.65)	10 (0.20)	13 (0.29)	12 (0.26)
	공동생활가정	667 (7.18)	686 (7.60)	623 (7.25)	612 (8.18)	775 (11.19)	686 (11.40)	506 (10.13)	458 (10.17)	605 (13.18)
가정보호	소년소녀가정	178 (1.92)	213 (2.36)	231 (2.69)	128 (1.71)	117 (1.69)	20 (0.33)	13 (0.26)	–	6 (0.13)
	입양	1,304 (14.05)	1,314 (14.55)	1,393 (16.22)	1,253 (16.74)	772 (11.15)	478 (7.94)	393 (7.87)	239 (5.31)	243 (5.29)
	가정위탁	2,838 (30.57)	2,734 (30.28)	2,124 (24.73)	2,350 (31.40)	2,289 (33.05)	1,749 (29.05)	1,300 (26.03)	1,206 (26.78)	1,024 (22.30)
							516 (8.57)	388 (7.77)	376 (8.35)	425 (9.26)
계		9,284	9,028	8,590	7,483	6,926	6,020	4,994	4,503	4,592

주: 2013~2016년도 가정위탁 수치 중 하단 부분은 입양전 위탁 현황임.
출처: 대한민국정부(2017). 제5·6차 유엔아동권리협약 국가보고서.

2016년 요보호아동 발생 시 조치 현황을 보면 시설입소 중 양육시설이 37.80%로 가장 높았고, 가정보호인 가정위탁이 31.56%(입양 전 위탁현황 포함), 공동생활가정(그룹홈)이 13.18%로 나타났다. 2008년에 비하면 공동생활가정(그룹홈)의 경우 6% 증가하였다.

정부는 요보호아동의 조치과정에서 아동 이익 최우선의 원칙이 실현될 수 있도록 보다 적극적으로 위탁가정을 발굴 지원할 계획이다.[1)]

1) 대한민국정부(2017). 제5·6차 유엔아동권리협약 국가보고서.

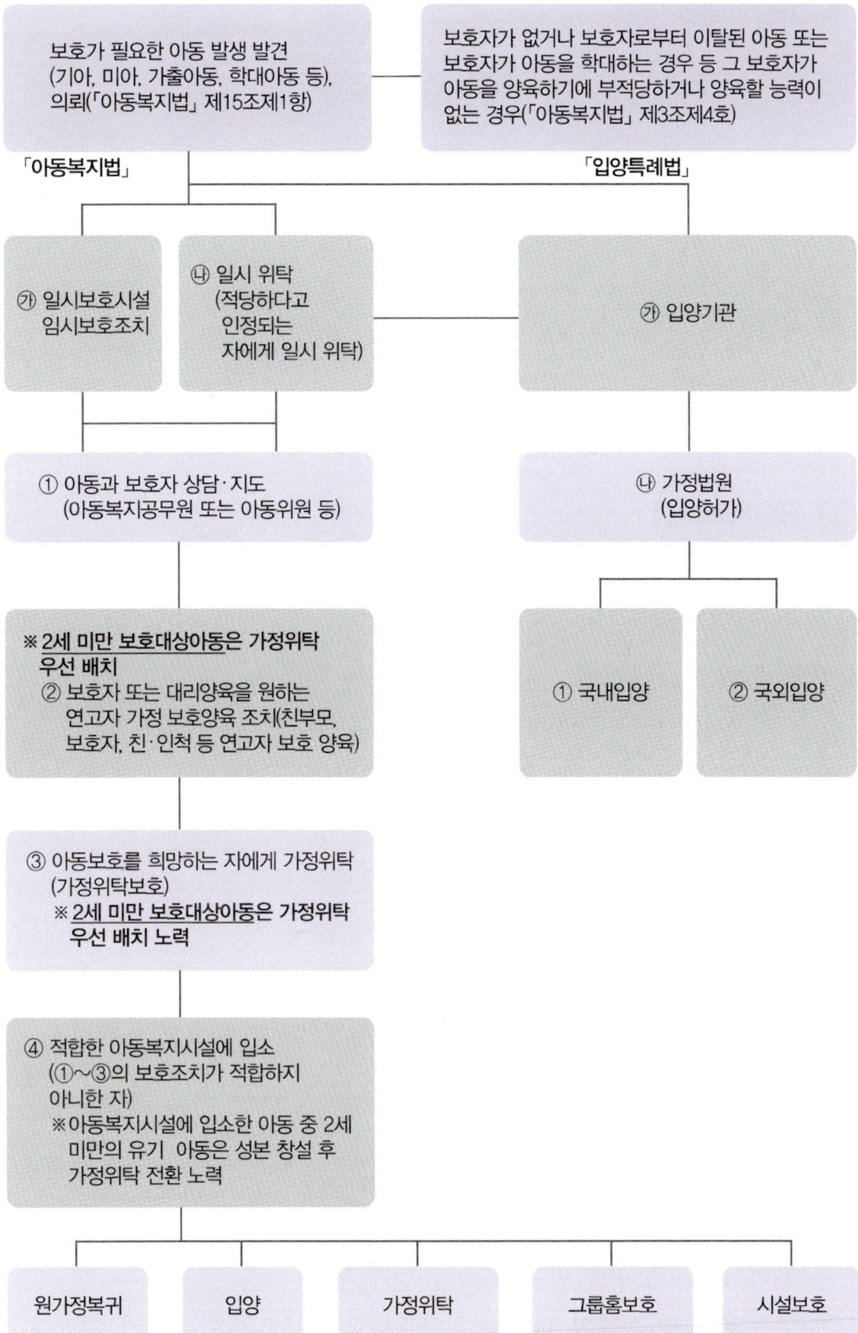

그림 10-1 요보호아동 발생 시 절차(2017아동분야사업안내)

2. 가정위탁의 종류

위탁보호는 무료위탁, 고용위탁, 집단위탁으로 나눌 수 있다.

1) 무료위탁

무료위탁은 위탁 양육료를 받지 않고, 아동을 보호·양육하는 것이다.

2) 고용위탁

고용위탁은 옛날의 도제제도처럼 보호받는 아동이 노동력을 제공하는 것을 말한다.

3) 집단위탁가정

집단가정위탁은 보통 같은 성(性)의 아이들을 4~12명으로 구성하여 한 가정에서 보호·양육하는 것으로서 작은 시설 혹은 확대된 가정과 같은 형태이다. 청소년 선도를 목적으로 할 때나 정서장애 아동을 교육하고 보호할 때나 사회나 본 가정으로 복귀하기 직전에 있는 아동에게 특히 효과적이다.

위탁되는 아동의 경우 본 가정에서의 양육환경이 불리했으므로 성격이 다른 아동보다 공격적이거나 적대적이며, 혹은 지나치게 우울하거나 좌절감에 빠져 있을 수 있다. 이로 인해 자기 가정에서의 불행했던 경험을 만회시킬 수 있을 정도의 안정된 가정에서 양육되어야 한다. 따라서 아동복지 기관에서는 양친이 되고자 하는 위탁부모의 동기 또는 그 가정 내의 대인 상호작용의 관계 등에 대한 적절한 측정을 통해 위탁가정을 선정해야 한다.

위탁부모는 계획된 일정한 기간 동안 아동의 친부모처럼 행동하나 역할을 대신하는 것은 아니다. 반드시 기관을 통해 아동을 소개받아야 하며, 기관의 행동지침에 따라야 함은 물론 이를 위반했을 경우에는 자격증을 박탈당하게 된다. 위탁부모들의 만족감은 아동을 양육한다는 그 자체에서 지역사회 일을 한 몫 하게 되고, 보수를 받는 혜택을 얻게 된다.

위탁가정과 본 가정과의 관계는 위탁부모와 친부모와의 관계가 원만할 때 효과적이므로 기관은 원만한 관계가 유지되도록 연결시켜주어야 한다. 이를 위해서는 친부모의 위탁가정 방문도 한 방법이며, 주말이면 본 가정에 갔다 오게 함으로써 장차 가정 복귀를 위한 준비, 부모에 대한 관심, 위탁가정에의 바른 적응 등 여러 면에서 효과적이다(유승곤, 2008).

가정위탁보호는 다음의 원칙에 의거해 진행된다.[2)]

① 아동중심의 원칙

아동의 건전한 인격형성을 최우선으로 고려한다.

② 가족보존의 원칙

친가정의 가족기능을 회복시켜 아동이 친가정으로 복귀하는 것을 돕고, 친가정 유지가 어려운 경우에는 대리가정을 발굴하여 건강한 위탁가정을 유지하도록 한다.

③ 친인척 가정 우선 배치의 원칙

친인척 가정에 특별한 결격사유가 없는 한 아동의 문화적·정서적 충격을 최소화하고자 아동 본인의 의사를 고려하여 친인척 가정에 우선 배치한다.

④ 연계성의 원칙

아동의 건강한 성장과 친가정의 가족기능 회복을 위해 지역사회 협력기관과 네트워크 체계를 구축하여 맞춤 서비스를 제공한다.

⑤ 적절성의 원칙

아동 및 위탁가정의 특성이 고려된 적합한 위탁가정에 아동을 배치하고 사례 개입에 요구되는 적절한 서비스를 제공한다.

⑥ 전문성의 원칙

위탁보호 과정에서 발생되는 다양한 문제에 효과적으로 대처하기 위해 각 분야별 전문적인 서비스를 제공하고 지속적인 교육을 통한 전문성을 향상한다.

2) 중앙가정위탁지원센터. http://www.fostercare.or.kr

제2절 가정위탁아동을 위한 복지서비스

1. 가정위탁아동 사업서비스

1) 대상아동의 자격 요건

가정위탁은 보호를 필요로 하는 아동을 보호하기에 적합한 가정에 일정기간 위탁하는 것으로 가정위탁 보호는 요보호아동을 보호·양육하기를 희망하는 가정에 위탁 양육함으로써 가정적인 분위기에서 건전한 사회인으로 자랄 수 있도록 해야 한다.

이에 따른 근거로는 「아동복지법」 제3조(정의), 제15조(보호조치), 제48조(가정위탁지원센터의 설치 등), 제49조(가정위탁지원센터의 업무), 제59조(비용보조), 「국민기초생활보장법」 제4조제3항(급여의 기준), 제7조(급여의 종류), 제10조(생계급여를 실시할 장소), 제14조의2(급여의 특례) 및 「동법 시행령」 제5조(부양받을 수 없는 경우) 등 관련 조항, 「의료급여법」 제3조(수급권자)이다. 이를 보다 세분화시켜 보면 다음과 같다.

(1) 대상아동

「아동복지법」 제3조의 보호대상아동으로 보호아동과 보호연장가능 아동으로 나눌 수 있다.

① 보호아동

18세 미만의 아동(18세 이상인 경우에도 고등학교 재학 중인 아동은 포함)으로서 보호자가 없거나 보호자로부터 이탈된 아동, 아동을 학대하는 경우 등 그 보호자가 아동을 양육하기에 적당하지 아니하거나 능력이 없는 경우의 아동으로 보호대상아동 발생 시 2세 미만 아동은 가정위탁으로 우선 배치한다.

② 보호연장가능아동

보호조치 중인 18세 이상 아동 중 다음의 요건에 해당하면 위탁보호기간을 연장 가능하다(「아동복지법」 제16조).

✱ 표 10-4 보호연장가능아동

법조문	법조문	적용 안내
[법 제16조 2항 1호]	「고등교육법」 제2조에 따른 대학 이하의 학교(대학원은 제외한다)에 재학 중인 경우	• 대학진학기간 전체에 대해 연장 ※ 군 입대, 어학연수는 중지사유 ※ 단, 사회복무요원·예비상근역으로 위탁가정에서 거주하면서 의무이행을 하는 경우 보호기간 연장 ※ 질병, 사고로 인한 휴학을 제외하고 단순휴학은 종료사유
[법 제16조 2항 2호]	제52조제1항제1호의 아동양육시설 또는 「근로자직업능력 개발법」 제2조제3호에 따른 직업능력개발훈련시설에서 직업 관련 교육·훈련을 받고 있는 경우	• 직업능력개발훈련기간 동안 지원 ※ 중도 탈락할 경우 연장종료
[시행령 제22조 1호]	20세 미만인 사람으로서 「학원의 설립·운영 및 과외교습에 관한 법률」에 따라 등록된 학원에서 교육을 받고 있는 경우	• 20세 미만까지 지원
[시행령 제22조 2호]	시·도지사 또는 시장·군수·구청장이 보호대상아동의 장애·질병 등을 이유로 보호기간 연장을 요청하는 경우	• 25세 미만까지 지원 ※ 장애·질병 등은 「2017년 국민기초생활보장사업안내」 근로능력 없는 수급자의 판정 준용
[시행령 제22조 3호]	25세 미만이고 지능지수가 71 이상 84 이하인 사람으로서 자립 능력이 부족한 경우	• 25세 미만까지 지원
[시행령 제22조 4호]	취업이나 취업준비 등 그 밖의 사유를 이유로 보호대상아동이 보호기간 연장을 요청하여 1년 이내의 범위에서 보호기간을 연장하는 경우	• 18세 도달 시점(고등학교 졸업)에 1년 이내 범위에서 보호기간 연장

출처: 보건복지부(2017). 아동분야 사업안내.

③ 소년소녀가정의 가정위탁보호 전환 추진

소년소녀가정보호 제도는 아동에게 위험을 초래할 수 있어 유엔 등에서도 폐지를 권고하고 있다. 소년소녀가정에게는 대리양육, 친·인척, 일반 가정위탁 등 위탁가정을 발굴하여 소년소녀가정을 가정 위탁보호로 전환 필요가 있다. 소년소녀가정이 가정위탁아동으로 전환된 경우, 소년소녀가정에 지원되었던 결연, 학자금 대여, 대학특례입학, 장학금 등 각종 지원이 중단되지 않도록 한다.

보호대상아동의 보호조치

「아동복지법」 제15조(보호조치)

① 시·도지사 또는 시장·군수·구청장은 그 관할 구역에서 보호대상아동을 발견하거나 보호자의 의뢰를 받은 때에는 아동의 최상의 이익을 위하여 대통령령으로 정하는 바에 따라 다음 각 호에 해당하는 보호조치를 하여야 한다.

1. 전담공무원 또는 아동위원에게 보호대상아동 또는 그 보호자에 대한 상담·지도를 수행하게 하는 것
2. 보호자 또는 대리양육을 원하는 연고자에 대하여 그 가정에서 아동을 보호·양육할 수 있도록 필요한 조치를 하는 것
3. 아동의 보호를 희망하는 사람에게 가정위탁하는 것
4. 보호대상아동을 그 보호조치에 적합한 아동복지시설에 입소시키는 것
5. 약물 및 알콜 중독, 정서·행동·발달 장애, 성폭력 피해 등으로 특수한 치료나 요양 등의 보호를 필요로 하는 아동을 전문치료기관 또는 요양소에 입원 또는 입소시키는 것
6. 「입양특례법」에 따른 입양과 관련하여 필요한 조치를 하는 것

② 시·도지사 또는 시장·군수·구청장은 제1항제1호 및 제2호의 보호조치가 적합하지 아니한 보호대상아동에 대하여 제1항제3호부터 제6호까지의 보호조치를 할 수 있다. 이 경우 가정위탁지원센터 또는 아동복지시설의 장은 해당 보호대상아동의 개별 보호·관리 계획을 세워 보호하여야 하며, 그 계획을 수립할 때 해당 보호대상아동의 보호자를 참여시킬 수 있다.

(2) 가정위탁의 유형

대리양육가정위탁으로 조부모에 의한 양육이 있으며, 조부모를 제외한 친·인척가정위탁, 혈연관계가 없는 일반가정위탁이 있다.

(3) 위탁가정 선정기준(「아동복지법 시행규칙」 제2조)

- 위탁아동을 양육하기에 적합한 수준의 소득이 있을 것
- 위탁아동에 대하여 종교의 자유를 인정하고 건전한 사회 구성원으로 자랄 수 있도록 양육과 교육을 할 수 있을 것
- 위탁부모의 나이가 25세 이상(부부의 경우 부부 모두 해당)으로서 위탁아동과의 나이 차이가 60세 미만일 것
- 자녀가 없거나 자녀의 수가 위탁아동을 포함하여 4명 이내일 것(18세 이상 자녀 제외)

- 가정에 성범죄, 가정폭력, 아동학대, 정신질환 등의 전력이 있는 사람이 없을 것

위탁가정 선정 시 추가 검토사항

- 위탁아동을 친자녀처럼 양육하기에 필요한 성품·경험·지식을 갖춘 자를 위탁부모로 선정
  - 혼인관계를 유지하고 자신의 아이를 키워 본 경험이 있는 자를 우선하되, 시장·군수·구청장, 가정위탁지원센터의 장이 위탁아동을 건강하게 양육하기에 적합하다고 인정하는 경우에는 혼인을 하지 않았거나 양육 경험이 없는 자도 선정 가능
- 가정이 화목하고 정신적·신체적으로 위탁아동을 양육함에 현저한 장애가 없을 것
- 위탁아동과 동거할 것(위탁부모의 주소지에서 동거할 것)
- 위탁아동을 건강하게 부양하기에 어려움이 없을 정도의 재산이 있을 것
  - 경제적인 목적이 아닌 선의의 동기로 위탁아동 양육을 결정한 것에 대한 확인이 필요함
  - 기초생활보장수급자(생계급여·의료급여수급자)는 적합한 수준의 소득이 있다고 볼 수 없음
- 위탁가정으로 적합한지 여부를 가정조사 시 이웃 등을 통해 확인
  - 공립아동상담소 또는 이웃주민의 추천 등
- 위탁부모가 될 자가 대한민국 국민이 아닌 경우, 「아동복지법 시행규칙」 제2조(위탁가정의 선정기준)에 따라 위탁부모가 될 자격이 있을 것

(4) 위탁가정 교육

「아동복지법 시행규칙」 제2조제6호에 따라 위탁가정은 필요한 교육을 이수해야 하는데 가정위탁을 희망하는 사람(위탁부모 중 1명 이상)은 반드시 기본 4시간의 위탁부모 양성 교육을 이수해야 하며, 대리양육 및 친·인척 위탁가정의 경우에는 가정위탁 후 6개월 이내 교육을 이수해야 한다. 가정위탁을 하고 있는 일반위탁부모, 대리양육 및 친·인척 위탁부모는 반드시 매년 4시간 이상의 보수교육을 받아야 하고, 그 내용은 위탁양육에 대한 이해, 위탁아동의 특성, 좋은 부모의 역할 등이다. 교육이수 대상자가 노령, 질병 등 기타 사유로 불가피한 경우에는 직접 가정을 방문하여 교육을 실시할 수 있다. 시·군·구는 대리양육·친·인척 가정위탁보호 책정 시 위탁부모에게 지역가정위탁 지원센터를 통해 부모교육을 이수하도록 적극 안내하여야 하며, 교육 진행 시 인원모집, 장소제공 등을 협조하도록 한다.

2) 가정위탁 유형별 선정 절차

(1) 대리양육 또는 친인척 위탁

아동을 위탁하여 양육하고자 하는 조부모 또는 친·인척은 아동의 거주지를 관할하는 시·군·구 또는 읍·면·동에 가정위탁보호(대리양육) 신청서를 작성하여 제출하고 담당자는 신청인의 가정과 대상 아동에 관하여 조사하고, 조부모 또는 친·인척 위탁부모에 대한 범죄경력조회 실시한다. 조사 결과를 바탕으로 가정위탁보호를 결정 후 해당 가정위탁지원센터에 통보한다.

(2) 일반가정위탁

읍·면·동에서는 보호대상아동이 발생하면 아동과 그 가정을 조사하여 대리양육, 친·인척양육이 불가할 경우, 시·군·구에 일반가정위탁 의뢰하고 시·군·구(위탁아동 거주지)에서는 지역가정위탁지원센터에 아동과 관계된 서류를 첨부하여 위탁가정 발굴을 의뢰한다. 위탁부모가 되고자 하는 자는 아동의 거주지(주민등록상 거주지)를 관할하는 시·군·구, 읍·면·동 또는 지역 가정위탁 지원센터에 가정위탁보호 신청서를 작성하여 제출한다. 가정위탁지원센터는 가정위탁보호 의뢰된 아동에 적합한 위탁가정을 선정하여, 선정된 위탁가정에 대한 관련서류를 작성하여 시·군·구에 제출하고 시·군·구는 가정위탁지원센터에서 추천한 일반위탁부모에 대한 범죄경력조회를 실시한다. 가정위탁지원센터의 장은 위탁아동, 가정위탁보호를 희망하는 사람, 위탁아동의 부모 등의 신원확인 등의 조치를 시·도지사 또는 시·군·구청장에게 협조를 요청할 수 있으며, 신원확인이 필요한 당사자의 동의를 받아야 한다. 시·군·구에서는 가정위탁지원센터에서 제출한 검토하여 가정위탁보호를 결정한다.

(3) 위탁가정 사례관리

아동발생소재지 시·군·구는 아동카드(「아동법지법 시행규칙」 별지 4호)를 3부 작성하여 1부는 위탁부모, 1부는 가정위탁지원센터, 1부는 자치단체에 비치하여 관계공무원이 대리양육 또는 가정 위탁보호에 관한 사후지도상황과 그 아동에게 지급되는 금품의 급여상황을 기록하도록 한다. 또한 가정위탁보호 결정 통보를 받은 가정위탁지원센터는 아동을 위탁가정으로 배치하고, 관할 행정기관과 협조하여 위탁아동 및 위탁가정을 사례관리해야 하며 시·군·구는 가정위탁아동의 안전한 양육 환경 확인을 위해 학대예방 교육 등이 포함된 아동안전 확인 조사를 가정위탁지원센터와 협조하여 실시해야 한다.

(4) 가정위탁보호 종결(친가정 복귀 및 위탁종결)

보호아동의 보호자가 직접 아동을 양육(친가정 복귀)하려는 경우 시·군·구청장에게 아동 귀가 신청서를 제출하여야 하고(「아동복지법 시행령」 제16조), 보호대상아동이 18세 이상이 되면 시·군·구청장은 해당 아동의 보호조치를 종료한다.

(5) 가정위탁보호기간 연장

보호조치 중인 보호대상아동이 18세 이상이 되면 보호조치를 종료하여야 하나, 「아동복지법」 제16조제2항에 따라 보호기간 연장 가능하고, 연장기간 동안 기존의 양육보조금 등 재정지원을 지속한다.

전문·일시 가정위탁 운영

■ **전문가정위탁 운영**

- **(대상아동)** 가정위탁보호신청 아동 중 다음과 같은 경우에는 전문가정위탁보호로 책정 가능
  - 2세 이하 아동
  - 그 외 시·군·구청장이 전문적이고, 특별한 보살핌이 필요하다고 인정하는 경우
- **(전문위탁부모의 자격)** 일반위탁부모의 선정요건을 충족하고, 가정위탁지원센터의 전문위탁교육과정을 이수한 사람으로서, 다음과 같은 요건을 한 가지 이상 갖추어야 함
  - 가정위탁부모 경험이 3년 이상인 자
  - 「사회복지사업법 시행령」 제2조제1항에 따른 사회복지사의 자격
  - 「영유아보육법」 제21조제2항에 따른 보육교사의 자격
  - 「유아교육법」 제22조에 따른 교사의 자격
  - 「초·중등교육법」 제21조에 따른 교사의 자격
  - 「의료법」 제2조제1항에 따른 의료인의 자격
  - 「청소년기본법」 제22조제1항에 따른 청소년상담사의 자격
  - 대학에서 심리 관련학을 전공하고 아동·청소년 심리치료 경력이 3년 이상인 자
- **(전문위탁부모 양육수당)** 매월 30만 원 이상 양육수당을 지급 권고
- **(결정)** 보호대상 아동의 전문가정위탁보호는 「아동복지법」 제12조에 따라 아동복지심의위원회에서 결정하는 것이 원칙이며, 아동복지심의위원회가 구성되지 않은 경우 시·군·구청장이 결정
- **(종료)** 다음과 같은 사유가 발생 시에 전문위탁부모 양육수당의 지급을 종료
  - 아동의 연령이 2세를 초과하는 경우
  - 그 밖에 전문가정위탁보호의 목적을 달성하여 보호조치의 변경이 필요하다고 인정하는 경우

■ **일시가정위탁 운영**

- **(결정)** 시·군·구청장은 「아동복지법」 제15조제4항에 따라 보호대상아동에 대한 긴급보호조치로 일시가정위탁 보호조치할 수 있음
- **(기간)** 일시가정위탁보호 기간은 최대 15일 이내로 하되, 필요한 경우 1회에 한해 연장 가능
- **(보호비용의 지급)** 일시가정위탁보호 결정일로부터 예산범위내 보호일수 산정하여 위탁부모에게 지급

구분	읍·면·동	시·군·구	가정위탁지원센터
가정위탁 보호신청	– 보호대상아동의 발생 –가정위탁보호의 신청 ·접수·상담 – 수급권 신청	– 가정위탁 보호의 신청·접수 – 위탁가정범죄경력조회	– 가정위탁 아동 상담 – 위탁부모 발굴 및 교육
가정위탁 보호결정	일반위탁 – 보호대상아동 조사서, 가정위탁보호동의서, 아동카드를 작성하여 시·군·구에 제출 친·인척/대리 양육 – 가정위탁보호(대리양육) 신청서, 가정위탁보호(대리양육) 신청인 가정조사서, 보호대상아동 조사서, 가정위탁보호동의서 아동카드를 작성하여 시·군·구청에 제출	일반위탁 – 가정위탁 보호 결정 – 가정위탁지원센터 위탁 가정 연계 의뢰 – 수급자 책정 – 가정위탁지원센터에 책정 및 통보	일반위탁 – 위탁가정을 상담하여 적합한 가정 연계 후 가정위탁보호(대리양육)신청서, 가정위탁보호(대리양육) 신청인 가정조사서, 가정위탁 가족동의서, 일반위탁 부모 추천서를 작성하여 시·군·구청 제출
		친·인척/대리양육 – 가정위탁 책정 및 통보 – 가정위탁 아동 지원	
사례관리	–사례관리 및 복지 서비스 제공 등 업무 지원· •위탁아동, 위탁가정, 친가정 상담	– 위탁 아동 지원	– 사례관리 •위탁아동, 위탁가정, 친가정 관리 •위탁 부모 교육 •위탁아동 및 위탁가정 상담 지원
가정위탁 보호종결		– 위탁 종결 •귀가조치(친가정 복귀 등) •가정위탁 종결(해지), 가정위탁 지원센터 통보	•재배치 사정 •아동 귀가 신청서 제출 •사후 관리

출처: 보건복지부(2017). 아동분야 사업안내.

✱ 그림 10–2 가정위탁보호 절차

2. 가정위탁아동을 위한 복지서비스

위탁가정 및 가정위탁보호 현황[3]을 보면, 2010년 대리양육가정은 7,849세대에서 10,865명을 위탁 보호하였고, 친인척 위탁가정의 경우 3,365세대에서 4,371명, 일반위탁가정은 906세대에서 1,123명으로 대리양육가정의 위탁이 가장 많음을 알 수 있다. 2016년에는 대리양육가정 6,642세대에서 8,578명, 친인척 위탁가정 2,773세대에서 3,348명, 일반위탁가정 782세대에서 970명으로 집계되었다.

표 10-5 위탁가정 유형별 위탁아동 수 (단위: 세대, 명)

구 분		계	위탁가정 유형		
			대리양육가정	친인척 위탁가정	일반위탁가정
2010	세대수	12,120	7,849	3,365	906
	아동수	16,359	10,865	4,371	1,123
2011	세대수	11,630	7,463	3,351	816
	아동수	15,486	10,205	4,260	1,021
2012	세대수	11,030	7,230	3,037	763
	아동수	14,502	9,732	3,831	939
2013	세대수	11,169	7,294	3,086	789
	아동수	14,596	9,776	3,843	977
2014	세대수	11,077	7,162	3,089	826
	아동수	14,385	9,550	3,816	1,019
2015	세대수	10,706	6,944	2,927	835
	아동수	13,728	9,127	3,556	1,045
2016	세대수	10,197	6,642	2,773	782
	아동수	12,896	8,578	3,348	970

출처: 보건복지부(2017). 2017보건복지통계연보.

가정위탁보호 아동을 연령대별로 보면 2010년에는 1~3세 영아는 110명, 4~7세 유아는 645명, 8~10세 사이의 아동은 1,726명, 11~13세 아동은

3) 보건복지부(2017). 2017보건복지통계연보.

3,369명, 14~16세 아동은 5,124명, 17~19세 아동은 5,317명이고 20세 이상의 경우도 68명이다. 2016년에는 1~3세 영아는 121명으로 조금씩 증가했으며, 4~7세 유아는 585명, 8~10세 사이의 아동은 855명, 11~13세 아동은 1,451명, 14~16세 아동은 2,860명, 17~19세 아동은 4,835명으로 소폭 감소하였고, 20세 이상의 경우는 2,189명으로 가장 큰 상승폭을 보였다.

표 10-6 가정위탁보호아동 연령별 아동 수 (단위: 명)

구 분	계	가정위탁보호아동연령						
		1~3세 (영아)	4~7세 (유아)	8~10세 (초등)	11~13세 (초등)	14~16세 (중등)	17~19세 (고등)	20세 이상
2010	16,359	110	645	1,726	3,369	5,124	5,317	68
2011	15,486	121	610	1,451	3,340	4,940	4,944	80
2012	14,502	128	559	1,280	2,976	4,814	4,709	36
2013	14,596	134	463	943	2,210	4,413	5,502	931
2014	14,385	137	555	951	1,971	4,151	5,272	1348
2015	13,728	125	566	891	1,622	3,469	5,186	1,869
2016	12,896	121	585	855	1,451	2,860	4,835	2,189

출처: 보건복지부(2017). 보건복지통계연보.

「아동복지법」 제49조에 따라 가정위탁지원센터의 업무를 총괄 지원하여 가정위탁보호사업의 전문성 및 활성화를 도모함을 목적으로 하는 중앙가정위탁지원센터를 운영한다. 또한 지역가정위탁지원센터를 지원하고, 효과적인 가정위탁사업을 위한 연계체계 구축, 가정위탁사업과 관련된 연구 및 자료발간, 가정위탁사업을 위한 프로그램의 개발 및 평가, 상담원에 대한 교육 등 가정위탁에 관한 교육 및 홍보, 가정위탁사업을 위한 정보기반 구축 및 정보제공, 지역가정위탁지원센터에 대한 평가, 가정위탁통합전산시스템의 운영, 가정위탁아동에 대한 기업·단체 등의 후원 장려 및 연계 등을 지원한다.

지역가정위탁지원센터에서는 가정위탁보호업무를 지원함으로써 가정위탁보호사업의 활성화를 도모함을 목적으로 한다. 가정위탁사업의 홍보 및 위탁가정의 발굴, 가정위탁을 하고자 하는 가정에 대한 조사 및 가정위탁 대상 아동에 대한 상담, 가정위탁을 하고자 하는 사람과 위탁가정 부모에 대한 교육, 위탁가정의 사례관리, 친부모 가정으로의 복귀 지원, 가정위탁아동의 자립계획 및 사례관리, 관할 구역 내 가정위탁 관련 정보 제공, 관할 구역의 가정위탁아동에 대한 지역사회의 후원 장려 및 연계 사항 등을 주요 업무로 하고 있다. 2016년 말 현재 각 시·도 17개소의 지역가정위탁지원센터가 운영되고 있다.

표 10-7 전국 가정위탁지원센터 현황

기관명			홈페이지	운영법인
1	중앙	가정위탁지원센터	www.fostercare.or.kr	세이브더칠드런코리아
2	서울	가정위탁지원센터	www.seoul-foster.or.kr	초록우산어린이재단
3	부산	가정위탁지원센터	www.busan.sc.or.kr	세이브더칠드런코리아
4	대구	가정위탁지원센터	www.dgfoster.or.kr	(사)한국수양부모협회
5	인천	가정위탁지원센터	www.icfoster.or.kr	초록우산어린이재단
6	광주	가정위탁지원센터	www.gjw.or.kr/foster	초록우산어린이재단
7	대전	가정위탁지원센터	www.djfoster.or.kr	(사)한국수양부모협회
8	울산	가정위탁지원센터	ulsan.goodneighbors.kr	굿네이버스
9	경기	가정위탁지원센터	www.ggfoster.or.kr	초록우산어린이재단
10	경기 북부	가정위탁지원센터	www.kgfoster.or.kr	(사)한국수양부모협회
11	강원	가정위탁지원센터	www.foster-gangwon.or.kr	YMCA
12	충북	가정위탁지원센터	www.cbfoster.or.kr	세이브더칠드런코리아
13	충남	가정위탁지원센터	www.fosterservice.or.kr	초록우산어린이재단
14	전북	가정위탁지원센터	www.jbfc.or.kr	세이브더칠드런코리아
15	전남	가정위탁지원센터	www.jnfoster.org	공생복지재단
16	경북	가정위탁지원센터	www.gbfoster.or.kr	(사)한국수양부모협회
17	경남	가정위탁지원센터	www.knfoster.or.kr	초록우산어린이재단
18	제주	가정위탁지원센터	www.jeju-foster.or.kr	(사)제주상담센터

출처: 보건복지부(2017). 아동분야 사업안내.

1) 가정 위탁아동 및 가정 지원 내용

(1) 경제적 지원

- 양육보조금 지원
  아동 1인당 월 150천 원 이상(지방이양) 양육보조금을 지원한다.
- 「국민기초생활보장법」에 의한 생계비 등 지원

위탁가정 소재지 시·군·구는 위탁보호 결정아동에게 부양능력 있는 부양의무자가 존재하는 경우에도 실질적인 가족관계의 단절로 볼 수 있는 경우 급여를 실시한다.

- 가정위탁아동에 대한 자립지원정착금 지원(「시행령」 제38조 제1항 제3호)

지원대상은 18세 이상의 가정위탁보호 종결아동(연장보호종결아동 포함)으로 지원금액은 자립지원정착금(지방이양) 아동 1인당 3,000천 원 이상 지급한다.

- 가정위탁아동에 대한 대학진학자금 등 지원 권고
  - 대학등록금: 아동 1인당 3,000천 원 이상 지급을 권고
- 가정위탁아동 상해보험료 지원

1인당 연 65천 원 이내로 위탁아동 및 부양자 1인의 후유장해, 위탁아동 입원·통원 의료비 등을 지원한다.

- 가정위탁아동 심리치료비 지원

심리정서치료비 월 20만 원 이내, 심리검사비 20만 원(1회), 교통비 월 2만 원 이내 지원한다.

- 대리양육, 친·인척 위탁 가정 전세자금 지원(국토교통부)

(2) 후원자 및 결연기관 지정

① 후원자 지정

대리양육, 친·인척 위탁가정 등 가정위탁보호 아동의 경우 가까운 이웃에 거주하는 아동위원, 종교인, 지역여성지도자, 공무원, 가정위탁지원센터 상담원 등을 후원자로 지정하여 고충이나 애로사항을 상시 의논하고 해결하고자 한다. 후원자는 결연기관의 직원과 협조체계를 구축하여 후원금을 제대로 사용할 수 있도록 지도하여 후원금 사용에 따른 문제를 최소화하여야 한다. 지정방법으로는 지역 사회 내 근거리에서 아동을 보살필 수 있고 아동문제에 대한 열의와 관심이 있는 자를 시장·군수·구청장이 지정한다.

② 결연기관과 협조강화

결연기관과 긴밀한 협조체계를 구축하여 가정위탁보호 아동 지원, 후원자와의 만남행사 등 후원프로그램을 활성화하고, 시·군·구청에서는 가정위탁

보호 결정·해지 시 결연기관에 명단을 통보하여 결연후원이 이루어질 수 있도록 한다.

2) 공동생활가정(그룹홈) 운영

공동생활가정(그룹홈)은 보호가 필요한 아동에게 가정과 같은 주거여건과 보호, 양육, 자립지원 서비스를 제공하는 것을 목적으로 하는 시설로 대규모 집단시설 위주의 보호에서 소규모 가정형태 보호로의 전환을 강조하고 지역사회 중심의 아동보호를 위한 새로운 보호형태로 논의하여 1995년 3월 23일 "국민복지기획단"에서 마련한 국민복지기본구상에 그룹홈 도입이 논의되었다. 1996년 12월 그룹홈제도 도입을 결정하여 1997년부터 시범사업을 실시하였다. 2004년 1월 「아동복지법」상 아동복지시설 종류에 공동생활가정을 추가하였다.

표 10-8 연도별 그룹홈 현황 (단위: 연도말, 백만 원)

구분	2005	2006	2007	2008	2009	2010	2011	2012	2013	2014	2015
설치수	154	213	276	332	397	416	460	489	480	476	480
지원예산 (인건비, 운영비 등)	424	890	2,607	3,737	4,491	5,469	5,775	6,913	7,357	7,407	8,623

출처: 보건복지부(2017). 아동분야 사업안내.

그룹홈은 남녀의 구분에 따라 남녀분리형 그룹홈, 남녀혼합형 그룹홈으로 나뉘고, 「아동복지법」 제50조 규정에 의해 신고한 공동생활가정(그룹홈)이 지원대상이다. 그룹홈의 인건비, 운영비 등 지원기준은 표 10-9와 같다.

표 10-9 입소아동별 지원 기준

5인 이상	4인	3인	2인	1인	0인
전액	전액	전액	전액(발생일로부터 3개월까지) 1/2(4개월째부터)	전액(발생일로부터 3개월까지) 1/2(4개월째부터)	미지원, * 지원시설중 아동퇴소 등으로 입소아동 0명 발생시설은 이후 1개월까지만 지원*

출처: 보건복지부(2017). 아동분야 사업안내.

공동생활가정의 시설수는 2010년 총 416개소에서 총 2,127명이고, 2016년 시설수와 아동수는 모두 증가하여 총 510개소에서 총 2,758명으로 나타났다. 이를 연령별로 보면 0~7세 미취학의 경우 2010년보다 2배 증가하여 428명, 8~13세 초등은 878명, 14~16세 중등의 경우 701명, 7~19세 고등의 경우 2배 이상 증가하여 613명, 20세 이상의 경우는 2010년 42명에서 101명으로 증가하였다. 전반적으로 공동생활가정의 아동수는 점차 증가하는 추세로 이들에 대한 복지서비스 제공을 위해서는 지속적인 모니터링이 필요한 실정이다.

✺ 표 10-10 아동공동생활가정(그룹홈) 시설수 및 보호아동 현황

구 분	시설수	보호아동 재학별						
		계	0~7세 (미취학)	8~13세 (초등)	14~16세 (중등)	17~19세 (고등)	20세 이상 (대재)	기타
2008	348	1,664	183	708	435	287	21	30
2009	397	1,993	230	842	518	300	23	80
2010	416	2,127	195	894	543	388	42	65
2011	460	2,241	254	843	619	402	51	72
2012	489	2,438	291	848	682	481	50	86
2013	480	2,481	280	884	670	546	59	42
2014	476	2,588	300	878	661	640	79	30
2015	480	2,636	352	850	652	653	87	42
2016	510	2,758	428	878	701	613	101	37

출처: 보건복지부(2017). 보건복지통계연보.

입소아동의 의무교육으로 「아동복지법 시행령」 제28조 별표 3의 교육기준에 따라 교통안전, 실종·유괴의 예방과 방지, 약물의 오남용 예방, 재난대비 안전 및 성폭력 예방에 대한 교육 계획을 수립하여 교육을 실시한다. 아동 대상 약물의 오남용 예방 교육 시 흡연예방 교육을 함께 실시한다.

표 10-11 아동대상 안전 의무교육 내용(「아동복지법」)

구분		성폭력 및 아동학대 예방 교육	실종·유괴의 예방·방지 교육	감염병 및 약물의 오용·남용 예방 등 보건위생관리 교육	재난대비 안전 교육	교통안전 교육
실시 주기 (총 시간)		6개월에 1회 이상 (연간 8시간 이상)	3개월에 1회 이상 (연간 10시간 이상)	3개월에 1회 이상 (연간 10시간 이상)	6개월에 1회 이상 (연간 6시간 이상)	2개월에 1회 이상 (연간 10시간 이상)
교육 내용	초등학교 취학 전	1. 내 몸의 소중함 2. 내 몸의 정확한 명칭 3. 좋은 느낌과 싫은 느낌 4. 성폭력 예방법과 대처법	1. 길을 잃을 수 있는 상황 이해하기 2. 미아 및 유괴 발생 시 대처방법 3. 유괴범에 대한 개념 4. 유인·유괴 행동에 대한 이해 및 유괴 예방법	1. 감염병 예방을 위한 개인위생 실천 습관 2. 예방접종의 이해 3. 몸에 해로운 약물 위험성 알기 4. 생활 주변의 해로운 약물·화학제품 그림으로 구별하기 5. 모르면 먼저 어른에게 물어보기 6. 가정용 화학제품 만지거나 먹지 않기 7. 어린이 약도 함부로 많이 먹지 않기	1. 화재의 원인과 예방법 2. 뜨거운 물건 이해하기 3. 옷에 불이 붙었을 때 대처법 4. 화재 시 대처법 5. 자연재난의 개념과 안전한 행동 알기	1. 차도, 보도 및 신호등의 의미 알기 2. 안전한 도로 횡단법 3. 안전한 통학버스 이용법 4. 날씨와 보행안전 5. 어른과 손잡고 걷기
	초등학교	1. 성폭력을 포함한 아동학대 개념 2. 성폭력의 위험 상황 3. 성폭력 예방법과 대처법 4. 나와 타인의 권리 인식	1. 길을 잃을 수 있는 상황 이해하기 2. 유괴범에 대한 개념 3. 유인전략 및 위험 상황 알기 4. 유괴사고 발생 시 대처법 및 예방법 5. 유괴·유인 상황 목격 시 신고 요령	1. 감염병 예방을 위한 개인위생 실천 습관 2. 예방접종의 이해 3. 약물·화학제품의 필요성과 위험성 이해하기 4. 중독·오용·남용의 개념 알기 5. 중독사고의 대처법과 예방법 6. 약물·화학제품 오용·남용의 원인 알기 7. 오용·남용의 대처법과 예방법 8. 올바른 약물·화학제품 사용법	1. 화재의 원인과 예방법 2. 화재 시 대처법 3. 화재 신고 요령 4. 화상 대처법 5. 소화기 사용법 6. 자연재난의 개념과 안전한 행동 알기	1. 안전한 통학로 알기 2. 상황에 따른 안전한 보행법 3. 바퀴 달린 탈 것의 안전한 이용법 4. 교통수단의 안전한 이용법 5. 교통법규 이해하기

(계속)

구분		성폭력 및 아동학대 예방 교육	실종·유괴의 예방·방지 교육	감염병 및 약물의 오용·남용 예방 등 보건위생관리 교육	재난대비 안전 교육	교통안전 교육
교육 내용	중·고등 학교	1. 학대 및 성폭력의 개념 2. 위험상황에 따른 대처법 및 예방법 3. 학대·성폭력 범죄 신고 요령 4. 나와 타인의 권리 존중하기	1. 유인전략 및 위험 상황 알기 2. 유괴사고 발생 시 대처법 및 예방법 3. 유괴·유인 상황 목격 시 신고 요령 4. 가출예방 관련 교육	1. 감염병 예방을 위한 개인위생 실천 습관 2. 예방접종의 이해 3. 향정신성 물질에 대한 위험성·피해 알기 4. 중독성 물질에 대한 위험성·피해 알기 5. 향정신성 의약품의 피해와 법적 처벌 규정 6. 약물·화학제품 오용·남용의 원인 알기 7. 오용·남용의 대처법과 예방법 8. 올바른 약물·화학제품 사용법	1. 화재의 원인과 예방법 2. 화재 시 대처법 3. 소방기구 사용법 4. 자연재난, 인적재난 발생 시 행동방법 5. 재난안내시스템 활용법	1. 자전거의 안전한 이용과 점검 2. 이륜차와 자동차의 물리적 특성 3. 인간 능력의 한계와 위험 예측 4. 교통법규와 사회적 책임 5. 교통사고와 방지대책
교육 방법		1. 전문가 또는 담당자 강의 2. 장소·상황별 역할극 실시 3. 시청각 교육 4. 사례 분석	1. 전문가 또는 담당자 강의 2. 장소·상황별 역할극 실시 3. 시청각 교육 4. 사례 분석	1. 전문가 또는 담당당자 강의 2. 시청각 교육 3. 사례 분석	1. 전문가 또는 담당자 강의 2. 시청각 교육 3. 실습교육 또는 현장학습 4. 사례 분석	1. 전문가 또는 담당자 강의 2. 시청각 교육 3. 실습교육 또는 현장학습 4. 일상생활을 통한 반복 지도 및 부모 교육

그룹홈 종사자는 아동에게 행하는 경미한 신체적·정신적·성적 폭력 또는 방임 등이 모두 아동 학대 범주에 포함되므로 종사자는 아동 양육 시 각별히 주의를 요한다.

그룹홈 입소한 12세 미만 아동은 지역 내 드림스타트를 활용하여 보건·복지·교육·문화 등 다양한 서비스 연계 활용할 수 있도록 한다.

격리 보호할 필요가 있다고 판단한 학대피해아동을 보호하기 위하여 시·도에 필수적으로 1개소 이상씩 설치·운영하고, 그룹홈(공동생활가정)에서 보호되는 학대피해아동의 경우, 부양능력이 있는 부양 의무자가 있어도 부양을 거부하거나 기피할 경우 적정보호가 불가하므로 시·도지사 또는 시장·

군수·구청장이 인정하여 국민기초생활수급자로 선정하여 보호하도록 한다.

공동생활가정(그룹홈)은 아동복지시설이므로 「사회복지사업법」 및 '사회복지시설 관리 안내 지침'을 준수해야 하며 공동생활가정은 24시간 아동보호양육시설로서 1인 이상의 종사자가 상주하며 요보호아동 보호 및 양육하여야 한다. 또한 공동생활가정(그룹홈) 운영 매뉴얼을 상비하고 다양한 프로그램을 운영한다.

표 10-12 아동공동생활가정 운영프로그램(예시)

영 역	프로그램
아동·청소년의 자립 능력 향상	• 아동청소년의 발달론적 관점에서의 특성 이해 • 아동의 특성과 능력에 맞는 개별화된 서비스 제공 – 아동의 강점을 이해하고 과제 해결 중심 접근 • 아동의 학령에 맞는 개별적인 연차적 자립 계획 수립 – 매년 아동의 욕구를 점검하여 수정
원가족과의 관계 회복	• 가족 방문 또는 전화, 문자, 편지, 카드 등 지속적인 관계 유지 노력 연1회 이상 • 가족참여 프로그램(ex: 가족캠프 등) 연 1회 이상 실시 • 관련기관 및 단체 등과 연계하여 부모교육 등 연 1회 이상 실시
학교와 관계 형성	• 학교교사와 정기적이고 지속적인 상담, 정보공유, 학교 행사에 참여 – 분기 1회 이상 아동생활 상황에 대해 교류한 기록 보유
지역내 자원 활용	• 지역 내 드림스타트를 통한 지역 복지자원 적극활용 • 지역 내 관공서, 민간 자원 등 자원 연계 • 자원봉사 및 후원 기관과 관계 형성성

출처: 보건복지부(2017). 아동분야 사업안내.

정부는 가정해체나 빈곤 등 어려운 상황에 처해 있는 아동이 대안양육체제에서 성장하는 동안 원가정 지원 및 친권에 대한 적절한 개입 등을 통해 원가정 복귀를 돕도록 하고 있다. 2012년부터 아동복지시설 치료재활 지원사업을 추진하여 시설보호아동의 원가족 복귀를 위한 가족관계 회복 프로그램을 지원하고 있다. 2013년부터는 아동복지시설 평가 시 시설보호 아동과 부모 등 원가족과의 관계 유지를 위한 노력을 평가항목에 포함하고 있다. 2016년에는 「아동복지법」을 개정하여 아동을 가정에서 분리하여 보호할 경우, 아동이 신속히 가정으로 복귀할 수 있도록 지원해야 함을 명시하였다. 가정 내에서 아동의 보호가 불가능하거나 부모로부터 아동을 분리하는 것이 아동에게 최선의 이익이라고 판단될 때, 「아동복지법」에 근거하여 가정위탁 및 아동복지시설 이용 등 다양한 보호조치를 하고 있다. 요보호아동의 조치과정에서 아동 이익 최우선의 원칙이 실현될 수 있도록 보다 적극적으로 위탁가정을 발굴하여 지원하고 있다.

또한 대리양육 또는 가정위탁, 아동복지시설(양육시설, 공동생활가정)의 보호아동을 국민기초생활보장제도에 따른 수급자로 인정하고 있으며, 상해보험, 의료비 및 치료비 등을 지원하고 있다. 보호아동의 원활한 자립을 위해 시설에 입소할 때부터 아동발달 단계에 따른 자립준비 프로그램을 운영하고 있으며, 18세가 되어 아동복지시설을 퇴소하거나 가정위탁의 보호가 종료되는 경우에 자립정착금을 지원하고 있다.

■ **생각해 봅시다.**

1. 가정위탁아동의 아동복지 발전변화 추이에 대하여 생각해 봅시다.

2. 아동양육시설과 가정과의 차이점에 대하여 생각해 봅시다.

3. 시설아동의 정서적, 사회적응, 학교적응에 대하여 토론해 봅시다.

4. 공동생활가정(그룹홈)을 방문해 보고 한계점에 대하여 토론해 봅시다.

학대아동

제1절 학대아동의 개념

1. 아동학대의 개념

아동학대란 보호자를 포함한 성인이 아동의 건강 또는 복지를 해치거나 정상적 발달을 저해할 수 있는 신체적·정신적·성적 폭력이나 가혹행위를 하는 것과 아동의 보호자가 아동을 유기하거나 방임하는 것을 말한다(「아동복지법」 제3조제7호).

일반적으로 「형법」상 학대란 육체적·정신적 고통을 주는 일체의 행위이다. 「아동복지법」 제3조에 의한 아동학대는 「형법」상 학대의 개념보다 더 넓게 규정하여 육체적 고통과 정신적 고통뿐만 아니라 성적 학대와 유기와 방임까지 아동학대의 개념에 포함시키고 있다. 만일 아동학대 행위가 그 정도를 넘어서 아동에게 상해를 입히거나 유기하거나 감금하거나 강간 또는 강제추행 등의 행위가 될 때에는 「아동복지법」상 아동학대의 죄가 아니라 「형법」상 상해죄(제257호 제1항), 유기죄(제271조 제1항), 감금죄(제276조 제1항), 미성년자 의제강간죄(제305조) 등으로 처벌된다.

학대죄는 상태범 또는 즉시범이므로 자기의 보호 또는 감독을 받는 사람에게 육체적으로 고통을 주거나 정신적으로 고통을 주는 학대행위가 있음과 동시에 범죄이다.

아동학대 개념은 「아동복지법」에 규정되어 있지만 「형법」상 학대죄(제273조 제1항), 학대치사상죄(제275조 제1항), 아동혹사죄(제274조) 등에도 학대행위가 규정되어 있다. 「청소년보호법」도 19세 미만의 청소년학대죄(제26조의2)를 규정하고 있다. 만일 16세 미만의 아동에 대하여 신체에 위험한 업무에 종사케 하는 방법으로 혹사시키는 경우에는 「형법」상 아동혹사죄로 처벌된다.

「아동복지법」 제17조는 아동에 대한 금지행위를 유형별로 구분하고 각각의 금지규범에 대한 형벌을 규정하고 있다. 「아동복지법」상 아동학대의 대상으로서의 아동은 18세 미만의 자이다.

제17조(금지행위)
누구든지 다음 각 호의 어느 하나에 해당하는 행위를 하여서는 아니 된다. 〈개정 2014.1.28.〉
1. 아동을 매매하는 행위
2. 아동에게 음란한 행위를 시키거나 이를 매개하는 행위 또는 아동에게 성적 수치심을 주는 성희롱 등의 성적 학대행위
3. 아동의 신체에 손상을 주거나 신체의 건강 및 발달을 해치는 신체적 학대행위
4. 삭제 〈2014.1.28.〉
5. 아동의 정신건강 및 발달에 해를 끼치는 정서적 학대행위
6. 자신의 보호·감독을 받는 아동을 유기하거나 의식주를 포함한 기본적 보호·양육·치료 및 교육을 소홀히 하는 방임행위
7. 장애를 가진 아동을 공중에 관람시키는 행위
8. 아동에게 구걸을 시키거나 아동을 이용하여 구걸하는 행위
9. 공중의 오락 또는 흥행을 목적으로 아동의 건강 또는 안전에 유해한 곡예를 시키는 행위 또는 이를 위하여 아동을 제3자에게 인도하는 행위
10. 정당한 권한을 가진 알선기관 외의 자가 아동의 양육을 알선하고 금품을 취득하거나 금품을 요구 또는 약속하는 행위
11. 아동을 위하여 증여 또는 급여된 금품을 그 목적 외의 용도로 사용하는 행위

2. 아동학대의 유형

「동법」 제17조의 11가지 금지행위 중 아동학대와 관련된 금지행위는 신체적 학대행위, 정서적 학대행위, 성적 학대행위, 유기와 방임행위 등 4가지 유형으로 분류하고 있다.

✽ 표 11-1 아동학대 유형

학대 유형	개 념	구체적 행위
신체 학대	보호자를 포함한 성인이 아동에게 우발적 사고가 아닌 상황에서 의도적으로 신체손상을 입히거나 또는 신체손상을 입도록 허용하는 행위 ※ 36개월 이하의 영아에게 가해진 체벌은 어떠한 상황에서도 학대임	• 떠밀고 움켜잡는 행위 • 뺨을 때리는 행위 • 물건을 사용하여 때리는 행위 • 발로 차거나 물어뜯고 주먹으로 치는 행위 • 팔, 다리 등을 심하게 비틀어 쥐어짜는 행위 • 뜨거운 물이나 물체, 담뱃불 등으로 화상을 입히는 행위
정서 학대	보호자를 포함한 성인이 아동에게 행하는 언어적 모욕, 정서적 위협, 감금이나 억제, 기타 가학적인 행위	• 아동에게 욕설을 퍼붓는 행위 • 감금행위 • 집밖으로 내쫓겠다고 하거나 원망적·거부적 언어를 사용하는 행위 • 아동발달수준에 적절하지 않은 비현실적 기대로 아동을 괴롭히는 행위 • 아동이 보는 앞에서 부부싸움을 하거나 다른 아동과 부정적으로 비교하는 행위
성학대	보호자를 포함한 성인이 자신의 성적 충족을 목적으로 18세 미만의 아동과 함께 하는 모든 성적 행위 ※ 아동 성학대는 두려움이나 힘을 이용하여 이루어지기도 하지만, 놀이를 통해 착각하게 하는 방법이 사용되기도 함	• 성인이 아동에게 자신의 성기나 신체를 접촉하는 행위 • 성인이 아동의 성기를 만지는 행위 • 아동 앞에서 옷을 벗으며 자신의 성기를 만지는 행위 • 성인물을 아동에게 보여주거나 성인물을 판매하는 행위 • 아동 성매매나 아동 매매 행위
방임 및 유기	보호자가 아동에게 반복적으로 아동 양육 및 보호를 소홀히 함으로써 아동의 정상적 발달을 저해할 수 있는 모든 행위	• 물리적 방임 －기본적 의식주를 제공하지 않는 행위 －불결한 환경이나 위험한 상태에 아동을 방치하는 행위 －아동의 출생신고를 하지 않는 행위 • 교육적 방임 －아동을 학교(의무교육)에 보내지 않는 행위 －아동의 무단 결석을 허용하는 행위 －특수교육이 필요한 아동에게 특수교육을 제공하지 않는 행위 • 의료적 방임 －아동에게 필요한 의료적 처치를 하지 않는 행위 －예방접종이 필요한 아동에게 예방접종을 실시하지 않는 행위 －장애아동에 대한 치료적 개입을 거부하는 행위 • 유기: 보호자가 아동을 보호하지 않고 버리는 행위

① 신체학대

보호자를 포함한 성인이 아동에게 우발적 사고가 아닌 상황에서 의도적으로 행하는 신체적 폭력 또는 가혹행위

② 정서학대

보호자를 포함한 성인이 아동에게 행하는 언어적 모욕, 정서적 위협, 감금이나 억제, 기타 가학적인 행위

③ 성학대

보호자를 포함한 성인이 자신의 성적 욕구 충족을 목적으로 18세 미만의 아동과 함께 하는 모든 성적 행위

④ 방임 및 유기

- 방임: 보호자가 아동에게 반복적인 아동양육과 보호를 소홀히 함으로써 아동의 정상적인 발달을 저해할 수 있는 모든 행위로 이러한 방임에는 물리적 방임, 교육적 방임, 의료적 방임 등이 있다.
  - 물리적 방임: 기본적인 의식주를 제공하지 않는 행위, 상해와 위험으로부터 아동을 보호하지 않는 행위, 불결한 환경이나 위험한 상태에 아동을 방치하는 행위, 아동의 출생신고를 하지 않는 행위, 보호자가 아동을 가정 내에 두고 가출한 경우 등
  - 교육적 방임: 보호자가 아동을 학교(의무교육)에 보내지 않거나 아동의 무단결석을 허용하는 행위, 학교 준비물을 챙겨주지 않는 행위, 특별한 교육적 욕구를 소홀히 하는 행위 등
    ※ 의무교육은 6년의 초등교육 및 3년의 중등교육을 의미함(교육기본법 제8조제1항)
    ※ 무단결석이란 정당한 사유 없이 계속하여 7일 이상 결석을 하는 경우(초·중등교육법시행령 제25조제1항)
  - 의료적 방임: 아동에게 필요한 의료적 처치를 하지 않는 행위, 예방접종이 필요한 아동에게 예방접종을 실시하지 않는 행위, 장애 아동에 대한 치료를 하지 않거나 거부하는 행위 등
- 유기: 보호자가 아동을 보호하지 않고 버리는 행위(방임에 포함)

아동학대와 체벌의 경계구분이 모호한 우리나라는 사회 문화적으로 부모의 체벌에 대해 관대한 태도를 가지고 있기 때문에 가정 내에서 아동학대가 일어나는 경우에도 부모의 자녀에 대한 훈육 내지 교육이라는 주장으로 법망을 피해나갈 수 있는 여지가 매우 크다. 다시 말해 아동에 대한 훈육과 학대의 경계선이 분명하지 못하기 때문에 부모에 의한 학대는 제3자가 볼 때에는 훈육과 구별하기 어려울 뿐만 아니라 학대행위를 하고 있는 가해자 자신도 학대라는 인식이 없는 경우가 많다. 양자를 구별하는 것은 매우 애매하고 어려운 문제이다.

아동의 연령과 상황 그리고 기타 제반 상황을 종합적으로 고려하여 적절하고 정당한 체벌이었는지 여부를 검토하여야 한다. 부모는 정당하다고 주장하여도 아동에게 상해의 결과가 발생하였다면 이는 정당한 체벌범위를 넘은 것으로 보아 아동학대로 판정된다.

3. 아동학대의 원인

아동학대는 가정안의 숨겨진 범죄라는 특수성과 아동이 정신적·육체적으로 미성숙하여 자신의 인권을 스스로 주장하고 보호받을 수 없다는 취약성으로 인해 문제의 심각성이 축소되고 사회적으로 외면되고 있다. 또한 부권(父權)을 중시하는 가부장제적 전통과 유교적 영향으로 자녀를 하나의 독립된 인격체가 아니라 부모의 소유물로 여기는 사상이 지배적인 사회에서 아동학대는 어디까지나 개인적인 문제로 간주되기 쉽다는 특성을 가진다. 그리고 자녀와의 관계에서 부모들의 자녀를 소유물로 생각하고 부모의 가치와 기대를 강요하는 양육방식도 아동학대의 한 원인으로 지적되고 있다.

1) 부모요인

학대자의 심리적 특성과 성격구조의 결합에서 그 원인을 찾을 수 있다. 즉, 어린 시절 학대받으면서 자란 부모가 학대할 가능성이 높다는 것을 말하며, 이는 학대자의 신체적 특성과 성격구조의 결합에서 빚어지는 아동학대이다. 그 외에도 정신질환, 엄격하고 지배적인 성향, 우울증, 자기이해부족, 아동기 신체적 폭력의 목격, 미혼부모, 비 일관적 훈육, 부모역할과 책임의 과중한 부담, 공격적 충동을 다루기 어려움, 사회기술 부족, 약물남용, 아동기 피학대경험, 아동기 애착결여, 사회적 소외, 부모역할 기술결여, 아동발달에 대한 지식의 부족, 분노 통제력의 부족 등이 있다.

2) 아동 요인

아동학대의 주요한 원인은 아동자신의 특성에 초점을 두고, 아동학대는 성별을 불문하고 모든 발달단계에서 일어난다고 보고 있다. 또한 아동은 학대의 원인이 되는 유전학적으로 형성된 신체적 또는 행동적 특성을 통해서 자신의 학대를 유발시킬 수 있다.

문화에 따라 얼마만큼의 차이는 있겠지만 학대대상이 되어 온 아동은 미숙아, 정신지체아동, 장기질환아동, 지체아 기형아, 미혼모 아동, 입양아, 많은 자녀가 있는 가정의 아동, 원하지 않는 자녀, 미혼관계 또는 가족여건이 좋지 않은 상태에서 태어난 자녀, 출산 전후 가족여건이 나빠진 상태에 있는 자녀, 아들 낳기를 원하였는데 딸로 태어난 아동, 심히 고집스럽게 울거나 밤에 잠을 자지 않고 보채는 아기 등 부모의 애정과 정성이 있는 보살핌과 보호와 양육을 받지 못할 뿐만 아니라 이러한 아동요인이 학대의 유발인자인지, 학대로 인한 결과인지는 확실하지 않다. 그러나 부모나 양육자의 신체적, 심리적 부담감을 가중시키고 부모들이 쉽게 지치게 된다. 또한 부모와의 애착형성이 어려운 경우가 많아 신체적·심리적으로 지친 상태에서 아동에게 지속적인 관심과 애정을 주는 것이 어려울 뿐만 아니라 장애아나 기형아에 대한 사회적 편견을 부모에게 큰 스트레스로 작용하여 아동을 학대할 가능성이 높아지게 된다(한연숙, 2006).

3) 가정 요인

가족구성원 간에 갈등이 존재하거나 가족 상호작용이 약한 가족관계의 문제로 인해 아동학대가 발생한다. 가족구조의 문제는 미성년가족, 한부모가족, 이혼가족, 재혼가족 등과 같은 가족구조의 특성이 아동학대의 원인이 된다. 이는 양육에 대한 지식 부족, 높은 스트레스, 가족 간의 긴밀한 상호작용의 결여 등에 기인하는 것으로 보인다. 부부갈등이나 가정폭력을 가진 가정이 학대의 발생 가능성이 높다는 것을 의미한다. 학대와 관련되는 가족의 구조적 요인으로 가정의 사회 경제적 지위와 가족형태를 가족의 기능적 요인으로는 부부간의 불화와 가족구성원 간의 상호작용 등을 들 수 있다.

전통적으로 자녀에 대한 양육은 가정에서 담당해왔으나, 산업화·도시화된 현대사회에서 사회체계의 구조적인 변화와 더불어 가족의 형태와 기능도 예전과는 비교할 수 없을 정도로 크게 달라지고 있다. 특히 가족구조가 부모와 자녀를 중심으로 한 핵가족 소가족이 일반화되면서 자녀보호기능의 약화와 위기는 피할 수 없게 되었다. 뿐만 아니라 자녀에 대한 양육책임을 지고 있는 부 또는 모의 가출이나 사망, 부모의 이혼에 따른 가정의 해체로 인하여 가정에서의 자녀의 양육과 보호는 커다란 위험에 처하게 되었다. 이러한 상황은 국가로 하여금 가정을 대신하여 자녀를 보호해야 할 필요성을 낳고 부모의 역할로 여겨지던 자녀보호문제를 국가의 몫으로 돌리도록 하였다.

그 동안 우리나라는 아동보호에 관한 가족책임주의와 자유방임적 관점이 지배적이어서 가정에 대한 국가의 개입은 거의 이루어지지 않았다. 그러나 최근 아동학대사례가 증대됨에 따라 그에 대한 사회적 관심이 높아지면서 아동학대 방지와 대처를 위한 법적 제도적 마련이 강하게 요청되고 있다. 그렇다 하더라도 아동이 지니고 있는 특성을 고려할 때 자녀에 대한 양육책임은 여전히 일차적 책임자인 부모에게 맡기는 것이 바람직하고, 이차적 책임자인 국가는 우선 보충적 지위에서 부모가 자신의 책임을 다할 수 있도록 원조 지원해야 한다. 그러한 원조와 지원으로도 여전히 상황이 개선되지 않을 경우에는 가정에 적극 개입하여야 한다.

국가 사회는 가족을 더 이상 사생활 영역이라는 이유만으로 무책임하게 방치해서는 안 된다. 생명과 신체의 위험으로부터 아동을 보호하는 것은 국가의 책임이자 의무이다. 부모 등에 의한 아동학대의 문제를 가족의 문제로만 인식해서는 안 되며, 사회 전체의 문제로 파악하여 그 대책을 마련하여야 한다(보건복지부·중앙아동보호전문기관, 2009).

4) 사회적 요인

사회적 요인으로는 사회적으로 고립되어 있거나 사회적 지지체계가 결여되어 있을 때 아동학대의 가능성이 높아진다. 아동학대는 특정한 사회의 문화적 배경에서 자유로울 수 없다. 아동에 대한 학대행위의 평가와 판단의 기준이라는 두 가지 요소는 학대를 판정할 때 학대자의 고의성과 학대의 결과 중 어느 것에 기준을 둘 것인가의 문제로서 폭력의 사용에 대한 문화적 특성과 밀접하게 연관되기 때문이다. 그 외에도 신체적인 체벌에 대해 허용하는 문화, 아동을 존중하지 않는 문화, 자녀에 대한 소유의식 문화 등이 있다.

사회가 도시화와 핵가족화 되어감에 따라 가족의 영역이 점차 사적영역으로 이동하고 폐쇄됨으로써 아동의 양육 또한 점차 집안일이 되었다. 이런 결과로 생활의 고립화 현상은 많은 스트레스를 동반하게 되며 부모로 하여금 거의 사회적 규제나 지원을 받지 않는 상태에서 아동을 양육하게 하기 때문에 아동학대의 가능성을 증가시키게 된다(한연숙, 2007).

아동요인, 부모요인, 그리고 가정요인이 혼합된 상태로 생태학적 관점에서 바라본 것으로 아동이나 부모의 개인적인 특성과 가족 등 환경의 특성이 상호작용한 결과로 아동학대가 발생함을 의미한다. 위와 같은 요인이 둘 이상 중복될 가능성이 높으며 그로 인해 아동학대가 발생할 위험성이 더 높아지게 된다.

제2절 학대아동을 위한 복지서비스

1. 아동학대 현황

2013년 아동종합실태조사에서 나홀로 아동의 경우 아동의 10%, 빈곤가구 아동의 17.4%가 거의 매일 방과 후 혼자 집에 있으며 가장 방치되기 쉬운 6~8세 아동의 방치율은 38.1%로 나타났다. 또한 아동학대와 관련하여 1년에 최소 1회 이상 신체학대를 경험한 아동은 6.1%, 정서학대를 경험한 아동은 11.9%로 나타났다. 1년에 1회 이상 보호자 없이 혼자 있었던 경험은 31.1%, 부모가 끼니를 챙겨주지 않은 경험도 23.3%로 나타났다.

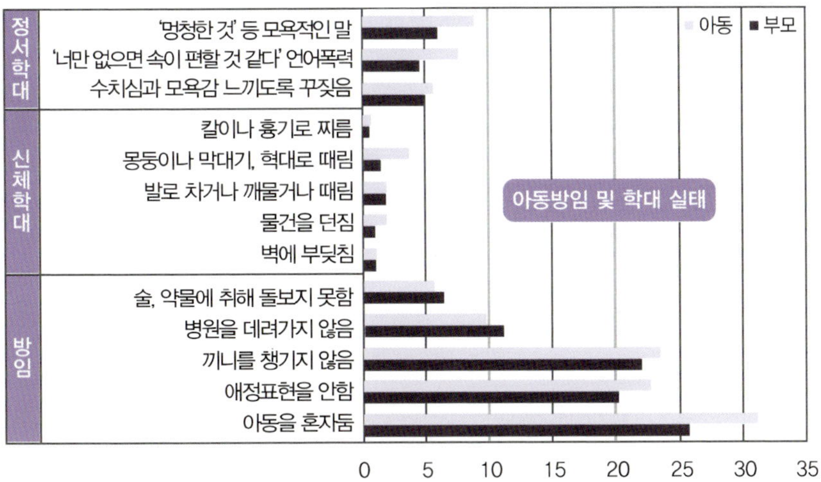

출처: 관계부처합동(2015). 제1차 아동정책기본계획.

그림 11-1 2013년 아동 방임 및 학대 경험률

2016년 전국아동학대 현황보고서[1]에 따르면 2016년 전체 아동학대사례 18,700건 중 사망아동 사례는 50건이며, 실제 36명의 아동이 사망에 이르렀다. 현황보고서의 내용을 살펴보면 다음과 같다.[2]

1) 신고접수

2016년 전국 59개 아동보호전문기관을 통해 아동학대 신고로 접수된 사례는 총 29,674건에 해당되고 이중 아동학대 신고접수 29,674건 중 응급아동 학대

1) 전국 59개 아동보호전문기관(2016년 기준)에서 국가아동학대정보시스템에 입력한 내용을 집계한 결과로(아동복지법 제46조 제1항 제2조 의거) 2016년 1월 1일부터 12월 31일까지 전국 아동보호전문기관으로 신고접수된 건을 사례 개입 절차의 기준으로 분석한 것이며, 아동보호전문기관으로 신고접수된 사례를 바탕으로 집계되므로 우리나라에서 발생한 실제 아동학대 통계와는 다소 상이할 수 있음.

2) 보건복지부(2016). 2016전국아동학대 현황보고서.

의심사례 및 아동학대의심사례는 25,878건(87.2%), 동일신고는 189건(0.6%), 일반상담은 3,604건(12.1%), 해외발생사례는 3건(0.0%)이다. 아동학대 신고접수 29,674건 중 재신고 사례는 3,095건(10.4%)이며, 2016년 신규신고는 26,579건(89.6%)이며 아동학대 신고접수 건수를 월별로 살펴보면 6월 2,891건(9.7%), 3월 2,849건(9.6%), 5월 2,816건 (9.5%) 순으로 높게 나타났다.

✳ 표 11-2 아동학대 신고접수 건수 (단위: 건, %)

아동학대의심사례			동일신고	일반상담	해외발생사례	계
응급아동학대의심사례	아동학대의심사례	소계				
2,796 (9.4)	23,082 (77.8)	25,878 (87.2)	189 (0.6)	3,604 (12.1)	3 (0.0)	29,674 (100.0)

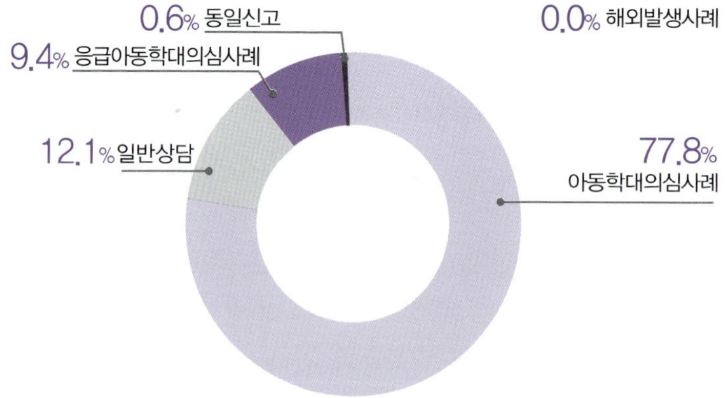

출처: 보건복지부(2016). 2016 전국아동학대 현황보고서.

✳ 그림 11-2 신고접수 건수

2) 신고자 유형

아동학대 신고자는 신고의무자와 비신고의무자로 분류되는데 신고의무자에 의한 신고율은 32.0%(8,288건), 비신고의무자의 경우는 68.0%(17,590건)로 나타났고 신고의무자 중 가장 높은 신고율을 기록한 직군은 초·중·고교 직원으로 15.4%, 다음으로는 사회복지전담공무원 3.1%, 아동보호전문기관 상담원 2.7% 아동복지시설종사자 1.9% 순으로 나타났다. 비신고의무자 중에서는 부모가 17.8%로 가장 높았고, 그 다음으로 사회복지 관련 종사자에 의한 신고율이 15.8%, 아동본인 9.0% 순으로 나타났다.

✹ 표 11-3 신고자 유형 (단위: 건, %)

신고의무자			비신고의무자		
초·중·고교 직원	3,987	(15.4)	아동본인	2,322	(9.0)
의료인	216	(0.8)	부모	4,619	(17.8)
아동복지시설종사자	498	(1.9)	형제, 자매	341	(1.3)
장애인복지시설종사자	27	(0.1)	친인척	657	(2.5)
보육교직원	286	(1.1)	이웃, 친구	1,858	(7.2)
유치원교직원, 강사	114	(0.4)	경찰	1,426	(5.5)
학원강사	24	(0.1)	종교인	40	(0.2)
소방구급대원	39	(0.2)	사회복지관련 종사자	4,088	(15.8)
성매매피해시설상담소종사자	12	(0.0)	낯선사람	649	(2.5)
한부모가족복지시설종사자	11	(0.0)	아동보호전문기관장과 종사자	619	(2.4)
가정폭력상담소보호시설종사자	301	(1.2)	익명	244	(0.9)
사회복지전담공무원	815	(3.1)	기타	727	(2.8)
사회복지시설종사자	312	(1.2)			

출처: 보건복지부(2016). 전국아동학대 현황보고서.

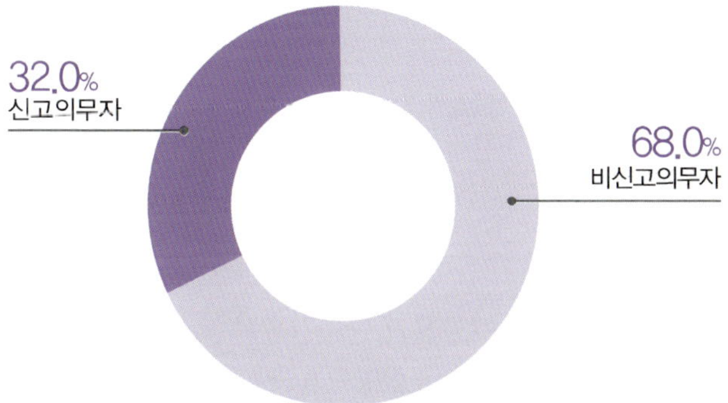

출처: 보건복지부(2016). 2016 전국아동학대 현황보고서.

✹ 그림 11-3 신고자 유형

3) 신고접수 경로 유형

아동학대로 신고된 접수 경로를 살펴보면 아동보호전문기관을 통한 신고가 15,454건(52.1%)으로 가장 많았고, 112는 13,991건(47.1%), 1366은 141건(0.5%), 129는 51건(0.2%) 순으로 나타났다(2014년 9월 29일부터 아동학대 신고전화가 112로 통합됨).

표 11-4 신고접수 경로 유형 (단위: 건, %)

아동보호전문기관				112	119	129	1366	계
일반전화	인터넷	내방	소계					
14,919 (50.3)	39 (0.1)	496 (1.7)	15,454 (52.1)	13,991 (47.1)	37 (0.1)	51 (0.2)	141 (0.5)	29,674 (100.0)

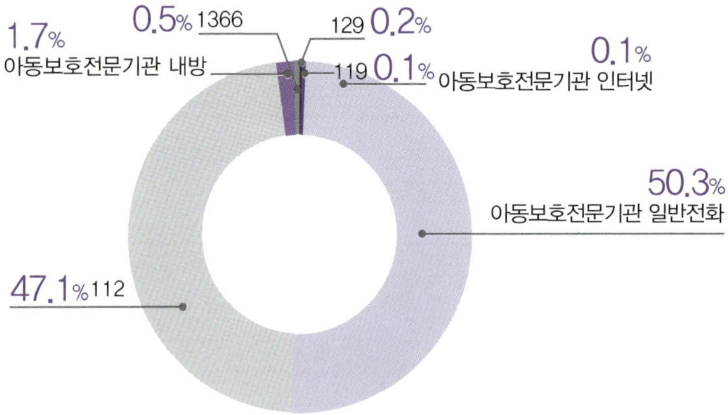

출처: 보건복지부(2016). 2016 전국아동학대 현황보고서.

그림 11-4 신고접수 경로 유형

4) 아동학대 현장조사

2016년 한 해 동안 전국 아동보호전문기관으로 신고접수된 응급아동학대의심사례 및 아동학대의심사례 25,878건을 대상으로 총 53,401회의 현장조사가 실시되었고, 아동학대의심사례 대비 현장조사 실시 횟수를 분석한 결과 1건당 약 2.1회의 현장조사가 진행된 것으로 나타났다.

현장조사 동행 현황을 살펴보면 상담원 단독 현장조사 30,210건(56.6%), 상담원·경찰 14,594건(27.3%), 경찰 단독 5,720건(10.7%), 상담원·경찰·

공무원 2,045건(3.8%) 순으로 나타났으며 상담원이 단독 출동하는 사유는 사건 개입의 시급성이 비교적 낮거나 현재 피해아동의 안전한 보호가 보장되는 상황일 때 발생할 확률이 높았다.

5) 사례판단

아동학대의심사례인 25,878건 중 아동학대로 판단된 아동학대사례는 18,700건으로 72.3%를 차지하였고, 조기지원사례 2,222건(8.6%), 일반사례 4,898건(18.9%)이었다. 아동학대사례 25,878건 내에는 동일한 아동이 한 번 이상 신고되어 학대로 판단된 경우 또는 동일한 아동이 한 명 이상의 학대행위자에게 학대를 받은 경우가 포함되어 있기 때문에 2016년 한 해 동안 아동학대로 인해 실제 보호된 아동 수는 14,296명으로 나타났다.

- 조기지원사례: 아동학대혐의가 없으나 고위험군으로 아동학대예방을 위해 외부지원이 필요한 사례
- 일반사례: 아동학대의심사례로 신고접수되었으나 현장조사 결과 아동학대가 발생하지 않은 것으로 판단될 경우

✺ 표 11-5 사례판단결과 (단위: 건, %)

아동학대사례	조기지원사례	일반사례	조사진행중사례**	계
18,700 (72.3)	2,222 (8.6)	4,89 8(18.9)	58 (0.2)	25,878 (100.0)

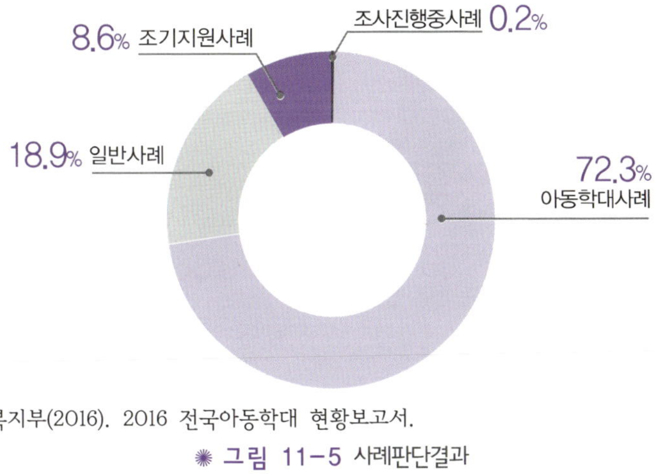

출처: 보건복지부(2016). 2016 전국아동학대 현황보고서.

✺ 그림 11-5 사례판단결과

✱ 표 11-6 피해아동 보호수 (단위: 건, 명)

	피해아동보호 건수	피해아동보호 명수
총합	18,700	14,296

출처: 보건복지부(2016). 2016 전국아동학대 현황보고서.

6) 피해아동 발견율

전국 피해아동 발견율[3]은 2.15%로 나타났으며 아동보호전문기관 관할지역당 아동 수와 피해아동 발견율 간에 상관관계 분석을 실시한 결과, 아동보호전문기관이 관할하는 행정구역 내에 아동 인구가 적을수록 피해아동 발견율이 높아지는 것에 대해 상관관계가 있음을 나타내었다. 아동보호전문기관 설치 대비 추계아동인구를 살펴본 결과, 1개 아동보호전문기관이 담당하는 아동 수는 평균 147,372명으로 나타났다.

아동학대로 판단된 18,700건을 대상으로 피해아동의 성별을 살펴보면 남아 9,380건(50.2%), 여아 9,320건(49.8%)으로 남아가 약 0.4% 많은 것으로 나타났다. 피해아동의 연령은 만 13~15세의 아동이 전체의 22.5%로 가장 많았고, 그 다음으로는 초등학교 고학년에 해당하는 만 10~12세가 20.6%, 초등학교 저학년인 만 7~9세의 아동이 19.2%로 나타났다.

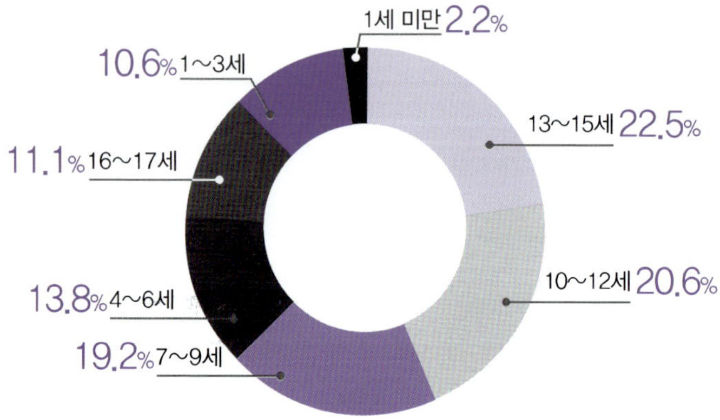

출처: 보건복지부(2016). 전국아동학대 현황보고서.

✱ 그림 11-6 피해아동 연령

3) 통계청에서 집계한 2016년 「연령별(시도) 추계아동인구」 자료를 기준으로 아동인구 1,000명당 피해 아동 발견율을 산출.

피해아동의 가족유형은 친부모가족 9,931건(53.1%), 친부모가족 외 형태 7,681건(41.1%), 대리양육형태와 기타는 각각 334건(1.8%), 86건(0.5%)의 양상이 나타났다.

✻ 표 11-7 피해아동 가족유형 (단위: 건, %)

친부모가족	친부모가족 외 형태								대리양육형태				기타*	파악안됨	계
	부자가정	모자가정	미혼 부·모 가정	재혼가정	친인척보호	동거(사실혼 포함)	소년소녀가정	소계	가정위탁	입양가정	시설보호	소계			
9,931 (53.1)	2,623 (14.0)	2,203 (11.8)	347 (1.9)	1,366 (7.3)	444 (2.4)	688 (3.7)	10 (0.1)	7,681 (41.1)	28 (0.1)	79 (0.4)	227 (1.2)	334 (1.8)	86 (0.5)	668 (3.6)	18,700 (100.0)

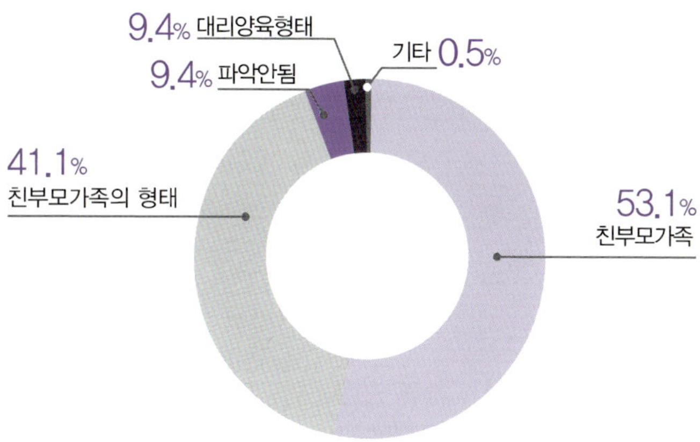

출처: 보건복지부(2016). 2016 전국아동학대 현황보고서.

✻ 그림 11-7 피해아동 가족유형

피해아동의 특성을 신체·정신적 장애, 정서·정신건강, 적응행동, 발달·신체건강, 특성없음 및 기타 항목으로 구분하여 살펴보면, 적응행동이 전체 32.5%인 11,334건으로 가장 두드러지게 나타났으며, 다음으로 정서·정신건강 9,814건(28.1%), 특성없음 7,732건(22.2%), 발달·신체건강 3,419건(9.8%), 기타 1,340 건(3.8%), 장애 1,249건(3.6%) 순으로 나타났다.

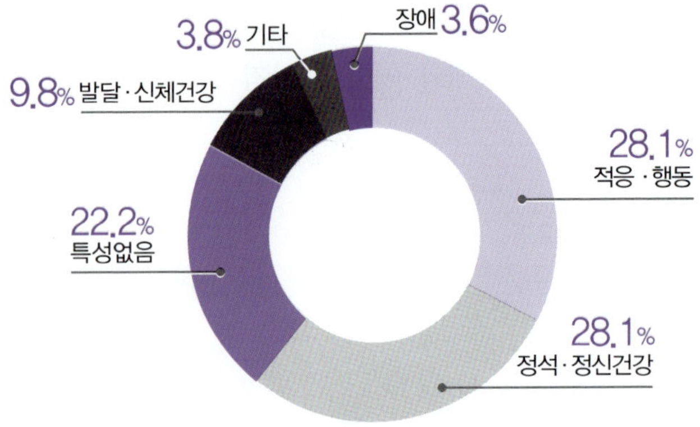

출처: 보건복지부(2016). 2016 전국아동학대 현황보고서.

그림 11-8 피해아동 특성

7) 학대행위자 요인

학대행위자 성별은 남성 10,327건(55.2%), 여성 8,347건(44.6%)이었고, 학대행위자 중 40대가 8,228건(44.0%)으로 가장 많았으며, 다음으로는 30대가 5,558건(29.7%)이었는데 피해아동 연령 중 중학생, 초등학교 고학년이 가장 많은 비중을 차지했던 것을 볼 때, 대다수의 학대 행위자가 30~40대의 학령기 자녀를 둔 부모인 것으로 유추 가능하다.

학대행위자는 부모에 의해 발생한 경우가 15,048건(80.5%)으로 가장 많았으며, 대리양육자의 경우 2,173건(11.6%)으로 나타났다. 대리양육자 중에서 보육교직원은 587건(3.1%), 아동복지시설 종사자는 253건(1.4%)이었고, 학대행위자의 두드러지는 특성은 양육태도 및 방법 부족으로 전체의 35.6%에 해당하는 16,737건이며, 사회·경제적 스트레스 및 고립 요인 8,372건(17.8%), 부부 및 가족 갈등 4,901건(10.4%) 순으로 나타났다.

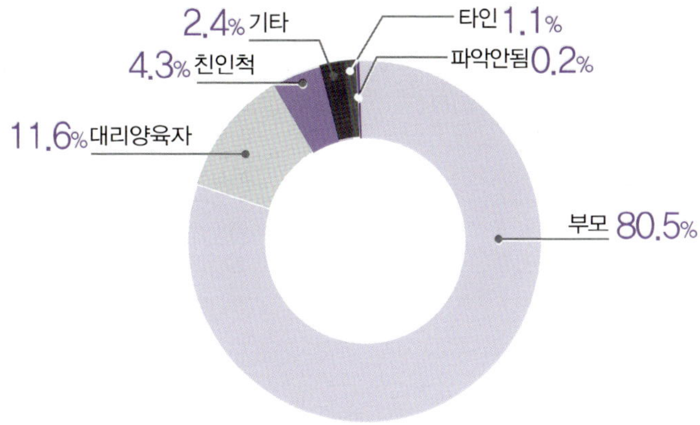

출처: 보건복지부(2016). 2016 전국아동학대 현황보고서.

✸ 그림 11-9 학대행위자와 피해아동과의 관계

8) 아동학대사례 발생현황과 빈도

아동학대 발생장소를 살펴본 결과 가정 내에서 발생한 사례가 전체 아동학대 사례의 82.2%에 해당하는 15,371건으로 압도적인 수치를 보였고, 그 외에 어린이집, 학교, 유치원 사례는 각각 601건(3.2%), 609건(3.3%), 247건(1.3%)으로 전체 사례 중 7.8%에 해당하고, 복지시설은 아동복지시설 287건(1.5%), 기타복지시설 24건(0.1%)로 1.7%에 해당한다. 발생 빈도를 보면 거의 매일 학대가 발생한 경우는 전체의 23.3%인 4,364건이었으며, 2~3일에 한 번 발생한 경우는 2,384건(12.7%), 일주일에 한 번 인 경우가 2,260건(12.1%)으로 나타났다. 즉, 일주일에 한 번 이상 빈번하게 학대를 경험한 아동은 48.1%로 전체 사례의 절반 정도를 차지하였다.

✸ 표 11-8 아동학대 발생빈도 (단위: 건, %)

발생빈도	건수(비율)	
거의 매일	4,364	(23.3)
2~3일에 한 번	2,384	(12.7)
일주일에 한 번	2,260	(12.1)
2주일에 한 번	1,027	(5.5)
1개월에 한 번	2,180	(11.7)

(계속)

발생빈도	건수(비율)	
2~3개월에 한 번	1,564	(8.4)
6개월에 한 번	956	(5.1)
1년에 한 번	880	(4.7)
일회성	3,085	(16.5)
계	18,700	(100.0)

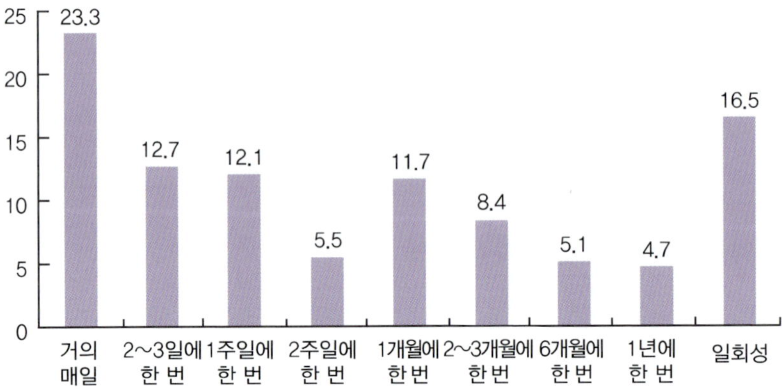

출처: 보건복지부(2016). 2016 전국아동학대 현황보고서.

그림 11-10 아동학대 발생빈도

9) 아동학대사례 유형

아동학대사례 유형별 건수를 살펴보면 중복학대가 8,980건(48.0%)으로 가장 많았고, 정서학대 3,588 건(19.2%), 방임 2,924건(15.6%), 신체학대 2,715건(14.5%), 성학대 493건(2.6%)의 순으로 나타났으며, 중복학대를 별도로 구분하지 않고 아동학대사례 유형의 분포를 살펴보면 정서학대가 12,262건(43.1%)으로 가장 많았고, 신체학대와 방임이 각각 10,875건(38.2%), 4,592건(16.1%), 성학대 753건(2.6%) 순으로 조사되었다. 아동학대사례 유형에 따른 피해아동의 성별 분포를 살펴보면 신체학대와 방임사례에서는 남아가 여아보다 높았고, 정서학대와 성학대에서는 여아가 남아보다 높았다. 특히 성학대 사례에서는 여아가 87.8%로 압도적인 비율을 보였다. 아동학대사례 유형별 피해아동 연령 분포를 살펴보면 만 13~15세와 만 10~12세 구간에 많은 피해아동이 집중되었고, 방임은 연령별로 골고루 분포하고 있는 것으로 조사되었다.

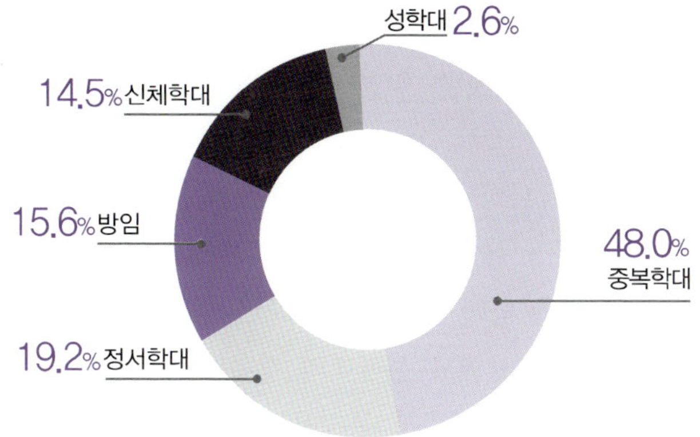

출처: 보건복지부(2016). 2016 전국아동학대 현황보고서.

✺ 그림 11-11 아동학대사례 유형

✺ 표 11-9 아동학대사례 유형별 피해아동 성별 (단위: 건, 명)

학대유형 / 성별	신체학대		정서학대		성학대		방 임		계	
남	5,718	(52.6)	6,048	(49.3)	92	(12.2)	2,146	(52.6)	14,274	(50.1)
여	5,157	(47.4)	6,214	(50.7)	661	(87.8)	2,176	(47.4)	14,208	(49.9)
계	10,875	(100.0)	12,262	(100.0)	753	(100.0)	4,592	(100.0)	28,482	(100.0)

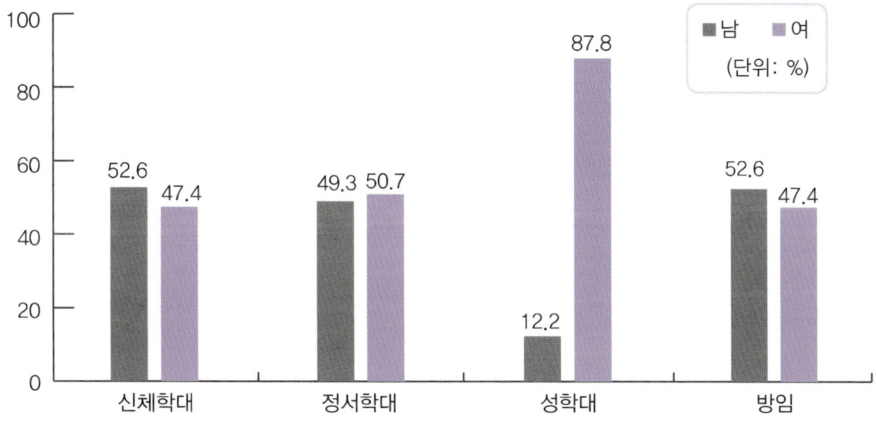

출처: 보건복지부(2016). 2016 전국아동학개 현황보고서.

✺ 그림 11-12 아동학대사례 유형별 피해아동 성별

아동학대 유형별 피해아동 특성을 살펴보면 방임을 제외한 모든 학대유형에서 반항·충동·공격성, 거짓말, 약물·흡연·음주, 가출 등과 같은 적응행동 특성이 가장 높았고, 다음으로 정서·정신건강 특성, 특성 없음, 발달·신체건강 특성, 장애의 순으로 나타났다. 방임의 경우 불안, 주의산만 등과 같은 정서·정신건강 특성이 가장 높게 나타났으며, 학대행위자와 피해아동과의 관계는 성학대를 제외한 모든 학대 유형에서 부모에 의해 발생한 사례가 80% 이상으로 가장 높은 분포를 보였고 성학대의 경우도 38.8%로 나타났다.

아동학대사례 유형별 학대행위자 특성을 살펴보면 성학대를 제외한 모든 학대 유형에서 양육태도 및 방법 부족이 가장 높은 분포를 보였고 그 다음으로, 성학대를 제외한 모든 학대 유형에서 사회·경제적 스트레스와 부부 및 가족갈등의 순서로 높은 비중이 나타났다. 성학대의 경우 성문제가 양육태도 및 방법부족 다음으로 가장 높은 분포를 보였다.

2001년부터 2016년까지 아동학대 신고접수 건수는 꾸준히 증가하는 추세이고 2015년에는 전년 대비 8.0%로 대폭 상승하였으며, 2016년에도 전년 대비 증가율이 54.5%로 상승하였다. 2001년 686건에서 2016년 8,288건으로 신고의무자의 신고건수는 약 12배 이상 증가하였고, 2016년에는 전년 대비 신고의무자 신고비율이 약 2.6% 상승하였다.

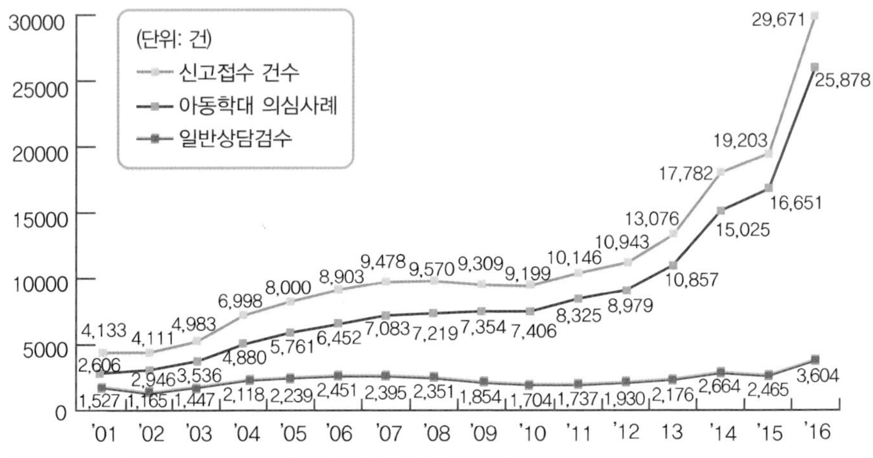

출처: 보건복지부(2016). 2016 전국아동학대 현황보고서.

✱ 그림 11-13 연도별 신고접수 건수

또한 2001년부터 아동보호전문기관에서 피해아동을 보호한 수는 꾸준히 증가하였으며, 2016년의 아동학대 사례 증가율은 전년대비 59.6%가 증가하였다. 연도별 신고의자무교육 결과를 보면 2016년 신고의무자교육 의무기관은 총 20,680곳이며 실제로 신고 의무자 교육을 실시한 기관은 20,680곳으로 총 기관수 대비 교육이수기관 이수 비율이 100%에 해당한다.

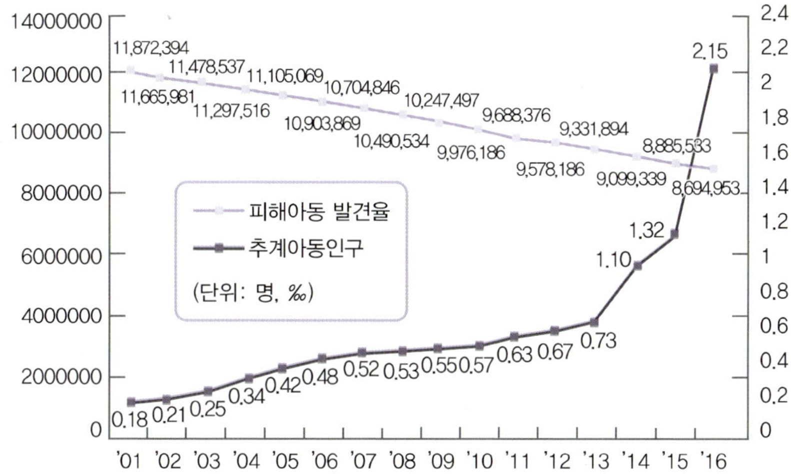

출처: 보건복지부(2016). 2016 전국아동학대 현황보고서.

✻ 그림 11-14 연도별 추계아동인구 및 피해아동 발견율

2. 아동학대 예방을 위한 조치

1) 아동학대 신고의무

「아동학대범죄의 처벌 등에 관한 특례법」이 2014년 9월 29일 시행됨에 따라 신고의무자의 법적 근거를 변경하고 더 확대하였다. 신고의무자는 직무상 아동학대범죄를 알게 되거나 그 의심이 있는 경우에는 아동보호전문기관 또는 수사기관에 즉시 신고하여야 한다.

(1) 신고의무자(「아동학대범죄의 처벌 등에 관한 특례법」 제10조제2항)

조문의 호	신고의무자
1	**가정위탁센터**의 장과 그 종사자
2	**아동복지시설**의 장과 그 종사자
3	「아동복지법」 제13조에 따른 **아동복지전담공무원**
4	「가정폭력방지 및 피해자보호 등에 관한 법률」 제5조에 따른 **가정폭력 관련 상담소** 및 같은 법 제7조의2에 따른 **가정폭력피해자 보호시설**의 장과 그 종사자
5	「건강가정기본법」 제35조에 따른 **건강가정지원센터**의 장과 그 종사자
6	「다문화가족지원법」 제12조에 따른 **다문화가족지원센터**의 장과 그 종사자
7	「사회복지사업법」 제14조에 따른 **사회복지 전담공무원** 및 같은 법 제34조에 따른 **사회복지시설**의 장과 그 종사자
8	「**성매매**방지 및 피해자보호 등에 관한 법률」 제5조에 따른 **지원시설** 및 같은 법 제10조에 따른 **성매매피해상담소**의 장과 그 종사자
9	「성폭력방지 및 피해자보호 등에 관한 법률」 제10조에 따른 **성폭력피해상담소**, 같은 법 제12조에 따른 **성폭력피해자보호시설**의 장과 그 종사자 및 같은 법 제18조에 따른 **성폭력피해자통합지원센터**의 장과 그 종사자
10	「소방기본법」 제34조에 따른 **구급대의 대원**
11	「응급의료에 관한 법률」 제2조제7호에 따른 응급의료기관등에 종사하는 **응급구조사**
12	「영유아보육법」 제7조에 따른 **육아종합지원센터**의 장과 그 종사자 및 제10조에 따른 **어린이집**의 원장 등 보육교직원
13	「**유아교육법**」 제20조에 따른 **교직원** 및 같은 법 제23조에 따른 **강사** 등
15	「의료법」 제3조제1항에 따른 의료기관의 장과 그 의료기관에 종사하는 **의료인 및 의료기사**
16	「장애인복지법」 제58조에 따른 **장애인복지시설**의 장과 그 종사자로서 시설에서 **장애아동**에 대한 상담·치료·훈련 또는 요양 업무를 **수행하는 사람**
17	「정신보건법」 제3조제3호에 따른 **정신의료기관**, 같은 조 제4호에 따른 **정신질환자사회복귀시설**, 같은 조 제5호에 따른 **정신요양시설** 및 같은 조 제13조의2에 따른 **정신보건센터**의 장과 그 종사자
18	「청소년기본법」 제3조제6호에 따른 **청소년시설** 및 같은 조 제8호에 따른 **청소년단체**의 장과 그 종사자
19	「청소년 보호법」 제35조에 따른 **청소년 보호·재활센터**의 장과 그 종사자
20	「**초·중등교육법**」 제19조에 따른 **교직원**, 같은 법 제19조의2에 따른 **전문상담교사** 및 같은 법 제22조에 따른 **산학겸임교사** 등
21	「한부모가족지원법」 제19조에 따른 **한부모가족복지시설**의 장과 그 종사자
22	「학원의 설립·운영 및 과외교습에 관한 법률」 제6조에 따른 **학원**의 운영자·강사·직원 및 같은 법 제14조에 따른 **교습소**의 교습자·직원
23	「아이돌봄 지원법」 제2조제4호에 따른 **아이돌보미**
24	「아동복지법」 제37조에 따른 취약계층 아동에 대한 **통합서비스지원 수행인력**
25	「입양특례법」 제20조에 따른 **입양기관**의 장과 그 종사자

신고의무자가 그 직무상 아동학대범죄를 알게 되었거나 의심이 되었음에도 신고하지 아니한 신고 의무자에게는 500만원 이하의 과태료를 부과하고, 신고인의 인적 사항 또는 신고인임을 미루어 알 수 있는 사실을 다른 사람에게 알려주거나 공개 또는 보도하여서는 안 된다(「아동학대범죄의 처벌 등에 관한 특례법」 제10조제3항). 신고인의 인적사항 또는 신고인임을 미루어 알 수 있는 사실을 다른 사람에게 알려주거나 공개 또는 보도한 자는 3년 이하의 징역 또는 3,000만원 이하의 벌금에 처한다(「아동학대범죄의 처벌 등에 관한 특례법」 제62조제2항).

아동보호전문기관 상담원 외에도 지방자치단체 공무원, 아동복지 관련 종사자 등 신고의무자의 인적사항을 알고 있는 자가 신고인의 신원을 노출할 경우, 「형법」 제127조(공무상의 비밀 누설), 「아동복지법」 제65조(비밀유지의 의무), 「아동학대범죄의 처벌 등에 관한 특례법」 제62조(비밀엄수 등 의무 위반죄) 제1항 등에 따라 처벌 가능하며, 아동학대 신고포상 등을 목적으로 불가피하게 공개할 경우 반드시 사전에 신고인의 동의를 얻어야 한다.

(2) 아동학대 신고의무자에 대한 교육(법 제26조)

관계 중앙행정기관의 장은 신고의무자의 자격 취득 과정이나 보수교육 과정에 아동학대 예방 및 신고의무와 관련된 교육 내용을 1시간 이상 포함하도록 하여야 하고, 관계 중앙행정기관의 장 및 시·도지사는 아동학대 신고의무자에게 본인이 아동학대 신고의무자라는 사실을 고지할 수 있고, 아동학대 예방 및 신고의무와 관련된 교육을 실시할 수 있다.

중앙아동보호전문기관(http://korea1391.go.kr)에서 제작한 표준교육자료를 활용할 수 있으며 신고의무자에게 의무교육을 부여하고 있다.

- 의무교육

신고의무자가 소속된 다음 각 기관의 장은 소속 아동학대 신고의무자에게 매년 1시간 이상의 신고의무 교육을 실시하여야 한다.

- 「영유아보육법」에 따른 어린이집
- 「유아교육법」에 따른 유치원

–「초·중등교육법」에 따른 학교
–「의료법」 제3조의3에 따른 종합병원
–「아동복지법」 제52조제1항에 따른 아동복지시설(아동보호전문기관 및 쉼터는 제외)

이를 위반하여 신고의무교육을 실시하지 않은 기관의 장은 300만 원 이하의 과태료 부과하도록 하고 있다(법 제75조제3항제1의2호).

(3) 아동보호전문기관 설치 및 운영

아동복지법 제45조에서 국가는 아동학대예방사업 활성화 및 지역 간 연계체계 구축을 위한 중앙아동보호전문기관을 설치하여 운영하고 있다. 지방자치단체는 학대받은 아동의 발견, 보호, 치료에 대한 신속처리 및 아동학대예방을 위한 지역아동보호전문기관을 시·도 및 시·군·구에 설치하여 운영하도록 강제하고 있다.

중앙아동보호전문기관

- 지역아동보호전문기관 및 학대피해아동쉼터 업무 지원
- 아동학대예방 관련 연구 및 교육프로그램 등 개발
- 아동학대예방사업 관련 업무수행지침 및 보고서 발간
- 아동학대예방사업 정책 개발
- 아동보호전문기관 상담원 직무교육 프로그램 개발 및 교육
- 아동보호전문기관 상담원의 신변안전 보호를 위한 교육
- 아동학대 예방 관련 홍보 및 교육
- 국가아동학대정보시스템 운영
- 아동학대 관련 통계 관리 및 분석
- 관련기관 협력체계 구축 및 관리
- 해외발생아동학대사례 관련 국제협력 지원

지역아동보호전문기관

- 아동학대 신고접수 및 현장조사 수행
- 시설 내 학대의 경우는 필요 시 지자체에 현장조사 동행을 요청
- 신고접수 및 현장조사 내용을 토대로 아동학대 여부 판단
- 아동학대범죄 행위 제지 및 아동학대행위자를 격리하는 응급조치
- 피해아동을 보호시설 및 의료기관으로 인도하는 응급조치 및 상담·치료 등의 서비스 제공
- 사법경찰에게 아동학대행위자에 대한 임시조치청구요청
- 아동보호사건 송치 시 아동보호사건 처리에 대한 의견 개진
- 임시조치, 조건부 기소유예, 보호처분 등 학대행위자에 대한 상담·교육 위탁 수행
- 피해아동 및 학대행위자·가족에 대한 상담·교육 등의 서비스 제공
- 피해아동 가정의 사후관리(「아동복지법」 제28조)
- 아동학대사례전문위원 설치·운영 및 자체사례회의 운영
- 국가아동학대정보시스템에 아동학대 업무수행 결과 입력 및 보존
- 아동학대예방 교육 및 홍보
- 지역사회 자원 개발 및 관련기관 협력체계 구축
- 시장·군수·구청장에게 피해아동의 기초생활보장급여 또는 의료급여 등 필요한 보호 및 양육조치 의뢰
- 친권행사 제한 또는 친권행사 상실 청구 요청(「아동복지법」 제18조)
- 후견인이 아동학대 등 현저한 비행을 저지른 경우 법원에 후견인 변경 신청(「아동복지법」 제19조)
- 진술녹화실 운영

(4) 국가아동학대정보시스템 운영

「아동복지법」 제28조의2에 따라

① 보건복지부장관은 아동학대 관련 정보를 공유하고 아동학대를 예방하기 위하여 대통령령으로 정하는 바에 따라 국가아동학대정보시스템을 구축·운영하여야 한다. <개정 2016.3.22.>

② 보건복지부장관은 피해아동, 그 가족 및 학대행위자에 관한 정보와 아동학대예방사업에 관한 정보를 제1항에 따른 국가아동학대정보시스템에 입력·관리하여야 한다. 이 경우 보건복지부장관은 관계 중앙행정기관의 장, 시·도지사, 시장·군수·구청장, 아동보호전문기관 등에 필요한 자료를 요청할 수 있다. <개정 2016.3.22.>

③ 보건복지부장관은 중앙아동보호전문기관에게 제1항에 따른 국가아동학대정보시스템 운영을 위탁할 수 있다.

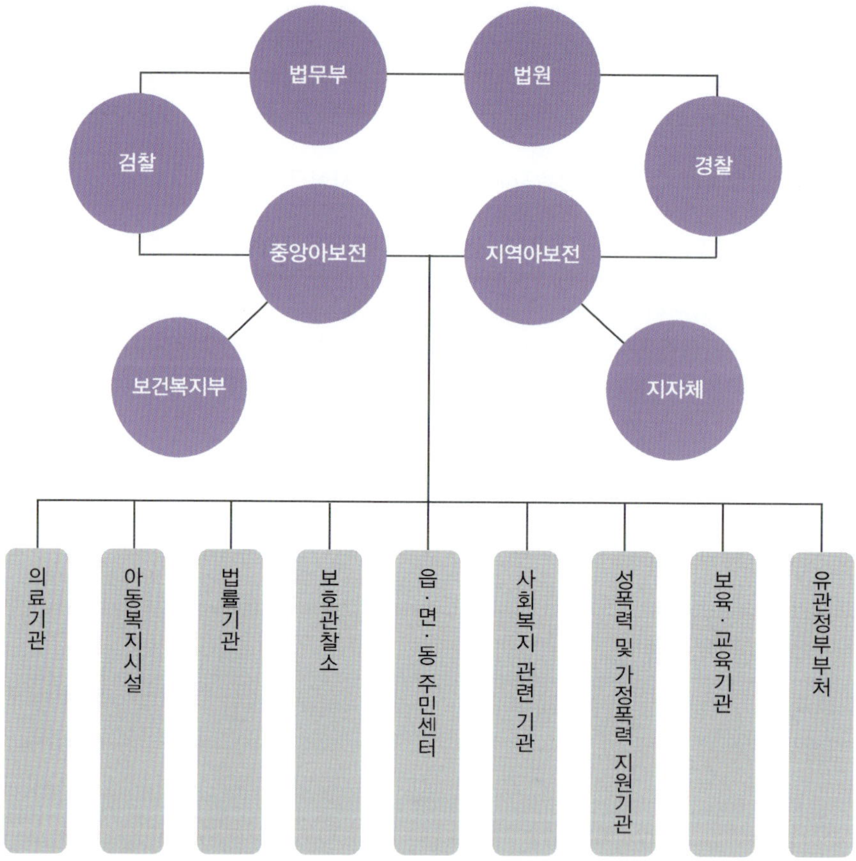

출처: 중앙아동보호전문기관

✱ 그림 11-15 아동학대예방 협력체계

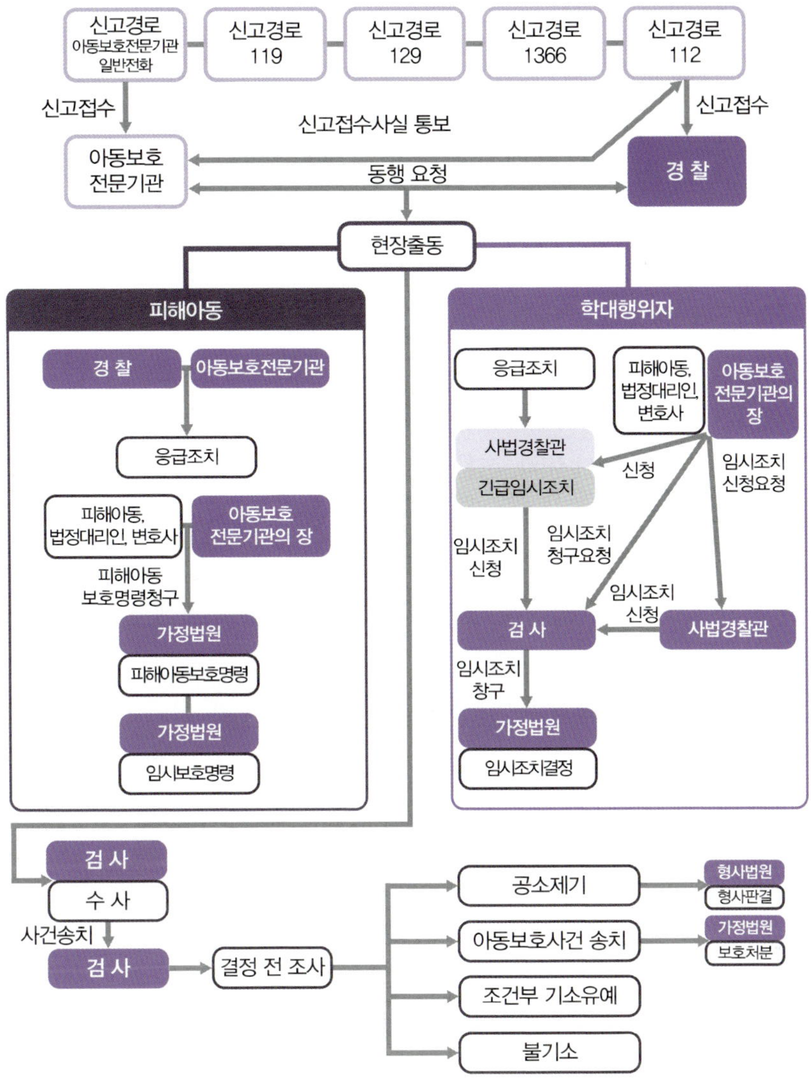

출처: 보건복지부(2017). 아동분야 사업안내.

✻ 그림 11-16 아동학대 사건 업무 처리 흐름도
('14.9.29.「아동학대범죄의 처벌 등에 관한 특례법」 시행 이후)

우리나라의 아동학대 현황을 분석한 보고서[4]에 따르면, 아동학대 발생시 학대행위자의 80.5%가 부모였다. 즉, 아동을 보호하고 양육해야 하는 가장 중요한 책무를 가진 부모에게서 상당수의 아동학대가 발생하고 있다. 따라서

4) 보건복지부(2016). 2016 전국아동학대 현황보고서.

아동학대 예방을 위해서는 가장 먼저 아동을 양육하는 부모의 의식전환이 필요하다. 이를 위해서는 부모가 손쉽게 받을 수 있고 접할 수 있는 아동학대 예방 프로그램이 필요하다. 2013년 아동학대예방을 위한 연구[5]에서 우리나라 부모교육 프로그램을 분석한 결과 주된 교육방법은 강사의 실시간 강의와 교재활용이었고, 교육 강사는 기관 직원이나 외부 전문가를 주로 활용하였으며, 교재는 사업기관 자체 제작 또는 교육 강사 재량교재를 활용하였다. 따라서 교육의 주된 방법을 볼 때 강사와 교재는 프로그램 질 관리에서 중요한 부분임을 알 수 있었다. 그러나 운영 실태 조사결과, 강사는 주로 기관 종사자가 하며, 사업기관 자체 제작 교재를 사용하는 경우가 주된 경향을 보이고 있어 강사 및 내용의 전문성, 내용의 통일성 등이 문제가 될 여지가 있는 것으로 나타났다. 이에 부모교육 프로그램의 질을 향상시키고 효과성을 제고하기 위해 정부 또는 관련 공공기관에서 대상별 부모교육 프로그램 개발 및 전문 강사 양성 과정을 운영해 부모교육 실시기관에 보급, 파견하는 방안을 모색해 볼 필요가 있음을 제안하였다.

또한 맞벌이 부부, 아버지, 한부모 등을 위한 다양한 시간대의 교육이 운영되고 있으며 아동·여성 관련기관과의 연계를 통하거나, 기관의 다양한 채널(홈페이지, 소식지, SNS 등) 활용, 또는 지역 내 민간·공공기업 대상 홍보를 통해 교육에의 참여유도를 하고 있었다. 그 중 학교, 보육시설 등 아동관련 기관을 통한 참여유도가 높은 경향을 보이므로 부모의 참여경로와 접근성을 고려할 때, 부모교육 활성화를 위해 지역 내 초·중·고등학교, 유치원 및 어린이집 등 접근성이 비교적 좋은 기관들과 적극으로 연계하고 협력해 부모들의 교육 참여도를 높이는 방안을 모색해야 할 것이다.

또한 아동기의 많은 시간을 교육기간에서 보내기 때문에 영유아교육기관인 어린이집과 유치원, 학교, 학원 등의 종사자는 아동학대 신고의무자로 반드시 아동학대 예방교육을 받아야 한다. 특히 어린 영유아를 보육하는 유아교육기관 종사자는 영유아의 특성을 파악하고 그들의 권리와 요구를 인정하는 인식의 전환이 우선되어야 할 것이다.

5) 보건복지부(2013). 아동학대예방을 위한 부모교육 제도화 및 활성화 방안 연구.

아동학대 사례(중앙아동보호전문기관, 2009-05-08)

1. 인적사항
   1) 피해아동: 이○○(남, 8세), 이□□ (여, 2세)
   2) 가해자: 김△△ (여, 37세)

2. 신고접수
   - 신고자에 의하면 가끔 오는 금융기관의 고객이 남자 아동을 데리고 같이 방문하는데, 그때마다 아동을 보고 인사를 하는데 가끔 아동이 얼굴에 멍이 들어 있었다고 함. 아동이 학교에 다닐 나이처럼 신체적으로 발육되어 있었으나 아동에게 물어보니 학교에 다니지 않는다고 하며, 언어구사능력도 현저하게 떨어져 일상적인 대화를 하기에는 어려웠다고 함. 이에, 신고자는 아동 가정에 대한 정확한 사정은 알지 못하지만 아동의 신변보호를 위해 주소와 연락처 정도만 파악해 신고함

3. 현장조사
   - 가정방문하여 아동 상담 및 신체학대 부위 및 학대사실여부 확인
   - 친모상담을 통해 학대사실 여부 확인 등
   - 주변인 조사 및 친인척 상담

4. 아동학대 사항
   - 현장조사에서 아동의 신체학대를 확인한 결과, 아동의 등과 허벅지, 엉덩이에는 상흔이 있었음. 얼굴에도 멍이 있었으며, 볼과 입술과 눈은 짙은 갈색을 띠고 있었고, 심하게 부은 상태였음
   - 특히 걷거나 움직일 때 머리의 고통을 호소하였으며, 눈을 깜박이는 것조차 어려워함
   - 인근 병원에 진찰을 받은 결과, 타박상 및 상처 외에 골절 등 특별한 외상은 없었음
   - 또한 아동은 정신지체 2급으로 이해력과 판단력이 또래 아동에 비해 현저히 뒤쳐지기 때문에 시간이 지나면 금방 잊고 같은 잘못을 반복해서 하는 상황이었음
   - 아동모는 장애아동의 특성을 전혀 이해하지 못한 채 훈육이라는 명목하에 신체적 체벌로 일관하고 있는 등 아동양육 지식 및 기술이 부재한 상태에서 아동을 양육하고 있었음. 특히, 아동이 장애아동인 관계로 이해력이나 의사소통 능력이 뒤떨어져 있어 일반아동보다 더욱 주의 깊게 양육해야 함에도 불구하고 동생을 밀치고 말을 듣지 않는다며 아동을 심하게 체벌하여 아동의 목과 얼굴에 신체학대를 하였음

5. 개입 및 상담과정
   1) 개입목표
   - 격리보호 후 장애아동을 위한 아동복지시설을 통한 장기보호
   - 아동의 신체학대로 인한 병원진료 및 치료
   - 아동의 미비한 교육에 대한 장애아동 특수교육 실시

– 친모에게 장애아동과 영아인 아동(동생)의 적절한 양육을 위한 부모교육
– 양육스트레스 및 경제적 부담감 해소
– 영아인 아동의 동생이 적절하게 양육될 수 있도록 한 양육을 위한 경제적 지원

2) 개입과정
– 아동 및 친모상담
– 주변인 조사 및 친인척 상담
– 아동의 병원진료
– 아동의 일시보호
– 아동 양육의사 확인 및 장기보호 결정

6. 사후관리
– 아동의 특성을 고려해 특수학교로 입학할 수 있도록 교육기회 제공
– 정기적인 만남을 통해 원가정 복귀 준비
– 친모의 부모교육 참석
– 지속적인 모니터링 등

Q 언제?

- 아동의 울음소리, 비명, 신음소리가 계속되는 경우
- 아동의 상처에 대한 보호자의 설명이 모순되는 경우
- 계절에 맞지 않거나 깨끗하지 않은 옷을 계속 입고 다니는 경우
- 뚜렷한 이유 없이 지각이나 결석이 잦은 경우
- 나이에 맞지 않는 성적 행동을 보이는 경우

Q 무엇을?

- 신고자의 이름, 연락처
- 아동의 이름, 성별, 나이, 주소
- 학대행위자로 의심되는 사람의 이름, 성별, 나이, 주소
- 아동이 위험에 처해있거나 학대를 받고 있다고 믿는 이유

※ 아동이나 학대행위자의 정보를 파악하지 못해도 신고는 가능하며, 가능한 많은 정보를 제공하도록 합니다.

Q 어떻게?

- 전화: 국번없이 112
- 방문: 관할 지역아동보호전문기관
- 신고자의 신분은 아동학대범죄의 처벌 등에 관한 특례법 제10조, 제62조에 의해 보장됩니다.

출처: 중앙아동보호기관

✻ 그림 11-17 아동학대 신고절차

유치원 교직원용 아동권리보호 자가체크리스트

이 체크리스트는 유치원 교직원이 일과 중에서 아동의 권리를 보호하는지 그 민감도를 파악하기 위한 자가체크리스트입니다. 해당하는 문항에 '예' 혹은 '아니오'로 응답해보세요.

	문 항	예	아니오
1	유아를 때리거나 신체에 고통을 가한 적이 있다.		
2	도구 등을 이용하여 유아를 억압하거나 위협한 적이 있다.		
3	유아가 한 행동을 그대로 하도록 하는 보복성 행동을 요구한 적이 있다.		
4	아동을 위협하는 언어를 사용하여 공포 분위기를 조성한 적이 있다.		
5	유아에게 비난, 원망, 거부, 우롱, 경멸적인 언어를 사용하여 공개적으로 창피를 준 적이 있다.		
6	유아의 인격이나 감정/기분을 무시하거나 모욕하는 행위를 한 적이 있다.		
7	유아가 할 수 없거나 원하지 않는 활동을 강제적으로 시킨 적이 있다.		
8	수업시간이나 급·간식 시간에 유아를 의도적으로 배제시킨 적이 있다.		
9	유아를 교실이나 특정 장소에 혼자 있게 하거나 움직일 수 없도록 강제한 적이 있다.		
10	유아의 신체부위를 만져 유아를 불쾌하게 만들거나 불편하게 한 적이 있다.		
11	교육과정과 무관하게 노골적이거나 자극적인 성적 표현을 하거나 관련 자료를 보여준 적이 있다.		
12	유아의 요구에 대해 모른 척하거나 아무런 반응을 보이지 않은 적이 있다.		
13	유아에 대한 기본적인 보호와 돌봄을 소홀히 한 적이 있다.		
14	교육활동 중에 유아와 직접 관련 없는 개인적인 행동을 하느라 유아를 방치한 적이 있다.		
15	유아가 한 수행결과에 대해서 공개적으로 비난한거나 창피를 준 적이 있다.		

〈자가 체크리스트 활용방법〉

- 교직원이 직접 활용: 주기적으로 자기 행동을 평가해본다.
- 교직원 상호 모니터링을 위한 활용: 주기적으로 짝으로 정한 교직원의 행동을 평가하고 그 결과를 서로 나눈다.
- 원장의 교직원 관리를 위한 활용: 주기적으로 원장이 소속 교직원의 행동을 평가하고 그 결과를 교직원 컨설팅 자료로 활용한다.

구 분	내 용
아니오	당신은 아동의 권리보호를 위해 최선을 다하고 있습니다.
1개 이상 '예'에 체크한 경우	'예'에 해당하는 문항의 행동을 하지 않도록 주의가 필요합니다.

아동학대 신고의무자를 위한 아동학대의심 체크리스트

연번	체크항목	체크란	
1	사고로 보이기에는 미심쩍은 멍이나 상처가 발생한다.	예 □	아니오 □
2	상처 및 상흔에 대한 아동 혹은 보호자의 설명이 불명확하다.	예 □	아니오 □
3	보호자가 아동이 매를 맞고 자라야 한다는 생각을 갖고 있거나 체벌을 사용한다.	예 □	아니오 □
4	아동이 보호자에게 언어적·정서적 위협을 당한다.	예 □	아니오 □
5	아동이 보호자에게 감금, 억제, 기타 가학적인 행위를 당한다.	예 □	아니오 □
6	기아, 영양실조, 적절하지 못한 영양섭취를 보인다.	예 □	아니오 □
7	계절에 맞지 않는 옷, 청결하지 못한 외모를 보인다.	예 □	아니오 □
8	불결한 환경이나 위험한 상태로부터 아동을 보호하지 않고 방치한다.	예 □	아니오 □
9	성학대로 의심될 성 질환이 있거나 임신 등의 신체적 흔적이 있다.	예 □	아니오 □
10	나이에 맞지 않는 성적 행동 및 해박하고 조숙한 성지식을 보인다.	예 □	아니오 □
11	자주 결석하거나 결석에 대한 사유가 불명확하다.	예 □	아니오 □
12	필요한 의료적 처치 혹은 필요한 아동에게 예방접종을 실시하지 않는다.	예 □	아니오 □
13	보호자에 대한 거부감과 두려움을 보이고, 집(보호기관)으로 돌아가는 것에 대해 두려워 한다.	예 □	아니오 □
14	아동이 매우 공격적이거나 위축된 모습 등의 극단적인 행동을 한다.	예 □	아니오 □
15	"아동학대의심 체크리스트" 1~14에 해당되지는 않지만 그 외의 학대로 의심되는 경우 (학대 의심 상황:)	예 □	아니오 □

- 1개 문항 이상 "예"로 체크된 경우, 아동학대를 의심해 볼 수 있는 상황입니다.
- 아동학대가 "의심"되면 아동학대신고전화 112로 즉시 신고해 주시기 바랍니다.

■ 생각해 봅시다.

1. 아동학대의 증가 원인을 생각해 봅시다.

2. 학대아동의 아동보호율을 생각해 봅시다.

3. 학대아동을 발견했을 때 신고 절차를 생각해 봅시다.

4. 경기변동과 아동학대의 발생은 어떠한 관계가 있는지 생각해 봅시다.

5. 주변에서 발생한 아동학대를 알게 된 경우 교사가 행할 의무에 대하여 생각해 봅시다.

6. 아동학대를 근절하기 위한 방법에는 무엇이 있는지 토론해 봅시다.

새터민아동

제1절 새터민아동의 개념

1. 새터민아동의 개념

새터민이란 북한을 탈출하여 북한 이외의 지역에 체류하고 있는 북한 주민으로 북한에 주소, 직계가족, 배우자, 직장 등을 두고 있는 사람으로서 북한을 벗어난 후 외국 국적을 취득하지 않은 사람을 말한다(「북한이탈주민의 보호 및 정착지원에 관한 법률」 제2조 제1호). 이들의 국내 입국 규모는 1998년 이후 꾸준히 증가하여 2012년 5월 현재 23,700여 명에 이르고 있다(한국민족문화대백과). 새터민아동은 이러한 과정을 거쳤거나, 일반적으로 부모들과 함께 이주한 자녀들 혹은 이주 제2세대들로 그들의 부모, 혹은 제2세대 어른들보다 더 잘 적응한다. 이는 새로운 지역의 문화에 접촉하여 동화될 때, 이전의 문화적 경험이 굳어지지 않은 상태인 아동들이 이미 굳어져버린 어른들에 비해서 더 수월하게 동화될 수 있기 때문이다.

1990년대 초·중기에 산발적이었던 새터민의 탈북자 규모는 1996년 급격한 증가를 보이기 시작하여 1997년 최대 숫자의 탈북이 발생한 것으로 추정되었고 2000년 이후 10세 전후의 고아탈북자(소위 꽃제비)들과 가족 단위의 탈북이 증가하고 있다(박모란, 2002). 중국이나 러시아 등 제3국을 중심으로 대부분의 탈북자들이 있고 그중의 일부가 한국에 들어온다.

2. 새터민아동의 적응

탈북 이주로 인하여 새로운 정착지에서 경험하는 급격한 전환, 그리고 그것으로 인하여 파생되는 다양한 형태의 문제는 정착지의 일반 가족의 아동에 비하여 더 많은 문제와 정신건강의 취약함을 나타낸다. 뿐만 아니라 이들은 탈북 가족의 자녀들이 성인이 될 때까지 영향을 미칠 육체적·심리적 문제를 일반아동들보다 더 많이 가지고 있다(박모란, 2002). 즉, 탈북아동은 부모들의 지지를 통해서 부적응이 해결되기는 현실적으로 기대하기 힘들다. 부모 자신들도 적응하기에 여유가 없으며, 자녀들에게 관심을 둘 시간이 있다고 하더라도 실질적으로 자녀들의 학습능력의 차이를 메워주기에는 부모들 역시 역부족이다. 부모들은 남한의 교육문화에 대하여 아는 것이 거의 없다. 학교나 담임교사의 특별한 관심이 주어지지 않는 한 이들은 학교에서나 가정에서나 방임되기는 마찬가지이다. 탈북아동은 그들의 남한 사회 적응에 있어 성인들과 크게 다른 문제를 가지게 된다.

즉, 이들은 탈북 성인들과 마찬가지로 새로운 사회에 대한 적응을 해 나가야 하는 과제를 가지는 동시에 발달과 정체성 형성이라는 아동기 고유의 과제도 함께 가지기 때문이다. 극히 정상적인 조건하에서 자라는 아이들도 이런 발달과정상의 어려움으로 인하여 스트레스를 받게 되고 때로는 전문가의 도움을 받아야 하는 상황이 된다. 하물며 탈북아동과 같이 객관적으로 매우 어려운 상황 속에서 중요 발달과정을 겪어 나가게 될 때는 그들에게 많은 심리적 어려움이 있을 것이라는 것을 예상할 수 있다.

청소년 전기에 속하는 초등학교 아동들은 그 시기에 나타날 수 있는 여러 가지 문제행동들이 적기에 해결되지 않은 채 성장하게 되면 청소년 시기인 중·고등학교시기에 다양한 문제행동으로 표출하게 되어 큰 문제를 야기할 수 있다. 여러 가지 행동상의 문제들은 어느 날 갑자기 나타나는 것이 아니라 아동기 때부터 누적되어 온 문제가 복합적으로 작용하는 것이기 때문이다(박모란, 2002).

현재 탈북아동의 사회적응에 대해 소수의 연구가 이루어져 있어 이에 관한 연구를 살펴보면, 크게 심리적인 적응과 사회·문화적인 적응의 어려움을 호소하고 있다.

심리적 적응에서 탈북아동은 외로움, 불안, 걱정, 소외감을 경험하고, 소속감 결여와 낮은 자아존중감을 나타내는 것으로 조사되었다(전익수, 2001). 특히, 탈북하는 과정과 제3국에 체류하는 과정에서 생명을 위협당하는 경험을 많이 하게 된다. 이러한 부정적인 경험으로 인해 북한이탈 청소년들은 외상 후 스트레스장애(post-traumatic stress disorder, PTSD)를 보이거나 심리적·정서적 불안감을 표출하는 경우가 많다.

이런 불안감은 적응교육기간 동안 음주, 흡연, 규칙위반 등의 이탈행동으로 나타나고 있고, 거주지에서도 대인기피, 우울증을 보이고 있다. 나아가, 처음 입국 당시에는 사회적응에 대해 높은 자신감을 보이지만 현실과 부딪치면서 자신감이 많이 낮아지는 것으로 나타났다. 또한 현실과의 기대 차이로 인해 발생하는 자신감 결여와 함께 부정적인 자기개념(오난희, 2003), 열등감도 가지는 것으로 조사되었다. 이런 심리적 적응의 문제들은 폭력, 과소비 등 충동적인 행동, 술·담배 등 물질적 자극 향유의 행동으로 표출된다고 보았다.

사회·문화적 적응에서는 크게 일반 사회적 적응과 학교적응으로 구분될 수 있다. 일반 사회적 적응에서는 북한의 지역적 특성으로 인해 사회적 규칙을 중요시 하지 않는 성향, 중국에서의 불안한 도피 경험으로 인한 타인에 대한 불신으로 인해 사회적 관계형성이 어렵다고 보았다(이기영, 2001).

한편 탈북 학생들의 교육 적응 사례를 면담조사와 체험보고서를 통해서 편입학과정, 남한학교 생활에서의 문화 차이, 학습의 어려움을 살펴보면, 경제 사정이 악화되어서 정상적인 수업을 받을 수 없었던 북한에서의 여건과 남한에 이주하기 전 제3국에 있는 동안의 공백 기간으로 탈북아동들은 남한의 같은 또래의 친구들보다 학업 능력이 떨어지며, 나이에 비해 대략 2~3년 정도 수준이 떨어지므로 학교 선정 시 2~3년 어린 남한의 학년에 편성되는 경우 학업을 따라가지 못하는 문제가 발생되는데 그 차이를 극복하는 데 오랜 시간이 걸린다. 이러한 학업 부진은 학교에서 많은 시간을 보내며 인생에서 배움에 많은 비중을 두는 이 시기에 남한에 정착하는 데 있어 심각한 장애가 된다(김형태, 2004).

학교적응에 대해서는 교사와의 관계와 또래관계를 나누어 볼 수 있는데, 교사와의 관계에서 적응을 살펴보면, 탈북아동은 교사에 대해 예의를 갖추고 있으나 친밀하지 못하고 교사의 학습방법에 대해서는 부정적으로 평가하는 것으로 나타났다(오난희, 2003).

또래관계에서는 친구를 사귀려고 노력하지만, 한국 친구에 대해 신뢰도가 낮고, 친구들의 괴롭힘, 학급활동에 소극적 참여를 보인다고 보았다. 나아가 북한에서 왔다는 것과 동급생과의 나이 차이로 인해 또래관계에서 스트레스를 경험하고, 한국 아동의 놀이문화와의 괴리로 인해 소외감, 열등감을 갖게 되어 또래관계를 맺는 데 어려움을 갖는다고 보았다.

제2절 새터민아동을 위한 복지서비스

1. 새터민아동 현황

2014년 탈북학생 통계조사 결과를 보면[1] 탈북학생 수는 예년과 마찬가지로 지속적으로 증가 추세인데, 탈북 학생수는 총 2,183명으로 초등학교 1,128명(51.67%), 중학교 684명(31.33%), 고등학교 371명(17.00%)이며, 2013년(2,022명)에 비해 총 161명이 증가한 것으로 나타났다.

표 12-1 연도별 탈북학생수

구 분	2008	2009	2010	2011	2012	2013	2014
전체인원(명)	966	1,143	1,417	1,681	1,992	2,022	2,183
전년대비증감(명,%)		177(18.3)	274(24.0)	264(18.6)	311(18.5)	30(1.5)	161(8.0)

출처: 교육부(2014). 2014년 탈북학생 통계.

1) 교육부(2014). 「2014년 탈북학생 통계」 조사 결과 발표.

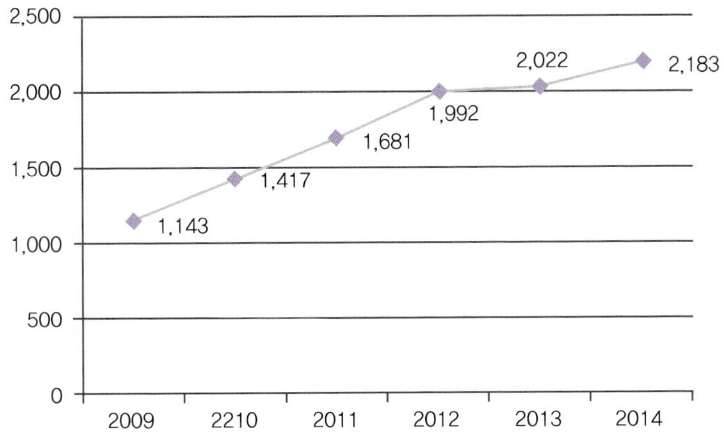

출처: 교육부(2014). 2014년 탈북학생 통계.

✸ 그림 12-1 연도별 탈북학생수 현황

또한 탈북학생의 학업중단률은 연차적으로 감소 추세로 탈북학생 학업중단률은 2.5%로 작년(3.5%)에 비해 1%p 감소한 것으로 나타났다. 이는 장기결석, 미인정 유학 등의 사례가 줄어 전체적으로 감소한 것으로 나타났다.

제3국 출생 탈북학생 수는 점차적으로 증가 추세로 제3국 출생 탈북학생 수는 총 979명으로 초등학교 594명(60.67%), 중학교 371명(37.90%), 고등학교 14명(1.43%)이며, 2013년(840명)에 비해 총 139명이 증가한 것으로 나타났다.

✸ 표 12-2 연도별 탈북학생 학업중단율

연도 학교급	2008	2009	2010	2011	2012	2013
초(%)	3.5	1.4	0.9	2.5	2.6	3.1
중(%)	12.9	9.0	8.5	4.4	3.8	7.4
고(%)	28.1	14.2	9.1	10.1	4.8	1.6
전체(%)	**10.8**	**6.1**	**4.9**	**4.7**	**3.3**	**3.5**
전년대비증감비율(%p)		△4.7	△1.2	△0.2	△1.4	0.2

출처: 교육부(2014). 2014년 탈북학생 통계.

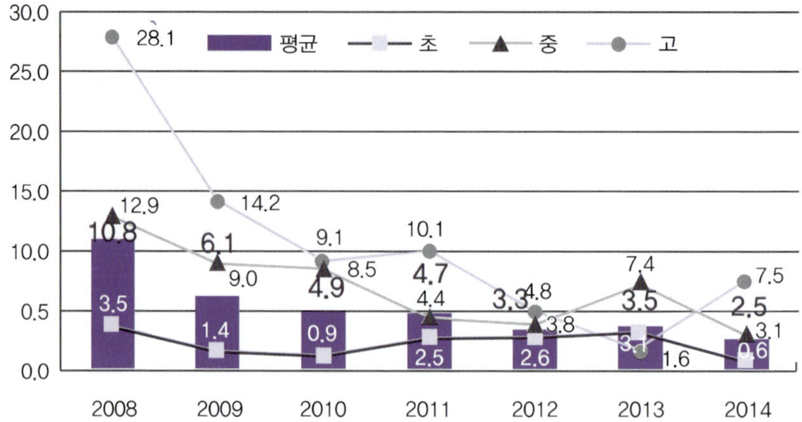

출처: 교육부(2014). 2014년 탈북학생 통계.

✹ 그림 12-2 연도별 탈북학생 학업중단율

2014년 학교 유형별 탈북학생 현황을 보면 초등학교 1,128명, 중학교 684명, 고등학교 371명, 대안교육시설 283명으로 총 2,466명으로 나타났다.

✹ 표 12-3 학교유형별 탈북학생 현황

구분	학교급						대안교육시설 (전일제)*	계
	초		중		고			
	남	여	남	여	남	여		
학생수	575	553	325	359	189	182	283	2,466
	1,128		684		371			
	2,183							

출처: 교육부(2014). 2014년 탈북학생 통계.

탈북학생들의 중도탈락 사유를 보면 기초학력부족, 고연령 등 학교부적응, 장기결석, 경제사정, 가정환경, 진로변경, 건강, 취업, 이민 등으로 나타났다.

교육부는 탈북학생들이 한국 사회에 안정적으로 정착할 수 있도록 매년 「탈북학생 교육 지원 계획」을 수립하여 '탈북청소년교육지원센터', 시·도교육청, 학교, 유관기관 등과 협력하여 탈북학생 교육을 체계적으로 지원하고 있다. 특히, 보호대상자가 국내의 각급 학교에 입학 또는 편입학(법 제13조)에 따른 학력 인정을 받아 각급 학교에 편입학하는 경우에 교육지원의 대상인 경우 지원을 하며, 해당 자격이 되는 경우 학교의 입학금·수업료·학교운영지원비 및 기숙사 사용료 등을 면제 받는다.

또한 교육부는 탈북학생 한명 한명을 돌보는 멘토링 프로그램 운영, 탈북학생의 학업공백과 사회·문화 차이를 극복하고 맞춤형 교육을 위한 탈북학생용 표준(보충)교재 개발·보급, 탈북학생 지도를 내실화하기 위한 교원연수 등의 사업을 지원하고 있다.

2016년 만 8세에서 만 18세 사이의 제3국 출생 청소년 1,141명과 탈북청소년 1,266명을 대상으로 한 실태조사[2])를 보면 탈북 청소년의 현재 재학형태는 중학교 35.2%, 초등학교 33.2%, 고등학교 27.8% 순으로 나타났다.

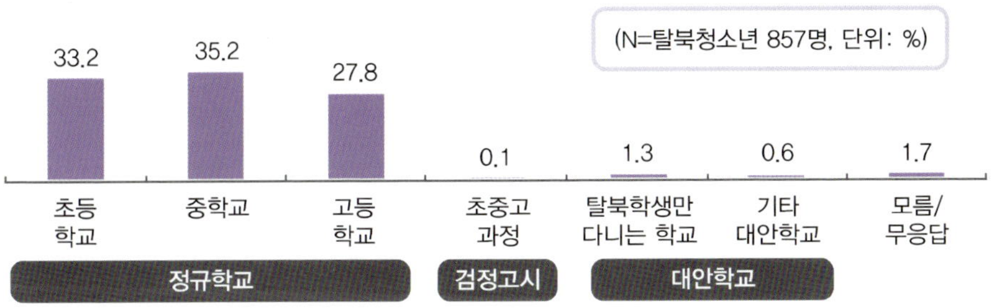

출처: 통일부(2016). 2016탈북청소년 실태조사.

✻ 그림 12-3 현재 재학상태

고민이 있을 때 주로 상담하는 사람으로는 부모님 60.3%, 남한 친구 34.0%, 혼자 고민 22.2%, 학교선생님 17.2% 순으로 나타났고 2014년과 비교하면 남한 친구는 14.9%, 혼자 고민 9.0%가 증가하였고 학교선생님 7.1%, 부모님 1.3% 로 감소하였다.

또한 출신 공개 여부에 대해서도 굳이 밝혀야 하는 상황에서 밝히지만, 가급적 밝히지 않는다가 33.3%, 절대 밝히지 않는다 27.8%, 밝히려고 하지는 않지만, 알아도 별 거리낌은 없다 21.2%, 아무 거리낌없이 밝힌다 17.6% 순으로 나타났다.

---

2) 통일부(2016). 2016탈북청소년실태조사.

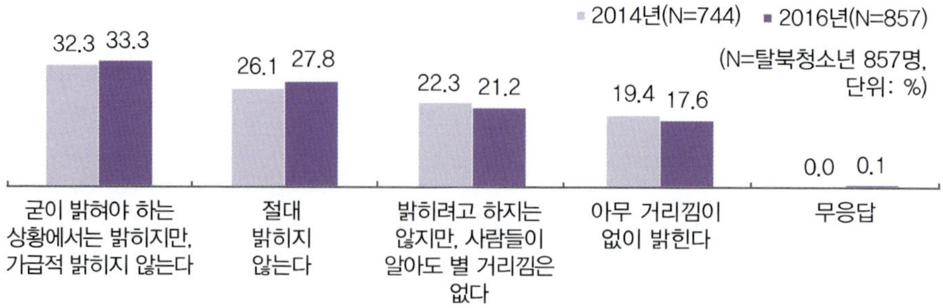

출처: 통일부(2016). 2016탈북청소년 실태조사.

✷ 그림 12-4 고민이 있을 때 주로 상담하는 사람

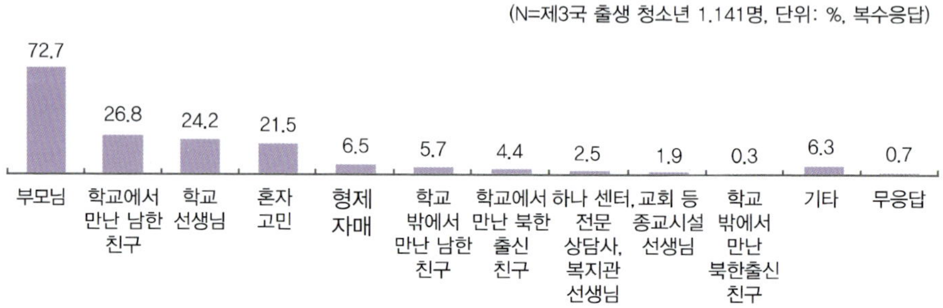

출처: 통일부(2016). 2016탈북청소년 실태조사.

✷ 그림 12-5 출신공개여부

주변 사람들에게 북한 또는 제3국에서 왔다는 사실을 공개하고 싶지 않은 이유는 밝힐 필요가 없다고 생각해서 46.3%, 차별 대우를 받을까봐 22.5%, 북한 또는 제3국에서 왔다는 이유로 호기심을 갖는게 싫어서 12.3%, 굳이 밝히는 것이 어색하게 느껴져서 11.4% 순으로 나타났다.

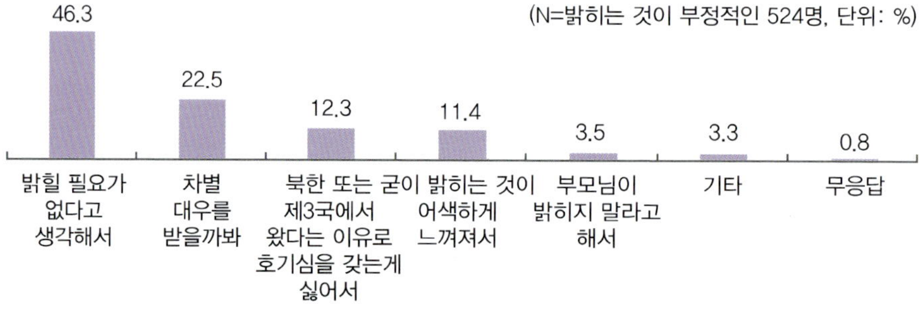

출처: 통일부(2016). 2016탈북청소년 실태조사.

✷ 그림 12-6 주변 사람들에게 출신 비공개 이유

학교생활에서 어려워하는 문제로는 학교수업을 따라가기가 48.5%로 가장 높게 나타났고, 기타 15.9%와 없음도 15.2%로 나타났으며 향후 학생에게 가장 필요한 지원으로는 학습 및 학업 지원 65.5%, 교육비 등 경제적 지원 63.3%, 진로상담지원 36.3%, 친구 교류 등 적응지원 8.2%, 의료지원 8.3% 순으로 나타났다. 2014년과 비교하여 진로상담지원이 7.9% 증가하였다.

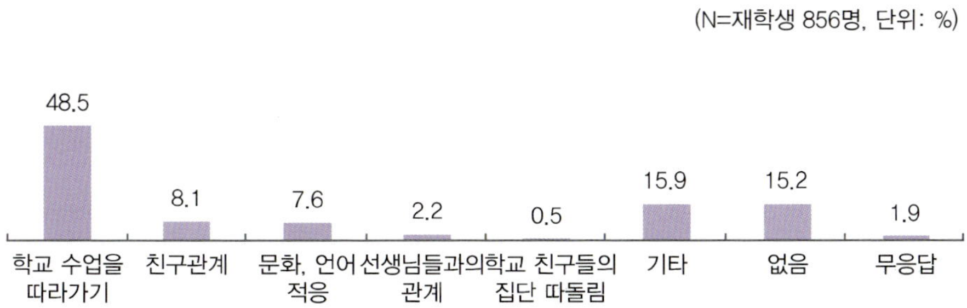

출처: 통일부(2016). 2016탈북청소년 실태조사.

그림 12-7 학교생활에서 가장 어려워하는 문제

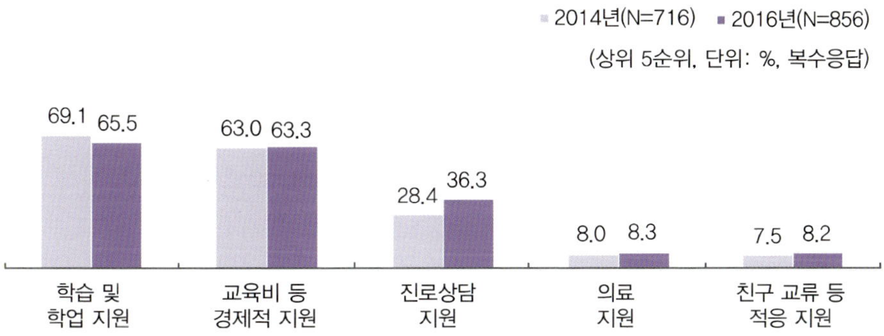

출처: 통일부(2016). 2016탈북청소년 실태조사.

그림 12-8 향후 현재 학생에게 필요한 지원

탈북청소년의 경우 남한 입국과정에서의 경험과 남한 적응과정의 어려움에서 오는 스트레스로 일반 청소년보다 취약할 수 있다. 따라서 이를 극복하기 위한 교육 및 상담 프로그램 지원이 필요하다. 주변인에게 자신이 북한 또는 제3국에서 왔다는 사실을 절대 밝히지 않는다는 응답도 27.8%로 높게 나타났는데 탈북청소년에 대한 호기심이나 차별대우, 선입견 등이 작용했을 것으로 보인다.

현재 국가적 차원에서 다양한 지원 정책을 시행하고 있는데, 아동·청소년기는 민감한 시기이므로 새터민아동이라는 꼬리표가 낙인처럼 차별의 대상이 될 수도 있는 점을 요주의하여 정책 입안 시 대한민국 아동으로서 통합 차원의 세심한 지원정책이 필요하다.

2. 새터민아동을 위한 복지서비스

1997년 1월 제정된 「북한이탈주민의보호및정착지원에관한법률」은 몇 차례의 개정작업을 거쳐 2017년 3월 「북한이탈주민의 보호 및 정착지원에 관한 법률」로 명칭을 변경하여 일부 개정하였다. 개정이유 및 주요내용을 살펴보면, 북한이탈주민 중 아동·청소년·여성·노인·장애인 등과 같은 사회적 약자에 대하여 특별히 지원 및 배려할 수 있는 근거를 마련하고, 북한이탈주민의 보호 및 정착지원에 관한 기본계획과 시행계획의 평가를 의무화하며, 영농을 희망하는 북한이탈주민을 지원할 수 있도록 하고, 실태조사 대상을 '보호대상자'에서 '북한이탈주민'으로 확대하는 한편 가족의 경제상태에 관한 사항도 조사 대상에 포함하도록 하며, 북한이탈주민 정착지원시설 내의 예비학교(하나둘 학교)에 제3국에서 출생한 북한이탈주민의 자녀도 교육대상에 포함하여 북한이탈주민의 보호 및 정착지원을 강화하려는 것이다.

일단 한국에 입국하게 되면 북한이탈주민정착지원 시설인 하나원에서 3개월간 거주하며 지원교육, 즉 연령, 세대구성, 학력, 경력, 자활능력, 건강상태에 맞는 계층의 사회적응 훈련을 받는다. 탈북항생의 특례입학 학년은 연령에 해당하는 학년에 배치하는 것을 원칙으로 하나 대부분 학생들이 2~3년 동안 여러 번에 걸쳐 주거지를 옮겨 다니며 불안한 생활을 하다가 귀국한 학생들로 성장 연령에 비해 학력은 극히 저하되어 있는 실정이다.

성인교육, 청소년 교육은 하나원과 한겨레 중·고등학교에서 실시하고, 삼죽초등학교에 입학 또는 편입학 받아 학적을 취득하여 이 학교에 재학 후 정착지 학교로 전출을 한다. 탈북학생을 위한 학급 편성 방법으로는 일반학생들과 함께 편성하는 통합학급 편성 방식과 탈북학생을 따로 분리하여 특별학급으로 편성하여 운영하고 있다.

1) 통일부 하나원 '하나둘학교' 교육실천 사례

2001년 2월 남북한 문화 통합방안 마련에 관심을 갖고 활동하던 다양한 분야의 전문가와 실천가 모임인 문화통합교육원이 "하나둘학교"를 하나원 안에 설립하였다(하나둘학교 이야기). "하나둘학교"는 대안학교의 형태로 만 20세 이하의 청소년, 아동, 영유아를 대상으로 교육하고 있는데, 이를 위하여 15~20세까지 청소년 반, 8~14세까지 초등 반, 2~7세까지 영·유아반으로 나누어 교육하고 있다. 초등반 아동의 경우는 인근 삼죽초등학교에 위탁하여 그 지역 아동과 함께 학업지도와 적응교육을 그대로 실시하며, 방과 후 1:30~3:00까지 특별 프로그램으로 영어, 컴퓨터, 역사 교육을 받게 한다. 새터민아동들은 탈북과정에서 겪은 심리적인 불안감을 갖고 있고 한국문화에 대한 이해가 부족하며, 학습에 대한 열의는 있으나 탈북과정에서 생긴 학습 공백이 심해 기초학습 능력이 부족하여 지속적인 학습태도가 부족하다. 또한 수학과 영어 교과에 대한 학습력이 다른 교과에 비해 많이 부족하며 컴퓨터 공부에 관심이 많다. 따라서 하나원에서의 생활을 많이 하며 학교에 등교하므로 새터민아동 상호간에 심리적 불안감을 극복해 나가고 있다.

표 12-4 하나둘학교 학급 구성

학 급	대 상	중점교육	내용 방식
영·유아반	3~7세 (미취학 아동)	• 공동체놀이와 예술활동 • 놀이치료와 구연동화 등 어린이집과 유치원 개념	• 공동 육아방식의 전문성이 있는 교사가 담당함 • 외부 자원봉사 전문가들이 각종 프로그램 활동에 도움
초등반	8~14세 (미만 아동)	• 학기 중: 방과 후 공부방 • 방학 중: 초등교과목 및 각종 대안 프로그램 진행 • 기타 외부 전문가 초청 특별활동 진행	• 담당 교사제 • 초등교사 자원봉사 • 외부 전문가 활용 • 인근 초등학교 위탁교육
청소년반	15~20세 (전후 청소년)	• 남한학교 진학에 필요한 교과목 학습 • 문화 적응에 필요한 체험 • 자치활동	• 담당 교사제 • 과목별 교사제 • 외부 자원봉사자와의 특별활동 • 전문가 초청 연습

출처: 통일부 하나원(2011). 하나둘학교.

2) 삼죽초등학교 특별학급 교육실천 사례

삼죽초등학교는 경기도 안성에 있는 학교로서 2017년 3월 현재 일반학급 6학급, 특별학급 3학급, 특수학급 1학급 총 10학급으로 편성되어 있으며 경기도교육지원청지정 탈북학생 정책연구학교로서 탈북학생들의 특례입학이 가능한 학교이다.

2017년 현재 14명의 탈북학생이 재학하고 있으며 2000년부터 현재까지 총 1,460명의 학생들을 교육하여 왔다. 베이스(BASE) 캠프 프로그램을 통한 탈북학생 입국 초기의 학교 적응 능력을 향상시키는 프로그램을 진행하고 있다. 하나원으로부터 특례입학 의뢰 시 탈북 학생의 남한 사회·문화 및 학교 적응을 돕기 위한 특별한 학급으로 운영하고 있다.

교육부에서는 삼죽 초등학교를 2001년 3월 1일부터 2년간 새터민아동들의 학교적응 교육 연구학교로 지정하였고, 2001년 5월 1일 '특별학급' 1학급을 신설하여 '전담교사'에 의한 특별프로그램을 운영하게 되었다.

2003년 3월 1일에는 교육부에서 2년간 통일연구학교로 지정하였다. 이에 새터민아동들을 위한 특별학급이 신설되고, 담당교사를 배치하여 특별학급과 일반학급의 프로그램을 같이 편성하여 운영하였다. 오전에는 일반학급에서 국어, 수학, 과학, 예능, 영어를 교육하고, 오후에는 특별학급에서 바른생활, 도덕, 국어, 사회(역사)로 나누어 교과–교수학습을 실시한다. 또 현장체험학습을 통한 사회생활, 학교생활의 조기 적응을 위한 내용도 포함하고 있다.

2017년 삼죽초등학교의 운영 개요를 살펴보면 베이스(Base) 캠프 활동 운영 기반 조성을 위해 탈북 학생 이해, 탈북 학생 교육과정 개선 및 운영, 표준교재 활용 맞춤형 학습 프로그램 및 한국어 집중 교실을 운영한다. 프로그램으로는 설레임, 어울림, 두드림 캠프를 개발하여 운영하고 있다. 정착지 생활 지원 강화내용으로는 탈북 학생 학부모 교육, 정착지 학교 탈북 학생 지도 교원 연수 지원, 정착지 학교 방문 등이며 북한이탈주민 정착 지원 사무소(하나원)와 연계지도, 탈북학생 통합교육과정 편성·운영, 탈북학생 베이스 캠프 프로그램 운영, 탈북학생 사회 문화 적응 프로그램 운영, 탈북학생 개별 심리 상담 운영, 중국출신 탈북학생을 위한 한국어 집중 교실 운영, 탈북

학생 정착지 방문, 탈북학생 학부모 상담 및 연수, 탈북학생 교원 연수 지원 등이 이루어지고 있다.3)

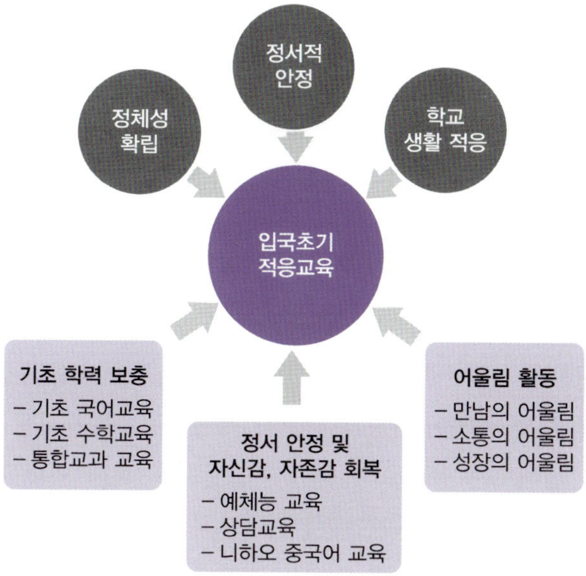

그림 12-9 삼죽초등학교 특별학급 모란반 교육과정 목표

탈북학생의 특별학급 편성은 하나원, 특별학급 담당교사가 협의하여 탈북학생의 탈북 후 제3국 체류기간, 생활적응 능력, 교과학습 적응 능력 등을 파악한 후 입학설자에 따라 대상자를 학년 배정하여 원적학급으로 입급하고, 특별학급에서 저(1, 2학년)·중(3, 4학년)·고(5, 6학년)학년 반으로 편성하여 운영하고 있다. 탈북학생의 학년 배정은 연령에 해당하는 학년에 배치하는 것을 원칙으로 하나, 거의 모든 학생이 탈북 과정 중의 장기간 학습 공백으로 인해 학업 수준이 매우 낮다. 특례입학할 탈북학생들의 학년 배정 자료로 참고하고 기초학력을 진단하기 위하여 한국교육개발원 산하 탈북청소년교육지원센터에서 개발한 국어, 수학 과목의 진단평가를 활용한다.

3) 삼죽초등학교 홈페이지 내용 발췌. http://samjuk.es.kr

탈북학생들이 학교에서의 실태를 살펴보면 먼저 생활면에서는 북한체제의 교육에서 잠재의식적으로 벗어나지 못한 상태에서 솔직한 대화를 기피하고 경계를 하는 버릇이 있고, 언어문화와 학력의 차이로 인하여 잘 어울리지 못하며 학급 학생들 간에 생활방식을 이해하지 못하고 갈등을 느끼고 있으며 새로운 문화 생활이나 토속문화에 익숙하지 못해 감정처리가 미숙하여 힘의 우월성을 행동으로 옮길 때도 있는 것으로 나타났다. 교육과정 운영 면에서는 교육과정 내용 중 전 교과의 내용이 달라 이해를 잘하지 못하고, 특히 교과내용의 혼란을 가져오는 교과목은 도덕, 국어, 사회(역사), 영어, 컴퓨터교과 등이다. 북한을 탈출한 후 6개월~3년 전후 간의 중국 등에서 장기체류로 인한 학습 공백 기간이 너무 길어 학습의 흥미를 잃는 경우도 있고 언어영역 등 학습용어를 전혀 이해하지 못하고 학습방법도 적응하지 못하고 있다.

방과후 활동 면에서는 현장체험학습, 특별활동, 특기적성교육, 재량활동 등 처음으로 접해보는 용어로 인하여 학습활동을 전혀 이해하지 못하며, 특기 교육 중 컴퓨터 교육은 북한에서 들어보지도 못하고 적응하는 데 어려움이 있고 우리 전통적인 풍습과 예절을 이해하지 못하는 데서 오는 한민족의 큰 벽이 차단되어 있음을 실감할 수 있다.[4)]

이에 삼죽초등학교에서는 2001년 9월 <우리는 하나> 통합교과 초판을 발행하였고, 2005년 개정 보완하였고 2011년부터는 저·중·고 학년별로 교과서를 제작하여 한 단원에 4개의 주제를 선정하여 48개의 주제를 3개월에 걸쳐 지도할 수 있도록 하였다.

또한 탈북학생들에게 사회·문화체험을 통해 민주사회 및 학교생활에 바람직한 가치관을 가지고 새로운 환경에 대한 적응력을 기르며, 문화 차이를 최소화하여 학교생활과 사회생활에서 인정받고 살아갈 수 있도록 하기 위해 사회문화 체험을 진행하고 있는데 진로체험, 경제체험, 전통체험, 여가체험, 환경체험으로 구성되어 있다.

4) 삼죽초등학교(2017). 2017탈북모란반교육과정.

✺ 표 12-5 삼죽초등학교 탈북학생 사회문화체험 영역

회차	체험영역	관련교과	활동내용	비고
1	직업 체험	사회, 도덕, 실과	• 키자니아/잡월드 －어린이의 눈높이에서 현실 세계의 직업을 체험하며 자신의 소질과 적성을 알아보기	
2	전통 체험	사회, 도덕, 체육	• 용인민속촌, 서울 역사 박물관, 국립 중앙박물관 －조상들의 생활 모습 살펴보기 • 독립기념관 －독립 운동의 역사 알아보기 • 경복궁 －궁궐의 모습과 왕의 생활 모습 알아보기	
3	여가 체험	사회, 도덕, 국어	• 에버랜드, 롯데월드 －놀이 공원의 올바른 이용법을 알고 이용하기	
4	경제 체험	사회, 도덕, 국어	• 한국 수출입 은행 －대한민국 경제에 대해 알기 • 롯데 마트 －화폐단위와 돈으로 물건 사보기	
5	환경 체험	사회, 도덕, 실과	• 한국환경관리 공단 －환경의 소중함 알기 －쓰레기 분리수거 해보기 －재활용품으로 물건 만들어 보기	

주: 각 영역의 체험 활동을 골고루 경험하도록 운영

통일부 소속 북한이탈주민 정착지원 사무소(하나원) 설립배경 및 경과

1) 1997.01.13: 「북한이탈주민의 보호 및 정착지원에 관한 법률」(법률 제5259호)제정 공포
2) 1999.07.08: 북한이탈주민정착지원사무소 개소
3) 1999.06.25: 제1기 북한이탈주민 적응 훈련 입소
4) 2000.01.07: 제4기 때 탈북주민 자녀가 함께 입소함
5) 2000.02.12: 제4기에 입소한 탈북학생 최용일(만 12세 5학년 입학), 염정희(만 10세 3학년 입학) 학생이 최초로 삼죽초등학교 특례 입학함
6) 2001.03.01: 교육인적자원부 지정 새터민학생 적응교육 연구학교 지정(2년간)
7) 2001.05.01: 특별학급 1학급 신설
8) 2002.10.15: 교육인적자원부지정 새터민학생 적응교육 연구학교 공개보고
9) 2003.03.01: 교육인적자원부지정 통일교육 연구학교 지정(2년간)
10) 2004.03.01: 특별학급 1학급 증설, 2개학급 편성(저, 고학년)
11) 2004.11.23: 교육인적자원부지정 통일교육 연구학교 2/2년차 최종보고회
12) 2005.03.01: 교육인적자원부지정 새터민학생 적응교육 연구학교 지정(2년간) 특별학급 1학급 증설, 3개학급 편성(저, 중, 고학년)

13) 2006.10.20: 교육인적자원부지정 새터민학생 적응교육 연구학교 2/2년차 보고회
14) 2007.03.01: 경기도교육청지정 새터민교육 시범학교 지정(2년간)
15) 2009.03.01: 교육과학기술부요청 경기도교육청지정 탈북학생교육 정책연구학교 지정(3년간)
16) 2012.03.01: 교육과학기술부요청 경기도교육청지정 탈북학생교육 정책연구학교 지정(2년간)
17) 2014.03.01: 교육부요청 경기도교육청지정 탈북학생교육 정책연구학교 지정(2년간)
18) 2016.03.01: 교육부요청 경기도교육청지정 탈북학생교육 정책연구학교 지정(2년간)
19) 2017.03.01: 교육부요청 경기도교육청지정 탈북학생교육 정책연구학교 지정 2/2년차 과제 수행

출처: 삼죽초등학교. http://samjuk.es.kr

표 12-6 삼죽초등학교 연구학교 운영 개요

<table>
<tr><th>영역</th><th>학교명</th><th colspan="4">지정별</th><th colspan="3">운영기간</th><th colspan="3">보고회 개최일</th><th colspan="3">대상</th><th colspan="2">년차</th></tr>
<tr><td>탈북 학생 교육</td><td>삼죽 초등 학교</td><td colspan="4">교육부요청 경기도교육청지정 정책연구학교</td><td colspan="3">2016. 03. 01~ 2018. 02. 28(2년간)</td><td colspan="3">2017. 11. 22</td><td colspan="3">삼죽초등학교 탈북학생</td><td colspan="2">2/2</td></tr>
<tr><td rowspan="3">연구 담당 교사</td><td rowspan="3">우문구 외 10명</td><td colspan="7">학급수</td><td colspan="8">학생수</td></tr>
<tr><td>1 학년</td><td>2 학년</td><td>3 학년</td><td>4 학년</td><td>5 학년</td><td>6 학년</td><td>계</td><td>1 학년</td><td>2 학년</td><td>3 학년</td><td>4 학년</td><td>5 학년</td><td>6 학년</td><td>특수 학급</td><td>계</td></tr>
<tr><td>1</td><td>2</td><td>2</td><td>1</td><td>2</td><td>1</td><td>9</td><td>7</td><td>12</td><td>14</td><td>10</td><td>19</td><td>11</td><td></td><td>73</td></tr>
<tr><td>주제</td><td colspan="16">베이스(BASE)캠프 프로그램을 통한 탈북학생 입국초기 학교 적응능력 향상</td></tr>
<tr><td rowspan="4">내용</td><td colspan="5">연구중점</td><td colspan="11">실천과제</td></tr>
<tr><td colspan="5">베이스캠프 활동 운영 기반 조성</td><td colspan="11">가. 탈북 학생 이해
나. 탈북 학생 교육과정 개선·운영
다. 표준교재 활용 맞춤형 학습 프로그램 및 한국어 집중 교실 운영</td></tr>
<tr><td colspan="5">베이스캠프 프로그램 개발·운영</td><td colspan="11">가. 설레임 CAMP
나. 머물림 CAMP
다. 두드림 CAMP</td></tr>
<tr><td colspan="5">정착지 생활 지원 강화</td><td colspan="11">가. 탈북 학생 학부모 교육
나. 정착지 학교 탈북 학생 지도 교원 연수 지원
다. 정착지 학교 방문</td></tr>
</table>

(계속)

영역	학교명	지정별	운영기간	보고회 개최일	대상	년차
운영 특색	북한이탈주민 정착 지원 사무소(하나원)와 연계지도 탈북학생 통합교육과정 편성·운영 탈북학생 베이스캠프 프로그램 운영 탈북학생 사회 문화 적응 프로그램 운영 탈북학생 개별 심리 상담 운영 중국출신 탈북학생을 위한 한국어 집중 교실 운영 탈북학생 정착지 방문 탈북학생 학부모 상담 및 연수 탈북학생 교원 연수 지원					

출처: 삼죽초등학교. http://samjuk.es.kr

■ **생각해 봅시다.**

1. 새터민아동의 아동복지 필요성에 대하여 생각해 봅시다.

2. 새터민아동의 현황에 대하여 생각해 봅시다.

3. 새터민아동의 학교생활 적응에 대하여 토론해 봅시다.

다문화가족아동

제1절 다문화가족아동의 개념

1. 다문화가족아동의 개념

다문화가족아동은 국내에 실제 거주하고 있는 국제결혼가정의 자녀를 의미하며, 국제결혼가정을 다문화가족으로 부른다.[1] 다문화가족 자녀에 대한 정의는 국적을 달리하는 종족이나 서로 다른 문화를 가진 형태로 구성된 국제결혼가정, 외국인근로자와의 결혼가정과 같이 이중의 문화나 삼중의 문화가 존재하고 있는 가정의 자녀를 말한다.

교육부(2007)에 따르면 다문화가족의 자녀는 「국적법」 제2조제1항에 따라 출생과 동시에 한국 국민이 되므로 「헌법」 제31조에 의한 교육권을 보장받는다고 하였다. 표 13-1에서도 나타나듯이 다문화가족의 의미는 세 부류로 나눌 수 있다. 첫째, 결혼이민자가 한국인 남성 또는 여성과 결혼하여 만든 가정이다. 둘째, 이주노동자의 가족을 말한다. 셋째, 탈북이주민(새터민)이다.

다문화가족은 한국사회에 정착한 여러 유형의 다문화가족을 총칭한 의미라고 할 수 있다.

1) 2003년, 30여 개의 시민단체로 구성된 건강가정시민연대는 '국제결혼', '혼혈아' 등의 차별적 용어를 추방하고 대신 '다문화가족'이나 '다문화가족 2세'로 부르자고 제안하여 채택되었다.

✺ 표 13-1 다문화가족의 유형

유형	내용
국제결혼 가정	한국인 남성과 외국인 여성의 결혼으로 이루어진 가정
	한국인 여성과 외국인 남성의 결혼으로 이루어진 가정
외국인 근로자 가정	외국인 근로자인 남성과 여성이 한국에서 결혼하여 이루어진 가정
	외국인 남성과 여성이 그들의 자국에서 결혼 후 한국에 이주한 가정
	외국인 근로자로서 결혼하지 않고 단독으로 또는 동료와 함께 생활하는 가정
새터민 가정	탈북자 출신의 남성과 여성의 결합으로 이루어진 가정
	탈북자 출신의 남성 도는 여성이 한국에 입국 후 한국의 여성 또는 남성과 결합하여 이룬 가정
	탈북자 출신으로서 결혼하지 않고 단독으로 또는 동료와 함께 생활하는 가정

출처: 김기정(2012). 다문화가정 어머니들의 개인적 변인과 가정환경이 유아영어발달과 능력에 미치는 영향. 중앙대학교 대학원 박사학위논문. p.11.

결혼이민자 및 그 자녀 등으로 구성되는 다문화가족은 언어 및 문화적 차이로 인하여 사회부적응과 가족구성원 간 갈등 및 자녀교육에 어려움을 겪고 있음에 따라, 다문화가족의 구성원이 우리 사회의 구성원으로 순조롭게 통합되어 안정적인 가족생활을 영위할 수 있도록 하기 위한 가족상담·부부교육·부모교육 및 가족생활교육 등을 추진하고, 문화의 차이 등을 고려한 언어통역, 법률상담 및 행정지원 등의 전문적인 서비스를 제공하도록 하는 등 다문화가족에 대한 지원정책의 제도적인 틀을 마련하기 위해 2008년 3월 21일 「다문화가족지원법」이 제정되었다. 주요내용으로는 다음과 같다.

1) 평등한 가족관계의 유지(법 제7조)

국가와 지방자치단체는 다문화가족이 민주적이고 양성평등한 가족관계를 누릴 수 있도록 가족상담, 부부교육, 부모교육, 가족생활교육 등을 추진하고, 문화의 차이 등을 고려한 전문적인 서비스가 제공될 수 있도록 노력하여야 한다.

2) 가정폭력 피해자 보호·지원(법 제8조)

국가와 지방자치단체는 결혼이민자 등이 가정폭력으로 혼인관계를 종료하는 경우 의견진술 및 사실확인 등에 있어서 언어통역, 법률상담 및 행정지원 등 필요한 서비스를 제공할 수 있다.

3) 다국어에 의한 서비스 제공(법 제11조)

국가와 지방자치단체는 다문화가족에 대한 지원정책을 추진함에 있어 결혼이민자 등의 의사소통의 어려움을 해소하고 서비스 접근성을 제고하기 위하여 다국어에 의한 서비스 제공이 이루어지도록 노력하여야 한다.

4) 다문화가족지원센터의 지정(법 제12조)

여성가족부장관은 다문화가족 지원 정책의 시행을 위하여 필요한 경우에는 다문화가족 지원에 필요한 전문인력과 시설을 갖춘 법인이나 단체를 다문화가족지원센터로 지정할 수 있다.

2011년 일부 개정하여 다문화가족의 범위에 출생에 따른 국적취득자뿐만 아니라 인지와 귀화에 따른 국적취득자도 포함하도록 하여 다문화가족의 범위 확대를 확대하고, 여성가족부장관은 5년마다 다문화가족 지원정책의 기본방향, 분야별 발전시책과 평가, 제도개선 등에 관한 기본계획을 수립하여 시행하도록 다문화가족 지원을 위한 기본계획 및 시행계획의 수립(안 제3조의2 및 제3조의2)안을 신설하였다.

2013년 9월 일부 개정하여 시행된 「다문화가족지원법」에서는 결혼이민자 등인 부 또는 모의 모국어 교육을 지원할 수 있도록 법적인 근거를 명확히 하여 모국어 교육 지원 사업을 활성화하고 사회구성원이 문화적 다양성을 인정하고 존중할 수 있도록 다문화 이해교육을 실시하도록 하는 내용을 추가하였다.

2016년 6월 일부 개정된 법에서는 아동·청소년에 대한 정의 조항을 신설하고(제2조제3호), 국가와 지방자치단체가 다문화가족구성원인 "아동·청소년'에 대하여 실태조사와 보육·교육 지원을 할 수 있도록 법문의 표현을 명확하게 정비하였다(제4조제3항 및 제10조제1항부터 제3항까지). 또한 교육기관의 장으로 하여금 아동·청소년 보육·교육을 실시함에 있어 다문화가족 구성원인 아동·청소년이 차별을 받지 아니하도록 필요한 조치를 하도록 하였다(제10조제4항 신설).

2017년 12월 12일 개정작업에서는 학교에서 학생 대상의 다문화 이해교육이 내실 있게 추진될 수 있도록 교원에 대한 교육 또는 연수 실시를 의무화하고, 결혼이민자 등의 배우자 및 가족구성원이 결혼이민자 등의 출신 국가 및 문화 등을 잘 이해할 수 있도록 필요한 정보의 제공 및 관련 교육을 지원하는 내용을 골자로 개정이 이루어졌다. 이에 따라 교육부장관과 특별시·광역시·특별자치시·도·특별자치도의 교육감이 「유아교육법」 제2조 및 「초·중등교육법」 제2조에 따른 학교의 교원에 대하여 대통령령으로 정하는 바에 따라 다문화이해교육 관련 교육 및 연수를 실시하도록 하였다(제5조제6항 신설).

「다문화가족지원법」에서 "다문화가족"과 관련된 정의는 다음과 같다.[2] 특히, 기존 "아동"에서 보호 범위를 넓혀 "청소년"을 포함시키며 아동·청소년을 24세 이하인 사람으로 폭넓게 정의하였다.

1. "다문화가족"이란 다음 각 목의 어느 하나에 해당하는 가족을 말한다.
   가. 「재한외국인 처우 기본법」 제2조제3호의 결혼이민자와 「국적법」 제2조부터 제4조까지의 규정에 따라 대한민국 국적을 취득한 자로 이루어진 가족
   나. 「국적법」 제3조 및 제4조에 따라 대한민국 국적을 취득한 자와 같은 법 제2조부터 제4조까지의 규정에 따라 대한민국 국적을 취득한 자로 이루어진 가족

2. "결혼이민자등"이란 다문화가족의 구성원으로서 다음 각 목의 어느 하나에 해당하는 자를 말한다.
   가. 「재한외국인 처우 기본법」 제2조제3호의 결혼이민자
   나. 「국적법」 제4조에 따라 귀화허가를 받은 자

3. "아동·청소년"이란 24세 이하인 사람을 말한다.

2. 다문화가족아동을 위한 복지 실천 문제점

다문화가족의 아동복지차원에서의 양육환경을 보면 사람은 태어나면서 신생아기를 거쳐 언어습득 단계에 이르면서 말을 배우기 시작한다. 처음 아기는 엄마의 웃음소리에 웃음 지으며 반응을 보이기 시작하고, 돌을 지나면 어

2) 법제처(2017). 「다문화가족지원법」.

느 정도 말을 하기 시작하는데, 말은 아기를 양육하는 부모와 상호교류를 하면서 얻어지는 것들이다(Lindsey et al., 2003).

국제결혼을 하는 많은 여성들은 한국어를 모른 채 결혼을 한다. 가장 중요한 의사소통이 이들의 한국생활 적응을 방해하고 있는 것이다. 이는 아동의 의미에서는 더 많은 문제점을 노출하기도 한다. 지역마다 국어 교육을 실시하는 곳이 있지만 교사의 자질도 이주민 여성과 아동의 참여도 모두 부족한 실태이다. 그리고 부모와 아동들의 무관심 또한 이들의 한국어 교육을 돕지 못하고 있다(정은희, 2004).

정상적인 아동의 경우 5~6세 정도가 되면 모국어의 복잡한 문법구조를 상당히 자유롭게 사용하기 시작하고, 학령전기(초등학교 3학년 이전)와 학령기(초등학교 고학년)에 들어서면서부터는 다양한 읽기와 쓰기, 듣기와 같은 모국어로서의 역할을 배운다. 하지만 다문화가족의 아동들 상당수가 이러한 정상적인 말, 언어의 발달을 성취하지 못한다. 정당한 시기에 주변 언어 환경이 중요한데, 다문화가족의 부모들, 즉 아동을 양육하는 입장에서 아동에게 정상적이고 양질의 언어적 자료를 제공해 주어야 하는데, 다문화가족의 아동들은 이중 언어를 함께 씀과 동시에 적절한 자극과 교육을 받지 못하여서 언어장애를 유발할 수 있는 가능성이 높아진다(Stow & Dodd, 2003).

이같이 언어문제는 앞으로의 심리적 요인과 그로 인한 사회성, 그리고 신체발달에 큰 영향을 미치며, 선천적인 언어장애가 없음에도 불구하고 나중에 언어장애를 가지게 되는 경향이 높다.

이 같은 다문화가족의 아동들의 이중 언어와 이중 문화 속에서 발생하는 문제점들을 살펴보면 다음과 같다.

첫째, 늦은 언어발달과 문화 부적응의 문제이다. 다문화가족 자녀들은 자신들이 다른 일반 자녀들과의 다른 외모와 부모들의 서로 다른 언어로 인한 늦은 언어구사능력과 문화 부적응 등의 문제점들이 있다. 다문화가족아동들은 유아기부터 한국말이 서투른 외국인 어머니의 교육하에서 성장하기 때문에 언어발달이 지체되고 문화의 부적응으로 학교수업에 대한 이해도가 떨어지게 된다. 이것이 학습부진으로 이어지게 된다. 이러한 이유로 인하여 다문화가족아동들은 학교수업에 대해 지나치게 소극적이거나 반대로 과잉행동장애 등의 정서장애를 겪게 될 수도 있다(왕한석 외, 2005).

둘째, 집단 따돌림의 문제이다. 보건복지부(2005)의 조사연구에 따르면 다문화가족아동들이 또래아이들로부터 집단 따돌림을 경험한 비율이 전체의 17.6%였는데 집단 따돌림을 당하는 이유는 '엄마가 외국인이기 때문'(34.1%), '의사소통이 안 되서'(20.7%), '특별한 이유 없이'(15.9%), '태도와 행동이 달라서'(13.4%), '외모가 달라서'(4.9%), '기타'(22.0%) 등으로 나타났다. 이것은 집단 따돌림의 원인 대부분이 개인의 성격 특성과는 무관한 다문화가족의 자녀라는 이유 때문인 것으로 풀이된다(홍영숙, 2007).

셋째, 다문화가족 자녀들의 낮은 학습능력 문제이다. 이들은 일반아동들에 비하여 학업의 성취도가 낮은데, 이것은 그들의 부모가 대부분 사회적·경제적인 기반이 약하고, 이로 인해 소득이 낮고 학습환경이 열악하기 때문이다(조영달, 2006).

넷째, 다문화가족의 아동들의 정체성 혼란에 대한 문제이다. 다문화의 가정환경 속에서 대부분 어머니가 외국인이기 때문에 어머니의 문화를 배우게 되고, 한국의 문화와 언어의 차이가 자신이 혼혈이라는 사실이 자기의 정체성형성에 부정적인 영향을 미치게 되는 것이다(정현영, 2006).

제2절 다문화가족아동을 위한 복지서비스

1. 다문화가족아동 현황

다문화가족지원정책 기본계획(2013~2017)[3] 중 2017년도 시행계획을 보면, 우리나라의 다문화가족은 2002년 이후 도시 저소득층·농촌지역 남성의 결혼문제와 결부되어 결혼이민자 중심으로 급속히 증가하였다. 2015년 다문화가족구성원 규모는 결혼이민자·귀화자 등 30만 명, 자녀 20만 명, 배우자 등 기타 39만 명 등 총 89만 명으로 집계되었다. 다문화가족 수는 2007년 33만 명

3) 여성가족부(2017). 다문화가족지원정책 기본계획(2013~2017). 2017년도 시행계획.

에서 2010년 56만 명, 2013년 75만 명, 2015년 89만 명으로 증가하였다. 2020년에는 결혼이민자가 약 35만 명, 자녀 30만 명, 한국인 배우자 35만 명으로 다문화가족은 총 100만 명으로 예상하고 있다('11년 대비 75% 증가).

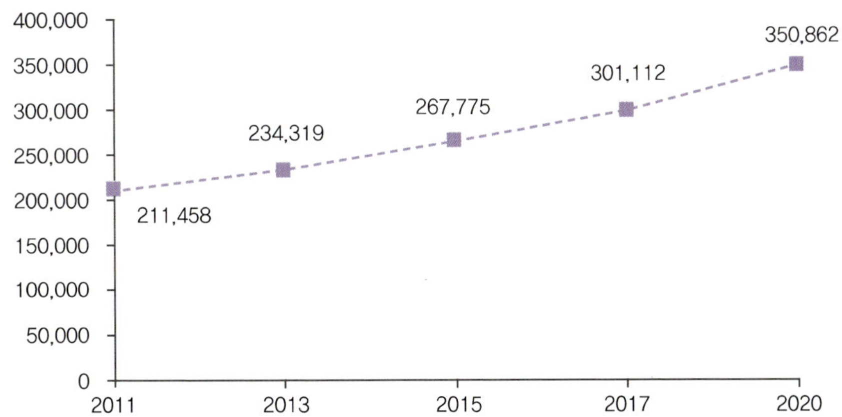

출처: 여성가족부(2017). 다문화가족지원정책 기본계획(2013~2017). 결혼이민자 장래인구추계: 2017년도 시행계획

✵ 그림 13-1 결혼이민자 장래인구추계: 2011~2020

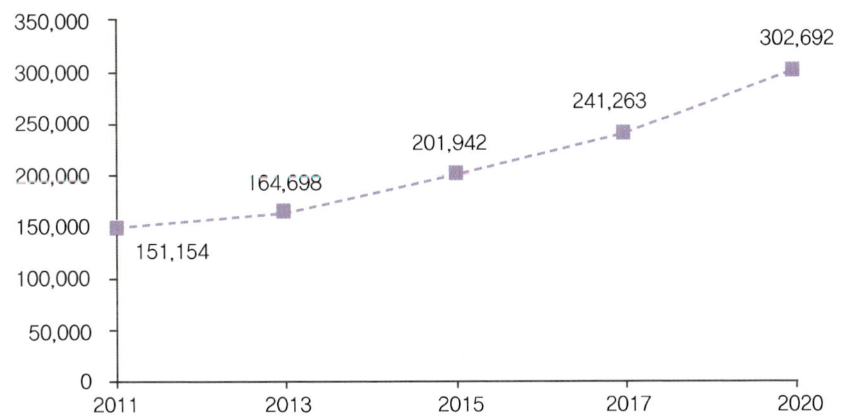

출처: 여성가족부(2017). 다문화가족지원정책 기본계획(2013~2017). 결혼이민자 장래인구추계: 2017년도 시행계획

✵ 그림 13-2 결혼이민자 자녀 장래 인구추계: 2011~2020

전체 결혼이민자·귀화자 중 10%는 이혼·별거 또는 사별 상태이고 다문화가족 중 한부모 가구 비율은 2012년 3.4%에서 2015년 4.8%로 증가하였고, 다

문화가족 중 재혼 가구 비율은 29.4%로 다문화가족의 이혼·사별 증가, 재혼가정의 증가 등으로 가족형태가 다양화되고 있으며, 그 결과 가족원의 사회·경제적 어려움, 자녀양육 문제 등 다양한 정책 수요를 예상해야 할 필요가 있다.

또한 결혼이민자 84%가 5년 이상 거주하는 등의 국내 체류기간이 장기화됨에 따라 생애주기별로 지원을 강화할 필요가 있다. 또한 다문화 학생수는 2013년 55,780명에서 2014년 67,806명, 2015년 82,536명, 2016년 99,186명으로 지속적인 증가 추세이다.[4]

2015년 전국의 다문화가족을 대상으로 한 실태조사[5] 결과, 전체 다문화가구는 278,036가구로 추정되며, 2005년에 154,333가구에서 80% 증가하였다. 16개 시도별로는 서울에 21.6%, 경기지역 27.8%로 전체 다문화가구의 절반 정도가 거주하였다. 다문화가구의 평균 가구원 수는 3.16명으로 3인 가구가 전체의 29.1%로 가장 많고, 2인 가구(26.3%), 4인 가구(23.9%) 순이다.

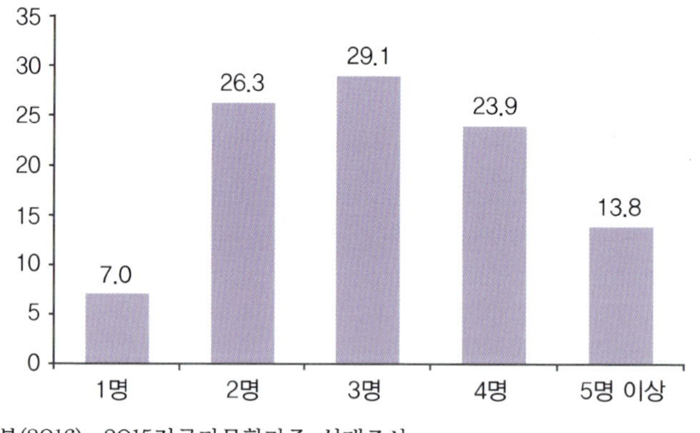

출처: 여성가족부(2016). 2015전국다문화가족 실태조사.

✺ 그림 13-3 다문화가구의 가구원 수

다문화가구의 가구구성은 부부와 자녀로 이루어진 가구가 46.0%로 가장 많고, 부부만으로 이루어진 가구 21.8%, 부부+자녀+부부의 부모형제로 이루어진 대가족 12.6%, 결혼이민자·귀화자 본인만 있는 1인 가구 6.6%로 2012년 실태조사에서 이 네 유형의 비중은 각각 48.3%, 26.3%, 8.6%,

4) 여성가족부(2017). 다문화가족지원정책 기본계획(2013~2017) 2017년도 시행계획

5) 여성가족부(2016). 2015전국다문화가족 실태조사 분석

5.4%로 부부+자녀로 이루어진 가구나 부부만의 가구 모두 그 비중이 줄어든 반면, 3세대 이상의 대가족 비중이 현저히 증가하는 추세이다.

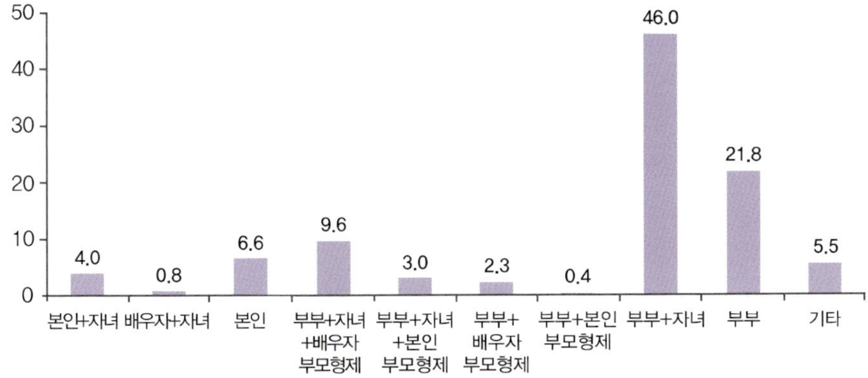

출처: 여성가족부(2016). 2015전국다문화가족 실태조사.

✺ 그림 13-4 다문화가구의 가구구성

다문화가족 자녀의 연령대별 분포를 보면, 6세 미만 미취학 자녀가 45.8%로 가장 큰 비중을 차지하고, 그 다음으로는 6세 이상 11세 이하의 초등학령기 자녀가 31.0%로 나타나 다문화가족 자녀의 76.8%는 초등학생 연령대 이하의 어린 자녀임을 알 수 있다.

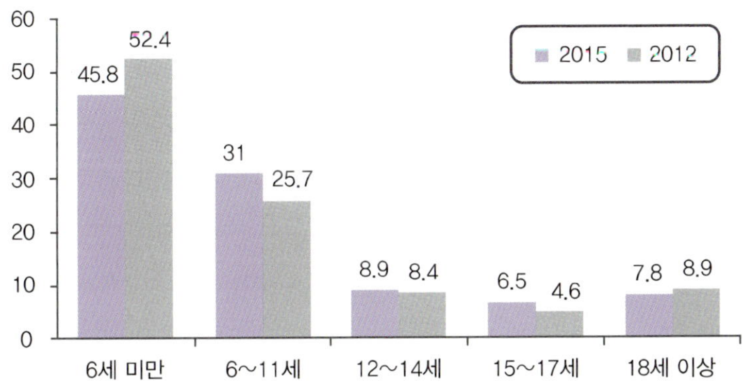

출처: 여성가족부(2016). 2015전국다문화가족 실태조사.

✺ 그림 13-5 다문화가구 자녀 연령(2012, 2015)

다문화가구 자녀의 순취학률(NER)도 초등학교가 97.6%로 가장 높고, 중학교 93.5%, 고등학교 89.9%, 고등교육기관 53.3%으로 나타났다.

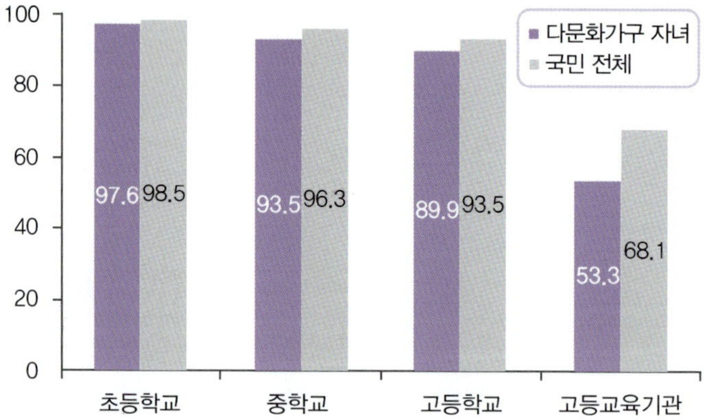

출처: 여성가족부(2016). 2015전국다문화가족 실태조사.

그림 13-6 다문화가구 자녀의 학교급별 취학률

다문화가족 자녀의 일반적 특성으로는 만 9~24세 청소년 자녀는 82,476명으로 추정되며, 2012년 조사된 66,536명에 비해 24.0% 증가하였다. 연령별로는 초등학교 고학년에 해당하는 9~11세가 30.7%로 가장 많고, 중학교 학령기에 해당하는 12~14세가 23.2%, 고등학교 학령기인 15~17세가 17.6%, 18세 이상이 28.5%이다.

표 13-2 다문화가족 자녀의 성별·연령별 분포 (단위: %, 명)

		국내에서만 성장	외국 거주 및 성장			전체
				외국 거주 경험	외국에서 주로 성장	
계		100.0 (50,165)	100.0 (32,311)	100.0 (19,529)	100.0 (12,782)	100.0 (82,476)
성별	여성	48.6	50.2	50.7	49.6	49.2
	남성	51.4	49.8	49.3	50.4	50.8
연령	9~11세	33.9	25.6	36.8	8.4	30.7
	12~14세	24.2	21.5	29.3	9.7	23.2
	15~17세	19.2	15.2	16.4	13.3	17.6
	18세 이상	22.6	37.7	17.4	68.7	28.5

출처: 여성가족부(2016). 2015전국다문화가족 실태조사.

다문화가족의 아동·청소년의 84.5%는 학교에 재학 중이며, 15.5%는 졸업이나 중퇴, 혹은 비진학 등으로 학교에 다니지 않고 있는데 비재학인 경우 주로 하는 활동은 취업이나 아르바이트가 34.1%로 가장 많고, 취업준비 25.2%, 아무것도 하지 않는 일명 니트족(NEET)이 13.2%, 진학 준비 10.2%, 진학이나 취업을 위해 한국어 공부 7.1% 순으로 나타났다.

표 13-3 다문화가족 자녀의 재학상태 (단위: %, 명)

		국내에서만 성장	외국 거주 및 성장			전체
				외국 거주 경험	외국에서 주로 성장	
계		100.0 (50,165)	100.0 (32,311)	100.0 (19,529)	100.0 (12,782)	100.0 (82,476)
다닌다	소계	91.3	74.1	94.2	43.4	84.5
	초등학교	38.2	30.2	43.0	10.7	35.1
	중학교	23.6	20.7	27.8	9.8	22.5
	고등학교	19.8	13.7	13.6	13.8	17.4
	대학교 이상	9.7	9.4	9.7	9.0	9.6
다니지 않는다		8.7	25.9	5.8	56.6	15.5

출처: 여성가족부(2016). 2015전국다문화가족 실태조사.

다문화가족의 아동·청소년이 한국에서 학교를 다니다가 그만 둔 이유는 학교생활 및 문화가 달라서(18.3%), 학교공부가 어려워서(18.0%), 편입학 및 유학준비(15.3%), 돈을 벌어야 해서(14.4%), 그냥 다니기 싫어서(11.1%) 등의 이유로 학업을 중단한 것으로 나타났다.

표 13-4 다문화가족아동·청소년 한국에서 학교를 다니다 그만둔 이유 (단위: %, 명)

	친구, 선생님 관계 때문	한국어 잘 몰라서	학교 공부 어려워서	학교 생활, 문화 달라서	나이어린 아이들과 다니는게 싫어서	학비문제 등 학교 다닐 형편이 안 돼서	돈을 벌어야 해서	편·입학, 유학 준비	그냥 다니기 싫어서	기타	합계
전체		1.3 (21)	4.4 (73)	18.0 (296)	18.3 (301)	0.8 (13)	8.6 (141)	14.4 (236	15.3 (251)	11.1 (182)	7.8 (128)
성별	여성	1.7	6.8	14.2	15.1	1.5	5.2	17.3	20.2	9.0	8.9
	남성	0.8	1.8	22.2	21.9	0.0	12.5	11.2	9.8	13.4	6.6
연령	9~11세	10.3	24.1	0.0	27.6	22.4	0.0	0.0	0.0	0.0	15.5
	12~14세	46.7	0.0	0.0	0.0	0.0	0.0	0.0	0.0	20.0	33.3
	15~17세	4.3	15.1	7.6	9.7	0.0	0.0	0.0	44.9	9.7	8.6
	18세 이상	0.0	2.2	20.4	19.3	0.0	10.2	17.1	12.1	11.6	7.1

출처: 여성가족부(2016). 2015전국다문화가족 실태조사.

또한, 다문화가족아동·청소년의 5.0%가 학교폭력 피해를 당한 것으로 나타났는데 학교폭력 피해는 남성(5.3%)이 여성(4.6%)보다 더 많고, 초등학교 고학년에 해당하는 9~11세 자녀의 피해율(7.9%)이 중학교 연령대인 12~14세(4.3%)와 고등학교에 해당하는 15~17세(1.6%)에 비해 월등히 높았다. 성장배경별로는 국내 성장 자녀(4.1%)보다 외국에서 주로 성장한 자녀(8.1%)의 학교폭력 피해율이 높았다.

표 13-5 다문화가족 자녀의 학교폭력 피해 경험 여부 (단위: %, 명)

		있었다	없었다	합계
전체		50(3,065)	95.0(58,747)	100.0(61,812)
성별	여성	4.6	95.4	100.0
	남성	5.3	94.7	100.0
연령	9~11세	7.9	92.1	100.0
	12~14세	4.3	95.7	100.0
	15~17세	1.6	98.4	100.0
	18세 이상	1.0	99.0	100.0
성장배경	국내에서만 성장	4.1	95.9	100.0
	외국 거주 경험	6.4	93.6	100.0
	외국에서 주로 성장	8.1	91.9	100.0

출처: 여성가족부(2016). 2015전국다문화가족 실태조사.

폭력 피해유형으로는 말로 하는 협박과 욕설이 65.1%로 가장 많고, 그 다음은 집단 따돌림 34.1%, 인터넷 채팅·이메일·휴대전화로 하는 욕설과 비방 10.9%,폭행 및 감금 10.2%, 돈이나 물건을 빼앗기는 갈취 9.5% 순으로 나타났으며 2012년에 비해 인터넷이나 휴대전화로 하는 욕설과 비방이 높아져, 다문화가족 자녀의 학교폭력 피해유형이 면대면에서 모바일이나 가상공간으로 옮겨가고 있음을 보여주고 있다.

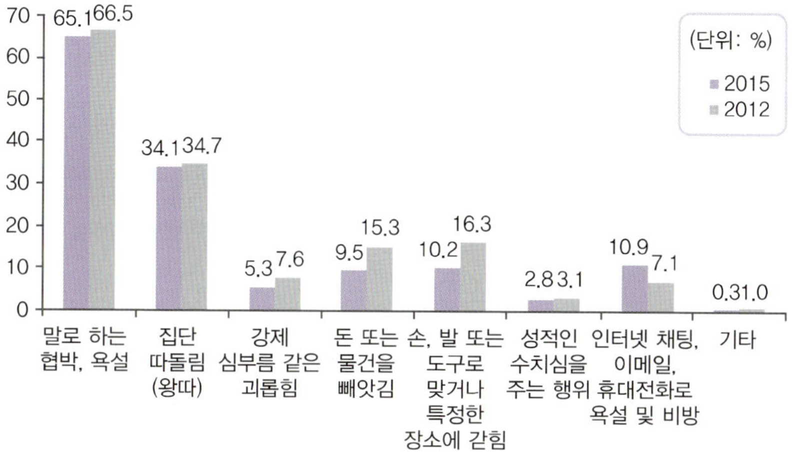

출처: 여성가족부(2016). 2015전국다문화가족 실태조사 분석.

✺ 그림 13-7 다문화가족 자녀의 학교폭력 피해유형(복수응답(2012, 2015))

다문화가족의 아동·청소년 등을 대상으로 하는 복지서비스 중 학교 내 방과 후 교실을 알고 있다고 응답한 비율이 84.7%로 가장 높고, 공부방, 지역아동센터, 청소년 방과 후 아카데미 70.2%, 다문화가족지원센터 62.2%, 청소년지원 시설 59.9%, 사회복지관 53.4% 순으로 타나났으며, 레인보우스쿨, 다문화예비학교, 다문화대안학교에 대한 인지도는 각각 18.3%, 19.5%, 20.4%에 불과하였다. 시설 인지율과 이용률을 비교해보면, 학교 내 방과 후 교실의 경우 가장 많이 알 뿐 아니라 이용도 가장 많이 하고 있는 반면, 다문화가족 지원센터나 사회복지관, 고용센터 등은 인지도에 비해 실제 이용해 본 경험은 낮게 나타났다. 다문화가족 자녀를 지원하기 위한 시설인 레인보우스쿨이나 다문화예비학교 및 다문화대안학교의 경우 인지율이 낮을 뿐 아니라 이용률 또한 인지율의 절반 수준에도 못 미치는 것으로 나타났다.

다문화가족의 아동·청소년을 정책대상으로서 초등학령기 자녀 유입이 확대되고 향후 청소년기 다문화 아동이 증가할 것으로 예상되는 바 다문화가족의 아동·청소년에 대한 사회적 차별을 없애기 위한 교육과 다문화가족 자녀의 또래관계를 지원할 수 있는 프로그램 등이 필요하다.

2. 다문화가족아동을 위한 복지서비스

1) 다문화가족아동을 위한 교육서비스

다문화가족의 아동을 위해 현재 종합적인 교육지원 시스템의 구축을 통한 교육지원이 우선적으로 제공되고 있다. 교육부는 2005년부터 다문화가족 자녀의 통계자료를 시작으로 해 2006년도부터 교육지원을 해오고 있다(윤인재, 2007).

주요 교육지원 내용으로는 다문화가족아동을 위한 방과 후 학교 프로그램 개설 지원, 대학생 멘토링 대상자로 대학생 우선지정, 교사 및 또래집단과의 1:1 결연을 통한 다문화가정아동의 정서적 안정 도모, 소수자 배려교육과 한국어 교육, 그리고 한국문화교육 등의 교원연수 강화, 중 3교과 개정시 타문화 편견 극복 단원 포함, 지역인적자원개발사업을 통한 지역단위 지원 사업프로그램 활성화, 불법체류자 자녀의 교육권 보호를 위한 지원과 추진 등이다.

특히, 다문화가족아동의 교육지원을 위해 중앙다문화교육센터를 운영하고 있다. 중앙다문화교육센터는 다문화가족 자녀교육을 위해 중국어, 몽골어, 베트남어 등의 다언어 교수학습을 위한 교재개발 보급, 다문화 교육 정책 연구, 담당교사 연수를 위한 핵심교원 양성 등을 위한 체계적이고 전문적인 연구를 담당한다.

기존의 정규학교의 교육적 편성체계는 주류인 일반 내국인 아동을 중심으로 대부분 이뤄지고 있으며, 다문화가족의 아동을 중심으로 한 그들의 특성에 맞춘 교육은 사실상 어렵다는 한계성이 있다. 이에 반해 대안학교는 이들의 특성에 맞는 이들 중심의 교육이 가능하다. 무엇보다도 대안학교는 다문화가족의 아동이 가진 배경이 불리한 것이 아니라 그들만이 가진 강점으로 드러나게 할 수 있다는 점에서 그 중요성이 있다.

2) 다문화가족을 위한 지원 정책

정부는 점점 늘어나는 다문화가족을 위해 「다문화가족지원법」을 개정하여 2010년 5월 다문화가족지원정책 기본계획(2010~2012)을 마련하였고 2012년 4월에 2011년도 시행계획('11.3.11), 2012년도 시행계획(2012.4.18)을 수립하였다. 그리고 2012년 12월 제2차 다문화가족정책 기본계획(2013~2017)을 마련하여 이 기본계획에 따른 연도별 시행계획, 즉 2013년도 시행계획(2013.4.16), 2014년도 시행계획(2014.4.28), 2015년도 시행계획(2015.5.21) 및 2016년도 시행계획(2016.5.17)을 수립하였다.

- **비전:** 활기찬 다문화가족, 함께하는 사회
- **목표:** 사회발전 동력으로서의 다문화가족 역량 강화, 다양성이 존중되는 다문화사회 구현
- **정책과제:** 6대 영역, 86개 세부과제
  ① 다양한 문화가 있는 다문화가족 구현
  ② 다문화가족 자녀 성장과 발달 지원
  ③ 안정적인 가족생활 기반 구축
  ④ 결혼이민자 사회경제적 진출 확대
  ⑤ 다문화가족에 대한 사회적 수용성 제고
  ⑥ 정책추진체계 정비

제2차 다문화가족정책 기본계획(2013~2017)의 2017년도 주요 시행계획은 다음과 같다.

① 다문화가족 자녀 성장에 따른 지원 강화

학령기 다문화가족 자녀 대상 가족관계개선, 사회성, 리더십 개발 등을 위한 프로그램 확대 및 기초학력 제고, 이중언어, 예체능 등 다문화가족 자녀의 다양한 재능 발현을 위한 사업 확대 및 진로교육을 강화한다. 중도입국자녀 입국 시 관계기관 간 정보공유를 통해 원활한 공교육 진입 유도 및 편입학을 지원하고, 학교생활 적응 지원을 강화한다.

② 다문화가족 지원을 위한 서비스 전달체계 효율화

다문화가족과 외국인 대상 서비스 전달체계를 개선하여 원스톱 서비스를 제공하는 다문화이주민센터를 운영하고, 건강가정·다문화가족지원센터 통합서비스 운영으로 다문화가족, 맞벌이가정, 북한 이탈가족 등 다양한 가족 대상 포괄적 서비스를 강화한다.

다문화가족과 그 가정의 아동을 위한 복지서비스는 여러 관계 부처 간의 협력이 필요한 사업으로 우선, 교육부의 시행계획을 보면 2017년도 다문화 예비학교를 138학급에서 160학급으로 확대하고, 사각지대 해소를 위해 '찾아가는 예비학교'를 운영하고, 다문화학생의 학교생활 적응 및 기초학습 지원을 위한 대학생 멘토링을 추진하고 농어촌 지역 방학 프로그램 운영을 확대 시행한다. 또한 예비·현직 교원의 다문화교육 역량 강화를 위한 연수를 실시하고, 현장 교원 지원과 교육자료 개발을 위한 다문화교육 교사 연구회를 운영한다.

✸ 표 13-6 교육부의 주요 과제별 예산 현황 (단위: 개, 백만 원)

구 분	과제수	소요예산					
		2013년	2014년	2015년	2016년(A)	2017년(B)	증감(B-A)
계	10	13,133	19,421	12,951	13,785	16,030	2,245
1. 다양한 문화가 있는 다문화가족 구현							
2. 다문화가족 자녀의 성장과 발달 지원	7	10,723	17,611	11,871	12,415	14,395	1,980
3. 안정적인 가족생활 기반구축							
4. 결혼이민자 사회경제적 진출 확대							
5. 다문화가족에 대한 수용성 제고	3	2,410	1,810	1,080	1,370	1,635	265
6. 정책추진체계 정비							

출처: 여성가족부(2016). 2015전국다문화가족 실태조사.

문화체육관광부의 주요사업내용으로는 문화다양성 보호와 증진을 위한 '문화다양성 정책 기본계획안' 마련, 대상별 문화다양성 교육프로그램 및 '문화다양성 주간(5.21~27)' 운영, 문화기반시설의 문화다양성 프로그램 개발 및 운영 확대,

이주민의 문화 활동 지원 및 이주민–내국인 간 문화 소통·교류 확대, 다문화가족구성원 대상 한국어 교원 재교육 연수 실시 및 온라인 한국어교수 학습샘터 구축·운영, 다언어 방송프로그램 다양화 및 확대(16개국 13개 언어) 등이다.

✹ 표 13-7 문화체육관광부의 주요 과제별 예산 현황 (단위: 개, 백만 원)

구 분	과제수	소요예산					
		2013년	2014년	2015년	2016년(A)	2017년(B)	증감(B–A)
계	15	4,788	4,643	4,550	4,294	3,915	△379
1. 다양한 문화가 있는 다문화가족 구현	4	1,838	1,517	1,399	1,286	1,097	△189
2. 다문화가족 자녀의 성장과 발달 지원	1	420	511	443	300	240	△60
3. 안정적인 가족생활 기반구축							
4. 결혼이민자 사회경제적 진출 확대	2	2,190	2,390	2,390	2,390	2,275	△115
5. 다문화가족에 대한 수용성 제고	8	340	340	318	318	303	△15
6. 정책추진체계 정비							

출처: 여성가족부(2016). 2015전국다문화가족 실태조사.

보건복지부의 주요사업내용으로는 국내 거주 외국인 대상 의료코디네이터 양성과정을 운영하고, 어린이집 교원 대상으로 다문화가족 이해 제고를 위해 교원(원장·보육교사) 보수교육에 다문화가족 영유아 보육 및 지원 교육을 지속적으로 실시한다.

다문화가족 지원 사업의 주무 부처인 여성가족부에서는 이중언어 환경조성 사업 사업기간을 10개월에서 12개월로 확대하고 가족 코칭 실시로 서비스 질을 제고한다. 또한 학령기 다문화가족 자녀 증가에 따라 정체성회복, 사회성발달, 역량 강화 등을 위한 다문화가족 자녀성장 지원사업인 다재다능프로그램을 확대 추진하고, 국내거주기간 장기화에 따른 미래설계 및 실행계획 수립 등을 지원하는 '결혼이민자 자립 지원 패키지 프로그램'을 확대한다. 주제별 심층정보 제공을 위해 한국생활가이드북 보완, 결혼이민예정자를 위한 웰컴북 제공언어 확대 및 다누리포털 개편 등 정보제공을 강화하고 폭력피해 이주여성에 대한 주거지원 등 인프라 확대로 자립 및 자활 기반을 마련 강화하고자 한다.

✺ 표 13-8 여성가족부의 주요 과제별 예산 현황 (단위: 개, 백만 원)

구 분	과제수	소요예산					
		2013년	2014년	2015년	2016년(A)	2017년(B)	증감(B-A)
계	48	63,553	68,235	64,854	61,005	60,905	△100
1. 다양한 문화가 있는 다문화가족 구현	2	19,963	19,080	19,259	17,060	17,166	100
2. 다문화가족 자녀의 성장과 발달 지원	9	29,797	33,525	27,251	27,808	28,003	195
3. 안정적인 가족생활 기반구축	12	10,313	12,031	12,702	12,746	13,175	429
4. 결혼이민자 사회경제적 진출 확대	7	2,600	2,375	2,360	1,997	1,197	△800
5. 다문화가족에 대한 수용성 제고	9	820	1,164	3,222	1,328	1,304	△24
6. 정책추진체계 정비	9	60	60	60	60	60	−

출처: 여성가족부(2016). 2015전국다문화가족 실태조사.

정부는 「다문화가족지원법」에 따라 5년마다 '다문화가족정책 기본계획'을 수립하여 다문화 가족 자녀의 성장과 발달을 지원하는 다양한 정책을 시행하고 있으며, 「재한외국인 처우 기본법」에 따라 재한외국인 또는 그 자녀에 대한 차별 방지 및 인권옹호를 위한 교육 홍보 등의 조치를 시행하고 있다. 또한 '제2차 외국인정책 기본계획'(2013~2017)을 수립하여 운영하고 있다. 이 계획은 이주배경 자녀의 건강한 성장 환경 조성, 이민자 인권 존중 및 차별 방지 제도화, 다양한 문화에 대한 사회적 관용성 확대 등을 정책과제로 설정하고 있다. 2014년에는 「문화다양성의 보호와 증진에 관한 법률」을 제정하여 다양한 문화에 대한 수용성을 제고하기 위한 정책의 근거를 마련하고 있다.[6]

앞으로 다문화가족의 아동·청소년이 정책대상으로서 초등학령기 자녀 유입이 확대되고 향후 청소년기 다문화 아동이 증가할 것으로 예상되는 바 다문화가족의 아동·청소년에 대한 사회적 차별을 없애기 위한 인권교육과 다문화가족 자녀의 또래관계를 지원할 수 있는 프로그램 등이 필요하다.

6) 대한민국정부(2017). 제5·6차 유엔아동권리협약 국가보고서.

표 13-9 유엔아동권리협약의 구성

대 상	사업명	내 용	소관부서
미취학 및 저학년	다문화 유치원	• 다문화 유아의 언어교육 강화를 위한 다문화 유치원 운영 (2015년 30개원 시범운영)	교육부
	언어발달 서비스	• 만 12세 이하 자녀 대상 언어발달 정도 진단 및 언어교육 실시 (언어발달지도사 2015년 300명)	여성가족부
	방문교육 (자녀생활 서비스)	• 학업성취가 낮고 정서·사회성 발달에 어려움을 겪는 자녀에게 독서, 숙제지도 등 생활지원(2015년 300명)	여성가족부
	이중언어 가족환경 조성	• 다양한 언어와 문화적 잠재력을 키우기 위해 이중언어로 부모와 소통할 수 있는 환경조성(2015년 217개소)	여성가족부
학령기 자녀	대학생 멘토링	• 다문화·탈북학생 대상 기초학력 증진 강화 • 학교, 공공기관 등 방문(2015년 5,288명 지원)	교육부
	대안학교	• 다문화 학생 대상 대안학교 운영(2015년 4개교) – 고교: 서울 다솜학교, 폴리텍다솜학교 – 초등: 지구촌학교 – 초중고 통합: 한누리학교	교육부 고용노동부
	글로벌 브릿지	• 다양한 분야(수학, 과학, 언어, 글로벌리더십, 예체능)에 잠재력을 지닌 자녀를 인재로 육성(2015년 17개교)	교육부
중도입국 자녀	다문화 예비학교	• 한국어, 한국문화 집중교육을 받을 수 있는 예비학교 운영(2015년 100개교)	교육부
	무지개학교 (Rainbow school)	• 초기적응지원 프로그램으로 한국어교육, 특기적성 교육 등(2015년 100개교)	여성가족부
	무지개Job 아라	• 진로캠프, 인턴십 및 멘토링, 진로탐색과정 운영 등 단계별 진로지원 프로그램 제공(2015년 6개소)	여성가족부
	조기적응프로그램	• 중도입국자녀에게 외국인등록 시, 입국초기 사회적응 및 진로정보 제공(2015년 23개 기관)	법무부
일반가정 자녀	다문화감수성 증진 프로그램	• 일반 청소년의 다문화 이해 및 수용성 제고를 위한 다문화감수성 증진 프로그램 운영(2015년 23개교)	여성가족부
	다문화 중점학교	• 다문화 이해교육과 맞춤형 교육을 통해 다문화수용성 제고(2015년 150개교)	교육부

출처: 대한민국정부(2017). 제5·6차 유엔아동권리협약 국가보고서.

■ 생각해 봅시다.

1. 다문화가족아동의 아동복지 실천내용에 대하여 생각해 봅시다.

2. 다문화가족의 부모를 위한 서비스에 대하여 토론해 봅시다.

3. 결혼이민자 자녀가 겪는 학교적응상의 어려움에 대하여 토론해 봅시다.

4. 다문화가족의 아동을 위한 교육 프로그램에 대하여 생각해 봅시다.

PART 04

아동권리와 복지의 전망과 과제

아동권리와 복지의 전망과 과제

제1절 아동권리의 전망과 과제

1. 아동권리의 전망

우리나라 아동의 "삶의 만족도"와 "주관적 행복지수"를 비교해보면 OECD 국가 최하위 수준으로 나타났다. 아동들의 과도한 사교육 시간으로 인해 심각하고 불균형한 스트레스에 노출되고 신체적·정신적 건강에 부정적인 영향을 끼치는 결과를 야기하고 있다. 과도한 사교육이 여가와 문화 활동에 대한 아동권리의 충분한 실현에 방해가 되고 있고 학교 폭력, 사이버 따돌림 및 폭력의 정도와 빈도가 증가하고 있다.

유엔아동권리협약 이행에 따라 우리나라는 관련 법령을 개정하며 제도와 정책을 정비하는 노력을 보였다. 2011년 8월 「입양특례법」, 2011년 9월 「민법」, 2011년 3월 초, 「중등교육법 시행령」 등을 개정하였고, 2011년 「자살예방 및 생명존중문화 조성을 위한 법률」 제정, 2010년 3월 「가사소송법」 개정, 2011년 「장애아동복지지원법」 제정, 2011년 「아동복지법」 개정, 2011년 「다문화가족지원법 개정」 등의 작업을 지속적으로 이루어왔다.

또한 2006년 10월 18일 '여성에 대한 차별철폐에 관한 협약 선택의정서', 2008년 12월 11일 '장애인권리협약'을 비준하였으며 2010년 '제2차 학교폭력 예방 및 대책 5개년 기본계획 수립'을 수행하여 아동권리를 지원하기 위한 제도적·정책적 변화를 모색하였다.

그러나 유엔아동권리협약 제3·4차 보고서에 대한 권고사항에서는 아동관련 법령 내 아동의 최상의 이익의 원칙이 명확히 언급되지 않고, 아동 관련 사법, 행정결정 및 정책과 프로그램에 있어 본 원칙이 드물게 적용된다는 사실에 우려를 표시하고 있다. 또한 아동 및 청소년이 자신의 의견을 표출함에 있어 법률상의 절차나 사회적 태도 모두 아동에 영향을 미치는 결정에 있어 그들 자신의 견해, 특히 15세 미만 아동의 견해를 고려하지 않는다는 사실을 지적하며 「아동복지법」이 아동에게 영향을 미치는 모든 문제에서 아동이 자신의 견해를 자유롭게 표현할 권리를 포함하도록 개정할 것을 권고하였다. 아동에게 자신의 견해를 표출할 권리를 보장하고, 아동에 영향을 주는 모든 결정과정에 그들의 의견이 고려되도록 법 개정을 고려하여, 특히 부모, 교육자, 정부 행정공무원, 사법부 및 일반사회에 아동의 청문권과 아동의 의사가 고려될 권리에 대한 교육 정보를 제공할 것을 권고하였다.

출발선 그리기
나는 선언한다, 양심적 체벌거부를!
학교에서 일어나는 모든 폭력에 반대합니다.
모든 폭력에 반대합니다.
대구교육권리헌장 사용법

우리나라의 중·고등학교는 대개 성적으로 학생들을 줄 세우고, 학부모들의 교육열 틈에서 대학입시를 종착역으로 움직인다…. (중략) … 지금 우리 1학년의 분반 기준은, 황당하게도 수학 성적과 사회과목 선택이다…. (중략) … 수준별 수업을 하겠다는 명목으로 열등감과 수치를 부채질하는 셈이다. 경기도에서 시행 중이라는 학생인권조례는 이곳에서는 전혀 상관없는 일처럼 여겨진다.

> 학교에서 학생들의 의견을 수용하는지 여부도 문제다…. (중략) … 학생대토론회에서 결과적으로 추려진 의견들은 모두 받아들여지지 않았다. 자습실에 벌점제를 도입하자거나, 화장실 문을 바꿔달아야 한다는 등 사소한 의견들도 마찬가지였다…. (중략) … 대부분이 검토 중이거나 현실적으로 이루어질 수 없다는 내용이었다. 학생회를 뽑은 이유가 무색해지는 순간이었다. (「학교, 인권을 말하다.」[1] 내용 발췌)

또한 아동과 관련되었거나 아동에 영향을 미치는 모든 법률, 행정, 사법절차 및 모든 정책, 프로그램 및 사업에 있어 아동의 최상의 이익의 원칙이 적절히 통합되고 지속적으로 적용되도록 노력을 강화해야 함을 지적하였다.

국가인권위원회 내 아동권리 분과위원회의 설립, 체벌의 전면적인 금지, 그리고 아동이 겪는 고도의 스트레스를 줄이기 위한 교육정책 검토와 관련된 사항을 처리하기 위하여 필요한 모든 조치를 취할 것을 촉구하였고, 보건복지부와 여성가족부를 포함한 다른 부처 간, 그리고 관계 국가 및 지역 단체 간 아동권리 관련 기능 및 관계를 명확히 하도록 권고하고 있다.

국가예산을 수립하는 데 있어서도 아동권리접근법을 활용하여 예산 내 아동을 위한 재원의 배분 및 사용을 추적하는 체계를 도입하여 아동을 위한 투자의 가시성을 제공할 수 있도록 해야 한다고 지적하였다. 특히 아동을 포함하는 공개대화를 통해 예산수립과정의 투명성 및 참여제도를 보장하고 학교 교과과정에 아동권리 및 인권에 관한 교육을 더 포함시키며 아동을 위해 또는 아동과 함께 일하는 전문단체들이 협약과 관련하여 충분한 연수를 받도록 하고 협약의 대중 인지도를 높이는 방안을 강화할 것을 정부에 촉구하였다.

이에 우리나라 정부는 「국가인권위원회법」에 필요한 인권교육과 홍보를 해야 하며 「초·중등교육법」에 학교 교육과정에 인권에 관한 내용을 포함시키기 위해 교육부장관과 협의하도록 하고 있으며, 2016년 4월 국가인권위원회 산하 아동권리위원회를 두었고 아동·청소년 관련 국제인권조약 가입 및 그 조약의 이행에 관한 연구, 모니터링, 권고 및 의견표명을 할 수 있도록 하였다.

1) 대구학생인권현대 숨tong + 국가인권위원회 대구사무소(2011) 학교,인권을 말하다. 2011대구학생인권백서

교육부는 2015년도 개정 교육과정의 범교과 학습주제 10개에 인권교육을 포함시켜, 인권교육을 교과와 '창의적 체험활동' 등 교육활동 전반에 걸쳐 통합적으로 편성·지도하도록 하였다.

국가인권위원회는 2012년 정부에 '인권친화적 학교문화 조성'을 위한 정책을 실시할 것을 권고하였으며, 교과서상의 반인권적 요소 모니터링을 통한 인권친화적 교과서 개발 제안, 학생인권교육협의회 운영 등을 통해 학교 인권교육을 촉진하고 있다. 2017년에는 「인권교육지원법」 제정 등 아동권리교육 제도화를 위한 환경을 조성할 계획이다. 더불어 관련 부처별로 아동 청소년 업무 종사자 대상 인권교육을 실시하고 있다. 2016년에는 유엔아동권리협약을 반영한 '아동권리헌장'을 제정·발표하고, 홍보영상을 만들어 배포하였고 여성가족부는 청소년희망센터와 함께 매년 인권 토론회 및 포럼을 개최하여 청소년의 권리 현황을 파악하고 있다. 또한 협약에 대한 이해 증진을 위해 유엔아동권리위원회가 채택한 일반논평을 번역 발간하였다.2)

정부는 5년 단위의 아동정책목표('15~'19)와 기본방향, 주요 추진과제를 수립하고 중앙부처·지자체 공동으로 시행·관리하는 중기플랜으로 제1차 아동정책기본계획을 발표하여 아동 친화적 발달환경을 제공하고, 발달·생존·보호·참여 등 모든 영역에서 아동을 권리의 주체로 인정하고, 아동 행복을 증진시키고, 사회의 운영원리, 아동을 둘러싼 환경 및 정책의 변화과정에서 아동의 이익을 최우선으로 보장하고 실현하는 원칙을 정착하고자 하는 정책과제를 수립·시행하고 있다.

영유아를 포함한 아동의 생존권·발달권·보호권·참여권과 관련한 제1차 아동정책기본계획의 정책 내용은 다음과 같다.

2) 대한민국정부(2017). 제5·6차 유엔아동권리협약 국가보고서.

표 14-1 권리유형별 주요정책과제('15~'19 아동정책기본계획, 관계부처합동. 2015)

<table>
<tr><th>생애
분야</th><th>영유아
(0~5세)</th><th>초등학생
(6~11세)</th><th>중학생
(12~14세)</th><th>고등학생
(15~17세)</th></tr>
<tr><td rowspan="7">생존권</td><td>어린이집·유치원 건강관리체계 마련</td><td colspan="3">건강증진학교 확대 방안(검토)/학교체육 활성화</td></tr>
<tr><td>모유수유 증진</td><td colspan="3"></td></tr>
<tr><td>예방접종률, 건강검진율 제고</td><td colspan="3">학교 건강검진제도 개선</td></tr>
<tr><td colspan="4">생활습관형 질병 예방·관리방안 마련</td></tr>
<tr><td colspan="4">아동기 다빈도 질병 대응전략 수립</td></tr>
<tr><td></td><td colspan="3">학생 자살예방 대책, 적정 수면시간 보장</td></tr>
<tr><td colspan="4">아동전용 보건 인프라 확충/건강보험 보장성 강화</td></tr>
<tr><td rowspan="13">발달권</td><td>영유아가정방문서비스 도입(검토)</td><td colspan="3"></td></tr>
<tr><td colspan="4">부모교육 활성화/양육정보 통합제공</td></tr>
<tr><td>육아서비스 종합 제공</td><td colspan="3"></td></tr>
<tr><td>시간제보육</td><td colspan="3"></td></tr>
<tr><td>영유아 보육·교육 통합플랜</td><td colspan="3">'꿈과 끼를 살려주는 교육과정' 내실화, 공교육 정상화 이행</td></tr>
<tr><td colspan="4">아동기 핵심역량 반영전략 수립, 아동역량지수 개발</td></tr>
<tr><td></td><td colspan="3">인성교육 강화(인성교육진흥계획 수립, 언어문화 개선방안 마련)</td></tr>
<tr><td colspan="4">문화예술교육 활성화 및 문화인프라(아동도서관, 숲교육 공간 등) 확충</td></tr>
<tr><td colspan="4">놀이·여가 권리 보장(놀권리 헌장 제정, 제1차 놀이정책 수립)</td></tr>
<tr><td></td><td colspan="3">맞춤형 진로 교육(직업교육 현장성 강화, 학습부진아동 지원 등)</td></tr>
<tr><td colspan="4">장애아동지원체계 구축(조기발견·예방 및 재활치료)</td></tr>
<tr><td></td><td colspan="3">학교밖 청소년 지원체계 구축</td></tr>
<tr><td colspan="2"></td><td colspan="2">청소년 한부모 서비스 전달체계 통합 구축</td></tr>
<tr><td rowspan="15">보호권</td><td>가정방문 안전점검 실시(검토)</td><td colspan="3"></td></tr>
<tr><td></td><td colspan="3">보육·교육기관 안전교육·안전실습 제도화</td></tr>
<tr><td colspan="4">카시트, 안전벨트 착용률 제고</td></tr>
<tr><td></td><td colspan="3">홀로 방치되는 아동에 대한 돌봄서비스 종합 연계체계 구축</td></tr>
<tr><td colspan="4">학대 아동 보호 인프라 확충</td></tr>
<tr><td>어린이집·유치원 학대 예방 및 신속 대응</td><td colspan="3"></td></tr>
<tr><td></td><td colspan="3">학교폭력 예방 및 대책 기본계획 이행 관리</td></tr>
<tr><td colspan="4">범죄예방환경설계(셉테드) 확산 유도</td></tr>
<tr><td colspan="4">차별금지법 제정</td></tr>
<tr><td colspan="4">빈곤아동지원 5개년 기본계획 수립</td></tr>
<tr><td colspan="4">가정밖 보호아동 보호체계 구축</td></tr>
<tr><td colspan="4">입양절차의 공공성 강화(헤이그국제아동입양협약 비준)</td></tr>
<tr><td colspan="2"></td><td colspan="2">근로아동보호</td></tr>
<tr><td></td><td colspan="3">소년사법 발전 종합대책</td></tr>
<tr><td colspan="2">아동방치행위에 대한 법적규제 도입(검토)</td><td colspan="2"></td></tr>
<tr><td rowspan="4">참여권</td><td colspan="4">아동의 의견진술권 보장실태 진단 및 개선방안 마련</td></tr>
<tr><td></td><td colspan="3">아동의견 수렴 창구 상시 운영</td></tr>
<tr><td colspan="4">학교에서의 참여권 보장(자치활동 활성화, 학교운영위원회 실질적 참여)</td></tr>
<tr><td></td><td colspan="3">아동총회 지역기반 구축</td></tr>
</table>

2. 아동권리의 과제

1991년 11월 20일 비준한 아동권리협약 이후 우리나라에서 아동에 대한 권리 인식은 커다란 전환점을 맞이하였다.

그러나 아동을 독립된 인격체로 존중하는 사회적 인식이 부족하고, 아동 지원 보호 인프라의 지역 간 격차, 경쟁적 입시문화로 인한 스트레스, 놀이 여가의 부족 등은 아동권리 실현의 장애요인으로 남아있는 실정이다.[3)]

또한 아동정책을 수립하는 과정에서 아동의 목소리를 듣기 위해 아동의 참정권과 의사결정권을 인정하는 부분은 아직까지 찾기 어려운 상황이다. 아동권리에 대한 인식도 여전히 낮은 실정이고 아동과 관련된 주변 성인들조차도 아동은 성인의 보호하에 있어야 하는 미성숙된 존재로 여기는 경우가 많다.

표 14-2 아동이 바라는 것

영 역	우리나라 아동이 바라는 것
교육	• 사교육에 의존하지 않도록 시험과 평가를 없애고 적성에 맞는 교육을 받을 수 있는 학교 분위기 조성 • 체험활동 중심의 창의적인 교육 기회 제공 • 학원보다는 좋은 친구를 사귀고 친구들과 보낼 수 있는 시간을 많이 확보할 수 있게 해달라
학교폭력	• 어른중심의 예방대책이 아닌 아이들이 바라는 대책(친구와 함께 할 수 있는 놀이개발, 폭력가해자를 따끔히 혼내는 것 등)을 더 고민
인 권	• 아동 인권은 스스로 지킬 수 있도록 법 제정, 선거권 또는 법제정시의 참여권 부여 • 아동 인권보호법을 만들어 이를 위반하는 사람을 처벌 • 아동 인권의 날 같은 행사 자주 개최 • 이해하기 어려운 법을 게임, 만화, 동영상으로 쉽게 제작 • 부모님, 교사 등으로부터 사생활 보호(휴대폰 검사, 일기검사 등)
기타	• 장애아동에 대한 차별과 편견 극복을 위한 캠페인, 인식개선 교육 • 학교폭력과 차별, 왕따를 없애기 위해서 친구들 간 칭찬 많이 해주기(칭찬 프로젝트) • 기아체험 등을 통한 기아구호 활동에 참여하여 봉사활동 시간 인정

출처: 초록우산 어린이재단(2014)

아동의 권리와 관련하여 아동이 성장하는 데 영향을 주는 다양한 환경들, 즉 가정과 양육기관, 학교, 지역사회, 지방자치단체 및 중앙정부의 정책 등은

3) 대한민국정부(2017). 제5·6차 유엔아동권리협약 국가보고서.

아동을 보는 관점이 무엇인가에 따라 방향이 달라질 수밖에 없다. 이재연·황옥경(2015)은 우리나라의 아동정책에서 아동권리를 정책 수행에 반영하는 데 있어 문제가 있음을 지적하고 있는데 이를 정리하면 다음과 같다.[4)]

첫째, 우리나라 아동정책의 대부분은 보호가 필요한 아동을 주 대상으로 하고 있어서 일반아동을 위한 정책은 크게 부족하다.

둘째, 비슷한 정부정책이 각기 다른 부처에서 시행되고 아동과 청소년 업무를 담당하는 부처가 다르기 때문에, 정책의 파편화 현상이 심각하여 정책 실행의 효율성을 떨어뜨리고 있다.

셋째, 아동권리증진을 위한 옹호 및 아동참여 활동도 지속성이 없는 일회적인 아동총회나 청소년의회 활동에 의존하고 있다.

다섯째, 아동권리에 대한 인식도 소수 아동 관련 전문가 집단을 제외하고는 여전히 미미한 수준이다.

여섯째, 아동들이 성장하고 있는 지역사회 환경은 아동들에게 친화적이지 않고, 아동들의 욕구를 반영하는 데 소극적이다.

아동의 양육과 보호에 일차적인 책임을 가지고 있는 부모와 교사, 아동복지 관련 종사자 등도 일상적 상황에서도 아동의 권리를 존중하고 아동의 생존과 성장, 복지를 촉진하기 위한 활동임을 인식해야 한다. 아동을 양육하는 보호자는 아동에게 영향을 미칠 수 있는 가장 큰 존재이기 때문에 이들의 심리적·정서적 환경은 중요하다고 볼 수 있다.

학교와 교사가 학생을 대하는 태도, 지역사회에서 아동을 바라보는 태도 등은 아동권리와 밀접한 상관이 있다. 우리 사회가 어떠한 시각으로 아동을 바라보고 있는지가 아동의 권리 경험에 중요한 영향을 미치고 있기 때문에 단순히 보호의 대상이 아닌 권리의 주체로 인정하려는 성숙된 사회적 분위기가 만들어져야 하며 이를 위한 문화적·제도적 접근이 필요하다.[5)] 아동 자신들도 자신들의 권리가 무엇인지 알고 그 권리를 행사하기 위해서 필요한 것이 무엇인지를 알 수 있도록 학교현장에서의 교육적 접근도 필요하다. 아동

4) 이재연·황옥경 외(2015). 아동복지 현장에서의 아동권리 레토릭. 교육과학사.
5) 굿네이버스(2017). 대한민국 아동권리지수.

권리 교육프로그램이 효과적이기 위해서는 다음과 같은 조건이 필요하다.[6)]

첫째, 유아의 표준교육과정에 아동권리가 포함되어야 하고, 초등학교 교과목으로도 아동권리가 포함되어야 한다. 청소년 또한 청소년의 권리에 대한 올바른 이해를 위해서 아동권리를 교육할 수 있는 제도적 뒷받침이 되어야 한다. 즉, 아동권리교육의 대상을 유아로부터 시작하여 다양한 형태의 아동권리교육이 병행되어야 한다.

둘째, 아동권리에 대한 소책자를 제작하고 교사교육과정에도 필수과목으로 지정해야 하며, 아동의 적극적 참여와 체험을 할 수 있는 프로그램이 이루어져야 한다.

셋째, 교육 제도적 측면과 복지, 문화, 여가, 상담 등 부서별로 연계성 있는 다양한 홍보와 이해가 필요하다.

이러한 문화적·제도적·교육적 접근과 함께 가장 중요한 것은 아동권리를 구체화하여 실현하기 위해서는 협약에서 부여된 아동의 모든 권리에 대한 가치 전환이 필요하다. 아동의 양육과 발달의 1차적인 책임은 부모에게 있다. 특히, 영유아기의 어린 아동들은 양육자에게의 의존도가 무척 높기 때문에 영유아의 부모들은 이들의 권리 실현에 중요한 역할을 한다. 따라서 부모의 참여와 역량강화를 위한 지원이 강화되어야 할 것이다. 또한 지역사회, 지방정부, 중앙정부 등에서 정책 입안 시 아동의 권리가 지켜지고 실행되어지는 지를 확인하고 지속적인 모니터링을 통해 조정되어야 할 것이다.

류미령(2017)은 아동권리증진을 위한 인권교육의 방안[7)]을 다음과 같이 제시하고 있다.

---

6) 굿네이버스(2012). 굿네이버스 아동권리교육 프로그램 효과성 검증 연구–굿네이버스에서 개발하여 교육하고 있는 유아, 초등학생 대상의 아동권리교육 프로그램을 대상으로 한 효과성 검증 연구

7) 류미령(2017). 인권교육을 통한 아동권리 증진방안, 법과인권교육구 제10권 제1호(2017.4.30.), pp.155-156.

출처: 국가인권위원회 인권교육센터(2017).

✷ 그림 14-1 청소년 인권교육 표준안 내용 발췌

첫째, 아동권리협약의 4대 아동권리인 생존권, 보호권, 발달권, 참여권을 향상시키는 내용으로 구성되어야 하고 인권능력을 향상시키기 위해 인권적으로 사고하고 판단하는 능력, 인권적으로 행동하는 행위능력이 교육내용에 포함되어야 한다.

둘째, 인권교육의 방법으로 전 생애에 걸쳐 모든 사람에게 지속적이고 광범위한 인권교육이 이루어져야 한다.

셋째, 인권교육내용과 방법은 학습자들의 인권감수성을 높일 수 있는 교사의 역할이 중요하고, 인권 친화적 학습 환경의 조성이 필요하다. 또 학습자의 발달단계나 사회, 문화적 맥락을 고려한 교육내용이 필요하다.

넷째, 교육의 목적은 인권의 가치가 실현될 수 있는 교육이 됨과 동시에 인권의식 내면화를 통한 참여적이고 실천적인 교육이 되어야 한다.

다섯째, 인권교육방법의 다양화를 모색해야 한다. 인권교육에서 명문화된 조항만이 아니라 인권적으로 사고하고 습득하여 인권존중의 태도가 체득될 수 있도록 한다.

여섯째, 정책적·제도적 측면에서 인권교육에 대한 재원확대와 관련법제가 구속력을 높일 수 있도록 인권교육의 제도화가 필요하다.

제2절 아동복지의 전망과 과제

1. 아동복지의 전망

지금까지의 한국에서의 아동복지정책을 뒤돌아보면 많은 문제점이 있었고 「아동복지법」의 개정 등을 통해 꾸준히 변화를 모색하고 있음을 발견하게 된다. 하지만 사회의 빠른 변화 속도에 대한 새로운 혹은 대안적 도전이 더 필요한 실정이다.

특히, 미래지향적 가치를 지닌 아동복지를 위해 가정의 해체, 적은 자녀 수, 사회 환경의 변화와 과학의 발달로 아동의 욕구와 문제가 다양해지고 있고, 또한 극심한 사회계층 간의 괴리로 인하여 빈곤이 사회 전반에 확산되고 있음을 감안한 정책의 방향 결정이 필요하다.

또한 그동안 아동복지정책의 주된 사업이 수용시설의 보호였다면 낙후되고 노후화된 시설을 대대적으로 전환시켜야 한다. 정책적으로 단계적 평가와 사정을 통한 정리, 통폐합, 지원, 점차적 전환 등 시설의 개선과 발전을 위한 정책을 수립해야 한다. 특히, 예방적 차원에 가치를 둔 아동복지정책 측면에서 아동복지정책은 보다 열려진 기회 제공에 초점을 둠으로써 사회 내에서 해체와 파괴된 문제에 자원을 집중하기보다는 건강한 발달, 안전한 환경, 적절한 교육과 고용, 그리고 성장에 필요하다. 적절한 기회의 제공은 현재의 일시적이고 치료적 개입이나 접근을 상당히 감소시킬 수 있으리라 전망된다. 또한 아동복지의 실천적 모델은 미래의 가치에 정착이 주어질 때 그 효과가 있다. 이 단계에 따라 접근한다면 문제에 포함되지 않고 건강하고 독립된 가족과 아동을 위한 복지를 발전시킬 수 있으리라 전망된다.

2. 아동복지의 과제

정부의 기본적인 아동복지 관련 정책과 운영프로그램의 발전방안을 살펴보면 다음과 같다.

사회 환경의 변화에 따른 가족구성원의 변화로 가족의 형태가 변화되고,

따라서 이러한 다양한 가족구성원을 위한 지원할 수 있는 프로그램이 필요하다. 다양화 관점에서 주말·공휴일·일요일 프로그램으로 학기 중에 시간적 여유가 없어서 진행할 수 없었던 프로그램과 아동들이 건강한 미래를 설계할 수 있도록 심리·정서적 지지, 교육·문화 프로그램을 제공해야 한다. 지자체 및 지역아동센터는 지역 내 빈곤·학대·방임 가정, 한부모·조손·소년소녀 가정, 맞벌이·이혼가정의 아동 등을 적극 발굴·보호하여 아동방임을 예방하며, 복지사각지대에서 방치되는 아동이 없도록 해야 할 것이다. 또한 아동의 체벌, 방임 등의 아동학대 사례가 종종 발생하는 요즘 아동에 대한 주변 성인들에 대한 교육과 지원이 필요하다. 특히 지역사회 내 보호를 필요로 하는 만 18세 미만의 아동을 대상으로 하는 지역아동센터에서 제공되는 리플릿, 소식지, 홈페이지 등 홍보자료를 활용하여 동사무소, 학교, 지역주민에 적극적으로 홍보하여 많은 아동이 이용할 수 있도록 하고, 각 지자체 및 시설운영자는 이용 아동현황을 관리하며, 필요한 경우 아동과 그 가정에 대한 지원방안도 적극 강구한다. 아동복지가 중·장기적 관점에서 보다 발전을 위한 과제를 요약하면 다음과 같다.

첫째, 가족, 기관, 지역사회 간의 연계를 통한 아동복지서비스의 통합측면에서 가정복지수준의 향상, 아동의 정상적인 양육과 교육, 그리고 나아가 성공적인 사회통합을 이룰 수 있도록 이용자 중심의 종합적 서비스 제공에 중점을 두어야 한다. 이는 아동복지를 위해 가족책임의 강화와 지역사회화를 의미한다. 또한 가족 중심적 서비스의 통합을 위해 가족의 기능과 역량을 강화하고, 지역사회 내의 여러 조직과 기관들이 상호 협력하여 수준 높은 서비스를 제공하게 된다.

둘째, 가족지원서비스의 다양화 측면에서 아동복지는 아동의 보호와 아동이 건전하게 성장할 수 있는 가정의 유지를 목표로 한다. 건전한 가정은 아동복지의 가장 중요한 전제조건이 된다는 점에서 가정 내의 긴장을 해소하고 가족원의 기능을 강화하기 위한 가족지원서비스를 다양화함으로써 가출, 비행, 기타의 문제행동아의 발생을 예방할 수 있을 것이라 기대된다.

셋째, 아동복지서비스의 확대측면에서 어린이집(가정 어린이집 포함)의 질적 향상이 요구되는데, 이를 위해서는 잘 훈련받은 직원, 어린이 보육에 적절한 시설설비, 교육내용, 적정한 배치 등 양적인 증가에 따라 해결해야 할 많은 과제들이 있다고 본다. 또한, 입양 및 위탁프로그램의 적극화가 요구된다. 해마다 보호해야 하는 아동들이 늘어나는데 이들을 위해서 우선적으로 가정적 환경을 마련해 주어야 한다. 제일 좋은 것은 입양이겠지만 입양이 여의치 않다면 정부재원지원에 의한 가정위탁 서비스를 제공해 주어야 할 것이다. 또한 인성의 올바른 성장지도, 행동, 성격장애를 극복할 수 있는 등의 프로그램에 참여시키고 아동학대와 방임에 대한 예방과 치료를 위해서 관계법의 제정, 아동학대 신고의무자의 범위 확대, 전문치료 및 상담기관의 설치가 이루어져야 하며 강제보호 서비스의 제도화가 요구된다.

넷째, 아동복지서비스의 전문화 측면에서 아동 및 청소년 대상 복지서비스의 중요과제로 일반아동 및 청소년을 위한 가정상담소(노인, 장애인 등 가족 전체가 대상이 됨) 및 아동상담소의 증설, 아동시설 및 청소년 시설의 증설과 정비 등의 과제와 요보호아동을 위한 시설문제, 국내입양과 위탁사업, 소년소녀가장문제, 연장시설 아동의 자립지원 강화, 근로청소년과 무직, 미진학 청소년, 농어촌 청소년에 대한 대책 등을 들 수 있는데, 각각의 부분에 대한 높은 수준의 지식과 기술을 가진 전문가가 요구된다.

다섯째, 아동복지시설에 대한 새로운 개념, 체계 및 기능의 적용 측면에서 지금까지의 시설에 대한 입소보호적인 개념에서 정상화, 재활, 사회통합 등 시설의 의의를 강조하는 경향으로 나아가야 한다. 그리고 시설의 체계적 분류, 통합 및 입소생활형, 통원이용형 등 세분화가 요구되며, 시설종별에 따른 위치, 구조, 설비기구 등을 확보해야 한다. 또한 지금까지의 수용이나 생활위주의 기능에서 전문적인 예방, 치료, 재활, 교육, 상담 등의 기능을 강화하는 방향으로 발전시켜야 하며, 동시에 이를 뒷받침할 수 있는 전문인력의 확보와 활용도 이루어져야 한다. 특히, 시설직원 노동문제의 개선이 요구되는데, 아동복지시설의 노동조건은 장시간 노동과 저임금, 중노동, 무복지로 표현될 만큼 열악한 수준으로 이직률이 대단히 높으며, 전문인력의 보충이 어려운 실정이므로 이들에 대한 종합적인 노동조건 개선안이 시급히 요구된다.

여섯째, 적절한 아동복지서비스 전달 체계의 확립 측면에서 공공 아동복지서비스 전달체계가 미흡한 경우 국가 전체의 서비스를 적재적소에 배분할 수 없으며, 충분한 정책의 효과를 거둘 수 없다. 즉, 지방자치제의 실시로 예전의 중앙정부 중심의 전달체계는 지방정부 및 지역사회 중심으로의 변화를 불가피하게 하고, 지역사회주민의 요구와 특성의 파악, 필요한 서비스의 개발, 지방의 재정자립도 기반조성, 전문성의 확보 등을 효율적으로 할 수 있는 국가 전체적인 효율성 있는 아동복지서비스 전달체계의 확립이 필수적이다.

일곱째, 아동복지 증진을 위한 재원의 확보 측면에서 훌륭한 인적 자원 확보를 위해서 재원의 지원 없이는 절대 복지증진을 이룰 수 없다. 아동복지재원의 확보나 강화를 위해서 정부나 민간단체의 각기 나름대로의 노력이 필요하다. 특히, 지역의 특성에 맞는 아동복지정책의 수립을 위해 영세지역 아동들을 위한 사회복지서비스의 우선적 지원이 요구된다. 취약한 농어촌이나 도시의 변두리지역 등 중앙정부주도의 획일적인 아동복지정책에서 벗어나 지역의 특성과 현실에 맞는 정책이 시행되어야 한다.

미국의 경우 법률에서 아동복지원칙 및 보호방식을 명시하고 있고, 그 실행에 관한 구체적인 내용들을 제시하고 있으며, 이러한 법률의 내용이 행정체계는 물론 서비스 체계에도 그대로 적용되고 있다. 즉 분명한 아동보호의 원칙 아래 법률체계, 행정체계, 서비스체계가 통일되어 있고, 이것이 각 체계를 지지해 주며 상호보완적인 역할을 하게 되는 것이다.

한국의 경우 법률이 행정체계나 서비스체계에 분명한 아동복지의 원칙 및 보호방식을 제시는 하고 있지만, 수사적인 문구인 경우가 많고 서로 다른 부처 간의 지원체계로 인해 효율성이 떨어지기도 한다. 이러한 상태에서 단편적인 어느 한 체계의 변화만으로 전체 아동복지체계를 개선하기는 힘들며, 입양 및 가정위탁 활성화나 시설의 변화를 위한 노력들이 큰 효과를 거둘 수 없게 될 것이다. 따라서 아동복지체계를 개선하기 위해서는 보다 통합적 관점에서의 접근이 필요하고, 법률체계, 행정체계, 서비스체계가 동시에 개선되도록 해야 한다. 즉 법률·행정·서비스체계의 모든 부분에서 통일된 이념 및 원칙이 적용되도록 해야 하고, 이러한 각 체계의 노력들이 통일된 목표를 가지고 유기적으로 상호보완적 역할을 하며, 서로 지지해주도록 해야 할 것이다.

발달위기로부터 예방하는 복지요인 마련을 위해 우리나라의 아동복지서비스는 아동의 건강하고 안전한 성장·발달을 저해하는 위기 상황에 대한 개입 또는 이미 발생한 상황에 대한 치료중심의 서비스를 전달하고 있다. 위기개입과 사후치료 중심적 대처만으로는 근본적인 문제해결에 한계가 있으며, 2차 피해나 잠재적 피해의 가능성이 높아 장기적으로 비용대비 효과적인 방안이라 할 수 없다. 예방적 접근이 최적화되지 않은 아동보호체계에서는 아동보호에 한계가 있을 수밖에 없으므로 발달위기로부터 아동을 사전보호하고 위기를 예방할 수 있는 보호요인을 마련해야 한다.

아동복지를 위한 적극적·포괄적 사례관리 측면에서 기존의 아동복지서비스가 학대아동 보호를 비롯하여 단·장기보호, 위탁가정보호, 입양 등 서비스가 분절적으로 이루어지는 경우가 많았다. 서비스 제공 기관 간의 연계체계가 취약하고 아동보호 서비스를 제공하는 데 있어서 사례관리의 접근이 부족하면서 발생한 문제라고 볼 수 있다. 사례관리는 보호를 필요로 하는 아동의 상황에 대한 정확한 사정결과를 근거로 종합적이고 장기적인 보호계획을 마련하여, 아동이 생활하는 가정의 근본적인 문제에 접근하고, 아동의 발달을 지원할 수 있도록 지속적인 보호서비스의 조정과 점검 과정을 포함해야 한다. 또한 심층적인 아동보호서비스의 전달을 위하여 사례관리 중심의 복지체계를 구축하는 경우에는 아동복지체계의 높은 접근성이 요구된다.

따라서 정부차원에서 아동복지정책을 통합적 수행할 수 있는 아동보호종합센터 기능의 조직이 필요하다. 다시 말해 이 조직에서 모든 보호를 필요로 하는 아동과 가정에 대한 생태학적 접근을 통한 전문상담 과정을 거쳐 판단과 조치가 결정되고, 그 대상과 상황에 맞는 조치에 따라 적절한 아동복지전문기관으로 연계함으로써 최적의 서비스 지원을 기대할 수 있으리라 본다.

아동보호환경을 구축하기 위해서는 사회, 제도, 문화, 정치 등 사회 전반의 참여와 노력이 필요하고, 아동보호체계를 구축하는 과정에서 보호를 필요로 하는 아동이 처한 가족환경은 물론 주변 환경적 여건과 자원 등을 포괄적으로 고려해야만 문제의 근본적 해결이 가능하다. 같은 맥락에서 볼 때, 보호를 필요로 하는 아동의 범주에 부적절한 보호환경에 놓여 있는 모든 아동이 해당되며, 이들은 동일한 조직체계 속에서 보호, 치료는 물론 가정위탁·입양·시설입소 등이 함께 이루어져야 아동에 대한 서비스가 분절 없이 이루어질 수 있다. 하지만 우리나라는 대상에 따라 분산된 체계를 통해 서비스를 제공하고 있어 서비스의 중첩·분절 현상이 일어나고 있다. 또한 통합적 보호서비스를 위해서는 생태학적 관점에서 아동보호를 접근해야 하는데, 그러기 위해서는 개별아동이 처한 가족상황, 가족이 처한 사회경제적 여건 등을 포괄적으로 접근할 수 있는 복합적이고 집중적이며 전문적인 개입이 요구된다.

다만, 각 기관의 기능의 특성을 고려하여 업무의 중첩 및 혼선이 발생하지 않도록 보호서비스 개발 및 보급과 업무분담에 대한 심층적 연구와 논의가 필요할 것이다. 이러한 전략적 아동보호 네트워크의 구축을 위해서는 지역사회 기관 간의 연계 및 협력뿐만 아니라 관련 부처의 협력과 협조가 반드시 필요하다. 부처 간 정보공유 및 업무협의가 이루어지지 않고서는 지역사회단위의 독자적 업무협력체계 구축에 한계가 있을 수밖에 없고, 지역사회단위의 보호체계가 마련된다 하더라도 지역별 보호서비스 제공의 일관성과 체계성이 약화되면서 총체적인 혼란이 발생할 수도 있기 때문이다.

■ 생각해 봅시다.

1. 아동의 복지서비스의 재정문제에 대하여 생각해 봅시다.

2. 유아교육기관에서 영유아를 대상으로 하는 아동권리교육의 실제적 실천 방법을 토론해 봅시다.

3. 아동의 놀 권리에 대해 토론해 봅시다.

APPENDIX

부록 1

- 아동권리에 관한 협약

아동권리에 관한 협약

[발효일 1991.12.20] [다자조약, 제1072호, 1991.12.23]

채택일 1989. 11. 20/발효일 1990. 9. 2/당사국 수 193/ 대한민국 적용일 1991. 12. 20 단, 제43조제2항 개정(채택일 1995.12.12/발효일 2002.11.18)1)

이 협약의 당사국은, 국제연합헌장에 선언된 원칙에 따라, 인류사회의 모든 구성원의 고유의 존엄성 및 평등하고 양도할 수 없는 권리를 인정하는 것이 세계의 자유, 정의 및 평화의 기초가 됨을 고려하고, 국제연합체제하의 모든 국민들은 기본적인 인권과 인간의 존엄성 및 가치에 대한 신념을 헌장에서 재확인하였고, 확대된 자 유속에서 사회진보와 생활수준의 향상을 촉진하기로 결의하였음에 유념하며, 국제연합이 세계인권선언과 국제인권규약에서 모든 사람은 인종, 피부색, 성별, 언어, 종교, 정치적 또는 기타의 의견, 민족적 또는 사회적 출신, 재산, 출생 또는 기타의 신분 등 어떠한 종류 구분에 의한 차별없이 동 선언 및 규약에 규정된 모든 권리와 자유를 누릴 자격이 있음을 선언하고 동의하였음을 인정하고, 국제연합이 세계인권선언에서 아동기에는 특별한 보호와 원조를 받을 권리가 있다고 선언하였음을 상기하며, 사회의 기초집단이며 모든 구성원 특히 아동의 성장과 복지를 위한 자연적 환경으로서 가족에게는 공동체 안에서 그 책임을 충분히 감당할 수 있도록 필요한 보호와 원조가 부여되어야 함을 확신하며, 아동은 완전하고 조화로운 인격 발달을 위하여 가족적 환경과 행복, 사랑 및 이해의 분위기 속에서 성장하여야 함을 인정하고, 아동은 사회에서 한 개인으로서의 삶을 영위할 수 있도록 충분히 준비되어져야 하며, 국제연합헌장에 선언된 이상의 정신과 특히 평화, 존엄, 관용, 자유, 평등, 연대의 정신 속에서 양육되어야 함을 고려하고, 아동에게 특별한 보호를 제공하여야 할 필요성은 1924년 아동권리에 관한 제네바선언과 1959년 11월 20일 총회에 의하여 채택된 아동권리선언에 명시되어 있으며, 세계인권선언, 시민적 및 정치적권리에 관한 국제규약 (특히 제23조 및 제24조), 경제적, 사회적 및 문화적 권리에 관한 국제 규약(특히 제10조) 및 아동의 복지와 관련된 전문기구와 국제기구의 규정 및 관련문서에서 인정되었음을 유념하고, 아동권리선언에 나타나 있는 바와 같이, "아동은 신체적, 정신적 미성숙으로 인하여 출생전후를 막론하고 적절한 법적 보호를 포함한 특별한 보호와 배려를 필요로 한다"는 점에 유념하고, "국내적 또는 국제적 양육위탁과 입양을 별도로 규정하는 아동의 보호와 복지에 관한 사회적 및 법적 원칙에 관한 선언"의 제규정, "소년법 운영을 위한 국제연합 최소 표준규칙"(베이징규칙) 및 "비상시 및 무력 충돌 시 부녀자와 아동의 보호에 관한 선언"을 상기하고, 세계 모든 국가에 예외적으로 어려운 여건하에 생활하고 있는 아동들이 있으며, 이 아동들은 특별한 배려를 필요로 함을 인정하고, 아동의 보호와 조화로운 발전을 위하여 각 민족의 전통과 문화적 가치의 중요성을 충분히 고려하고, 모든 국가, 특히 개발도상국가 아동의 생활여건을 향상시키기 위한 국제 협력의 중요성을 인정하면서, 다음과 같이 합의하였다.

제1부

제1조

이 협약의 목적상, "아동"이라함은 아동에게 적용되는 법에 의하여 보다 조기에 성인 연령에 달하지 아니하는 한 18세미만의 모든 사람을 말한다.

제2조

1. 당사국은 자국의 관할권 안에서 아동 또는 그의 부모나 후견인의 인종, 피부색, 성별, 언어, 종교, 정치적 또는 기타의 의견, 민족적, 인종적 또는 사회적 출신, 재산, 무능력, 출생 또는 기타의 신분에 관계없이 그리고 어떠한 종류의 차별을 함이 없이 이 협약에 규정된 권리를 존중하고, 각 아동에게 보장하여야 한다.
2. 당사국은 아동이 그의 부모나 후견인 또는 가족구성원의 신분, 활동, 표명된 의견 또는 신념을 이유로 하는 모든 형태의 차별이나 처벌로부터 보호되도록 보장하는 모든 적절한 조치를 취하여야 한다.

제3조

1. 공공 또는 민간 사회복지기관, 법원, 행정당국, 또는 입법기관 등에 의하여 실시되는 아동에 관한 모든 활동에 있어서 아동의 최선의 이익이 최우선적으로 고려되어야 한다.
2. 당사국은 아동의 부모, 후견인, 기타 아동에 대하여 법적 책임이 있는 자의 권리와 의무를 고려하여, 아동복지에 필요한 보호와 배려를 아동에게 보장하고, 이를 위하여 모든 적절한 입법적, 행정적 조치를 취하여야 한다.
3. 당사국은 아동에 대한 배려와 보호에 책임있는 기관, 편의 및 시설이 관계당국이 설정한 기준, 특히 안전과 위생분야 그리고 직원의 수 및 적격성은 물론 충분한 감독면에서 기준에 따를 것을 보장하여야 한다.

제4조

당사국은 이 협약에서 인정된 권리를 실현하기 위하여 모든 적절한 입법적, 행정적 및 여타의 조치를 취하여야 한다. 경제적, 사회적 및 문화적 권리에 관하여 당사국은 가용자원의 최대한도까지 그리고 필요한 경우에는 국제협력의 테두리 안에서 이러한 조치를 취하여야 한다.

제5조

아동이 이 협약에서 인정된 권리를 행사함에 있어서 당사국은 부모 또는 적용 가능한 경우 현지 관습에 의하여 인정되는 확대가족이나 공동체의 구성원, 후견인 기타 아동에 대한 법적 책임자들이 아동의 능력발달에 상응하는 방법으로 적절한 감독과 지도를 행할 책임과 권리 및 의무를 가지고 있음을 존중하여야 한다.

제6조

1. 당사국은 모든 아동이 생명에 관한 고유의 권리를 가지고 있음을 인정한다.
2. 당사국은 가능한 한 최대한도로 아동의 생존과 발전을 보장하여야 한다.

제7조

1. 아동은 출생 후 즉시 등록되어야 하며, 출생시부터 성명권과 국적취득권을 가지며, 가능한 한 자신의 부모를 알고 부모에 의하여 양육받을 권리를 가진다.
2. 당사국은 이 분야의 국내법 및 관련국제문서상의 의무에 따라 이러한 권리가 실행되도록 보장하여야 하며, 권리가 실행되지 아니하여 아동이 무국적으로 되는 경우에는 특히 그러하다.

제8조

1. 당사국은 위법한 간섭을 받지 아니하고, 국적, 성명 및 가족관계를 포함하여 법률에 의하여 인정된 신분을 보존할 수 있는 아동의 권리를 존중한다.
2. 아동이 그의 신분요소 중 일부 또는 전부를 불법적으로 박탈당한 경우, 당사국은 그의 신분을 신속하게 회복하기 위하여 적절한 원조와 보호를 제공하여야 한다.

제9조

1. 당사국은 사법적 심사의 구속을 받는 관계당국이 적용가능한 법률 및 절차에 따라서 분리가 아동의 최상의 이익을 위하여 필요하다고 결정 하는 경우 외에는, 아동이 그의 의사에 반하여 부모로부터 분리되지 아니 하도록 보장하여야 한다. 위의 결정은 부모에 의한 아동 학대 또는 유기의 경우나 부모의 별거로 인하여 아동의 거소에 관한 결정이 내려져야 하는 등 특별한 경우에 필요할 수 있다.
2. 제1항의 규정에 의한 어떠한 절차에서도 모든 이해당사자는 그 절차에 참가하여 자신의 견해를 표시할 기회가 부여되어야 한다.
3. 당사국은 아동의 최선의 이익에 반하는 경우 외에는, 부모의 일방 또는 쌍방으로부터 분리된 아동이 정기적으로 부모와 개인적 관계 및 직접적인 면접교섭을 유지할 권리를 가짐을 존중하여야 한다.
4. 그러한 분리가 부모의 일방이나 쌍방 또는 아동의 감금, 투옥, 망명, 강제퇴거 또는 사망(국가가 억류하고 있는 동안 어떠한 원인에 기인한 사망을 포함한다) 등과 같이 당사국에 의하여 취하여진 어떠한 조치의 결과인 경우에는, 당사국은 그 정보의 제공이 아동의 복지에 해롭지 아니하는 한, 요청이 있는 경우, 부모, 아동 또는 적절한 경우 다른 가족구성원에게 부재중인 가족구성원의 소재에 관한 필수적인 정보를 제공하여야 한다. 또한 당사국은 그러한 요청의 제출이 그 자체로 관계인에게 불리한 결과를 초래하지 아니하도록 보장하여야 한다.

제10조

1. 제9조 제1항에 규정된 당사국의 의무에 따라서, 가족의 재결합을 위하여 아동 또는 그 부모가 당사국에 입국하거나 출국하기 위한 신청은 당사국에 의하여 긍정적이며 인도적인 방법으로 그리고 신속하게 취급 되어야 한다. 또한 당사국은 이러한 요청의 제출이 신청자와 그의 가족구성원들에게 불리한 결과를 수반하지 아니하도록 보장하여야 한다.
2. 부모가 타국에 거주하는 아동은 예외적 상황 외에는 정기적으로 부모와 개인적 관계 및 직접적인 면접교섭을 유지할 권리를 가진다. 이러한 목적에 비추어 그리고 제9조 제2항에 규정된 당사국의 의무에 따라서, 당사국은 아동과 그의 부모가 본국을 포함하여 어떠한 국가로부터 출국할 수 있고 또한 본국으로 입국할 수 있는 권리를 존중하여야 한다. 어떠한 국가로부터 출국할 수 있는 권리는 법률에 의하여 규정되고, 국가안보, 공공질서,

공중보건이나 도덕 또는 타인의 권리와 자유를 보호하기 위하여 필요하며 이 협약에서 인정된 그밖의 권리에 부합되는 제한에 의하여만 구속된다.

제11조

1. 당사국은 아동의 불법 해외이송 및 미귀환을 퇴치하기 위한 조치를 취하여야 한다.
2. 이 목적을 위하여 당사국은 양자 또는 다자협정의 체결이나 기존 협정에의 가입을 촉진하여야 한다.

제12조

1. 당사국은 자신의 견해를 형성할 능력이 있는 아동에 대하여 본인에게 영향을 미치는 모든 문제에 있어서 자신의 견해를 자유스럽게 표시할 권리를 보장하며, 아동의 견해에 대하여는 아동의 연령과 성숙도에 따라 정당한 비중이 부여되어야 한다.
2. 이러한 목적을 위하여, 아동에게는 특히 아동에게 영향을 미치는 어떠한 사법적, 행정적 절차에 있어서도 직접 또는 대표자나 적절한 기관을 통하여 진술할 기회가 국내법적 절차에 합치되는 방법으로 주어져야 한다.

제13조

1. 아동은 표현에 대한 자유권을 가진다. 이 권리는 구두, 필기 또는 인쇄, 예술의 형태 또는 아동이 선택하는 기타의 매체를 통하여 모든 종류의 정보와 사상을 국경에 관계없이 추구하고 접수하며 전달하는 자유를 포함한다.
2. 이 권리의 행사는 일정한 제한을 받을 수 있다. 다만 이 제한은 오직 법률에 의하여 규정되고 또한 다음 사항을 위하여 필요한 것이어야 한다.

가. 타인의 권리 또는 신망의 존중

나. 국가안보, 공공질서, 공중보건 또는 도덕의 보호

제14조

1. 당사국은 아동의 사상, 양심 및 종교의 자유에 대한 권리를 존중하여야 한다.
2. 당사국은 아동이 권리를 행사함에 있어 부모 및 경우에 따라서는, 후견인이 아동의 능력발달에 부합하는 방식으로 그를 감독할 수 있는 권리와 의무를 존중하여야 한다.
3. 종교와 신념을 표현하는 자유는 오직 법률에 의하여 규정되고 공공의 안

전, 질서, 보건이나 도덕 또는 타인의 기본권적 권리와 자유를 보호하기 위하여 필요한 경우에만 제한될 수 있다.

제15조

1. 당사국은 아동의 결사의 자유와 평화적 집회의 자유에 대한 권리를 인정한다.
2. 이 권리의 행사에 대하여는 법률에 따라 부과되고 국가안보 또는 공공의 안전, 공공질서, 공중보건이나 도덕의 보호 또는 타인의 권리와 자유의 보호를 위하여 민주사회에서 필요한 것외의 어떠한 제한도 과하여져서는 아니된다.

제16조

1. 어떠한 아동도 사생활, 가족, 가정 또는 통신에 대하여 자의적 이거나 위법적인 간섭을 받지 아니하며 또한 명예나 신망에 대한 위법적인 공격을 받지 아니한다.
2. 아동은 이러한 간섭 또는 비난으로부터 법의 보호를 받을 권리를 가진다.

제17조

당사국은 대중매체가 수행하는 중요한 기능을 인정하며, 아동이 다양한 국내적 및 국제적 정보원으로부터의 정보와 자료, 특히 아동의 사회적, 정신적, 도덕적 복지와 신체적, 정신적 건강의 향상을 목적으로 하는 정보와 자료에 대한 접근권을 가짐을 보장하여야 한다. 이 목적을 위하여 당사국은,

가. 대중매체가 아동에게 사회적, 문화적으로 유익하고 제29조의 정신에 부합되는 정보와 사료를 보급히도록 장려하여야 한다.

나. 다양한 문화적, 국내적 및 국제적 정보원으로부터의 정보와 자료를 제작, 교환 및 보급하는데 있어서의 국제협력을 장려하여야 한다.

다. 아동도서의 제작과 보급을 장려하여야 한다.

라. 대중매체로 하여금 소수집단에 속하거나 원주민인 아동의 언어상의 곤란에 특별한 관심을 기울이도록 장려하여야 한다.

마. 제13조와 제18조의 규정을 유념하며 아동 복지에 해로운 정보와 자료로부터 아동을 보호하기 위한 적절한 지침의 개발을 장려 하여야 한다.

제18조

1. 당사국은 부모 쌍방이 아동의 양육과 발전에 공동책임을 진다는 원칙이 인정받을 수 있도록 최선의 노력을 기울여야 한다. 부모 또는 경우에 따라서 후견인은 아동의 양육과 발달에 일차적 책임을 진다. 아동의 최선의 이익이 그들의 기본적 관심이 된다.
2. 이 협약에 규정된 권리를 보장하고 촉진시키기 위하여, 당사국은 아동의 양육책임 이행에 있어서 부모와 후견인에게 적절한 지원을 제공하여야 하며, 아동 보호를 위한 기관, 시설 및 편의의 개발을 보장하여야 한다.
3. 당사국은 취업부모의 아동들이 이용할 자격이 있는 아동보호를 위한 편의 및 시설로부터 이익을 향유할 수 있는 권리가 있음을 보장하기 위하여 모든 적절한 조치를 취하여야 한다.

제19조

1. 당사국은 아동이 부모, 후견인 기타 아동양육자의 양육을 받고 있는 동안 모든 형태의 신체적, 정신적 폭력, 상해나 학대, 유기나 유기적 대우, 성적 학대를 포함한 혹사나 착취로부터 아동을 보호하기 위하여 모든 적절한 입법적, 행정적, 사회적 및 교육적 조치를 취하여야 한다.
2. 이러한 보호조치는 아동 및 아동양육자에게 필요한 지원을 제공하기 위한 사회계획의 수립은 물론, 제1항에 규정된 바와 같은 아동학대 사례를 다른 형태로 방지하거나 확인, 보고, 조회, 조사, 처리 및 추적 하고 또한 적절한 경우에는 사법적 개입을 가능하게 하는 효과적 절차를 적절히 포함하여야 한다.

제20조

1. 일시적 또는 항구적으로 가정환경을 박탈당하거나 가정환경에 있는 것이 스스로의 최선의 이익을 위하여 허용될 수 없는 아동은 국가로부터 특별한 보호와 원조를 부여받을 권리가 있다.
2. 당사국은 자국의 국내법에 따라 이러한 아동을 위한 보호의 대안을 확보하여야 한다.
3. 이러한 보호는 특히 양육위탁, 회교법의 카팔라, 입양, 또는 필요한 경우 적절한 아동 양육기관에 두는 것을 포함한다. 해결책을 모색하는 경우에는 아동 양육에 있어 계속성의 보장이 바람직하다는 점과 아동의 인종적, 종교적, 문화적 및 언어적 배경에 대하여 정당한 고려가 베풀어져야 한다.

제21조

입양제도를 인정하거나 허용하는 당사국은 아동의 최선의 이익이 최우선적으로 고려되도록 보장하여야 하며, 또한 당사국은

가. 아동의 입양은, 적용 가능한 법률과 절차에 따라서 그리고 적절 하고 신빙성 있는 모든 정보에 기초하여, 입양이 부모, 친척 및 후견인에 대한 아동의 신분에 비추어 허용될 수 있음을, 그리고 요구되는 경우 관계자들이 필요한 협의에 의하여 입양에 대한 분별 있는 승낙을 하였음을 결정하는 관계당국에 의하여만 허가되도록 보장하여야 한다.

나. 국제입양은, 아동이 위탁양육자나 입양가족에 두어질 수 없거나 또는 어떠한 적절한 방법으로도 출신국에서 양육되어질 수 없는 경우, 아동 양육의 대체수단으로서 고려될 수 있음을 인정하여야 한다.

다. 국제입양에 관계되는 아동이 국내입양의 경우와 대등한 보호와 기준을 향유하도록 보장하여야 한다.

라. 국제입양에 있어서 양육지정이 관계자들에게 부당한 재정적 이익을 주는 결과가 되지 아니하도록 모든 적절한 조치를 취하여야 한다.

마. 적절한 경우에는 양자 또는 다자약정이나 협정을 체결함으로써 이 조의 목적을 촉진시키며, 이러한 테두리 안에서 아동의 타국 내 양육지정이 관계당국이나 기관에 의하여 실시되는 것을 확보하기 위하여 노력하여야 한다.

제22조

1. 당사국은 난민으로서의 지위를 구하거나 또는 적용 가능한 국제법 및 국내법과 절차에 따라 난민으로 취급되는 아동이, 부모나 기타 다른 사람과의 동반 여부에 관계없이, 이 협약 및 당해 국가가 당사국인 다른 국제 인권 또는 인도주의 관련 문서에 규정된 적용 가능한 권리를 향유함에 있어서 적절한 보호와 인도적 지원을 받을 수 있도록 하기 위하여 적절한 조치를 취하여야 한다.
2. 이 목적을 위하여, 당사국은 국제연합 및 국제연합과 협력하는 그 밖의 권한 있는 정부 간 또는 비정부간 기구들이 그러한 아동을 보호, 원조하고 가족재결합에 필요한 정보를 얻기 위하여 난민 아동의 부모나 다른 가족 구성원을 추적하는데 기울이는 모든 노력에 대하여도 적절하다고 판단되는 협조를 제공하여야 한다. 부모나 다른 가족구성원을 발견할 수 없는 경우, 그 아동은 어떠한 이유로 인하여 영구적 또는 일시적으로 가정 환경을

박탈당한 다른 아동과 마찬가지로 이 협약에 규정된 바와 같은 보호를 부여받아야 한다.

제23조

1. 당사국은 정신적 또는 신체적 장애아동이 존엄성이 보장되고 자립이 촉진되며 적극적 사회참여가 조장되는 여건 속에서 충분히 품위 있는 생활을 누려야 함을 인정한다.
2. 당사국은 장애아동의 특별한 보호를 받을 권리를 인정하며, 신청에 의하여 그리고 아동의 여건과 부모나 다른 아동양육자의 사정에 적합한 지원이, 활용 가능한 재원의 범위 안에서, 이를 받을만한 아동과 그의 양육 책임자에게 제공될 것을 장려하고 보장하여야 한다.
3. 장애아동의 특별한 어려움을 인식하며, 제2항에 따라 제공된 지원은 부모나 다른 아동양육자의 재산을 고려하여 가능한 한 무상으로 제공되어야 하며, 장애아동의 가능한 한 전면적인 사회참여와 문화적, 정신적 발전을 포함한 개인적 발전의 달성에 이바지하는 방법으로 그 아동이 교육, 훈련, 건강관리지원, 재활지원, 취업준비 및 오락기회를 효과적으로 이용하고 제공받을 수 있도록 계획되어야 한다.
4. 당사국은 국제협력의 정신에 입각하여, 그리고 당해 분야에서의 능력과 기술을 향상시키고 경험을 확대하기 위하여 재활, 교육 및 직업보도 방법에 관한 정보의 보급 및 이용을 포함하여, 예방의학분야 및 장애아동에 대한 의학적, 심리적, 기능적 처치분야에 있어서의 적절한 정보의 교환을 촉진하여야 한다. 이 문제에 있어서 개발도상국의 필요에 대하여 특별한 고려가 베풀어져야 한다.

제24조

1. 당사국은 도달 가능한 최상의 건강수준을 향유하고, 질병의 치료와 건강의 회복을 위한 시설을 사용할 수 있는 아동의 권리를 인정한다. 당사국은 건강관리지원의 이용에 관한 아동의 권리가 박탈되지 아니하도록 노력하여야 한다.
2. 당사국은 이 권리의 완전한 이행을 추구하여야 하며, 특히 다음과 같은 적절한 조치를 취하여야 한다.

가. 유아와 아동의 사망률을 감소시키기 위한 조치

나. 기초건강관리의 발전에 중점을 두면서 모든 아동에게 필요한 의료지원과

건강관리의 제공을 보장하는 조치

다. 환경오염의 위험과 손해를 감안하면서, 기초건강관리 체계 안에서 무엇보다도 쉽게 이용 가능한 기술의 적용과 충분한 영양식 및 깨끗한 음료수의 제공 등을 통하여 질병과 영양실조를 퇴치하기 위한 조치

라. 산모를 위하여 출산 전후의 적절한 건강관리를 보장하는 조치

마. 모든 사회구성원 특히 부모와 아동은 아동의 건강과 영양, 모유, 수유의 이익, 위생 및 환경정화 그리고 사고예방에 관한 기초 지식의 활용에 있어서 정보를 제공받고 교육을 받으며 지원을 받을 것을 확보하는 조치

바. 예방적 건강관리, 부모를 위한 지도 및 가족계획에 관한 교육과 편의를 발전시키는 조치

3. 당사국은 아동의 건강을 해치는 전통관습을 폐지하기 위하여 모든 효과적이고 적절한 조치를 취하여야 한다.
4. 당사국은 이 조에서 인정된 권리의 완전한 실현을 점진적으로 달성하기 위하여 국제협력을 촉진하고 장려하여야 한다. 이 문제에 있어서 개발도상국의 필요에 대하여 특별한 고려가 베풀어져야 한다.

제25조

당사국은 신체적, 정신적 건강의 관리, 보호 또는 치료의 목적으로 관계당국에 의하여 양육지정 조치된 아동이, 제공되는 치료 및 양육지정과 관련된 그 밖의 모든 사정을 정기적으로 심사받을 권리를 가짐을 인정한다.

제26조

1. 당사국은 모든 아동이 사회보험을 포함한 사회보장제도의 혜택을 받을 권리를 가짐을 인정하며, 자국의 국내법에 따라 이 권리의 완전한 실현을 달성하기 위하여 필요한 조치를 취하여야 한다.
2. 이러한 혜택은 아동 및 아동에 대한 부양책임자의 자력과 주변 사정은 물론 아동에 의하여 직접 행하여지거나 또는 아동을 대신하여 행하여지는 혜택의 신청과 관련된 그밖의 사정을 참작하여 적절한 경우에 부여되어야 한다.

제27조

1. 당사국은 모든 아동이 신체적, 지적, 정신적, 도덕적 및 사회적 발달에 적합한 생활수준을 누릴 권리를 가짐을 인정한다.

2. 부모 또는 기타 아동에 대하여 책임이 있는 자는 능력과 재산의 범위 안에서 아동발달에 필요한 생활여건을 확보할 일차적 책임을 진다.
3. 당사국은 국내 여건과 재정의 범위 안에서 부모 또는 기타 아동에 대하여 책임 있는 자가 이 권리를 실현하는 것을 지원하기 위한 적절한 조치를 취하여야 하며, 필요한 경우에는 특히 영양, 의복 및 주거에 대하여 물질적 보조 및 지원계획을 제공하여야 한다.
4. 당사국은 국내외에 거주하는 부모 또는 기타 아동에 대하여 재정적으로 책임 있는 자로부터 아동양육비의 회부를 확보하기 위한 모든 적절한 조치를 취하여야 한다. 특히 아동에 대하여 재정적으로 책임 있는 자가 아동이 거주하는 국가와 다른 국가에 거주하는 경우, 당사국은 국제협약의 가입이나 그러한 협약의 체결은 물론 다른 적절한 조치의 강구를 촉진하여야 한다.

제28조

1. 당사국은 아동의 교육에 대한 권리를 인정하며, 점진적으로 그리고 기회균등의 기초 위에서 이 권리를 달성하기 위하여 특히 다음의 조치를 취하여야 한다.

가. 초등교육은 의무적이며, 모든 사람에게 무료로 제공되어야 한다.

나. 일반교육 및 직업교육을 포함한 여러 형태의 중등교육의 발전을 장려하고, 이에 대한 모든 아동의 이용 및 접근이 가능하도록 하며, 무료교육의 도입 및 필요한 경우 재정적 지원을 제공하는 등의 적절한 조치를 취하여야 한다.

다. 고등교육의 기회가 모든 사람에게 능력에 입각하여 개방될 수 있도록 모든 적절한 조치를 취하여야 한다.

라. 교육 및 직업에 관한 정보와 지도를 모든 아동이 이용하고 접근할 수 있도록 조치하여야 한다.

마. 학교에의 정기적 출석과 탈락률 감소를 장려하기 위한 조치를 취하여야 한다.

2. 당사국은 학교 규율이 아동의 인간적 존엄성과 합치하고 이 협약에 부합하도록 운영되는 것을 보장하기 위한 모든 적절한 조치를 취하여야 한다.
3. 당사국은, 특히 전 세계의 무지와 문맹의 퇴치에 이바지하고, 과학적, 기술적 지식과 현대적 교육방법에의 접근을 쉽게 하기 위하여, 교육에 관련되는 사항에 있어서 국제협력을 촉진하고 장려하여야 한다. 이 문제에 있어서 개발도상국의 필요에 대하여 특별한 고려가 베풀어져야 한다.

제29조

1. 당사국은 아동교육이 다음의 목표를 지향하여야 한다는데 동의한다.

가. 아동의 인격, 재능 및 정신적, 신체적 능력의 최대한의 계발

나. 인권과 기본적 자유 및 국제연합헌장에 규정된 원칙에 대한 존중의 진전

다. 자신의 부모, 문화적 주체성, 언어 및 가치 그리고 현거주국과 출신국의 국가적 가치 및 이질문명에 대한 존중의 진전

라. 아동이 인종적, 민족적, 종교적 집단 및 원주민 등 모든 사람과의 관계에 있어서 이해, 평화, 관용, 성(性)의 평등 및 우정의 정신에 입각하여 자유 사회에서 책임 있는 삶을 영위하도록 하는 준비

마. 자연환경에 대한 존중의 진전

2. 이 조 또는 제28조의 어떠한 부분도 개인 및 단체가, 언제나 제1항에 규정된 원칙들을 준수하고 당해교육기관에서 실시되는 교육이 국가에 의하여 설정된 최소한의 기준에 부합하여야 한다는 조건하에, 교육기관을 설립하여 운영할 수 있는 자유를 침해하는 것으로 해석되어서는 아니된다.

제30조

인종적, 종교적 또는 언어적 소수자나 원주민이 존재하는 국가에서 이러한 소수자에 속하거나 원주민인 아동은 자기 집단의 다른 구성원과 함께 고유 문화를 향유하고, 고유의 종교를 신앙하고 실천하며, 고유의 언어를 사용할 권리를 부인당하지 아니한다.

제31조

1. 당사국은 휴식과 여가를 즐기고, 자신의 연령에 적합한 놀이와 오락활동에 참여하며, 문화생활과 예술에 자유롭게 참여할 수 있는 아동의 권리를 인정한다.
2. 당사국은 문화적, 예술적 생활에 완전하게 참여할 수 있는 아동의 권리를 존중하고 촉진하며, 문화, 예술, 오락 및 여가활동을 위한 적절하고 균등한 기회의 제공을 장려하여야 한다.

제32조

1. 당사국은 경제적 착취 및 위험하거나, 아동의 교육에 방해되거나, 아동의 건강이나 신체적, 지적, 정신적, 도덕적 또는 사회적 발전에 유해한 여하한 노동의 수행으로부터 보호받을 아동의 권리를 인정한다.

2. 당사국은 이 조의 이행을 보장하기 위한 입법적, 행정적, 사회적 및 교육적 조치를 강구하여야 한다. 이 목적을 위하여 그리고 그 밖의 국제 문서의 관련 규정을 고려하여 당사국은 특히 다음의 조치를 취하여야 한다.

가. 단일 또는 복수의 최저 고용연령의 규정

나. 고용시간 및 조건에 관한 적절한 규정의 마련

다. 이 조의 효과적인 실시를 확보하기 위한 적절한 처벌 또는 기타 제재수단의 규정

제33조

당사국은 관련 국제조약에서 규정하고 있는 마약과 향정신성 물질의 불법적 사용으로부터 아동을 보호하고 이러한 물질의 불법적 생산과 거래에 아동이 이용되는 것을 방지하기 위하여 입법적, 행정적, 사회적, 교육적 조치를 포함한 모든 적절한 조치를 취하여야 한다.

제34조

당사국은 모든 형태의 성적 착취와 성적 학대로부터 아동을 보호할 의무를 진다. 이 목적을 달성하기 위하여 당사국은 특히 다음의 사항을 방지하기 위한 모든 적절한 국내적, 양국간, 다국간 조치를 취하여야 한다.

가. 아동을 모든 위법한 성적 활동에 종사하도록 유인하거나 강제하는 행위

나. 아동을 매음이나 기타 위법한 성적 활동에 착취적으로 이용하는 행위

다. 아동을 외설스러운 공연 및 자료에 착취적으로 이용하는 행위 제35조당사국은 모든 목적과 형태의 아동의 약취유인이나 매매 또는 거래를 방지하기 위한 모든 적절한 국내적, 양국 간, 다국 간 조치를 취하여야 한다.

제36조

당사국은 아동복지의 어떠한 측면에 대하여라도 해로운 기타 모든 형태의 착취로부터 아동을 보호하여야 한다.

제37조

당사국은 다음의 사항을 보장하여야 한다.

가. 어떠한 아동도 고문 또는 기타 잔혹하거나 비인간적이거나 굴욕적인 대우나 처벌을 받지 아니한다. 사형 또는 석방의 가능성이 없는 종신형은 18세 미만의 사람이 범한 범죄에 대하여 과하여져서는 아니된다.

나. 어떠한 아동도 위법적 또는 자의적으로 자유를 박탈당하지 아니 한다. 아동의 체포, 억류 또는 구금은 법률에 따라 행하여져야 하며, 오직 최후의 수단으로서 또한 적절한 최단기간 동안만 사용되어야 한다.

다. 자유를 박탈당한 모든 아동은 인도주의와 인간 고유의 존엄성에 대한 존중에 입각하여 그리고 그들의 연령상의 필요를 고려하여 처우되어야 한다. 특히 자유를 박탈당한 모든 아동은, 성인으로 부터 격리되지 아니하는 것이 아동의 최선의 이익에 합치된다고 생각되는 경우를 제외하고는 성인으로부터 격리되어야 하며, 예외적인 경우를 제외하고는 서신과 방문을 통하여 자기 가족과의 접촉을 유지할 권리를 가진다.

라. 자유를 박탈당한 모든 아동은 법률적 및 기타 적절한 구조에 신속하게 접근할 권리를 가짐은 물론 법원이나 기타 권한 있고 독립적이며 공정한 당국 악에서 자신에 대한 자유박탈의 합법성 에 이의를 제기하고 이러한 소송에 대하여 신속한 결정을 받을 권리를 가진다.

제38조

1. 당사국은 아동과 관련이 있는 무력분쟁에 있어서, 당사국에 적용 가능한 국제인도법의 규칙을 존중하고 동 존중을 보장할 의무를 진다.
2. 당사국은 15세에 달하지 아니한 자가 적대행위에 직접 참여하지 아니할 것을 보장하기 위하여 실행가능한 모든 조치를 취하여야 한다.
3. 당사국은 15세에 달하지 아니한 자의 징병을 삼가야 한다. 15세에 달하였으나 18세에 달하지 아니한 자 중에서 징병하는 경우, 당사국은 최연장자에게 우선순위를 두도록 노력하여야 한다.
4. 무력분쟁에 있어서 민간인 보호를 위한 국제인도법상의 의무에 따라서, 당사국은 무력분쟁의 영향을 받는 아동의 보호 및 배려를 확보하기 위하여 실행가능한 모든 조치를 취하여야 한다.

제39조

당사국은 모든 형태의 유기, 착취, 학대, 또는 고문이나 기타 모든 형태의 잔혹하거나 비인간적이거나 굴욕적인 대우나 처벌, 또는 무력분쟁 으로 인하여 희생이 된 아동의 신체적, 심리적 회복 및 사회복귀를 촉진시키기 위한 모든 적절한 조치를 취하여야 한다.

제40조

1. 당사국은 형사피의자나 형사피고인 또는 유죄로 인정받은 모든 아동에 대하여, 아동의 연령 그리고 아동의 사회복귀 및 사회에서의 건설적 역할 담당을 촉진하는 것이 바람직스럽다는 점을 고려하고, 인권과 타인의 기본적 자유에 대한 아동의 존중심을 강화시키며, 존엄과 가치에 대한 아동의 지각을 촉진시키는데 부합하도록 처우 받을 권리를 가짐을 인정한다.
2. 이 목적을 위하여 그리고 국제문서의 관련규정을 고려하며, 당사국은 특히 다음 사항을 보장하여야 한다.

가. 모든 아동은 행위 시의 국내법 또는 국제법에 의하여 금지되지 아니한 작위 또는 부작위를 이유로 하여 형사피의자가 되거나 형사 기소되거나 유죄로 인정받지 아니한다.

나. 형사피의자 또는 형사피고인인 모든 아동은 최소한 다음 사항을 보장받는다.

(1) 법률에 따라 유죄가 입증될 때까지는 무죄로 추정받는다.

(2) 피의사실을 신속하게 그리고 직접 또는, 적절한 경우, 부모나 후견인을 통하여 통지받으며, 변론의 준비 및 제출시 법률적 또는 기타 적절한 지원을 받는다.

(3) 권한 있고 독립적이며 공평한 기관 또는 사법기관에 의하여 법률적 또는 기타 적당한 지원하에 법률에 따른 공정한 심리를 받아 지체없이 사건이 판결되어야 하며, 아동의 최선의 이익에 반한다고 판단되지 아니하는 경우, 특히 그의 연령이나 주변환경, 부모 또는 후견인 등을 고려하여야 한다.

(4) 증언이나 유죄의 자백을 강요당하지 아니하며, 자신에게 불리한 증인을 신문하거나 또는 신문받도록 하며, 대등한 조건하에 자신을 위한 증인의 출석과 신문을 확보한다.

(5) 형법위반으로 간주되는 경우, 그 판결 및 그에 따라 부과된 여하한 조치는 법률에 따라 권한 있고 독립적이며 공정한 상급당국이나 사법기관에 의하여 심사되어야 한다.

(6) 아동이 사용되는 언어를 이해하지 못하거나 말하지 못하는 경우, 무료로 통역원의 지원을 받는다.

(7) 사법절차의 모든 단계에서 아동의 사생활은 충분히 존중되어야 한다.

3. 당사국은 형사피의자, 형사피고인 또는 유죄로 인정받은 아동에게 특별히 적용될 수 있는 법률, 절차, 기관 및 기구의 설립을 촉진하도록 노력하며, 특히 다음 사항에 노력하여야 한다.

가. 형법위반능력이 없다고 추정되는 최저 연령의 설정
나. 적절하고 바람직스러운 경우, 인권과 법적 보장이 완전히 존중 된다는 조건하에 이러한 아동을 사법절차에 의하지 아니하고 다루기 위한 조치
4. 아동이 그들의 복지에 적절하고 그들의 여건 및 범행에 비례하여 취급될 것을 보장하기 위하여 보호, 지도 및 감독명령, 상담, 보호관찰, 보호양육, 교육과 직업훈련계획 및 제도적 보호에 대한 그 밖의 대체방안 등 여러 가지 처분이 이용 가능하여야 한다.

제41조

이 협약의 규정은 다음 사항에 포함되어 있는 아동권리의 실현에 보다 공헌할 수 있는 어떠한 규정에도 영향을 미치지 아니한다.

가. 당사국의 법
나. 당사국에 대하여 효력을 가지는 국제법

제2부

제42조

당사국은 이 협약의 원칙과 규정을 적절하고 적극적인 수단을 통하여 성인과 아동 모두에게 널리 알릴 의무를 진다.

제43조

1. 이 협약상의 의무이행을 달성함에 있어서 당사국이 이룩한 진전 상황을 심사하기 위하여 이하에 규정된 기능을 수행하는 아동권리위원회 를 설립한다.
2. 위원회는 고매한 인격을 가지고 이 협약이 대상으로 하는 분야에서 능력이 인정된 10명의 전문가로 구성된다. 위원회의 위원은 형평한 지리적 배분과 주요 법체계를 고려하여 당사국의 국민 중에서 선출되며, 개인적 자격으로 임무를 수행한다.
3. 위원회의 위원은 당사국에 의하여 지명된 자의 명단중에서 비밀투표에 의하여 선출된다. 각 당사국은 자국민 중에서 1인을 지명할 수 있다.
4. 위원회의 최초의 선거는 이 협약의 발효일부터 6월 이내에 실시되며, 그 이후는 매 2년마다 실시된다. 각 선거일의 최소 4월 이전에 국제 연합 사무총장은 당사국에 대하여 2월 이내에 후보자 지명을 제출하라는 서한을 발송하여야 한다. 사무총장은 지명한 당사국의 표시와 함께 알파벳 순으로 지명된 후보들의 명단을 작성하여, 이를 이 협약의 당사국에게 제시하여야 한다.

5. 선거는 국제연합 본부에서 사무총장에 의하여 소집된 당사국 회의에서 실시된다. 이 회의는 당사국의 3분의 2를 의사정족수로 하고, 출석하고 투표한 당사국 대표의 최대다수표 및 절대다수표를 얻는 자가 위원으로 선출된다.
6. 위원회의 위원은 4년 임기로 선출된다. 위원은 재지명된 경우에는 재선될 수 있다. 최초의 선거에서 선출된 위원 중 5인의 임기는 2년 후에 종료된다. 이들 5인 위원의 명단은 최초선거후 즉시 동 회의의 의장에 의하여 추첨으로 선정된다.
7. 위원회 위원이 사망, 사퇴 또는 본인이 어떠한 이유로 인하여 위원회의 임무를 더 이상 수행할 수 없다고 선언하는 경우, 그 위원을 지명한 당사국은 위원회의 승인을 조건으로 자국민 중에서 잔여 임기를 수행할 다른 전문가를 임명한다.
8. 위원회는 자체의 절차규정을 제정한다.
9. 위원회는 2년 임기의 임원을 선출한다.
10. 위원회의 회의는 통상 국제연합 본부나 위원회가 결정하는 그밖의 편리한 장소에서 개최된다. 위원회는 통상 매년 회의를 한다. 위원회의 회의기간은 필요한 경우 총회의 승인을 조건으로 이 협약 당사국 회의에 의하여 결정되고 재검토된다.
11. 국제연합 사무총장은 이 협약에 의하여 설립된 위원회의 효과적인 기능수행을 위하여 필요한 직원과 편의를 제공한다.
12. 이 협약에 의하여 설립된 위원회의 위원은 총회의 승인을 얻고 총회가 결정하는 기간과 조건에 따라 국제연합의 재원으로부터 보수를 받는다.

제44조

1. 당사국은 이 협약에서 인정된 권리를 실행하기 위하여 그들이 채택한 조치와 동 권리의 향유와 관련하여 이룩한 진전 상황에 관한 보고서를 다음과 같이 국제연합 사무총장을 통하여 위원회에 제출한다.

가. 관계 당사국에 대하여 이 협약이 발효한 후 2년 이내

나. 그 후 5년마다

2. 이 조에 따라 제출되는 보고서는 이 협약상 의무의 이행정도에 영향을 미치는 요소와 장애가 있을 경우 이를 적시하여야 한다. 보고서는 또한 관계국에서의 협약이행에 관한 포괄적인 이해를 위원회에 제공하기 위한 충분한 정보를 포함하여야 한다.

3. 위원회에 포괄적인 최초의 보고서를 제출한 당사국은, 제1항 나호에 의하여 제출하는 후속보고서에 이미 제출된 기초적 정보를 반복할 필요는 없다.
4. 위원회는 당사국으로부터 이 협약의 이행과 관련이 있는 추가정보를 요청할 수 있다.
5. 위원회는 위원회의 활동에 관한 보고서를 2년마다 경제사회 이사회를 통하여 총회에 제출한다.
6. 당사국은 자국의 활동에 관한 보고서를 자국 내 일반에게 널리 활용 가능하도록 하여야 한다.

제45조

이 협약의 효과적인 이행을 촉진하고 이 협약이 대상으로 하는 분야에서의 국제협력을 장려하기 위하여

가. 전문기구, 국제연합아동기금 및 국제연합의 그밖의 기관은 이 협약 중 그들의 권한 범위 안에 속하는 규정의 이행에 관한 논의에 대표를 파견할 권리를 가진다. 위원회는 전문기구, 국제연합 아동기금 및 위원회가 적절하다고 판단하는 그 밖의 권한 있는 기구에 대하여 각 기구의 권한 범위에 속하는 분야에 있어서 이 협약의 이행에 관한 전문적인 자문을 제공하여 줄 것을 요청할 수 있다. 위원회는 전문기구, 국제연합아동기금 및 국제연합의 그 밖의 기관에게 그들의 활동범위에 속하는 분야에서의 이 협약의 이행에 관한 보고서를 제출할 것을 요청할 수 있다.

나. 위원회는 적절하다고 판단되는 경우 기술적 자문이나 지원을 요청하거나 그 필요성을 지적하고 있는 당사국의 모든 보고서를 그러한 요청이나 지적에 대한 위원회의 의견이나 제안이 있으면 동 의견이나 제안과 함께 전문기구, 국제연합아동기금 및 그 밖의 권한 있는 기구에 전달하여야 한다.

다. 위원회는 사무총장이 위원회를 대신하여 아동권리와 관련이 있는 특정 문제를 조사하도록 요청할 것을 총회에 대하여 권고할 수 있다.

라. 위원회는 이 협약 제44조 및 제45조에 의하여 접수한 정보에 기초하여 제안과 일반적 권고를 할 수 있다. 이러한 제안과 일반적 권고는 당사국의 논평이 있으면 그 논평과 함께 모든 관계 당사국에 전달되고 총회에 보고되어야 한다.

제3부

제46조

이 협약은 모든 국가에 의한 서명을 위하여 개방된다.

제47조

이 협약은 비준되어야 한다. 비준서는 국제연합 사무총장에게 기탁되어야 한다.

제48조

이 협약은 모든 국가에 의한 가입을 위하여 개방된다. 가입서는 국제연합 사무총장에게 기탁되어야 한다.

제49조

1. 이 협약은 20번째의 비준서 또는 가입서가 국제연합 사무총장에게 기탁되는 날부터 30일째 되는 날 발효한다.
2. 20번째의 비준서 또는 가입서의 기탁 이후에 이 협약을 비준하거나 가입하는 각 국가에 대하여, 이 협약은 그 국가의 비준서 또는 가입서 기탁 후 30일째 되는 날 발효한다.

제50조

1. 모든 당사국은 개정안을 제안하고 이를 국제연합 사무총장에게 제출할 수 있다. 동 제출에 의하여 사무총장은 당사국에게 동 제안을 심의하고 표결에 붙이기 위한 당사국회의 개최에 대한 찬성 여부에 관한 의견을 표시하여 줄 것을 요청하는 것과 함께 개정안을 당사국에게 송부 하여야 한다. 이러한 통보일부터 4월 이내에 당사 국중 최소 3분의 1이 회의 개최에 찬성하는 경우 사무총장은 국제연합 주관하에 동 회의를 소집하여야 한다. 동 회의에 출석하고 표결한 당사국의 과반수에 의하여 채택된 개정안 은 그 승인을 위하여 국제연합 총회에 제출된다.
2. 제1항에 따라서 채택된 개정안은 국제연합 총회에 의하여 승인되고, 당사국의 3분의 2이상의 다수가 수락하는 때에 발효한다.
3. 개정안은 발효한 때에 이를 수락한 당사국을 구속하며, 그 밖의 당사국은 계속하여 이 협약의 규정 및 이미 수락한 그 이전의 모든 개정에 구속된다.

제51조

1. 국제연합 사무총장은 비준 또는 가입 시 각국이 행한 유보문을 접수하고 모든 국가에게 이를 배포하여야 한다.
2. 이 협약의 대상 및 목적과 양립할 수 없는 유보는 허용되지 아니한다.
3. 유보는 국제연합 사무총장에게 발송된 통고를 통하여 언제든지 철회될 수 있으며, 사무총장은 이를 모든 국가에게 통보하여야 한다. 그러한 통고는 사무총장에게 접수된 날부터 발효한다.

제52조

당사국은 국제연합 사무총장에 대한 서면통고를 통하여 이 협약을 폐기할 수 있다. 폐기는 사무총장이 통고를 접수한 날부터 1년 후에 발효한다.

제53조

국제연합 사무총장은 이 협약의 수탁자로 지명된다.

제54조

아랍어, 중국어, 영어, 불어, 러시아어 및 서반아어본이 동등하게 정본인 이 협약의 원본은 국제연합 사무총장에게 기탁된다.

이상의 증거로 아래의 서명 전권대표들은 각국 정부에 의하여 정당하게 권한을 위임받아 이 협약에 서명하였다.

APPENDIX

부록 2

- 아동복지법

아동복지법

[시행 2017.12.20.] [법률 제14887호, 2017.9.19., 일부개정]

보건복지부(아동복지정책과(총괄)) 044-202-3415

보건복지부(아동권리과(아동학대, 취업제한)) 044-202-3440

제1장 총칙

제1조(목적) 이 법은 아동이 건강하게 출생하여 행복하고 안전하게 자랄 수 있도록 아동의 복지를 보장하는 것을 목적으로 한다.

제2조(기본 이념) ① 아동은 자신 또는 부모의 성별, 연령, 종교, 사회적 신분, 재산, 장애유무, 출생지역, 인종 등에 따른 어떠한 종류의 차별도 받지 아니하고 자라나야 한다.

② 아동은 완전하고 조화로운 인격발달을 위하여 안정된 가정환경에서 행복하게 자라나야 한다.

③ 아동에 관한 모든 활동에 있어서 아동의 이익이 최우선적으로 고려되어야 한다.

④ 아동은 아동의 권리보장과 복지증진을 위하여 이 법에 따른 보호와 지원을 받을 권리를 가진다.

제3조(정의) 이 법에서 사용하는 용어의 뜻은 다음과 같다. <개정 2014.1.28.>

1. "아동"이란 18세 미만인 사람을 말한다.
2. "아동복지"란 아동이 행복한 삶을 누릴 수 있는 기본적인 여건을 조성하고 조화롭게 성장·발달할 수 있도록 하기 위한 경제적·사회적·정서적 지원을 말한다.
3. "보호자"란 친권자, 후견인, 아동을 보호·양육·교육하거나 그러한 의무가 있는 자 또는 업무·고용 등의 관계로 사실상 아동을 보호·감독하는 자를 말한다.
4. "보호대상아동"이란 보호자가 없거나 보호자로부터 이탈된 아동 또는 보호자가 아동을 학대하는 경우 등 그 보호자가 아동을 양육하기에 적당하지 아니하거나 양육할 능력이 없는 경우의 아동을 말한다.
5. "지원대상아동"이란 아동이 조화롭고 건강하게 성장하는 데에 필요한 기초적인 조건이 갖추어지지 아니하여 사회적·경제적·정서적 지원이 필요한 아동을 말한다.

6. "가정위탁"이란 보호대상아동의 보호를 위하여 성범죄, 가정폭력, 아동학대, 정신질환 등의 전력이 없는 보건복지부령으로 정하는 기준에 적합한 가정에 보호대상아동을 일정 기간 위탁하는 것을 말한다.

7. "아동학대"란 보호자를 포함한 성인이 아동의 건강 또는 복지를 해치거나 정상적 발달을 저해할 수 있는 신체적·정신적·성적 폭력이나 가혹행위를 하는 것과 아동의 보호자가 아동을 유기하거나 방임하는 것을 말한다.

7의2. "아동학대관련범죄"란 다음 각 목의 어느 하나에 해당하는 죄를 말한다.

가. 「아동학대범죄의 처벌 등에 관한 특례법」 제2조제4호에 따른 아동학대범죄

나. 아동에 대한 「형법」 제2편제24장 살인의 죄 중 제250조부터 제255조까지의 죄

8. "피해아동"이란 아동학대로 인하여 피해를 입은 아동을 말한다.

9. 삭제 〈2016.3.22.〉

10. "아동복지시설"이란 제50조에 따라 설치된 시설을 말한다.

11. "아동복지시설 종사자"란 아동복지시설에서 아동의 상담·지도·치료·양육, 그 밖에 아동의 복지에 관한 업무를 담당하는 사람을 말한다.

제4조(국가와 지방자치단체의 책무) ① 국가와 지방자치단체는 아동의 안전·건강 및 복지 증진을 위하여 아동과 그 보호자 및 가정을 지원하기 위한 정책을 수립·시행하여야 한다.

② 국가와 지방자치단체는 보호대상아동 및 지원대상아동의 권익을 증진하기 위한 정책을 수립·시행하여야 한다.

③ 국가와 지방자치단체는 장애아동의 권익을 보호하기 위하여 필요한 시책을 강구하여야 한다.

④ 국가와 지방자치단체는 아동이 자신 또는 부모의 성별, 연령, 종교, 사회적 신분, 재산, 장애유무, 출생지역 또는 인종 등에 따른 어떠한 종류의 차별도 받지 아니하도록 필요한 시책을 강구하여야 한다.

⑤ 국가와 지방자치단체는 「아동의 권리에 관한 협약」에서 규정한 아동의 권리 및 복지 증진 등을 위하여 필요한 시책을 수립·시행하고, 이에 필요한 교육과 홍보를 하여야 한다.

⑥ 국가와 지방자치단체는 아동의 보호자가 아동을 행복하고 안전하게 양육하기 위하여 필요한 교육을 지원하여야 한다. 〈신설 2014.1.28.〉

제4조(국가와 지방자치단체의 책무) ① 국가와 지방자치단체는 아동의 안전·건강 및 복지 증진을 위하여 아동과 그 보호자 및 가정을 지원하기 위한 정책을 수립·시행하여야 한다.

② 국가와 지방자치단체는 보호대상아동 및 지원대상아동의 권익을 증진하기 위한 정책을 수립·시행하여야 한다.

③ 국가와 지방자치단체는 아동이 태어난 가정에서 성장할 수 있도록 지원하고, 아동이 태어난 가정에서 성장할 수 없을 때에는 가정과 유사한 환경에서 성장할 수 있도록 조치하며, 아동을 가정에서 분리하여 보호할 경우에는 신속히 가정으로 복귀할 수 있도록 지원하여야 한다. 〈신설 2016.3.22.〉

④ 국가와 지방자치단체는 장애아동의 권익을 보호하기 위하여 필요한 시책을 강구하여야 한다. 〈개정 2016.3.22.〉

⑤ 국가와 지방자치단체는 아동이 자신 또는 부모의 성별, 연령, 종교, 사회적 신분, 재산, 장애유무, 출생지역 또는 인종 등에 따른 어떠한 종류의 차별도 받지 아니하도록 필요한 시책을 강구하여야 한다. 〈개정 2016.3.22.〉

⑥ 국가와 지방자치단체는 「아동의 권리에 관한 협약」에서 규정한 아동의 권리 및 복지 증진 등을 위하여 필요한 시책을 수립·시행하고, 이에 필요한 교육과 홍보를 하여야 한다. 〈개정 2016.3.22.〉

⑦ 국가와 지방자치단체는 아동의 보호자가 아동을 행복하고 안전하게 양육하기 위하여 필요한 교육을 지원하여야 한다. 〈신설 2014.1.28., 2016.3.22.〉

[시행일 : 2018.3.23.] 제4조

제5조(보호자 등의 책무) ① 아동의 보호자는 아동을 가정에서 그의 성장시기에 맞추어 건강하고 안전하게 양육하여야 한다.

② 아동의 보호자는 아동에게 신체적 고통이나 폭언 등의 정신적 고통을 가하여서는 아니 된다. 〈신설 2015.3.27.〉

③ 모든 국민은 아동의 권익과 안전을 존중하여야 하며, 아동을 건강하게 양육하여야 한다. 〈개정 2015.3.27.〉

제6조(어린이날 및 어린이주간) 어린이에 대한 사랑과 보호의 정신을 높임으로써 이들을 옳고 아름답고 슬기로우며 씩씩하게 자라나도록 하기 위하여 매년 5월 5일을 어린이날로 하며, 5월 1일부터 5월 7일까지를 어린이주간으로 한다.

제2장 아동복지정책의 수립 및 시행 등

제7조(아동정책기본계획의 수립) ① 보건복지부장관은 아동정책의 효율적인 추진을 위하여 5년마다 아동정책기본계획(이하 "기본계획"이라 한다)을 수립하여야 한다.

② 기본계획은 다음 각 호의 사항을 포함하여야 한다.

1. 이전의 기본계획에 관한 분석·평가
2. 아동정책에 관한 기본방향 및 추진목표
3. 주요 추진과제 및 추진방법
4. 재원조달방안
5. 그 밖에 아동정책을 시행하기 위하여 특히 필요하다고 인정되는 사항

③ 보건복지부장관은 기본계획을 수립할 때에는 미리 관계 중앙행정기관의 장과 협의하여야 한다.

④ 기본계획은 제10조에 따른 아동정책조정위원회의 심의를 거쳐 확정한다. 이 경우 보건복지부장관은 확정된 기본계획을 관계 중앙행정기관의 장 및 특별시장·광역시장·도지사·특별자치도지사(이하 "시·도지사"라 한다)에게 알려야 한다.

제8조(연도별 시행계획의 수립·시행 등) ① 보건복지부장관, 관계 중앙행정기관의 장 및 시·도지사는 매년 기본계획에 따라 연도별 아동정책시행계획(이하 "시행계획"이라 한다)을 수립·시행하여야 한다.

② 관계 중앙행정기관의 장 및 시·도지사는 다음 연도의 시행계획 및 전년도의 시행계획에 따른 추진실적을 대통령령으로 정하는 바에 따라 매년 보건복지부장관에게 제출하고, 보건복지부장관은 매년 시행계획에 따른 추진실적을 평가하여야 한다.

③ 시행계획의 수립·시행 및 추진실적의 평가 등에 필요한 사항은 대통령령으로 정한다.

제9조(계획수립의 협조) ① 보건복지부장관, 관계 중앙행정기관의 장 및 시·도지사는 기본계획 또는 시행계획의 수립·시행을 위하여 필요한 경우에는 관계 기관·단체나 그 밖의 민간기업체의 장에게 협조를 요청할 수 있다.

② 제1항에 따른 요청을 받은 자는 정당한 사유가 없는 한 이에 따라야 한다.

제10조(아동정책조정위원회) ① 아동의 권리증진과 건강한 출생 및 성장을 위하여 종합적인 아동정책을 수립하고 관계 부처의 의견을 조정하며 그 정

책의 이행을 감독하고 평가하기 위하여 국무총리 소속으로 아동정책조정위원회(이하 "위원회"라 한다)를 둔다.

② 위원회는 다음 각 호의 사항을 심의·조정한다.

1. 기본계획의 수립에 관한 사항
2. 아동의 권익 및 복지 증진을 위한 기본방향에 관한 사항
3. 아동정책의 개선과 예산지원에 관한 사항
4. 아동 관련 국제조약의 이행 및 평가·조정에 관한 사항
5. 아동정책에 관한 관련 부처 간 협조에 관한 사항
6. 그 밖에 위원장이 부의하는 사항

③ 위원회는 위원장을 포함한 25명 이내의 위원으로 구성하되, 위원장은 국무총리가 되고 위원은 다음 각 호의 사람이 된다. 〈개정 2013.3.23., 2014.11.19., 2017.7.26.〉

1. 기획재정부장관·교육부장관·법무부장관·행정안전부장관·문화체육관광부장관·산업통상자원부장관·보건복지부장관·고용노동부장관·여성가족부장관
2. 아동 관련 단체의 장이나 아동에 대한 학식과 경험이 풍부한 사람 중 위원장이 위촉하는 15명 이내의 위원

④ 위원회는 제2항제4호에 따른 국제조약의 이행확인을 위하여 필요한 업무를 관계 전문기관 또는 단체에게 위탁할 수 있다.

⑤ 위원회는 필요하다고 인정하는 때에는 관계 행정기관에 대하여 그 소속 직원의 출석·설명과 자료의 제출을 요구할 수 있다.

⑥ 제1항부터 제3항까지의 규정에서 정한 것 이에 위원회의 구성 및 운영 등에 필요한 사항은 대통령령으로 정한다.

제11조(아동종합실태조사) ① 보건복지부장관은 5년마다 아동의 양육 및 생활환경, 언어 및 인지 발달, 정서적·신체적 건강, 아동안전, 아동학대 등 아동의 종합실태를 조사하여 그 결과를 공표하고, 이를 기본계획과 시행계획에 반영하여야 한다. 다만, 보건복지부장관은 필요한 경우 보건복지부령으로 정하는 바에 따라 분야별 실태조사를 할 수 있다.

② 보건복지부장관은 제1항에 따른 실태조사를 위하여 관계 기관·법인·단체·시설의 장에게 필요한 자료의 제출 또는 의견의 진술을 요청할 수 있다. 이 경우 요청을 받은 자는 정당한 사유가 없으면 이에 협조하여야 한다. 〈신설 2016.3.22.〉

③ 제1항에 따른 아동종합실태조사의 내용과 방법 등에 필요한 사항은 보건복지부령으로 정한다. 〈개정 2016.3.22.〉

제12조(아동복지심의위원회) ① 시·도지사, 시장·군수·구청장(자치구의 구청장을 말한다. 이하 같다)은 다음 각 호의 사항을 심의하기 위하여 그 소속으로 아동복지심의위원회(이하 "심의위원회"라 한다)를 각각 둔다.

1. 제8조에 따른 시행계획 수립 및 시행에 관한 사항
2. 제15조에 따른 보호조치에 관한 사항
3. 제16조에 따른 퇴소조치에 관한 사항
4. 제18조에 따른 친권행사의 제한이나 친권상실 선고 청구에 관한 사항
5. 제19조에 따른 아동의 후견인의 선임이나 변경 청구에 관한 사항
6. 지원대상아동의 선정과 그 지원에 관한 사항
7. 그 밖에 아동의 보호 및 지원서비스를 위하여 시·도지사 또는 시장·군수·구청장이 필요하다고 인정하는 사항

② 심의위원회의 조직·구성 및 운영 등에 필요한 사항은 대통령령으로 정하는 기준에 따라 해당 지방자치단체의 조례로 정한다.

③ 시·도지사, 시장·군수·구청장은 대통령령으로 정하는 바에 따라 심의위원회의 구성 및 운영 현황에 관한 사항을 연 1회 보건복지부장관에게 보고하여야 한다. 〈신설 2017.9.19.〉

제13조(아동복지전담공무원) ① 아동복지에 관한 업무를 담당하기 위하여 특별시·광역시·도·특별자치도(이하 "시·도"라 한다) 및 시·군·구(자치구를 말한다. 이하 같다)에 각각 아동복지전담공무원(이하 "전담공무원"이라 한다)을 둘 수 있다.

② 전담공무원은 「사회복지사업법」 제11조에 따른 사회복지사의 자격을 가진 사람으로 하고 그 임용 등에 필요한 사항은 해당 시·도 및 시·군·구의 조례로 정한다.

③ 전담공무원은 아동에 대한 상담 및 보호조치, 가정환경에 대한 조사, 아동복지시설에 대한 지도·감독, 아동범죄 예방을 위한 현장확인 및 지도·감독 등 지역 단위에서 아동의 복지증진을 위한 업무를 수행한다.

④ 관계 행정기관, 아동복지시설 및 아동복지단체(아동의 권리를 보장하고 복지증진을 목적으로 설립된 기관 및 단체를 말한다. 이하 같다)를 설치·운영하는 자는 전담공무원이 협조를 요청하는 경우 정당한 사유가 없는 한 이에 따라야 한다. 〈개정 2016.3.22.〉

제14조(아동위원) ① 시·군·구에 아동위원을 둔다.

② 아동위원은 그 관할 구역의 아동에 대하여 항상 그 생활상태 및 가정환경을 상세히 파악하고 아동복지에 필요한 원조와 지도를 행하며 전담공무원 및 관계 행정기관과 협력하여야 한다.

③ 아동위원은 그 업무의 원활한 수행을 위하여 적절한 교육을 받을 수 있다.

④ 아동위원은 명예직으로 하되, 아동위원에 대하여는 수당을 지급할 수 있다.

⑤ 그 밖에 아동위원에 관한 사항은 해당 시·군·구의 조례로 정한다.

제3장 아동에 대한 보호서비스 및 아동학대의 예방 및 방지

제1절 아동보호서비스

제15조(보호조치) ① 시·도지사 또는 시장·군수·구청장은 그 관할 구역에서 보호대상아동을 발견하거나 보호자의 의뢰를 받은 때에는 아동의 최상의 이익을 위하여 대통령령으로 정하는 바에 따라 다음 각 호에 해당하는 보호조치를 하여야 한다. 〈개정 2014.1.28.〉

1. 전담공무원 또는 아동위원에게 보호대상아동 또는 그 보호자에 대한 상담·지도를 수행하게 하는 것
2. 보호자 또는 대리양육을 원하는 연고자에 대하여 그 가정에서 아동을 보호·양육할 수 있도록 필요한 조치를 하는 것
3. 아동의 보호를 희망하는 사람에게 가정위탁하는 것
4. 보호대상아동을 그 보호조치에 적합한 아동복지시설에 입소시키는 것
5. 약물 및 알콜 중독, 정서·행동·발달 장애, 성폭력·아동학대 피해 등으로 특수한 치료나 요양 등의 보호를 필요로 하는 아동을 전문치료기관 또는 요양소에 입원 또는 입소시키는 것
6. 「입양특례법」에 따른 입양과 관련하여 필요한 조치를 하는 것

② 시·도지사 또는 시장·군수·구청장은 제1항제1호 및 제2호의 보호조치가 적합하지 아니한 보호대상아동에 대하여 제1항제3호부터 제6호까지의 보호조치를 할 수 있다. 이 경우 가정위탁지원센터 또는 아동복지시설의 장은 해당 보호대상아동의 개별 보호·관리 계획을 세워 보호하여야 하며, 그 계획을 수립할 때 해당 보호대상아동의 보호자를 참여시킬 수 있다.

③ 시·도지사 또는 시장·군수·구청장은 제1항제3호부터 제6호까지의 보호조치를 함에 있어서 해당 보호대상아동의 의사를 존중하여야 하며, 보호자가 있을 때에는 그 의견을 들어야 한다. 다만, 아동의 보호자가 「아동학대범죄의 처벌 등에 관한 특례법」 제2조제5호의 아동학대행위자인 경우에는 그러하지 아니하다. <개정 2014.1.28.>

④ 시·도지사 또는 시장·군수·구청장은 제1항제3호부터 제6호까지의 보호조치를 할 때까지 필요하면 제52조제1항제2호에 따른 아동일시보호시설에 보호대상아동을 입소시켜 보호하거나, 적당하다고 인정하는 자에게 일시 위탁하여 보호하게 할 수 있다.

⑤ 시·도지사 또는 시장·군수·구청장은 그 관할 구역에서 약물 및 알콜 중독, 정서·행동·발달 장애 등의 문제를 일으킬 가능성이 있는 아동의 가정에 대하여 예방차원의 적절한 조치를 강구하여야 한다.

⑥ 누구든지 제1항에 따른 보호조치와 관련하여 그 대상이 되는 아동복지시설, 아동복지전담기관의 종사자를 신체적·정신적으로 위협하는 행위를 하여서는 아니 된다.

⑦ 시·도지사 또는 시장·군수·구청장은 아동의 가정위탁보호를 희망하는 사람에 대하여 범죄경력을 확인하여야 한다. 이 경우 본인의 동의를 받아 관계 기관의 장에게 범죄의 경력 조회를 요청하여야 한다.

⑧ 가정위탁지원센터의 장은 위탁아동, 가정위탁보호를 희망하는 사람, 위탁아동의 부모 등의 신원확인 등의 조치를 시·도지사 또는 시장·군수·구청장에게 협조 요청할 수 있으며, 요청을 받은 시·도지사 또는 시장·군수·구청장은 정당한 사유가 없는 한 이에 응하여야 한다.

⑨ 제7항에 따른 범죄경력 조회 및 제8항에 따른 신원확인의 요청 절차·범위 등에 필요한 사항은 대통령령으로 정한다.

제15조(보호조치) ① 시·도지사 또는 시장·군수·구청장은 그 관할 구역에서 보호대상아동을 발견하거나 보호자의 의뢰를 받은 때에는 아동의 최상의 이익을 위하여 대통령령으로 정하는 바에 따라 다음 각 호에 해당하는 보호조치를 하여야 한다. 〈개정 2014.1.28.〉

1. 전담공무원 또는 아동위원에게 보호대상아동 또는 그 보호자에 대한 상담·지도를 수행하게 하는 것
2. 보호자 또는 대리양육을 원하는 연고자에 대하여 그 가정에서 아동을 보호·양육할 수 있도록 필요한 조치를 하는 것

3. 아동의 보호를 희망하는 사람에게 가정위탁하는 것
4. 보호대상아동을 그 보호조치에 적합한 아동복지시설에 입소시키는 것
5. 약물 및 알콜 중독, 정서·행동·발달 장애, 성폭력·아동학대 피해 등으로 특수한 치료나 요양 등의 보호를 필요로 하는 아동을 전문치료기관 또는 요양소에 입원 또는 입소시키는 것
6. 「입양특례법」에 따른 입양과 관련하여 필요한 조치를 하는 것

② 시·도지사 또는 시장·군수·구청장은 제1항제1호 및 제2호의 보호조치가 적합하지 아니한 보호대상아동에 대하여 제1항제3호부터 제6호까지의 보호조치를 할 수 있다. 이 경우 제1항제3호부터 제5호까지의 보호조치를 하기 전에 보호대상아동에 대한 상담, 건강검진, 심리검사 및 가정환경에 대한 조사를 실시하여야 한다. 〈개정 2016.3.22.〉

③ 시·도지사 또는 시장·군수·구청장은 제1항에 따른 보호조치를 하려는 경우 보호대상아동의 개별 보호·관리 계획을 세워 보호하여야 하며, 그 계획을 수립할 때 해당 보호대상아동의 보호자를 참여시킬 수 있다. 〈신설 2016.3.22.〉

④ 시·도지사 또는 시장·군수·구청장은 제1항제3호부터 제6호까지의 보호조치를 함에 있어서 해당 보호대상아동의 의사를 존중하여야 하며, 보호자가 있을 때에는 그 의견을 들어야 한다. 다만, 아동의 보호자가 「아동학대범죄의 처벌 등에 관한 특례법」 제2조제5호의 아동학대행위자인 경우에는 그러하지 아니하다. 〈개정 2014.1.28., 2016.3.22.〉

⑤ 시·도지사 또는 시장·군수·구청장은 제1항제3호부터 제6호까지의 보호조치를 할 때까지 필요하면 제52조제1항제2호에 따른 아동일시보호시설에 보호대상아동을 입소시켜 보호하거나, 적합한 위탁가정 또는 적당하다고 인정하는 자에게 일시 위탁하여 보호하게 할 수 있다. 이 경우 보호기간 동안 보호대상아동에 대한 상담, 건강검진, 심리검사 및 가정환경에 대한 조사를 실시하고 그 결과를 보호조치 시에 고려하여야 한다. 〈개정 2016.3.22.〉

⑥ 시·도지사 또는 시장·군수·구청장은 그 관할 구역에서 약물 및 알콜 중독, 정서·행동·발달 장애 등의 문제를 일으킬 가능성이 있는 아동의 가정에 대하여 예방차원의 적절한 조치를 강구하여야 한다. 〈개정 2016.3.22.〉

⑦ 누구든지 제1항에 따른 보호조치와 관련하여 그 대상이 되는 아동복지시설의 종사자를 신체적·정신적으로 위협하는 행위를 하여서는 아니 된다. 〈개정 2016.3.22.〉

⑧ 시·도지사 또는 시장·군수·구청장은 아동의 가정위탁보호를 희망하는 사람에 대하여 범죄경력을 확인하여야 한다. 이 경우 본인의 동의를 받아 관계 기관의 장에게 범죄의 경력 조회를 요청하여야 한다. 〈개정 2016.3.22.〉

⑨ 가정위탁지원센터의 장은 위탁아동, 가정위탁보호를 희망하는 사람, 위탁아동의 부모 등의 신원확인 등의 조치를 시·도지사 또는 시장·군수·구청장에게 협조 요청할 수 있으며, 요청을 받은 시·도지사 또는 시장·군수·구청장은 정당한 사유가 없는 한 이에 응하여야 한다. 〈개정 2016.3.22.〉

⑩ 제2항 및 제5항에 따른 상담, 건강검진, 심리검사 및 가정환경에 대한 조사, 제8항에 따른 범죄경력 조회 및 제9항에 따른 신원확인의 요청 절차·범위 등에 필요한 사항은 대통령령으로 정한다. 〈개정 2016.3.22.〉

[시행일 : 2018.3.23.] 제15조

제16조(보호대상아동의 퇴소조치 등) ① 제15조제1항제3호부터 제5호까지의 보호조치 중인 보호대상아동의 연령이 18세에 달하였거나, 보호 목적이 달성되었다고 인정되면 해당 시·도지사, 시장·군수·구청장은 대통령령으로 정하는 절차와 방법에 따라 그 보호 중인 아동의 보호조치를 종료하거나 해당 시설에서 퇴소시켜야 한다. 〈개정 2016.3.22.〉

② 제1항에도 불구하고 제15조에 따라 보호조치 중인 아동이 다음 각 호의 어느 하나에 해당하면 시·도지사, 시장·군수·구청장 또는 아동복지시설의 장은 해당 아동의 보호기간을 연장할 수 있다.

1. 「고등교육법」 제2조에 따른 대학 이하의 학교(대학원은 제외한다)에 재학 중인 경우

2. 제52조제1항제1호의 아동양육시설 또는 「근로자직업능력 개발법」 제2조제3호에 따른 직업능력개발훈련시설에서 직업 관련 교육·훈련을 받고 있는 경우

3. 그 밖에 각종 아동복지시설에서 해당 아동을 계속하여 보호·양육할 필요가 있다고 대통령령으로 정하는 경우

제16조(보호대상아동의 퇴소조치 등) ① 제15조제1항제3호부터 제5호까지의 보호조치 중인 보호대상아동의 연령이 18세에 달하였거나, 보호 목적이 달성되었다고 인정되면 해당 시·도지사, 시장·군수·구청장은 대통령령으로 정하는 절차와 방법에 따라 그 보호 중인 아동의 보호조치를 종료하거나 해당 시설에서 퇴소시켜야 한다. 〈개정 2016.3.22.〉

② 제15조제1항제2호부터 제4호까지의 보호조치 중인 보호대상아동의 친권자, 후견인 등 보건복지부령으로 정하는 자는 관할 시·도지사 또는 시장·군수·구청장에게 해당 보호대상아동의 가정 복귀를 신청할 수 있다. 〈신설 2016.3.22.〉

③ 시·도지사 또는 시장·군수·구청장은 제2항에 따른 가정 복귀 신청을 받은 경우에는 아동복지시설의 장의 의견을 들은 후 보호조치의 종료 또는 퇴소조치가 보호대상아동의 복리에 반하지 아니한다고 인정되면 해당 보호대상아동을 가정으로 복귀시킬 수 있다. 〈신설 2016.3.22.〉

④ 제1항에도 불구하고 제15조에 따라 보호조치 중인 아동이 다음 각 호의 어느 하나에 해당하면 시·도지사, 시장·군수·구청장은 해당 아동의 보호기간을 연장할 수 있다. 〈개정 2016.3.22.〉

1. 「고등교육법」 제2조에 따른 대학 이하의 학교(대학원은 제외한다)에 재학 중인 경우
2. 제52조제1항제1호의 아동양육시설 또는 「근로자직업능력 개발법」 제2조제3호에 따른 직업능력개발훈련시설에서 직업 관련 교육·훈련을 받고 있는 경우
3. 그 밖에 위탁가정 및 각종 아동복지시설에서 해당 아동을 계속하여 보호·양육할 필요가 있다고 대통령령으로 정하는 경우

[시행일 : 2018.3.23.] 제16조제2항, 제16조제3항, 제16조제4항

제17조(금지행위) 누구든지 다음 각 호의 어느 하나에 해당하는 행위를 하여서는 아니 된다. 〈개정 2014.1.28.〉

1. 아동을 매매하는 행위
2. 아동에게 음란한 행위를 시키거나 이를 매개하는 행위 또는 아동에게 성적 수치심을 주는 성희롱 등의 성적 학대행위
3. 아동의 신체에 손상을 주거나 신체의 건강 및 발달을 해치는 신체적 학대행위
4. 삭제 〈2014.1.28.〉
5. 아동의 정신건강 및 발달에 해를 끼치는 정서적 학대행위
6. 자신의 보호·감독을 받는 아동을 유기하거나 의식주를 포함한 기본적 보호·양육·치료 및 교육을 소홀히 하는 방임행위
7. 장애를 가진 아동을 공중에 관람시키는 행위
8. 아동에게 구걸을 시키거나 아동을 이용하여 구걸하는 행위

9. 공중의 오락 또는 흥행을 목적으로 아동의 건강 또는 안전에 유해한 곡예를 시키는 행위 또는 이를 위하여 아동을 제3자에게 인도하는 행위
10. 정당한 권한을 가진 알선기관 외의 자가 아동의 양육을 알선하고 금품을 취득하거나 금품을 요구 또는 약속하는 행위
11. 아동을 위하여 증여 또는 급여된 금품을 그 목적 외의 용도로 사용하는 행위

제18조(친권상실 선고의 청구 등) ① 시·도지사, 시장·군수·구청장 또는 검사는 아동의 친권자가 그 친권을 남용하거나 현저한 비행이나 아동학대, 그 밖에 친권을 행사할 수 없는 중대한 사유가 있는 것을 발견한 경우 아동의 복지를 위하여 필요하다고 인정할 때에는 법원에 친권행사의 제한 또는 친권상실의 선고를 청구하여야 한다.

② 아동복지시설의 장 및 「초·중등교육법」에 따른 학교의 장(이하 "학교의 장"이라 한다)은 제1항의 사유에 해당하는 경우 시·도지사, 시장·군수·구청장 또는 검사에게 법원에 친권행사의 제한 또는 친권상실의 선고를 청구하도록 요청할 수 있다. 〈개정 2016.3.22.〉

③ 시·도지사, 시장·군수·구청장 또는 검사는 제1항 및 제2항에 따라 친권행사의 제한 또는 친권상실의 선고 청구를 할 경우 해당 아동의 의견을 존중하여야 한다.

④ 시·도지사, 시장·군수·구청장 또는 검사는 제2항에 따라 친권행사의 제한 또는 친권상실의 선고 청구를 요청받은 경우에는 요청받은 날부터 30일 내에 청구 여부를 결정한 후 해당 요청기관에 청구 또는 미청구 요지 및 이유를 서면으로 알려야 한다.

⑤ 제4항에 따라 처리결과를 통보받은 아동복지시설의 장 및 학교의 장은 그 처리결과에 대하여 이의가 있을 경우 통보받은 날부터 30일 내에 직접 법원에 친권행사의 제한 또는 친권상실의 선고를 청구할 수 있다. 〈개정 2014.1.28., 2016.3.22.〉

제19조(아동의 후견인의 선임 청구 등) ① 시·도지사, 시장·군수·구청장, 아동복지시설의 장 및 학교의 장은 친권자 또는 후견인이 없는 아동을 발견한 경우 그 복지를 위하여 필요하다고 인정할 때에는 법원에 후견인의 선임을 청구하여야 한다. 〈개정 2016.3.22.〉

② 시·도지사, 시장·군수·구청장, 아동복지시설의 장, 학교의 장 또는 검사는 후견인이 해당 아동을 학대하는 등 현저한 비행을 저지른 경우에는

후견인 변경을 법원에 청구하여야 한다. 〈개정 2016.3.22.〉

③ 제1항에 따른 후견인의 선임 및 제2항에 따른 후견인의 변경 청구를 할 때에는 해당 아동의 의견을 존중하여야 한다.

④ 아동복지시설에 입소 중인 보호대상아동에 대하여는 「보호시설에 있는 미성년자의 후견직무에 관한 법률」을 적용한다.

제20조(아동의 후견인 선임) ① 법원은 제19조제1항 및 제2항에 따른 청구에 따라 후견인을 선임하거나 변경할 경우 「민법」 제932조 및 제935조에도 불구하고 해당 아동의 후견에 적합한 사람을 후견인으로 선임할 수 있다.

② 법원은 후견인이 없는 아동에 대하여 제1항에 따라 후견인을 선임하기 전까지 시·도지사, 시장·군수·구청장, 아동보호전문기관의 장 및 가정위탁지원센터의 장으로 하여금 임시로 그 아동의 후견인 역할을 하게 할 수 있다. 이 경우 해당 아동의 의견을 존중하여야 한다. 〈개정 2016.3.22.〉

제20조(아동의 후견인 선임) ① 법원은 제19조제1항 및 제2항에 따른 청구에 따라 후견인을 선임하거나 변경할 경우 「민법」 제932조 및 제935조에도 불구하고 해당 아동의 후견에 적합한 사람을 후견인으로 선임할 수 있다.

② 법원은 후견인이 없는 아동에 대하여 제1항에 따라 후견인을 선임하기 전까지 시·도지사, 시장·군수·구청장, 제45조에 따른 아동보호전문기관(이하 "아동보호전문기관"이라 한다)의 장 및 가정위탁지원센터의 장으로 하여금 임시로 그 아동의 후견인 역할을 하게 할 수 있다. 이 경우 해당 아동의 의견을 존중하여야 한다. 〈개정 2016.3.22., 2017.10.24.〉

[시행일 : 2018.4.25.] 제20조

제21조(보조인의 선임 등) ① 법원의 심리과정에서 변호사, 법정대리인, 직계 친족, 형제자매, 아동보호전문기관의 상담원은 학대아동사건의 심리에 있어서 보조인이 될 수 있다. 다만, 변호사가 아닌 경우에는 법원의 허가를 받아야 한다.

② 법원은 피해아동을 증인으로 신문하는 경우 검사, 피해아동과 그 보호자 또는 아동보호전문기관의 신청이 있는 경우에는 피해아동과 신뢰관계에 있는 사람의 동석을 허가할 수 있다.

③ 수사기관이 피해아동을 조사하는 경우에도 제1항 및 제2항과 같다.

제2절 아동학대의 예방 및 방지

제22조(아동학대의 예방과 방지 의무) ① 국가와 지방자치단체는 아동학대의

예방과 방지를 위하여 다음 각 호의 조치를 취하여야 한다.

1. 아동학대의 예방과 방지를 위한 각종 정책의 수립 및 시행
2. 아동학대의 예방과 방지를 위한 연구·교육·홍보 및 아동학대 실태조사
3. 아동학대에 관한 신고체제의 구축·운영
4. 피해아동의 보호와 치료 및 피해아동의 가정에 대한 지원
5. 그 밖에 대통령령으로 정하는 아동학대의 예방과 방지를 위한 사항

② 지방자치단체는 아동학대를 예방하고 수시로 신고를 받을 수 있도록 긴급전화를 설치하여야 한다. 이 경우 그 설치·운영 등에 필요한 사항은 대통령령으로 정한다. 〈개정 2014.1.28.〉

③ 삭제 〈2015.3.27.〉

④ 삭제 〈2015.3.27.〉

제22조의2(피해아동 등에 대한 신분조회 등 조치) 아동보호전문기관의 장은 피해아동의 보호, 치료 등을 수행함에 있어서 피해아동, 그 보호자 또는 아동학대행위자에 대한 다음 각 호의 조치를 관계 중앙행정기관의 장, 시·도지사 또는 시장·군수·구청장에게 협조 요청할 수 있으며, 요청을 받은 관계 중앙행정기관의 장, 시·도지사 또는 시장·군수·구청장은 정당한 사유가 없으면 이에 따라야 한다.

1. 「출입국관리법」에 따른 외국인등록 사실증명의 열람 및 발급
2. 「가족관계의 등록 등에 관한 법률」 제15조제1항제1호부터 제4호까지에 따른 증명서의 발급
3. 「주민등록법」에 따른 주민등록표 등본·초본의 열람 및 발급
4. 「국민기초생활 보장법」에 따른 수급자 여부의 확인
5. 「장애인복지법」에 따른 장애인등록증의 열람 및 발급

[본조신설 2015.3.27.]

제22조의2(학생등에 대한 학대 예방 및 지원 등) ① 국가와 지방자치단체는 「유아교육법」에 따른 유치원의 유아 및 「초·중등교육법」에 따른 학교의 학생(이하 이 조에서 "학생등"이라 한다)에 대한 아동학대의 조기 발견 체계 및 제45조에 따른 지역아동보호전문기관(이하 "지역아동보호전문기관"이라 한다) 등 관련 기관과의 연계 체계를 구축하고, 학대피해 학생등이 유치원 또는 학교에 안정적으로 적응할 수 있도록 지원하여야 한다.

② 교육부장관은 아동학대의 조기 발견과 신속한 보호조치를 위하여 대통령령으로 정하는 바에 따라 장기결석 학생등의 정보 등을 보건복지부장관

과 공유하여야 한다.

③ 제1항에 따른 학교 적응 지원 등 대통령령으로 정하는 업무는 교육부장관 또는 「지방교육자치에 관한 법률」에 따른 교육감이 지정하는 기관에 위탁할 수 있다.

[본조신설 2017.10.24.]

[종전 제22조의2는 제22조의3으로 이동 〈2017.10.24.〉]

[시행일 : 2018.4.25.] 제22조의2

제23조(아동학대예방의 날) ① 아동의 건강한 성장을 도모하고, 범국민적으로 아동학대의 예방과 방지에 관한 관심을 높이기 위하여 매년 11월 19일을 아동학대예방의 날로 지정하고, 아동학대예방의 날부터 1주일을 아동학대예방주간으로 한다.

② 국가와 지방자치단체는 아동학대예방의 날의 취지에 맞는 행사와 홍보를 실시하도록 노력하여야 한다.

제24조(홍보영상의 제작·배포·송출) ① 보건복지부장관은 아동학대의 예방과 방지, 위반행위자의 계도를 위한 교육 등에 관한 홍보영상을 제작하여 「방송법」 제2조제23호의 방송편성책임자에게 배포하여야 한다.

② 보건복지부장관은 「방송법」 제2조제3호가목의 지상파방송사업자에게 같은 법 제73조제4항에 따라 대통령령으로 정하는 비상업적 공익광고 편성비율의 범위에서 제1항의 홍보영상을 채널별로 송출하도록 요청할 수 있다.

③ 제2항에 따른 지상파방송사업자는 제1항의 홍보영상 외에 독자적인 홍보영상을 제작하여 송출할 수 있다. 이 경우 보건복지부장관에게 필요한 협조 및 지원을 요청할 수 있다.

제25조 삭제 〈2014.1.28.〉

제26조(아동학대 신고의무자에 대한 교육) ① 관계 중앙행정기관의 장은 「아동학대범죄의 처벌 등에 관한 특례법」 제10조제2항 각 호의 어느 하나에 해당하는 사람(이하 "아동학대 신고의무자"라 한다)의 자격 취득 과정이나 보수교육 과정에 아동학대 예방 및 신고의무와 관련된 교육 내용을 포함하도록 하여야 한다. 〈개정 2014.1.28., 2015.3.27.〉

② 관계 중앙행정기관의 장 및 시·도지사는 아동학대 신고의무자에게 본인이 아동학대 신고의무자라는 사실을 고지할 수 있고, 아동학대 예방 및 신고의무와 관련한 교육(이하 이 조에서 "신고의무 교육"이라 한다)을 실

시할 수 있다. 〈신설 2015.3.27.〉

③ 아동학대 신고의무자가 소속된 다음 각 호의 기관의 장은 소속 아동학대 신고의무자에게 신고의무 교육을 실시하고, 그 결과를 관계 중앙행정기관의 장에게 제출하여야 한다. 〈신설 2015.3.27.〉

1. 「영유아보육법」에 따른 어린이집
2. 「유아교육법」에 따른 유치원
3. 「초·중등교육법」에 따른 학교
4. 그 밖에 대통령령으로 정하는 기관

④ 제1항부터 제3항까지에 따른 교육 내용·시간 및 방법 등 그 밖에 필요한 사항은 대통령령으로 정한다. 〈개정 2015.3.27.〉

제26조(아동학대 신고의무자에 대한 교육) ① 관계 중앙행정기관의 장은 「아동학대범죄의 처벌 등에 관한 특례법」 제10조제2항 각 호의 어느 하나에 해당하는 사람(이하 "아동학대 신고의무자"라 한다)의 자격 취득 과정이나 보수교육 과정에 아동학대 예방 및 신고의무와 관련된 교육 내용을 포함하도록 하여야 한다. 〈개정 2014.1.28., 2015.3.27.〉

② 관계 중앙행정기관의 장 및 시·도지사는 아동학대 신고의무자에게 본인이 아동학대 신고의무자라는 사실을 고지할 수 있고, 아동학대 예방 및 신고의무와 관련한 교육(이하 이 조에서 "신고의무 교육"이라 한다)을 실시할 수 있다. 〈신설 2015.3.27.〉

③ 아동학대 신고의무자가 소속된 기관·시설 등의 장은 소속 아동학대 신고의무자에게 신고의무 교육을 실시하고, 그 결과를 관계 중앙행정기관의 장에게 제출하여야 한다. 〈신설 2015.3.27., 2017.10.24.〉

1. 삭제 〈2017.10.24.〉
2. 삭제 〈2017.10.24.〉
3. 삭제 〈2017.10.24.〉
4. 삭제 〈2017.10.24.〉

④ 제1항부터 제3항까지에 따른 교육 내용·시간 및 방법 등 그 밖에 필요한 사항은 대통령령으로 정한다. 〈개정 2015.3.27.〉

[시행일 : 2018.4.25.] 제26조

제27조 삭제 〈2014.1.28.〉

제27조의2(아동학대 등의 통보) ① 사법경찰관리는 아동 사망 및 상해사건, 가정폭력 사건 등에 관한 직무를 행하는 경우 아동학대가 있었다고 의심할

만한 사유가 있는 때에는 아동보호전문기관에 그 사실을 통보하여야 한다.

② 사법경찰관 또는 보호관찰관은 「아동학대범죄의 처벌 등에 관한 특례법」 제14조제1항에 따라 임시조치의 청구를 신청하였을 때에는 아동보호전문기관에 그 사실을 통보하여야 한다.

③ 제1항 및 제2항의 통보를 받은 아동보호전문기관은 피해아동 보호조치 등 필요한 조치를 하여야 한다.

[본조신설 2014.1.28.]

제27조의3(피해아동 응급조치에 대한 거부금지) 「아동학대범죄의 처벌 등에 관한 특례법」 제12조제1항제3호 또는 제4호에 따라 사법경찰관리 또는 아동보호전문기관의 직원이 피해아동을 인도하는 경우에는 아동학대 관련 보호시설이나 의료기관은 정당한 사유 없이 이를 거부하여서는 아니 된다.

[본조신설 2014.1.28.]

제28조(사후관리 등) ① 아동보호전문기관의 장은 아동학대가 종료된 이후에도 가정방문, 전화상담 등을 통하여 아동학대의 재발 여부를 확인하여야 한다.

② 아동보호전문기관의 장은 아동학대가 종료된 이후에도 아동학대의 재발 방지 등을 위하여 필요하다고 인정하는 경우 피해아동 및 보호자를 포함한 피해아동의 가족에게 필요한 지원을 제공할 수 있다.

③ 아동보호전문기관이 제1항 및 제2항에 따라 업무를 수행하는 경우 보호자는 정당한 사유 없이 이를 거부하거나 방해하여서는 아니 된다. 〈신설 2016.3.22.〉

제28조의2(국가아동학대정보시스템) ① 보건복지부장관은 아동학대 관련 정보를 공유하고 아동학대를 예방하기 위하여 대통령령으로 정하는 바에 따라 국가아동학대정보시스템을 구축·운영하여야 한다. 〈개정 2016.3.22.〉

② 보건복지부장관은 피해아동, 그 가족 및 학대행위자에 관한 정보와 아동학대예방사업에 관한 정보를 제1항에 따른 국가아동학대정보시스템에 입력·관리하여야 한다. 이 경우 보건복지부장관은 관계 중앙행정기관의 장, 시·도지사, 시장·군수·구청장, 아동보호전문기관 등에 필요한 자료를 요청할 수 있다. 〈개정 2016.3.22.〉

③ 보건복지부장관은 중앙아동보호전문기관에게 제1항에 따른 국가아동학대정보시스템 운영을 위탁할 수 있다. 〈개정 2016.3.22.〉

[본조신설 2014.1.28.]

[제목개정 2016.3.22.]

제28조의2(국가아동학대정보시스템) ① 보건복지부장관은 아동학대 관련 정보를 공유하고 아동학대를 예방하기 위하여 대통령령으로 정하는 바에 따라 국가아동학대정보시스템을 구축·운영하여야 한다. 〈개정 2016.3.22.〉

② 보건복지부장관은 피해아동, 그 가족 및 아동학대행위자에 관한 정보와 아동학대예방사업에 관한 정보를 제1항에 따른 국가아동학대정보시스템에 입력·관리하여야 한다. 이 경우 보건복지부장관은 관계 중앙행정기관의 장, 시·도지사, 시장·군수·구청장, 아동보호전문기관 등에 필요한 자료를 요청할 수 있다. 〈개정 2016.3.22., 2017.10.24.〉

③ 다음 각 호의 어느 하나에 해당하는 자는 아동의 보호 및 아동학대 발생 방지를 위하여 필요한 경우 국가아동학대정보시스템상의 피해아동, 그 가족 및 아동학대행위자에 관한 정보를 보건복지부장관에게 요청할 수 있다. 이 경우 대통령령으로 정하는 바에 따라 목적과 필요한 정보의 범위를 구체적으로 기재하여야 한다. 〈신설 2017.10.24.〉

1. 시·도지사 및 시장·군수·구청장
2. 판사, 검사 및 경찰관서의 장
3. 「초·중등교육법」에 따른 학교의 장
4. 제29조의7에 따른 아동학대 전담의료기관의 장
5. 제52조제1항제1호부터 제6호까지 및 제9호·제10호에 해당하는 아동복지시설의 장
6. 그 밖에 대통령령으로 정하는 피해아동의 보호 및 지원 관련 기관 또는 단체의 장

④ 보건복지부장관은 제3항에 따른 요청이 있는 경우 국가아동학대정보시스템상의 해당 정보를 제공할 수 있다. 다만, 피해아동의 보호를 위하여 필요한 경우로서 대통령령으로 정하는 경우에는 정보의 제공을 제한할 수 있다. 〈신설 2017.10.24.〉

⑤ 제3항 및 제4항에 따라 피해아동관련 정보를 취득한 사람은 제3항에 따른 요청 목적 외로 해당 정보를 사용하거나 다른 사람에게 제공 또는 누설하여서는 아니 된다. 〈신설 2017.10.24.〉

⑥ 보건복지부장관은 중앙아동보호전문기관에게 제1항에 따른 국가아동학대정보시스템 운영을 위탁할 수 있다. 〈개정 2016.3.22., 2017.10.24.〉

[본조신설 2014.1.28.]

[제목개정 2016.3.22.]

[시행일 : 2018.4.25.] 제28조의2

제29조(피해아동 및 그 가족 등에 대한 지원) ① 아동보호전문기관의 장은 아동의 안전 확보와 재학대 방지, 건전한 가정기능의 유지 등을 위하여 피해아동 및 보호자를 포함한 피해아동의 가족에게 상담, 교육 및 의료적·심리적 치료 등의 필요한 지원을 제공하여야 한다.

② 아동보호전문기관의 장은 제1항의 지원을 위하여 관계 기관에 협조를 요청할 수 있다.

③ 보호자를 포함한 피해아동의 가족은 아동보호전문기관이 제1항에 따라 제공하는 지원에 성실하게 참여하여야 한다.

④ 아동보호전문기관의 장은 제1항의 지원 여부의 결정 및 지원의 제공 등 모든 과정에서 피해아동의 이익을 최우선으로 고려하여야 한다.

⑤ 국가와 지방자치단체는 「초·중등교육법」 제2조 각 호의 학교에 재학 중인 피해아동 및 피해아동의 가족이 주소지 외의 지역에서 취학(입학·재입학·전학·편입학을 포함한다. 이하 같다)할 필요가 있을 때에는 그 취학이 원활하게 이루어 질 수 있도록 지원하여야 한다. 〈신설 2014.1.28.〉

⑥ 제5항에 따른 취학에 필요한 사항은 대통령령으로 정한다. 〈신설 2014.1.28.〉

제29조의2(아동학대행위자에 대한 상담·교육 등의 권고) 아동보호전문기관의 장은 아동학대행위자에 대하여 상담·교육 및 심리적 치료 등 필요한 지원을 받을 것을 권고할 수 있다. 이 경우 아동학대행위자는 정당한 사유가 없으면 상담·교육 및 심리적 치료 등에 성실히 참여하여야 한다. 〈개정 2016.3.22.〉

[본조신설 2014.1.28.]

제29조의3(아동관련기관의 취업제한 등) ① 아동학대관련범죄로 형 또는 치료감호를 선고받아 확정된 사람(이하 "아동학대관련범죄전력자"라 한다)은 그 확정된 때부터 형 또는 치료감호의 전부 또는 일부의 집행이 종료(종료된 것으로 보는 경우를 포함한다)되거나 집행을 받지 아니하기로 확정된 후 10년까지의 기간 동안 다음 각 호에 해당하는 시설 또는 기관(이하 "아동관련기관"이라 한다)을 운영하거나 아동관련기관에 취업 또는 사실상 노무를 제공할 수 없다. 〈개정 2016.1.19., 2016.3.22., 2016.5.29., 2017.9.19.〉

1. 제37조에 따른 취약계층 아동 통합서비스 수행기관, 제45조의 아동보호전문기관, 제48조의 가정위탁지원센터 및 제52조의 아동복지시설
2. 「가정폭력방지 및 피해자보호 등에 관한 법률」 제4조의6의 긴급전화센

터, 같은 법 제5조의 가정폭력 관련 상담소 및 같은 법 제7조의2의 가정폭력피해자 보호시설

3. 「건강가정기본법」 제35조의 건강가정지원센터
4. 「다문화가족지원법」 제12조의 다문화가족지원센터
5. 「성매매방지 및 피해자보호 등에 관한 법률」 제5조의 성매매피해자등을 위한 지원시설 및 같은 법 제10조의 성매매피해상담소
6. 「성폭력방지 및 피해자보호 등에 관한 법률」 제10조의 성폭력피해상담소 및 같은 법 제12조의 성폭력피해자보호시설 및 같은 법 제18조의 성폭력피해자통합지원센터
7. 「영유아보육법」 제2조제3호의 어린이집
8. 「유아교육법」 제2조제2호의 유치원
9. 「의료법」 제3조의 의료기관(같은 법 제2조의 의료인에 한정한다)
10. 「장애인복지법」 제58조의 장애인복지시설
11. 「정신건강증진 및 정신질환자 복지서비스 지원에 관한 법률」 제3조에 따른 정신건강복지센터, 정신건강증진시설, 정신요양시설 및 정신재활시설
12. 「주택법」 제2조제3호의 공동주택의 관리사무소(경비업무 종사자에 한정한다)
13. 「청소년기본법」 제3조에 따른 청소년시설, 청소년단체
14. 「청소년활동진흥법」 제2조제2호의 청소년활동시설
15. 「청소년복지 지원법」 제29조제1항의 청소년상담복지센터, 같은 법 제30조의 이주배경청소년지원센터 및 같은 법 제31조 각 호의 청소년쉼터, 청소년자립지원관, 청소년치료재활센터
16. 「청소년 보호법」 제35조의 청소년 보호·재활센터
17. 「체육시설의 설치·이용에 관한 법률」 제2조제1호의 체육시설 중 아동의 이용이 제한되지 아니하는 체육시설로서 문화체육관광부장관이 지정하는 체육시설
18. 「초·중등교육법」 제2조 각 호의 학교 및 같은 법 제28조에 따라 학습부진아 등에 대한 교육을 실시하는 기관
19. 「학원의 설립·운영 및 과외교습에 관한 법률」 제2조제1호의 학원 및 같은 조 제2호의 교습소 중 아동의 이용이 제한되지 아니하는 학원과 교습소로서 교육부장관이 지정하는 학원·교습소
20. 「한부모가족지원법」 제19조의 한부모가족복지시설

21. 아동보호전문기관 또는 학대피해아동쉼터를 운영하는 법인

22. 「보호소년 등의 처우에 관한 법률」에 따른 소년원 및 소년분류심사원

② 제1항 각 호(제12호 및 제22호는 제외한다)의 아동관련기관의 설치 또는 설립인가·신고를 관할하는 지방자치단체의 장, 교육감 또는 교육장은 아동관련기관을 운영하려는 자에 대하여 본인의 동의를 받아 관계 기관의 장에게 아동학대관련범죄 전력 조회를 요청하여야 한다. 〈개정 2017.9.19.〉

③ 아동관련기관의 장은 그 기관에 취업 중이거나 사실상 노무를 제공 중인 사람 또는 취업하려 하거나 사실상 노무를 제공하려는 사람에 대하여 아동학대관련범죄 전력을 확인하여야 한다. 이 경우 본인의 동의를 받아 관계 기관의 장에게 아동학대관련범죄 전력 조회를 요청하여야 한다.

④ 제2항 및 제3항에 따라 아동학대관련범죄 전력 조회를 요청받은 관계 기관의 장은 정당한 사유가 없으면 이에 따라야 한다.

⑤ 제2항 및 제3항에 따른 아동학대관련범죄 전력 조회의 요청 절차·범위 등에 관한 사항은 대통령령으로 정한다.

[본조신설 2014.1.28.]

제29조의3(아동관련기관의 취업제한 등) ① 아동학대관련범죄로 형 또는 치료감호를 선고받아 확정된 사람(이하 "아동학대관련범죄전력자"라 한다)은 그 확정된 때부터 형 또는 치료감호의 전부 또는 일부의 집행이 종료(종료된 것으로 보는 경우를 포함한다)되거나 집행을 받지 아니하기로 확정된 후 10년까지의 기간 동안 다음 각 호에 해당하는 시설 또는 기관(이하 "아동관련기관"이라 한다)을 운영하거나 아동관련기관에 취업 또는 사실상 노무를 제공할 수 없다. 〈개정 2016.1.19., 2016.3.22., 2016.5.29., 2017.9.19., 2017.10.24.〉

1. 제37조에 따른 취약계층 아동 통합서비스 수행기관, 아동보호전문기관, 제48조의 가정위탁지원센터 및 제52조의 아동복지시설

2. 「가정폭력방지 및 피해자보호 등에 관한 법률」 제4조의6의 긴급전화센터, 같은 법 제5조의 가정폭력 관련 상담소 및 같은 법 제7조의2의 가정폭력피해자 보호시설

3. 「건강가정기본법」 제35조의 건강가정지원센터

4. 「다문화가족지원법」 제12조의 다문화가족지원센터

5. 「성매매방지 및 피해자보호 등에 관한 법률」 제5조의 성매매피해자등을 위한 지원시설 및 같은 법 제10조의 성매매피해상담소

6. 「성폭력방지 및 피해자보호 등에 관한 법률」 제10조의 성폭력피해상담소 및 같은 법 제12조의 성폭력피해자보호시설 및 같은 법 제18조의 성폭력피해자통합지원센터
7. 「영유아보육법」 제2조제3호의 어린이집
8. 「유아교육법」 제2조제2호의 유치원
9. 「의료법」 제3조의 의료기관(같은 법 제2조의 의료인에 한정한다)
10. 「장애인복지법」 제58조의 장애인복지시설
11. 「정신건강증진 및 정신질환자 복지서비스 지원에 관한 법률」 제3조에 따른 정신건강복지센터, 정신건강증진시설, 정신요양시설 및 정신재활시설
12. 「주택법」 제2조제3호의 공동주택의 관리사무소(경비업무 종사자에 한정한다)
13. 「청소년기본법」 제3조에 따른 청소년시설, 청소년단체
14. 「청소년활동진흥법」 제2조제2호의 청소년활동시설
15. 「청소년복지 지원법」 제29조제1항의 청소년상담복지센터, 같은 법 제30조의 이주배경청소년지원센터 및 같은 법 제31조 각 호의 청소년쉼터, 청소년자립지원관, 청소년치료재활센터
16. 「청소년 보호법」 제35조의 청소년 보호·재활센터
17. 「체육시설의 설치·이용에 관한 법률」 제2조제1호의 체육시설 중 아동의 이용이 제한되지 아니하는 체육시설로서 문화체육관광부장관이 지정하는 체육시설
18. 「초·중등교육법」 제2조 각 호의 학교 및 같은 법 제28조에 따라 학습부진아 등에 대한 교육을 실시하는 기관
19. 「학원의 설립·운영 및 과외교습에 관한 법률」 제2조제1호의 학원 및 같은 조 제2호의 교습소 중 아동의 이용이 제한되지 아니하는 학원과 교습소로서 교육부장관이 지정하는 학원·교습소
20. 「한부모가족지원법」 제19조의 한부모가족복지시설
21. 아동보호전문기관 또는 학대피해아동쉼터를 운영하는 법인
22. 「보호소년 등의 처우에 관한 법률」에 따른 소년원 및 소년분류심사원

② 제1항 각 호(제12호 및 제22호는 제외한다)의 아동관련기관의 설치 또는 설립인가·신고를 관할하는 지방자치단체의 장, 교육감 또는 교육장은 아동관련기관을 운영하려는 자에 대하여 본인의 동의를 받아 관계 기관의 장에게 아동학대관련범죄 전력 조회를 요청하여야 한다. 〈개정 2017.9.19.〉

③ 아동관련기관의 장은 그 기관에 취업 중이거나 사실상 노무를 제공 중인 사람 또는 취업하려 하거나 사실상 노무를 제공하려는 사람에 대하여 아동학대관련범죄 전력을 확인하여야 한다. 이 경우 본인의 동의를 받아 관계 기관의 장에게 아동학대관련범죄 전력 조회를 요청하여야 한다.

④ 제2항 및 제3항에 따라 아동학대관련범죄 전력 조회를 요청받은 관계 기관의 장은 정당한 사유가 없으면 이에 따라야 한다.

⑤ 제2항 및 제3항에 따른 아동학대관련범죄 전력 조회의 요청 절차·범위 등에 관한 사항은 대통령령으로 정한다.

[본조신설 2014.1.28.]

[시행일 : 2018.4.25.] 제29조의3

제29조의4(아동학대관련범죄전력자 취업의 점검·확인) ① 보건복지부장관 또는 관계 중앙행정기관의 장은 아동학대관련범죄전력자가 제29조의3제1항을 위반하여 다음 각 호의 아동관련기관에 취업 또는 사실상 노무를 제공하고 있는지를 직접 또는 관계 기관 조회 등의 방법으로 연 1회 이상 점검·확인하여야 한다. 〈개정 2017.9.19.〉

1. 교육부장관: 제29조의3제1항제8호·제18호·제19호에 따른 아동관련기관
2. 문화체육관광부장관: 제29조의3제1항제17호에 따른 아동관련기관
3. 보건복지부장관: 제29조의3제1항제1호·제7호·제9호·제10호·제11호에 따른 아동관련기관
4. 여성가족부장관: 제29조의3제1항제2호·제3호·제4호·제5호·제6호·제13호·제14호·제15호·제16호·제20호에 따른 아동관련기관
5. 국토교통부장관: 제29조의3제1항제12호에 따른 아동관련기관
6. 법무부장관: 제29조의3제1항제22호에 따른 아동관련기관

② 보건복지부장관 또는 관계 중앙행정기관의 장은 제1항에 따른 점검·확인을 위하여 필요한 경우에는 아동관련기관의 장 또는 그 감독기관에 관련 자료의 제출을 요구할 수 있다.

③ 보건복지부장관 또는 관계 중앙행정기관의 장은 제1항에 따른 점검·확인 결과를 대통령령으로 정하는 바에 따라 인터넷 홈페이지 등을 이용하여 공개하여야 한다.

[본조신설 2014.1.28.]

제29조의5(취업자의 해임요구 등) ① 제29조의4제1항 각 호의 중앙행정기관의 장은 제29조의3제1항을 위반하여 취업하거나 사실상 노무를 제공하는 사

람에 대하여 아동관련기관의 장에게 그의 해임을 요구하여야 한다.

② 제29조의4제1항 각 호의 중앙행정기관의 장은 아동관련기관의 장에게 제29조의3제1항을 위반하여 운영 중인 아동관련기관의 폐쇄를 요구하여야 한다.

③ 제29조의4제1항 각 호의 중앙행정기관의 장은 아동관련기관의 장이 제2항에 따른 폐쇄요구를 정당한 사유 없이 거부하거나 1개월 이내에 요구사항을 이행하지 아니하는 경우에는 대통령령으로 정하는 바에 따라 해당 아동관련기관을 폐쇄하거나 그 등록·허가 등을 취소하거나 관계 행정기관의 장에게 이를 요구할 수 있다.

[본조신설 2014.1.28.]

제4장 아동에 대한 지원서비스

제1절 아동 안전 및 건강지원

제30조(안전기준의 설정) 국가는 대통령령으로 정하는 바에 따라 아동복지시설과 아동용품에 대한 안전기준을 정하고 아동용품을 제작·설치·관리하는 자에게 이를 준수하도록 하여야 한다.

제31조(아동의 안전에 대한 교육) ① 아동복지시설의 장, 「영유아보육법」에 따른 어린이집의 원장, 「유아교육법」에 따른 유치원의 원장 및 「초·중등교육법」에 따른 학교의 장은 교육대상 아동의 연령을 고려하여 대통령령으로 정하는 바에 따라 매년 다음 각 호의 사항에 관한 교육계획을 수립하여 교육을 실시하여야 한다. 〈개정 2015.12.29.〉

1. 성폭력 및 아동학대 예방
2. 실종·유괴의 예방과 방지
3. 감염병 및 약물의 오남용 예방 등 보건위생관리
4. 재난대비 안전
5. 교통안전

② 아동복지시설의 장, 「영유아보육법」에 따른 어린이집의 원장은 제1항에 따른 교육계획 및 교육실시 결과를 관할 시장·군수·구청장에게 매년 1회 보고하여야 한다.

③ 「유아교육법」에 따른 유치원의 원장 및 「초·중등교육법」에 따른 학교의 장은 제1항에 따른 교육계획 및 교육실시 결과를 대통령령으로 정하는 바에 따라 관할 교육감에게 매년 1회 보고하여야 한다.

제32조(아동보호구역에서의 영상정보처리기기 설치 등) ① 국가와 지방자치단체는 유괴 등 범죄의 위험으로부터 아동을 보호하기 위하여 필요하다고 인정하는 경우에는 다음 각 호의 어느 하나에 해당되는 시설의 주변구역을 아동보호구역으로 지정하여 범죄의 예방을 위한 순찰 및 아동지도 업무 등 필요한 조치를 할 수 있다. 〈개정 2012.10.22.〉

1. 「도시공원 및 녹지 등에 관한 법률」 제15조에 따른 도시공원
2. 「영유아보육법」 제10조에 따른 어린이집
3. 「초·중등교육법」 제38조 따른 초등학교 및 같은 법 제55조에 따른 특수학교
4. 「유아교육법」 제2조에 따른 유치원

② 제1항에 따른 아동보호구역의 지정 기준 및 절차 등에 필요한 사항은 대통령령으로 정한다.

③ 국가와 지방자치단체는 제1항에 따라 지정된 아동보호구역에 「개인정보 보호법」 제2조제7호에 따른 영상정보처리기기를 설치하여야 한다. 〈신설 2012.10.22.〉

④ 이 법에서 정한 것 외에 영상정보처리기기의 설치 등에 관한 사항은 「개인정보 보호법」에 따른다. 〈개정 2012.10.22.〉

[제목개정 2012.10.22.]

제33조(아동안전 보호인력의 배치 등) ① 국가와 지방자치단체는 실종 및 유괴 등 아동에 대한 범죄의 예방을 위하여 순찰활동 및 아동지도 업무 등을 수행하는 아동안전 보호인력을 배치·활용할 수 있다.

② 제1항에 따라 순찰활동 및 아동지도 업무 등을 수행하는 아동안전 보호인력은 그 권한을 표시하는 증표를 지니고 이를 관계인에게 내보여야 한다.

③ 국가와 지방자치단체는 아동안전 보호인력으로 배치하고자 하는 사람에 대하여 본인의 동의를 받아 범죄경력을 확인하여야 한다.

④ 제1항에 따른 아동안전 보호인력의 업무범위·활용 및 제2항에 따른 범죄경력 확인의 절차·범위 등에 필요한 사항은 대통령령으로 정한다.

제34조(아동긴급보호소 지정 및 운영) ① 경찰청장은 유괴 등의 위험에 처한 아동을 보호하기 위하여 아동긴급보호소를 지정·운영할 수 있다.

② 경찰청장은 제1항에 따른 아동긴급보호소의 지정을 원하는 자에 대하여 본인의 동의를 받아 범죄경력을 확인하여야 한다.

③ 제1항에 따른 아동긴급보호소의 지정 및 운영, 제2항에 따른 범죄경력 확인의 절차·범위 등에 필요한 사항은 대통령령으로 정한다.

제35조(건강한 심신의 보존) ① 아동의 보호자는 아동의 건강 유지와 향상을 위하여 최선의 주의와 노력을 하여야 한다.

② 국가와 지방자치단체는 아동의 건강 증진과 체력 향상을 위하여 다음 각 호에 해당하는 사항을 지원하여야 한다.

1. 신체적 건강 증진에 관한 사항
2. 자살 및 각종 중독의 예방 등 정신적 건강 증진에 관한 사항
3. 급식지원 등을 통한 결식예방 및 영양개선에 관한 사항
4. 비만 방지 등 체력 및 여가 증진에 관한 사항

③ 국가와 지방자치단체는 아동의 신체적·정신적 문제를 미리 발견하여 아동이 제때에 상담과 치료를 받을 수 있는 기반을 마련하여야 한다.

④ 제2항 및 제3항에 따른 지원서비스의 구체적인 내용은 대통령령으로 정한다. 다만, 제2항제3호에 따른 급식지원의 지원 기준·방법 및 절차 등에 필요한 사항은 대통령령으로 정하는 기준에 따라 해당 지방자치단체의 조례로 정한다.

제36조(보건소) 보건소는 이 법에 따라 다음 각 호의 업무를 행한다.

1. 아동의 전염병 예방조치
2. 아동의 건강상담, 신체검사와 보건위생에 관한 지도
3. 아동의 영양개선

제2절 취약계층 아동 통합서비스지원 및 자립지원 등

제37조(취약계층 아동에 대한 통합서비스지원) ① 국가와 지방자치단체는 아동의 건강한 성장과 발달을 도모하기 위하여 대통령령으로 정하는 바에 따라 아동의 성장 및 복지 여건이 취약한 가정을 선정하여 그 가정의 지원대상아동과 가족을 대상으로 보건, 복지, 보호, 교육, 치료 등을 종합적으로 지원하는 통합서비스를 실시한다.

② 제1항에 따른 통합서비스지원의 대상 선정, 통합서비스의 내용 및 수행기관·수행인력 등에 필요한 사항은 대통령령으로 정한다.

③ 보건복지부장관은 통합서비스지원사업의 운영지원에 관한 업무를 법인, 단체 등에 위탁할 수 있다.

제38조(자립지원) ① 국가와 지방자치단체는 보호대상아동의 위탁보호 종료 또는 아동복지시설 퇴소 이후의 자립을 지원하기 위하여 다음 각 호에 해당하는 조치를 시행하여야 한다.

1. 자립에 필요한 주거·생활·교육·취업 등의 지원
2. 자립에 필요한 자산의 형성 및 관리 지원(이하 "자산형성지원"이라 한다)
3. 자립에 관한 실태조사 및 연구
4. 사후관리체계 구축 및 운영
5. 그 밖에 자립지원에 필요하다고 대통령령으로 정하는 사항

② 제1항에 따른 자립지원의 절차와 방법, 지원이 필요한 아동의 범위 등에 필요한 사항은 대통령령으로 정한다.

제39조(자립지원계획의 수립 등) ① 가정위탁지원센터의 장 및 아동복지시설의 장은 보호하고 있는 15세 이상의 아동을 대상으로 매년 개별 아동에 대한 자립지원계획을 수립하고, 그 계획을 수행하는 종사자를 대상으로 자립지원에 관한 교육을 실시하여야 한다.

② 제1항에 따른 자립지원계획의 수립·시행 등에 필요한 사항은 보건복지부령으로 정한다.

제40조(자립지원전담기관의 설치·운영 등) 국가와 지방자치단체는 자립지원 관련 데이터베이스 구축 및 운영, 자립지원 프로그램의 개발 및 보급, 사례관리 등의 업무를 전담할 기관을 설치·운영하거나, 그 운영의 전부 또는 일부를 법인, 단체 등에 위탁할 수 있다.

제41조(아동자립지원추진협의회) ① 보건복지부장관은 지원대상아동의 자립지원 정책을 효율적으로 수행하기 위하여 관계 행정기관의 공무원으로 구성되는 아동자립지원추진협의회를 둘 수 있다.

② 제1항에 따른 아동자립지원추진협의회의 구체적인 구성·운영 등에 필요한 사항은 대통령령으로 정한다.

제42조(자산형성지원사업) ① 국가와 지방자치단체는 아동이 건전한 사회인으로 성장·발전할 수 있도록 자산형성지원사업을 실시할 수 있다.

② 제1항에 따른 자산형성지원사업을 하여야 할 아동의 범위와 해당 아동의 선정·관리 등에 필요한 사항은 보건복지부령으로 정한다.

제43조(자산형성지원사업 관련 업무) ① 보건복지부장관은 제42조에 따른 자산형성지원사업을 효율적으로 추진하기 위하여 자산형성지원사업 운영업무 및 금융자산관리업무를 하여야 한다.

② 제1항에 따른 자산형성지원사업의 운영업무는 다음 각 호와 같다.
1. 자산형성지원사업 대상 아동의 관리
2. 자산형성지원사업의 후원자 발굴 및 관리
3. 자산형성지원사업에 관한 교육 및 홍보
4. 자산형성지원사업에 관한 조사·연구 및 평가
5. 그 밖에 자산형성지원사업과 관련하여 보건복지부령으로 정하는 사항

③ 제1항에 따른 금융자산관리업무는 다음 각 호와 같다.
1. 자산형성지원사업을 위한 금융상품의 개발 및 관리
2. 자산형성지원사업을 위한 금융상품의 운영에 관한 사항

제44조(자산형성지원사업 관련 업무의 위탁) ① 보건복지부장관은 제43조제2항에 따른 자산형성지원사업의 운영업무를 「사회복지사업법」에 따른 사회복지법인 등 대통령령으로 정하는 법인 또는 단체에 위탁할 수 있다.

② 보건복지부장관은 제43조제3항에 따른 금융자산관리업무를 「은행법」에 따른 은행, 「우체국예금·보험에 관한 법률」에 따른 체신관서, 「농업협동조합법」에 따른 농업협동조합중앙회, 「수산업협동조합법」에 따른 수산업협동조합중앙회 또는 「중소기업은행법」에 따른 중소기업은행에 위탁할 수 있다.

제5장 아동복지시설 〈개정 2016.3.22.〉

제45조(아동보호전문기관의 설치 등) ① 국가는 아동학대예방사업을 활성화하고 지역 간 연계체계를 구축하기 위하여 중앙아동보호전문기관을 둔다.

② 지방자치단체는 학대받은 아동의 발견, 보호, 치료에 대한 신속처리 및 아동학대예방을 담당하는 지역아동보호전문기관을 시·도 및 시·군·구에 1개소 이상 두어야 한다. 다만, 시·도지사는 관할 구역의 아동 수 및 지리적 요건을 고려하여 조례로 정하는 바에 따라 둘 이상의 시·군·구를 통합하여 하나의 지역아동보호전문기관을 설치·운영할 수 있다. 〈개정 2014.1.28.〉

③ 제2항 단서에 따라 지역아동보호전문기관을 통합하여 설치·운영하는 경우 시·도지사는 지역아동보호전문기관의 설치·운영에 필요한 비용을 관할 구역의 아동의 수 등을 고려하여 시장·군수·구청장에게 공동으로 부담하게 할 수 있다.

④ 보건복지부장관, 시·도지사 및 시장·군수·구청장은 아동학대예방사업을 목적으로 하는 비영리법인을 지정하여 제1항에 따른 중앙아동보호전문기관 및 제2항에 따른 지역아동보호전문기관의 운영을 위탁할 수 있다.

⑤ 아동보호전문기관의 설치기준과 운영, 상담원 등 직원의 자격과 배치기준, 제4항에 따른 지정의 요건 등에 필요한 사항은 대통령령으로 정한다.

제46조(아동보호전문기관의 업무) ① 중앙아동보호전문기관은 다음 각 호의 업무를 수행한다. <개정 2014.1.28.>

1. 지역아동보호전문기관에 대한 지원
2. 아동학대예방사업과 관련된 연구 및 자료 발간
3. 효율적인 아동학대예방사업을 위한 연계체제 구축
4. 아동학대예방사업을 위한 프로그램 개발 및 평가
5. 상담원 직무교육, 아동학대예방 관련 교육 및 홍보
6. 아동보호전문기관 전산시스템 구축 및 운영

6의2. 제28조의2제3항에 따라 위탁받은 아동학대정보시스템의 운영

7. 그 밖에 대통령령으로 정하는 아동학대예방사업과 관련된 업무

② 지역아동보호전문기관은 다음 각 호의 업무를 수행한다. 〈개정 2014.1.28., 2016.3.22.〉

1. 아동학대 신고접수, 현장조사 및 응급보호
2. 피해아동 상담·조사를 위한 진술녹화실 설치·운영
3. 피해아동, 피해아동의 가족 및 아동학대행위자를 위한 상담·치료 및 교육
4. 아동학대예방 교육 및 홍보
5. 피해아동 가정의 사후관리
6. 아동학대사례전문위원회 설치·운영 및 자체사례회의 운영
7. 그 밖에 대통령령으로 정하는 아동학대예방사업과 관련된 업무

제46조(아동보호전문기관의 업무) ① 중앙아동보호전문기관은 다음 각 호의 업무를 수행한다. 〈개정 2014.1.28., 2017.10.24.〉

1. 지역아동보호전문기관에 대한 지원
2. 아동학대예방사업과 관련된 연구 및 자료 발간
3. 효율적인 아동학대예방사업을 위한 연계체제 구축
4. 아동학대예방사업을 위한 프로그램 개발 및 평가
5. 아동보호전문기관 및 학대피해아동쉼터 직원 직무교육, 아동학대예방 관련 교육 및 홍보
6. 아동보호전문기관 전산시스템 구축 및 운영

6의2. 제28조의2제6항에 따라 위탁받은 아동학대정보시스템의 운영

7. 그 밖에 대통령령으로 정하는 아동학대예방사업과 관련된 업무

② 지역아동보호전문기관은 다음 각 호의 업무를 수행한다. 〈개정 2014.1.28., 2016.3.22., 2017.10.24.〉

1. 아동학대 신고접수, 현장조사 및 응급보호
2. 피해아동 상담·조사를 위한 진술녹화실 설치·운영
3. 피해아동, 피해아동의 가족 및 아동학대행위자를 위한 상담·치료 및 교육
4. 아동학대예방 교육 및 홍보
5. 피해아동 가정의 사후관리
6. 자체사례회의 운영 및 아동학대사례전문위원회의 설치·운영
7. 그 밖에 대통령령으로 정하는 아동학대예방사업과 관련된 업무

[시행일 : 2018.4.25.] 제46조

제47조(아동보호전문기관의 성과평가 등) ① 보건복지부장관은 아동보호전문기관의 업무 실적에 대하여 3년마다 성과평가를 실시하여야 한다.

② 성과평가 및 평가결과의 활용 등에 필요한 사항은 대통령령으로 정한다.

제48조(가정위탁지원센터의 설치 등) ① 국가는 가정위탁사업을 활성화하고 지역 간 연계체계를 구축하기 위하여 중앙가정위탁지원센터를 둔다.

② 지방자치단체는 보호대상아동에 대한 가정위탁사업을 활성화하기 위하여 시·도 및 시·군·구에 지역가정위탁지원센터를 둔다. 다만, 시·도지사는 조례로 정하는 바에 따라 둘 이상의 시·군·구를 통합하여 하나의 지역가정위탁지원센터를 설치·운영할 수 있다.

③ 제2항 단서에 따라 지역가정위탁지원센터를 통합하여 설치·운영하는 경우 시·도지사는 지역가정위탁지원센터의 설치·운영에 필요한 비용을 관할 구역의 아동의 수 등을 고려하여 시장·군수·구청장에게 공동으로 부담하게 할 수 있다.

④ 보건복지부장관, 시·도지사 및 시장·군수·구청장은 가정위탁지원을 목적으로 하는 비영리법인을 지정하여 제1항 및 제2항에 따른 중앙가정위탁지원센터 및 지역가정위탁지원센터의 운영을 위탁할 수 있다.

⑤ 가정위탁지원센터의 설치기준과 운영, 상담원 등 직원의 자격과 배치기준, 제4항에 따른 지정의 요건 등에 필요한 사항은 대통령령으로 정한다.

제49조(가정위탁지원센터의 업무) ① 중앙가정위탁지원센터는 다음 각 호의 업무를 수행한다.

1. 지역가정위탁지원센터에 대한 지원
2. 효과적인 가정위탁사업을 위한 연계체계 구축
3. 가정위탁사업과 관련된 연구 및 자료발간
4. 가정위탁사업을 위한 프로그램의 개발 및 평가
5. 상담원에 대한 교육 등 가정위탁에 관한 교육 및 홍보
6. 가정위탁사업을 위한 정보기반 구축 및 정보제공
7. 그 밖에 대통령령으로 정하는 가정위탁사업과 관련된 업무

② 지역가정위탁지원센터는 다음 각 호의 업무를 수행한다.

1. 가정위탁사업의 홍보 및 가정위탁을 하고자 하는 가정의 발굴
2. 가정위탁을 하고자 하는 가정에 대한 조사 및 가정위탁 대상 아동에 대한 상담
3. 가정위탁을 하고자 하는 사람과 위탁가정 부모에 대한 교육
4. 위탁가정의 사례관리
5. 친부모 가정으로의 복귀 지원
6. 가정위탁아동의 자립계획 및 사례 관리
7. 관할 구역 내 가정위탁 관련 정보 제공
8. 그 밖에 대통령령으로 정하는 가정위탁과 관련된 업무

제50조(아동복지시설의 설치) ① 국가 또는 지방자치단체는 아동복지시설을 설치할 수 있다.

② 국가 또는 지방자치단체 외의 자는 관할 시장·군수·구청장에게 신고하고 아동복지시설을 설치할 수 있다.

③ 아동복지시설의 시설기준 및 설치 등에 필요한 사항은 보건복지부령으로 정한다.

제51조(휴업·폐업 등의 신고) ①제50조제2항에 따라 신고한 아동복지시설을 폐업 또는 휴업하거나 그 운영을 재개하고자 하는 자는 보건복지부령으로 정하는 바에 따라 미리 시장·군수·구청장에게 신고하여야 한다. 〈개정 2016.3.22.〉

② 아동복지시설의 장은 아동복지시설이 폐업 또는 휴업하는 경우에는 대통령령으로 정하는 바에 따라 해당 아동복지시설을 이용하는 아동이 다른 아동복지시설로 옮길 수 있도록 하는 등 보호대상아동의 권익을 보호하기 위한 조치를 취하여야 한다. 〈신설 2016.3.22.〉

③ 시장·군수·구청장은 제1항에 따라 아동복지시설의 폐업 또는 휴업의

신고를 받은 경우 아동복지시설의 장이 제2항에 따른 보호대상아동의 권익을 보호하기 위한 조치를 취하였는지 여부를 확인하는 등 보건복지부령으로 정하는 조치를 하여야 한다. 〈신설 2016.3.22.〉

제52조(아동복지시설의 종류) ① 아동복지시설의 종류는 다음과 같다. 〈개정 2016.3.22.〉

1. 아동양육시설: 보호대상아동을 입소시켜 보호, 양육 및 취업훈련, 자립지원 서비스 등을 제공하는 것을 목적으로 하는 시설
2. 아동일시보호시설: 보호대상아동을 일시보호하고 아동에 대한 향후의 양육대책수립 및 보호조치를 행하는 것을 목적으로 하는 시설
3. 아동보호치료시설: 아동에게 보호 및 치료 서비스를 제공하는 다음 각 목의 시설

가. 불량행위를 하거나 불량행위를 할 우려가 있는 아동으로서 보호자가 없거나 친권자나 후견인이 입소를 신청한 아동 또는 가정법원, 지방법원 소년부지원에서 보호위탁된 19세 미만인 사람을 입소시켜 치료와 선도를 통하여 건전한 사회인으로 육성하는 것을 목적으로 하는 시설

나. 정서적·행동적 장애로 인하여 어려움을 겪고 있는 아동 또는 학대로 인하여 부모로부터 일시 격리되어 치료받을 필요가 있는 아동을 보호·치료하는 시설

4. 공동생활가정: 보호대상아동에게 가정과 같은 주거여건과 보호, 양육, 자립지원 서비스를 제공하는 것을 목적으로 하는 시설
5. 자립지원시설: 아동복지시설에서 퇴소한 사람에게 취업준비기간 또는 취업 후 일정 기간 동안 보호함으로써 자립을 지원하는 것을 목적으로 하는 시설
6. 아동상담소: 아동과 그 가족의 문제에 관한 상담, 치료, 예방 및 연구 등을 목적으로 하는 시설
7. 아동전용시설: 어린이공원, 어린이놀이터, 아동회관, 체육·연극·영화·과학실험전시 시설, 아동휴게숙박시설, 야영장 등 아동에게 건전한 놀이·오락, 그 밖의 각종 편의를 제공하여 심신의 건강유지와 복지증진에 필요한 서비스를 제공하는 것을 목적으로 하는 시설
8. 지역아동센터: 지역사회 아동의 보호·교육, 건전한 놀이와 오락의 제공, 보호자와 지역사회의 연계 등 아동의 건전육성을 위하여 종합적인 아동복지서비스를 제공하는 시설

9. 제45조에 따른 아동보호전문기관
10. 제48조에 따른 가정위탁지원센터

② 제1항에 따른 아동복지시설은 통합하여 설치할 수 있다.

③ 제1항에 따른 아동복지시설은 각 시설 고유의 목적 사업을 해치지 아니하고 각 시설별 설치기준 및 운영기준을 충족하는 경우 다음 각 호의 사업을 추가로 실시할 수 있다.

1. 아동가정지원사업: 지역사회아동의 건전한 발달을 위하여 아동, 가정, 지역주민에게 상담, 조언 및 정보를 제공하여 주는 사업
2. 아동주간보호사업: 부득이한 사유로 가정에서 낮 동안 보호를 받을 수 없는 아동을 대상으로 개별적인 보호와 교육을 통하여 아동의 건전한 성장을 도모하는 사업
3. 아동전문상담사업: 학교부적응아동 등을 대상으로 올바른 인격형성을 위한 상담, 치료 및 학교폭력예방을 실시하는 사업
4. 학대아동보호사업: 학대아동의 발견, 보호, 치료 및 아동학대의 예방 등을 전문적으로 실시하는 사업
5. 공동생활가정사업: 보호대상아동에게 가정과 같은 주거여건과 보호를 제공하는 것을 목적으로 하는 사업
6. 방과 후 아동지도사업: 저소득층 아동을 대상으로 방과 후 개별적인 보호와 교육을 통하여 건전한 인격형성을 목적으로 하는 사업

제52조(아동복지시설의 종류) ① 아동복지시설의 종류는 다음과 같다. 〈개정 2016.3.22., 2017.10.24.〉

1. 아동양육시설: 보호대상아동을 입소시켜 보호, 양육 및 취업훈련, 자립지원 서비스 등을 제공하는 것을 목적으로 하는 시설
2. 아동일시보호시설: 보호대상아동을 일시보호하고 아동에 대한 향후의 양육대책수립 및 보호조치를 행하는 것을 목적으로 하는 시설
3. 아동보호치료시설: 아동에게 보호 및 치료 서비스를 제공하는 다음 각 목의 시설

가. 불량행위를 하거나 불량행위를 할 우려가 있는 아동으로서 보호자가 없거나 친권자나 후견인이 입소를 신청한 아동 또는 가정법원, 지방법원 소년부지원에서 보호위탁된 19세 미만인 사람을 입소시켜 치료와 선도를 통하여 건전한 사회인으로 육성하는 것을 목적으로 하는 시설

나. 정서적·행동적 장애로 인하여 어려움을 겪고 있는 아동 또는 학대로

인하여 부모로부터 일시 격리되어 치료받을 필요가 있는 아동을 보호·치료하는 시설

4. 공동생활가정: 보호대상아동에게 가정과 같은 주거여건과 보호, 양육, 자립지원 서비스를 제공하는 것을 목적으로 하는 시설
5. 자립지원시설: 아동복지시설에서 퇴소한 사람에게 취업준비기간 또는 취업 후 일정 기간 동안 보호함으로써 자립을 지원하는 것을 목적으로 하는 시설
6. 아동상담소: 아동과 그 가족의 문제에 관한 상담, 치료, 예방 및 연구 등을 목적으로 하는 시설
7. 아동전용시설: 어린이공원, 어린이놀이터, 아동회관, 체육·연극·영화·과학실험전시 시설, 아동휴게숙박시설, 야영장 등 아동에게 건전한 놀이·오락, 그 밖의 각종 편의를 제공하여 심신의 건강유지와 복지증진에 필요한 서비스를 제공하는 것을 목적으로 하는 시설
8. 지역아동센터: 지역사회 아동의 보호·교육, 건전한 놀이와 오락의 제공, 보호자와 지역사회의 연계 등 아동의 건전육성을 위하여 종합적인 아동복지서비스를 제공하는 시설
9. 아동보호전문기관
10. 제48조에 따른 가정위탁지원센터

② 제1항에 따른 아동복지시설은 통합하여 설치할 수 있다.

③ 제1항에 따른 아동복지시설은 각 시설 고유의 목적 사업을 해치지 아니하고 각 시설별 설치기준 및 운영기준을 충족하는 경우 다음 각 호의 사업을 추가로 실시할 수 있다.

1. 아동가정지원사업: 지역사회아동의 건전한 발달을 위하여 아동, 가정, 지역주민에게 상담, 조언 및 정보를 제공하여 주는 사업
2. 아동주간보호사업: 부득이한 사유로 가정에서 낮 동안 보호를 받을 수 없는 아동을 대상으로 개별적인 보호와 교육을 통하여 아동의 건전한 성장을 도모하는 사업
3. 아동전문상담사업: 학교부적응아동 등을 대상으로 올바른 인격형성을 위한 상담, 치료 및 학교폭력예방을 실시하는 사업
4. 학대아동보호사업: 학대아동의 발견, 보호, 치료 및 아동학대의 예방 등을 전문적으로 실시하는 사업
5. 공동생활가정사업: 보호대상아동에게 가정과 같은 주거여건과 보호를

제공하는 것을 목적으로 하는 사업

6. 방과 후 아동지도사업: 저소득층 아동을 대상으로 방과 후 개별적인 보호와 교육을 통하여 건전한 인격형성을 목적으로 하는 사업

[시행일 : 2018.4.25.] 제52조

제53조(아동전용시설의 설치) ① 국가와 지방자치단체는 아동이 항상 이용할 수 있는 아동전용시설을 설치하도록 노력하여야 한다.

② 아동이 이용할 수 있는 문화·오락 시설, 교통시설, 그 밖의 서비스시설 등을 설치·운영하는 자는 대통령령으로 정하는 바에 따라 아동의 이용 편의를 고려한 편익설비를 갖추고 아동에 대한 입장료와 이용료 등을 감면할 수 있다.

③ 아동전용시설의 설치기준 등에 필요한 사항은 보건복지부령으로 정한다.

제53조의2(학대피해아동쉼터의 지정) 시장·군수·구청장은 제52조제1항제4호에 따른 공동생활가정 중에서 피해아동에 대한 보호, 치료, 양육 서비스 등을 제공하는 학대피해아동쉼터를 지정할 수 있다.

[본조신설 2016.3.22.]

제54조(아동복지시설의 종사자) ① 아동복지시설에는 필요한 전문인력을 배치하여야 한다.

② 아동복지시설 종사자의 직종과 수, 그 자격 및 배치기준은 대통령령으로 정한다.

제55조(아동복지시설 종사자의 교육훈련) ① 시·도지사 또는 시장·군수·구청장은 아동복지시설 종사자의 양성 및 자질향상을 위한 교육·훈련을 실시하여야 한다.

② 시·도지사 또는 시장·군수·구청장은 제1항의 교육훈련을 대학(전문대학을 포함한다) 또는 아동복지단체나 그 밖의 교육훈련시설(이하 "교육훈련시설"이라 한다)에 위탁하여 실시할 수 있다.

제56조(시설의 개선, 사업의 정지, 시설의 폐쇄 등) ① 보건복지부장관, 시·도지사 또는 시장·군수·구청장은 아동복지시설과 교육훈련시설(대학 및 전문대학은 제외한다)이 다음 각 호의 어느 하나에 해당하는 경우에는 소관에 따라 그 시설의 개선, 6개월 이내의 사업의 정지, 위탁의 취소 또는 해당 시설의 장의 교체를 명하거나 시설의 폐쇄를 명할 수 있다. 〈개정 2014.1.28., 2016.3.22.〉

1. 시설이 설치기준에 미달하게 된 경우

2. 사회복지법인 또는 비영리법인이 설치·운영하는 시설로서 그 사회복지법인이나 비영리법인의 설립허가가 취소된 경우
3. 설치목적의 달성이나 그 밖의 사유로 계속하여 운영될 필요가 없다고 인정할 때
4. 보호대상아동에 대한 아동학대행위가 확인된 경우
5. 거짓이나 그 밖의 부정한 방법으로 경비의 지원을 받은 경우
6. 아동복지시설의 사업정지기간 중에 사업을 한 경우
7. 그 밖에 이 법 또는 이 법에 따른 명령을 위반한 경우

② 보건복지부장관, 시·도지사 또는 시장·군수·구청장은 아동복지시설과 교육훈련시설(대학 및 전문대학은 제외한다)이 제1항에 따라 사업 정지, 위탁 취소 또는 시설 폐쇄되는 경우에는 해당 시설을 이용하는 아동을 다른 시설로 옮기도록 하는 등 보호대상아동의 권익을 보호하기 위하여 필요한 조치를 하여야 한다. 〈신설 2016.3.22.〉

③ 제1항에 따른 시설의 개선, 사업의 정지, 위탁의 취소 또는 해당 시설의 장의 교체나 시설의 폐쇄 처분의 기준은 위반행위의 유형 및 그 사유와 위반의 정도 등을 고려하여 대통령령으로 정한다. 〈개정 2016.3.22.〉

제57조(아동복지시설의 장의 의무) 아동복지시설의 장은 보호아동의 권리를 최대한 보장하여야 하며, 친권자가 있는 경우 보호아동의 가정복귀를 위하여 적절한 상담과 지도를 병행하여야 한다. 〈개정 2016.3.22.〉
[제목개정 2016.3.22.]

제58조(아동복지단체의 육성) 국가 및 지방자치단체는 아동복지단체를 지도·육성할 수 있다.

제6장 보칙

제59조(비용 보조) 국가 또는 지방자치단체는 대통령령으로 정하는 바에 따라 다음 각 호의 어느 하나에 해당하는 비용의 전부 또는 일부를 보조할 수 있다. 〈개정 2015.3.27.〉
1. 아동복지시설의 설치 및 운영과 프로그램의 운용에 필요한 비용 또는 수탁보호 중인 아동의 양육 및 보호관리에 필요한 비용
2. 보호대상아동의 대리양육이나 가정위탁 보호에 따른 비용
3. 아동복지사업의 지도, 감독, 계몽 및 홍보에 필요한 비용
4. 삭제 〈2016.3.22.〉

4의2. 제26조에 따른 신고의무 교육에 소요되는 비용
5. 제37조에 따른 취약계층 아동에 대한 통합서비스지원에 필요한 비용
6. 제38조에 따른 보호대상아동의 자립지원에 필요한 비용
7. 제42조에 따른 자산형성지원사업에 필요한 비용
8. 제58조에 따른 아동복지단체의 지도·육성에 필요한 비용

제59조(비용 보조) 국가 또는 지방자치단체는 대통령령으로 정하는 바에 따라 다음 각 호의 어느 하나에 해당하는 비용의 전부 또는 일부를 보조할 수 있다. 〈개정 2015.3.27., 2017.10.24.〉

1. 아동복지시설의 설치 및 운영과 프로그램의 운용에 필요한 비용 또는 수탁보호 중인 아동의 양육 및 보호관리에 필요한 비용
2. 보호대상아동의 대리양육이나 가정위탁 보호에 따른 비용
3. 아동복지사업의 지도, 감독, 계몽 및 홍보에 필요한 비용
4. 삭제 〈2016.3.22.〉
4의2. 제26조에 따른 신고의무 교육에 소요되는 비용
4의3. 제29조의7제2항 각 호의 조치에 소요되는 비용
5. 제37조에 따른 취약계층 아동에 대한 통합서비스지원에 필요한 비용
6. 제38조에 따른 보호대상아동의 자립지원에 필요한 비용
7. 제42조에 따른 자산형성지원사업에 필요한 비용
8. 제58조에 따른 아동복지단체의 지도·육성에 필요한 비용

[시행일 : 2018.4.25.] 제59조

제60조(비용 징수) 시·도지사, 시장·군수·구청장 또는 아동복지시설의 장은 제15조제1항제3호부터 제5호까지 및 같은 조 제4항 및 제5항에 따른 보호조치에 필요한 비용의 전부 또는 일부를 대통령령으로 정하는 바에 따라 각각 그 아동의 부양의무자로부터 징수할 수 있다.

제60조(비용 징수) 시·도지사, 시장·군수·구청장 또는 아동복지시설의 장은 제15조제1항제3호부터 제5호까지 및 같은 조 제5항 및 제6항에 따른 보호조치에 필요한 비용의 전부 또는 일부를 대통령령으로 정하는 바에 따라 각각 그 아동의 부양의무자로부터 징수할 수 있다. 〈개정 2016.3.22.〉

[시행일 : 2018.3.23.] 제60조

제61조(보조금의 반환명령) 국가 또는 지방자치단체는 아동복지시설의 장 등 보호수탁자, 가정위탁지원센터의 장, 대리양육자 및 아동복지단체의 장이 다음 각 호의 어느 하나에 해당하는 경우에는 이미 교부한 보조금의 전부

또는 일부의 반환을 명할 수 있다. 〈개정 2016.3.22.〉

1. 보조금의 교부조건을 위반한 경우
2. 거짓이나 그 밖의 부정한 방법으로 보조금의 교부를 받은 경우
3. 아동복지시설의 경영에 관하여 개인의 영리를 도모하는 행위를 한 경우
4. 보조금의 사용잔액이 있는 경우
5. 이 법 또는 이 법에 따른 명령을 위반한 경우

제62조(국유·공유 재산의 대부 등) ① 국가 또는 지방자치단체는 아동복지시설의 설치·운영을 위하여 필요하다고 인정하는 경우 「국유재산법」 및 「공유재산 및 물품 관리법」에도 불구하고 국유·공유 재산을 무상으로 대부하거나 사용·수익하게 할 수 있다.

② 제1항에 따른 국유·공유 재산의 대부·사용·수익의 내용 및 조건에 관하여는 해당 재산을 사용·수익하고자 하는 자와 해당 재산의 중앙관서의 장 또는 지방자치단체의 장 간의 계약에 의한다.

제63조(면세) 아동복지시설에서 그 보호아동을 위하여 사용하는 건물 및 토지, 시설설치 및 운영에 소요되는 비용에 대하여는 「조세특례제한법」, 그 밖의 관계 법령에서 정하는 바에 따라 조세, 그 밖의 공과금을 면제할 수 있다.

제64조(압류 금지) 이 법에 따라 지급된 금품과 이를 받을 권리는 압류하지 못한다.

제65조(비밀 유지의 의무) 아동복지사업을 포함하여 아동복지업무에 종사하였거나 종사하는 자는 그 직무상 알게 된 비밀을 누설하여서는 아니된다. 〈개정 2016.3.22.〉

제66조(조사 등) ① 보건복지부장관, 시·도지사 또는 시장·군수·구청장은 필요하다고 인정할 때에는 관계 공무원이나 전담공무원으로 하여금 아동복지시설과 아동의 주소·거소, 아동의 고용장소 또는 제17조의 금지행위를 위반할 우려가 있는 장소에 출입하여 아동 또는 관계인에 대하여 필요한 조사를 하거나 질문을 하게 할 수 있다.

② 제1항의 경우 관계 공무원 또는 전담공무원은 그 권한을 표시하는 증표를 지니고 이를 관계인에게 내보여야 한다.

제67조(청문) 보건복지부장관, 시·도지사 또는 시장·군수·구청장은 제56조에 따른 위탁의 취소 또는 시설의 폐쇄명령을 하고자 하는 경우에는 청문을 하여야 한다.

제67조(청문) 보건복지부장관, 시·도지사 또는 시장·군수·구청장은 제29조의7에 따른 지정의 취소, 제56조에 따른 위탁의 취소 또는 시설의 폐쇄명령을 하고자 하는 경우에는 청문을 하여야 한다. <개정 2017.10.24.>

[시행일 : 2018.4.25.] 제67조

제68조(권한의 위임) 이 법에 따른 보건복지부장관의 권한은 그 일부를 대통령령으로 정하는 바에 따라 시·도지사 또는 시장·군수·구청장에게, 시·도지사의 권한은 그 일부를 대통령령으로 정하는 바에 따라 시장·군수·구청장에게 위임할 수 있다. 다만, 제26조, 제29조의4, 제29조의5, 제75조에 따른 교육부장관, 문화체육관광부장관, 여성가족부장관, 국토교통부장관, 소방청장의 권한은 그 일부를 대통령령으로 정하는 바에 따라 시·도지사, 시장·군수·구청장 또는 교육감·교육장에게 위임할 수 있다. 〈개정 2015.3.27., 2017.7.26.〉

[전문개정 2014.1.28.]

제69조(유사명칭의 사용금지) 이 법에 따른 아동복지시설이 아니면 아동복지시설이라는 명칭을 사용하지 못한다. <개정 2016.3.22.>

제70조(벌칙 적용에서의 공무원 의제) 아동복지시설의 장과 그 종사자는 「형법」 제129조부터 제132조까지를 적용할 때에는 공무원으로 본다. 〈개정 2016.3.22.〉

제7장 벌칙

제71조(벌칙) ① 제17조를 위반한 자는 다음 각 호의 구분에 따라 처벌한다. 〈개정 2012.12.18., 2014.1.28.〉

1. 제1호(「아동·청소년의 성보호에 관한 법률」 제12조에 따른 매매는 제외한다)에 해당하는 행위를 한 자는 10년 이하의 징역에 처한다.

1의2. 제2호에 해당하는 행위를 한 자는 10년 이하의 징역 또는 5천만 원 이하의 벌금에 처한다.

2. 제3호부터 제8호까지의 규정에 해당하는 행위를 한 자는 5년 이하의 징역 또는 3천만 원 이하의 벌금에 처한다.

3. 제10호 또는 제11호에 해당하는 행위를 한 자는 3년 이하의 징역 또는 2천만 원 이하의 벌금에 처한다.

4. 제9호에 해당하는 행위를 한 자는 1년 이하의 징역 또는 500만 원 이하의 벌금에 처한다.

② 다음 각 호의 어느 하나에 해당하는 자는 1년 이하의 징역 또는 500만 원 이하의 벌금에 처한다. 〈개정 2014.1.28., 2016.3.22.〉

1. 정당한 사유 없이 제51조제2항에 따라 다른 아동복지시설로 옮기는 권익보호조치를 하지 아니한 사람

2. 삭제 <2014.1.28.>

3. 제50조제2항에 따른 신고를 하지 아니하고 아동복지시설을 설치한 자

4. 거짓으로 서류를 작성하여 제54조제1항에 따른 아동복지시설 전문인력의 자격을 인정받은 자

5. 제56조에 따른 사업의 정지, 위탁의 취소 또는 시설의 폐쇄명령을 받고도 그 시설을 운영하거나 사업을 한 자

6. 제65조를 위반하여 비밀을 누설한 자

7. 제66조제1항에 따른 조사를 거부·방해 또는 기피하거나 질문에 대하여 답변을 거부·기피 또는 거짓 답변을 하거나, 아동에게 답변을 거부·기피 또는 거짓 답변을 하게 하거나 그 답변을 방해한 자

제71조(벌칙) ① 제17조를 위반한 자는 다음 각 호의 구분에 따라 처벌한다. 〈개정 2012.12.18., 2014.1.28., 2017.10.24.〉

1. 제1호(「아동·청소년의 성보호에 관한 법률」 제12조에 따른 매매는 제외한다)에 해당하는 행위를 한 자는 10년 이하의 징역에 처한다.

1의2. 제2호에 해당하는 행위를 한 자는 10년 이하의 징역 또는 1억원 이하의 벌금에 처한다.

2. 제3호부터 제8호까지의 규정에 해당하는 행위를 한 자는 5년 이하의 징역 또는 5천만 원 이하의 벌금에 처한다.

3. 제10호 또는 제11호에 해당하는 행위를 한 자는 3년 이하의 징역 또는 3천만 원 이하의 벌금에 처한다.

4. 제9호에 해당하는 행위를 한 자는 1년 이하의 징역 또는 1천만 원 이하의 벌금에 처한다.

② 다음 각 호의 어느 하나에 해당하는 자는 1년 이하의 징역 또는 1천만원 이하의 벌금에 처한다. 〈개정 2014.1.28., 2016.3.22., 2017.10.24.〉

1. 정당한 사유 없이 제51조제2항에 따라 다른 아동복지시설로 옮기는 권익보호조치를 하지 아니한 사람

2. 삭제 〈2014.1.28.〉

2의2. 제28조의2제5항을 위반하여 피해아동관련 정보를 요청 목적 외로 사용하거나 다른 사람에게 제공 또는 누설한 사람

2의3. 제46조의2제5항을 위반하여 비밀을 누설하거나 부당한 이익을 취한

사람

3. 제50조제2항에 따른 신고를 하지 아니하고 아동복지시설을 설치한 자

4. 거짓으로 서류를 작성하여 제54조제1항에 따른 아동복지시설 전문인력의 자격을 인정받은 자

5. 제56조에 따른 사업의 정지, 위탁의 취소 또는 시설의 폐쇄명령을 받고도 그 시설을 운영하거나 사업을 한 자

6. 제65조를 위반하여 비밀을 누설한 자

7. 제66조제1항에 따른 조사를 거부·방해 또는 기피하거나 질문에 대하여 답변을 거부·기피 또는 거짓 답변을 하거나, 아동에게 답변을 거부·기피 또는 거짓 답변을 하게 하거나 그 답변을 방해한 자

[시행일 : 2018.4.25.] 제71조

제72조(상습범) 상습적으로 제71조제1항 각 호의 죄를 범한 자는 그 죄에 정한 형의 2분의 1까지 가중한다.

제73조(미수범) 제71조제1항제1호의 미수범은 처벌한다.

제74조(양벌규정) 법인의 대표자나 법인 또는 개인의 대리인, 사용인, 그 밖의 종업원이 그 법인 또는 개인의 업무에 관하여 제71조의 위반행위를 하면 그 행위자를 벌하는 외에 그 법인 또는 개인에게도 해당 조문의 벌금형을 과(科)한다. 다만, 법인 또는 개인이 그 위반행위를 방지하기 위하여 해당 업무에 관하여 상당한 주의와 감독을 게을리하지 아니한 경우에는 그러하지 아니하다.

제75조(과태료) ① 다음 각 호의 어느 하나에 해당하는 자에게는 1천만 원 이하의 과태료를 부과한다. 〈신설 2014.1.28.〉

1. 제27조의3을 위반하여 피해아동의 인수를 거부한 아동학대 관련 보호시설의 장

2. 제29조의5제1항에 따른 해임요구를 정당한 사유 없이 거부하거나 1개월 이내에 이행하지 아니한 아동관련기관의 장

② 아동관련기관의 장이 제29조의3제3항을 위반하여 아동학대관련범죄 전력을 확인하지 아니하는 경우에는 500만원 이하의 과태료를 부과한다. 〈신설 2014.1.28.〉

③ 다음 각 호의 어느 하나에 해당하는 자에게는 300만원 이하의 과태료를 부과한다. 〈개정 2012.10.22., 2014.1.28., 2015.3.27., 2016.3.22.〉

1. 삭제 〈2014.1.28.〉

1의2. 제26조제3항을 위반하여 신고의무 교육을 실시하지 아니한 자
2. 제31조를 위반하여 교육을 실시하지 아니한 자
3. 제51조를 위반하여 아동복지시설의 휴업·폐업 또는 운영 재개 신고를 하지 아니한 자
4. 제69조를 위반하여 아동복지시설이라는 명칭을 사용한 자

④ 제1항부터 제3항까지에 따른 과태료는 대통령령으로 정하는 바에 따라 교육부장관, 문화체육관광부장관, 보건복지부장관, 여성가족부장관, 국토교통부장관, 시·도지사, 특별시·광역시·특별자치도 및 도의 교육감 또는 시장·군수·구청장이 부과·징수한다. 〈개정 2012.10.22., 2014.1.28.〉

부 칙〈제14887호, 2017.9.19.〉

제1조(시행일) 이 법은 공포 후 3개월이 경과한 날부터 시행한다.

제2조(아동관련기관의 취업제한에 관한 적용례) 제29조의3의 개정규정은 이 법 시행 후 최초로 아동학대관련범죄를 범하고 형이 확정된 사람부터 적용한다.

참고문헌

1. 도서

공계순·박현선·오승환·이상균·이현주(2008). 아동복지론. 학지사.
교육부(2007). 다문화가정 자녀 교육 지원계획. 교육부.
교육부(2010). '10년 다문화가정 학생 교육 지원계획.
교육부(2010). 2009 교육통계연보.
교육부(2010). 다문화가정 자녀현황.
교육부(2013). 제4차 특수교육발전 5개년 계획(2013~2017)(안).
국가인권위원회(2013). 2013 아동권리주간 포럼자료집.
국가인권위원회(2013). 인권교육실태조사.
국가인권위원회(2014). 아동권리모니터링조사.
국가인권위원회(2015). 2015 아동권리인식도 조사.
국가인권위원회(2016). 아동·청소년의 인권교재개발연구.
굿네이버스(2016). 2016 대한민국 아동권리지수 연구.
굿네이버스(2016). 아동권리 관점에서 본 SDGs. 아동권리 이슈포커스 3호. 2016년 1월.
굿네이버스(2016). 대한민국 아동권리의 현주소. 아동권리 이슈포커스 6호. 2016년 12월.
굿네이버스(2016). 대한민국 아동의 현주소. 아동권리지수로 답하다. 2016 아동권리포럼 자료집.
길은배(2003). 북한이탈 청소년의 남한사회 적응실태 및 지원방안 연구. 한국청소년개발원.
길은배·문성호(2003). 북한이탈 청소년의 남한사회 적응 실태 및 지원 방안 연구. 한국청소년개발원.
김미영(2016). 아동복지론. 양서원.
김성경·김혜영·최현미(2005). 아동복지론. 양서원.
김연진(2009). 아동복지의 이해. 태영출판사.
김운삼(2008). 아동복지론. 동문사.
김원형·남승규·이재창(2003). 인간과 심리학. 학지사.
김정래(2004). 아동권리향연. 교육과학사.
김춘경·이수연·이윤주(2010). 아동학 개론. 학지사.
김태훈(2004). 도덕성 발달이론과 교육. 인간사랑.

김현용(2002). 한국 아동복지법 개정과제. 한국의 아동복지법.

농림부(2007). 농업인 영유아 양육비. 보도자료.

남북하나재단(2016). 2016 탈북청소년 실태조사.

도미향 외(2006). 아동복지론. 공동체.

대구학생인권현대 숨tong + 국가인권위원회 대구사무소(2011). 학교, 인권을 말하다. 2011대구학생인권백서.

대한민국정부(2017). 제5·6차 유엔아동권리협약 국가보고서.

류현수·김주아(2008). 아동복지. 동문사.

문선화·구차순·박미정·김현옥(2009). 한국사회와 아동청소년복지. 양서원.

박정란·서홍란(2002). 아동복지론. 양서원.

박충선·이영석·정일선(2003). 농촌 여성노인가구의 손자녀 양육실태와 정책과제. 경북여성정책개발원.

박현선·오승환·이상균·이현주(2008). 아동복지론. 학지사.

보건복지부(2011). 요보호아동현황발생 및 조치현황.

보건복지부·중앙아동보호전문기관(2009). 전국아동학대 현황보고서, 아동학대사례개입을 위한 법률 매뉴얼.

보건복지부(2009). 2009 아동청소년백서.

보건복지부(2013). 제2차 중장기기본계획.

보건복지부(2013). 제4차 장애인정책종합계획 2013~2017.

보건복지부(2016). 2016전국아동학대현황보고서.

보건복지부(2016). 2016보육통계.

보건복지부(2017). 2017장애인복지사업안내.

보건복지부(2017). 2017보육사업안내.

보건복지부(2017). 2017보건복지통계연보.

보건복지부(2017). 2017년 아동분야사업안내.

보건복지부(2017). 제3차 중장기보육 기본계획(2018~2022).

보건복지부·한국아동단체협의회(2015). 행복한 어린이, 존중받는 어린이 아동권리? 아하 그렇구나!. 제1차 아동정책기본계획 초등학교 저학년용.

송길연·유봉현 역(2005). 발달의 이론. 시그마프레스.

송정애(2016). 아동복지론–이해와 실천. 양서원.

신동호(2006). 교육심리학. 학지사.

신민선·박용순(2003). 기독교와 아동복지. 예영 커뮤니케이션.

세이브더칠드런(2010), 유엔아동권리위원회에 보내는 대한민국 아동보고서.
세이브더칠드런(2017). 2017 세계 아동기 보고서 자료.
아동복지연구회(2001). 아동복지 및 정책. 학문사.
여성가족부(2007). 보육료 지원사업 안내.
여성가족부(2007). 한부모가족지원법.
여성가족부(2010). 2010년 조손가족 실태조사보고서.
여성가족부(2015). 2015년 한부모가족 실태조사.
여성가족부(2016). 2015년 전국다문화가족실태조사 분석.
여성가족부(2017). 2017다문화가족지원정책 기본계획(2013~2017)2017년도 시행계획(중앙부처).
여성가족부(2017). 2017년 다문화가족지원 사업안내.
여성가족부(2017). 2017년 한부모가족지원안내서.
여성가족부(2018). 2018년 한부모가족사업안내.
오주·이덕희·이명희(2012). 아동복지론. 동문사.
이재연·박은미·황옥경·김형모·이은주·강현아(2015). 아동복지론. 학지사.
이재연·안동현 외(2015), 아동권리0-8 육아지원기관에서 아동권리 레토릭과 현실, 교육과학사.
이재연·황옥경 외(2015). 아동복지 현장에서의 아동권리 레토릭. 교육과학사.
어린이·청소년의 권리연대회의(1994). 유엔 어린이·청소년 권리조약 이행에 관한 민간단체 보고서.
어린이·청소년의 권리연대회의(1997). 아이들의 안전 세계의 약속. 내일을여는책.
유니세프한국위원회(2002). 한국유니세프 연차보고서.
유니세프한국위원회(2017). 유엔아동권리협약 제3·4차 보고서.
유니세프한국위원회(2017). 유엔아동권리협약 제3·4차 추가 보고서.
유니세프한국위원회(2017). 유엔아동권리협약 제3·4차 권고사항.
유니세프한국위원회(2017). 그림으로 보는 아동권리협약
유엔아동권리협약 한국 NPO연대(2006). 유엔아동권제협약 이행상황보고서와 권고문 I.
유엔아동권리협약 한국 NPO연대(2006). 유엔아동권리협약과 선택의정서. 2006년 8월.
유엔아동권리협약 한국 NPO연대(2010). 제3·4차 유엔아동권리협약 민간보고서.
왕한석·한건수·양명희(2005). 국제결혼 이주여성의 언어 및 문화적응 실태 연구. 국립국어원.

윤인재(2007). 2007년 다문화가정 자녀교육 지원계획. 교육부.
이기영(2001). 탈북청소년의 남한사회 부적응 문제 유형 분석. 한국청소년개발원.
이배근(1987). 장애자를 위한 그룹홈의 모형개발. 사회복지.
이순형(2011). 아동복지 이론과 실천. 학지사.
이우영·이금순·전효관·조한범(2003). 북한이탈청소년 및 귀국청소년 문제행동 예방과 대책 연구. 한국청소년개발원·통일연구원.
장인협·오정수(1989). 아동복지론. 서울대학교출판부.
장인협·오정수(2002). 아동·청소년 복지론. 서울대학교출판부.
장인협(2004). 아동·청소년 복지론. 서울대학교출판부.
장하진·유희정·장혜경·김혜경·김영옥·강정희(2002). 신보육 정책: 꿈나무 플랜. 한국여성개발원.
전경숙·임양미·양정선·이의정(2010). 경기도 다문화가정 청소년 생활실태와 지원방안 연구. 경기도가족여성연구원.
전남련(2011). 아동복지. 형설출판사.
정태수(1991). 아동의 권리협약: 청소년의 권리. 예지각.
정인섭(2008). 국제인권규약과 개인통보제도. 경인문화사.
조영달(2006). 다문화가정의 자녀교육 실태조사. 교육부.
조효제(2005). 세계인권사상. 도서출판 길.
조효제(2015). 조효제 교수의 인권오디세이. 교양인.
주수길(2009). 아동복지 강론. 양서원.
주수길·서앙곤·주명국(2016). 아동복지론. 양서원.
주정일·이소희(2003). 아동복지실천론. 교문사.
중앙아동보호전문기관(2017). 2016년 아동권리인식도 조사.
최병각(2007). 아동권리협약과 소년사법. 국가인권위원회.
최순옥·윤난호·장수영·이주연·김은숙(2011). 아동복지의 이해. 태영출판사.
통계청(2010). 인구동태통계연보.
통계청(2010). 장래인구추계.
통일부하나원(2003). 북한이탈주민보호 및 정착지원.
통일부(2016). 2016 탈북청소년실태조사.
한국건강가정진흥원(2016). 한부모가족지원사업안내.
한국아동학회·한국교육학회유아교육연구회(1991). 아동의 권리: 가정·교육·탁아. 양서원.

한국방정환재단(2017). 2017 한국 어린이·청소년 행복지수 국제비교.
한국장애인개발원(2015). 반갑다, 발달장애인법.
한성심·송주미(2013). 아동복지론. 창지사.
현외성(2003). 한국사회복지법제론. 양서원.

2. 논문·연구 및 학회지

강현숙(2009). 북한이탈모의 초등학생 자녀 양육 경험 연구. 한국교육, 36(2), 93-112.

고남숙(1997). 초등학교 아동의 부모·자녀관계와 자아개념과의 상관관계. 건국대학교 대학원 석사학위논문.

국제아동인권센터(2016). 유엔아동권리협약 이행을 위한 법적 제도화 방안 연구.

굿네이버스(2012). 굿네이버스 아동권리교육 프로그램 효과성 검증 연구.

권영복(2003). 아동의 권리에 대한 법적 고찰. 아태공법연구, 11, 288-289.

권지성(2003). 공개입양가족의 적응과정에 관한 연구. 서울대학교 대학원 박사학위논문.

김경중(2009). 한국아동복지 30년의 정책패러다임 조망. 가정보육연구, 2(1), 1-25.

김기정(2012). 다문화 가정 어머니들의 개인적 변인과 가정환경이 유아영어발달과 능력에 미치는 영향. 중앙대학교 대학원 박사학위논문.

김영지(2016). 아동·청소년 인권관련 국제협약 이행과제. 국가인권위원회. vol. 67, 1-8

김유경·류정희·변용찬(2016). 가족·아동·장애인복지 현황과 정책과제. 보건복지포럼. 2016년 1월. 66-80.

김은영(2017). 영유아의 하루일과에 비추어 본 아동권리의 현주소 및 개선방안. 2017 KICCE 육아지원정책현안과 과제. 육아정책연구소.

김진숙·장연진(2017). 아동·청소년의 아동권리인식–초등학생, 중학생, 고등학생 비교. 디지털융복합연구 제15권 제6호. 2017년 6월. 한국디지털정책학회.

김정래(1999). 아동권리협약 채택 10주년과 한국아동의 권리. 아동권리연구 제3권 제2호. 1999. 한국아동권리학회. 7~11.

구정화(2014). 유니세프한국위원회 아동권리교육 프로그램이 아동의 권리 인식에 미치는 효과. 교육논총. 제34권 제1호. 63-87.

김형태(2004). 북한이탈청소년의 남한사회 적응유형에 관한 통합적 비교연구. 숭실대학교 대학원 박사학위논문.

류미령(2017). 인권교육을 통한 아동권리 증진방안. 법과인권교육연구 제10권 제1

호(2017.4.30.). 155-156.

류정희(2016). 제1차 아동정책 기본계획의 의의와 과제. 보건복지포럼 2016년 3월. 한국보건사회연구원. 6-18.

류정희(2017). 아동학대 현황과 아동 권리 보장을 위한 아동보호체계 개선방향. 보건복지포럼. 2017년 5월. 5~23.

문영희(2011). 아동학대방지와 학대피해아동의 보호방안에 관한 연구. 동국대학교 대학원 박사학위논문.

민진홍(2010). 아동인권 관련 국제조약이 국내 아동복지제도에 미친 영향 연구. 서울기독대학교 대학원 박사학위논문.

박경애(2006). 조손가족 조부모의 손자녀 돌봄 보상감 연구. 가톨릭대학교 대학원 박사학위논문.

박모란(2002). 탈북아동의 남한사회 적응 연구. 서울여자대학교 대학원 석사학위논문.

박민수(2002). 장애아동 복지시설의 만족도에 관한 실증연구. 단국대학교 대학원 석사학위논문.

박병규(2009). 새터민 아동의 학교생활적응에 관한 연구. 경인교육대학교 대학원 석사학위논문.

박영순(2010). 조손가정아동의 적응과 애착에 관한 기독교 상담 연구. 계명대학교 대학원 박사학위논문.

박정희(2003). 경상남도의 장애아동 복지서비스에 관한 연구. 경남대학교 교육대학원 석사학위논문.

박진완(2010). 아동권리협약의 국내적 이행과정에 대한 분석. 세계헌법연구, 16(1), 181-208.

보건복지부(2013). 아동학대예방을 위한 부모교육 제도화 및 활성화 방안 연구.

보건복지부·한국아동단체협의회(2016). 유엔아동권리협약 일반논평 No. 17. 휴식·여가·놀이·오락·문화예술에 관한 아동의 권리. '우리에겐 놀 권리가 있어요'.

삼죽 초등학교 운영보고서(2003). 탈북학생 사회·학교 조기적응을 돕기 위한 효율적인 지도 방안 연구.

삼죽초등학교(2017). 2017 특별학급 모란반 교육과정.

서가영(2010). 영유아를 위한 부모교육 모델연구. 장로회신학대학교 대학원 석사학위논문.

신민경(2010). 영유아보육서비스의 현황과 개선방안 연구. 울산대학교 대학원 석사학위논문.

신영금(2017). 어머니의 아동권리인식과 인권감수성이 훈육방식에 미치는 영향. 중앙대학교 대학원 석사학위논문.

신은정(2004). 조부모 손자녀세대의 가족기능과 손자녀의 심리적 특성과의 관계. 경북대학교 대학원 석사학위논문.

신혜경(2007). 한부모 가정의 아동 지원을 위한 실천분석 연구. 사회복지지원학회지, 3(1), 25-50.

심미영·염동문(2009). 장애아동 및 장애청소년 가족의 지원방안 모색을 위한 양육비지출에 관한 연구. 재활복지, 13(2), 111-135.

양계민·황순택(2008). 입국초기 새터민 청소년들의 심리적 건강상태에 관한 탐색적 연구. 한국청소년연구, 49, 338-358.

오난희(2003). 북한이탈아동·청소년의 남한사회적응에 관한 사례연구. 가톨릭대학교 대학원 석사학위논문.

옥경희(2005). 조부모-손자녀 가족 조부모의 손자녀 양육. 한국가정관리학회지, 23(3), 103-114.

유승곤(2008). 지역사회 중심의 아동복지 서비스 모델연구. 국제문화대학교 대학원 석사학위논문.

이경은(2016). UN아동권리협약상 아동최선의 이익 법리와 한국의 아동보호 법제. 입법과 정책 제8권 제2호. 2016년 12월. 국회입법조사처. 193-219.

이미래(2012). 보육교사의 인권감수성과 아동인권인식에 관한 연구. 중앙대학교 대학원 석사학위논문.

이미화 외(2013~2017). 보육 중장기 발전방향. 연구보고 2012-19.

이병주(2006). 농촌 조손가정의 손자녀 양육이 농촌 가정 노인의 여가생활과 생활만족도에 미치는 영향. 대구대학교 대학원 석사학위논문.

이병택(2014). 보호자의 인권의식이 아동의 삶의 질에 미치는 영향: 아동의 인권 감수성과 보호자의 삶의 질 매개효과. 서울기독교대학교 대학원 박사학위논문.

이재연(1997). 각 나라의 아동권리 협약 실천 상황. 아동권리연구. 제1권 제2호. 한국아동권리학회.

이재연·황옥경·김효진(2009). 아동과 권리. 아동학회지, 30(6), 153-165.

이재연(2006). 아동권리협약과 영역별 권리보장 방안. 사회복지분야(아동) 인권감수성 향상과정. 국가인권위원회·한국아동복지연합회. 17-31.

이정숙(2010). 아동복지 행정에 대한 연구. 고려대학교 대학원 석사학위논문.

이종민(2007). 정신분석학적 무의식 개념을 통한 건축적 표현방식. 한양대학교 대학원 석사학위논문.

이종신(2003). 아동보육의 지역사회서비스 프로그램 실천에 관한 연구. 가톨릭 대학교 대학원 석사학위논문.

염유식 외(2017). 한국 어린이 청소년 행복지수–국제비교연구 조사결과보고서. 한국방정환재단.

전영주(2007). 한국의 다양한 가족출현과 정책적 함의. 사회과학연구, 10, 123-149.

전익수(2001). 탈북청소년 초기정착 지원방안에 관한 연구. 경남대학교 대학원 석사학위논문.

전정미(2005). 어머니의 촉진적 의사소통과 자녀의 정서지능 및 사회적 유능성. 숙명여자대학교 대학원 석사학위논문.

정명례(2004). 입양에 의한 부모됨의 경험. 전북대학교 대학원 석사학위논문.

정용주(2011). 한국인의 입양인식과 입양정책의 과제. 호남대학교 대학원 박사학위논문.

정은희(2004). 농촌지역 국제결혼 가정아동의 언어발달과 언어환경. 언어치료연구, 13(3), 33-52.

정진경(2010). UN 아동권리협약의 국내법적 및 실천적 수용성. 아동과 권리, 14(2), 219-244.

정현영(2006). 다문화가정 자녀의 학교생활적응에 영향을 미치는 요인에 관한 연구. 숭실대학교 대학원 석사학위논문.

조소연(2002). 북한이탈아동의 사회적응 멘토링프로그램 기초연구. 숙명여자대학교 대학원 석사학위논문.

최성희(2010). 지역아동센터 종사자의 직무특성요인 및 직무만족도를 통한 조직몰입의 관계. 한영신학대학교 대학원 박사학위논문.

최해경(2006). 조손가족에 대한 사회적 지지 실태와 조부모의 신체적 건강과 정신건강에 미치는 영향. 한국인구학, 29(2), 115-142.

한연숙(2007). 아동학대신고 활성화방안에 관한 연구. 명지대학교 대학원 박사학위논문.

한지숙·홍은주(1998). 아동권리협약과 아동의 권리실현. 아동권리협약. 제2권, 제2호. 1998, 한국아동권리학회. 39-51.

홍영숙(2007). 다문화가정이 봉착하는 자녀교육 문제와 시사점. 광주대학교 대학원 석사학위논문.

황상심(2008). 농촌지역 다문화가정 아동들의 언어특성 연구. 대구대학교 대학원 박사학위논문.

황옥경(2016). 유엔아동권리위원회의 권고와 아동권리협약 이행 분석. 아동과 권리 Vol. 20. No. 4. 609-631.

한국아동권리학회, 국가인권위원회(2010). 2010년 한국아동권리학회 춘계학술대회 '아동의 참여'.

한국청소년정책연구원(2015). 유엔아동권리협약 이행방안 연구.

한국청소년정책연구원(2015). 한국 아동·청소년 인권실태연구 V: 총괄연구서. 15-R11. 25

한국청소년정책연구원(2016). 한국 아동·청소년 인권실태연구 VI: 2016 아동·청소년 인권실태조사 통계. 16-R11-2.

한국아동권리학회(2015). 아동 최선의 이익 최우선적 고려. 이상인가?: 대한민국 아동권리 어디까지 실현되었나?

3. 국외문헌

Andreopoulos, J. G & Claude, R. P.(1997). *Human Rights Education For the Twenty-first Century*, Philadelphia: University of Pennsylvania Press.

Bueren, V.(1998). The international Law on the Rights of the Child. 33, Hague: Kluwer Law.

Burnette, D.(2000). Latino Grandparents Rearing Grandchildren with Special Needs: Effects on Depressive Sympomatology. Journal of Gerontological Social Work, 33(3), 1-16.

Dannison, L. & Smith, A.(2003). Custodial Grandparents Community Support Program: Lesson learned. Children & Schools, 25, 87-95.

Eugene, J. & Wright, J. R.(1982). *Erikson: Identity and Religion*. New York: The Seabury Press.

Flaskerud, J. H. & Nguyen, T. A.(1988). Metal Health Needs of Vietnamese Refugees. Hospital and Community Psychiatry, 39(4), 435-437.

Franklin, F.(2002). The New Handbook of Children's Rights: Comparative Policy and Practice, 19, Routledge.

Freud, S.(1969). *Abriss der Psychoanalyse*. Frankrut a. M.: Fischer.

Hinshelwood, R. D.(1989). *A Dictionary of Kleinian Thought*. London: Free Association Books.

Hirayama, K. K., Hirayama, H. & Cetingok, M.(1993). Mental Health promotion for South East Asian refugees in the USA. International Social Work, 36(2), 119-129.

Kadushin Alfred(1980). *Child welfare services*(3rd. ed). N. Y.: Macmillan publishing Company.

Kadushin, A., & Martin, A.(1988). *Child Welfare services*(4th ed). N. Y: Macmillan publishing Co.

Kelley, S. J. & Whitley, D.(2002). Psychological Distress and Physical Health Problems in Grandparents Raising Grandchildren: Development of an Empirically Based Intervention Model. In Hayslip, B. & Partick, J. H.(Eds), Working with Custodial Grandparents. New York: Springer Publishing Company. 127-144.

Lindsey, K., Manis, F. & Bailey, C.(2003). Prediction of First-grade Reading in Spanish-speaking English Language Learners. Journal of Educational Psychology, 95(3), 482-494.

Stow, C. & Dodd, B.(2003). Providing an Equitable Service to Bilingual Children in the UK: a Review. International Journal of Language and Communication Disorders, 38(4), 351-377.

Strover, S. B.(1994). Social Work interventions to alleviate Cambodian Refugee Psychological Distress. International Social Work, 37, 23-35.

Tarrow. N. B.(1987). *Human Rights and Education*, USA: California Stats University. UN(2004). *Basic Facts About the United Nations*. News and Media Division United Nations Department of Public Information New York.

Weissbrodt, D.(2007). *International Human Rights Law*. Univ of Pennsylvania Press.

4. 기타

관계부처합동(2015). '15-'19 제1차 아동정책기본계획.

국제아동인권센터(2015). 2015아동권리인식도조사 결과 보고.

교육부(2014).「2014년 탈북학생 통계」 조사 결과 발표.

김통원(2007). 우리나라 아동복지생활시설의 다기능화 전략. 성균관대학교 Report.

네이버 인터넷 국어사전(2009).

대구일보(2006). 가정의 달 기획: 아웃사이더 조손가정. 2006.5.8.
법률신문뉴스 2017-04-13, 2017-04-17
한계레신문(2018.01.03) http://www.hani.co.kr/arti/society/area/826150.html#csidxaaabfb3896a5b4eb761ce221848cb41

5. 관련 홈페이지

건강가정지원센터 http://www.familynet.or.kr
교육부 http://www.moe.go.kr
국가인권위원회 https://www.humanrights.go.kr
국제아동인권센터 http://incrc.org
굿네이버스 http://www.goodneighbors.kr
노동부 http://www.molab.go.kr
드림스타트 http://www.dreamstart.go.kr
디딤씨앗통장 http://www.adongcda.or.kr
보건복지부 http://www.mohw.go.kr/react
법제처 국가법령정보센터 http://www.law.go.kr
서울특별시교육청 학생인권교육센터 https://studentrights.sen.go.kr
세계 아동기 http://endofchildhood.org
세이브더칠드런코리아 https://www.sc.or.kr
실종아동전문기관 http://www.missingchild.or.kr
여성가족부 http://www.mogef.go.kr
유니세프 한국위원회 http://www.unicef.or.kr
중앙가정위탁지원센터 http://www.fostercare.or.kr
중앙아동보호전문기관 http://www.korea1391.go.kr
중앙육아종합지원센터 http://central.childcare.go.kr
중앙입양원 https://www.kadoption.or.kr
지역아동중앙센터중앙지원단 http://www.icareinfo.go.kr
초록우산어린이재단 http://campaign.childfund.or.kr
통계청 국가통계포털 http://kosis.kr
한국방정환재단 http://www.korsofa.org
한국한부모가정사랑회 http://www.hanbumo.org
한국한부모가정지원센터 http://www.hanbumocenter.org

6. 유엔문서(U.N. Doc)

Comments of the Governments on Preliminary Document No. 6(1997). Actes et documents. Prelim. Doc. No. 7, 240.

Committee on the Rights of the Child(2004). Concluding Observation: EL salvador's Second periodic Report, CRC/C/15/Add.232.

Considerations Working Group(1980). E/CN.4/CN.4/L.1542. 5-6.; S. Detrick(ed.), supra note 24, 115-116.

Convention on the Civil Aspects of international Child Abduction(1980).

Convention on the Rights of the Child(1989). U.N. Doc.A/RES/44/25.

Declaration on Social and Legal Principles relation th the Protection and Welfare of Children, with Special Reference to Foster Placement and Adoption Nationally and internationally(1986).

Declaration on the Protection of Women and Children in Emergency and Armed Conflict(1974). Proclaimed by General Assembly resolution 3318(XXIX) of 14 December.

Geneva Declaration of the Rights of the Child(1924).

International Convention for the Suppression of the Traffic in Women and Children(1921).

Slavery convention(1926).

United Nations Rules for the Protection of Juveniles Deprived of their liberty(1990). A/RES/45/113. 68th plenary meeting 14 December.

United Nations Standard Minimum Rules for the Administration of Juvenile Justice(1985). Adopted by General Assembly resolution 40/33 of 29 November.

http://www.cirp.org/library/ethics/UN-declaration/

찾아보기

ㅌ

ㅍ

ㅎ

기타

저자약력

• 이덕희

신라대학교 사회복지학 박사(사회복지 전공)
현 동부산대학교 사회복지과 겸임조교수
경력 경상남도 양산시 아동위원, 경상남도 양산시 보육정책위원회 위원,
법무부 소년보호위원협의회 소년보호위원
저서 사회복지개론, 사회복지행정론, 지역사회복지론

• 윤춘모

가천대학교 행정학 박사(복지행정 전공)
현 경민대학교 사회복지과 교수
경력 성남시의회 의원(사회복지위원회), 성남시사회복지종합정보센터장,
의정부시다문화가족지원센터장
저서 사회복지조사방법론(공저), 사회복지프로그램개발과 평가(공저)

• 조경자

중앙대학교 아동복지학과 박사과정 수료
미국 His University 심리학 박사과정 중
현 서정대학교 유아교육과 교수, 서정대학교 다문화센터장,
법무부 사회통합프로그램 일반운영기관장
경력 영유아보육학회 이사, 한국교원대학교 유치원 총동문회장,
백합유치원 · 이화유치원 원장

• 한현지

대구가톨릭대학교 심리학 박사
현 성덕대학교 아동보육복지과 교수, 성덕대학교 원격평생교육원장
경력 경북사회복지협의회 전문위원, 한국청소년 상담학회 이사, 찾아가는 폭력
예방교육 자문위원, 해바라기센터 운영위원, 한국여성문제연구소 연구원
저서 아동권리와 복지(공저) 외 다수

• 홍인혜

성신여자대학교 교육학 박사(교육행정 전공)
현 구립도화어린이집 원감
경력 세명대학교, 숭실대학교,
서경대학교 교육학 강사
저서 유아교사론

아동권리와 복지

초판 1쇄 발행 / 2018년 2월 25일
초판 2쇄 발행 / 2018년 8월 30일
초판 3쇄 발행 / 2019년 2월 25일
초판 4쇄 발행 / 2020년 8월 30일

•

공저자 / 이덕희 · 윤춘모 · 조경자
한현지 · 홍인혜
발행인 / 이 중 수
발행처 / **동 문 사**

•

서울특별시 서대문구 홍제원 1길 12
(홍제동 137-8)
Tel : 02)736-3718(대), 736-3710, 3720
Fax : 02)736-3719
등록번호 : 제9-17호
가격 : 20,000원

•

ISBN : 978-89-8251-979-6(93330)
E-mail : dong736@naver.com
www.dongmunsa.com